Kohlhammer
Urban
-Taschenbücher

Band 349

Grundkurs Philosophie

Der Grundkurs Philosophie in den Urban-Taschenbüchern gibt einen umfassenden Einblick in die fundamentalen Fragen heutigen Philosophierens. Er stellt die wichtigsten Bereiche der Philosophie systematisch dar; ergänzend gibt er eine Übersicht über ihre Geschichte von der Antike bis zur Gegenwart. Anliegen des Grundkurses ist es, den Einstieg in die Philosophie zu ermöglichen und zu eigenständigem Denken anzuregen. Besonderer Wert wird deshalb auf eine verständliche Sprache und eine klare Gliederung der Gedankenführung gelegt; zu allen Abschnitten ist weiterführende Literatur angegeben.

Koordination: Friedo Ricken und Gerd Haeffner

Josef Schmidt

Philosophische Theologie

Grundkurs Philosophie 5

Verlag W. Kohlhammer

Alle Rechte vorbehalten
© 2003 W. Kohlhammer GmbH Stuttgart
Umschlag: Data Images GmbH
Gesamtherstellung:
W. Kohlhammer Druckerei GmbH + Co. Stuttgart
Printed in Germany

ISBN 3-17-017958-6

Inhalt

Vorwort

Dieses Buch ist aus Vorlesungen entstanden, die ich seit Jahren regelmäßig an der Hochschule für Philosophie München über „philosophische Theologie" (oder „philosophische Gotteslehre", wie die Fachbezeichnung im Curriculum heißt) halte. Zu den großen systematischen Themenfeldern der Philosophie gehört nämlich seit der Antike die Frage nach Gott. Mit ihr kommt keineswegs eine sachfremde Thematik in die Philosophie, vielmehr wird diese durch die Berührung mit der religiösen Überlieferung und deren Theologie erst zu ihrem umfassenden Ausgriff und der eigentümlichen Radikalität ihres Fragens herausgefordert. Im Zuge dieser Selbstkonstitution entwickelt sie jedoch Standards des Argumentierens, denen sich die Theologie, wenn sie den „Logos" in ihrem Begriff ernst nehmen will, nicht einfach entziehen kann, so daß sich nun die Theologie ihrerseits durch die Philosophie herausgefordert findet. Dieses Zusammenspiel sollte nicht spannungslos bleiben und nicht ohne Brüche, erwies sich aber im ganzen als vorteilhaft für beide Disziplinen, wie es die Entwicklung beider im Abendland zeigt. Heute scheint die Fruchtbarkeit dieser Wechselseitigkeit auf beiden Seiten vielfach in Vergessenheit geraten. Es gilt sich deshalb neu auf sie zu besinnen und sie wieder zu beleben. Dies anzumahnen ist ein Anliegen des Buches. Das Buch ist also nicht nur für Philosophen gedacht, um ihnen die Gottesthematik als eine lohnende und genuin philosophische vor Augen zu führen, sondern auch für Theologen, die an den philosophisch relevanten Aspekten ihrer Disziplin interessiert sind.

Was die Auswahl der geschichtlichen Beispiele betrifft, so war mir vorwiegend die klassische Tradition des abendländischen Denkens im Blick, da nur auf ihrem Hintergrund die Entstehung von Philosophie und Theologie sowie die Ausformung einer philosophischen Theologie verständlich zu machen sind. Mancher Leser möge mir deshalb verzeihen, wenn er Namen und geistige Strömungen vermißt, die im Rahmen der Thematik eine eingehende Behandlung verdient hätten. Meine Auswahl sollte aber dazu befähigen, sich mit ihnen eigenständig und konstruktiv auseinanderzusetzen. Ich meine, daß dies möglich ist, ohne das in diesem Buch erarbeitete Paradigma aufgeben zu müssen. Aber diese noch zu leistende Aufgabe sei dem Leser zugetraut, wie sie auch mir selbst noch auferlegt bleibt.

Danken möchte ich herzlich meinen Kollegen Bernhard Grom, Jörg Splett und Bela Weissmahr, die sich der Mühe unterzogen haben, die Arbeit gegenzulesen und die mir wertvolle Anregungen gaben, vor allem aber Harald Schöndorf, der mir bereitwillig bei der Formatierung des Textes geholfen hat. Ebenso gilt mein Dank Herrn Jürgen Schneider vom Verlag Kohlhammer für die überaus gute Zusammenarbeit.

Einleitung

1. Gott als Thema der Philosophie?

Ist Gott ein philosophisches Thema? Die traditionelle Disziplin der Philosophie, die diese Frage bejaht und sich diesem Thema zuwendet, ist die „Philosophische Gotteslehre" oder „Philosophische Theologie". Aber ist diese Bezeichnung ein konsistenter Begriff? Sie scheint heterogene Bestandteile zu enthalten, einmal „Philosophie", zum anderen, durch den religiösen Begriff „Gott" (theós), „Theologie". In der Tat ist „Gott" zunächst ein Wort der religiösen Sprache. Aber mit diesem Wort ist eine Thematik angesprochen, die auch für die Philosophie von großer Bedeutung ist. Jedenfalls hat sich die Philosophie seit ihren Anfängen immer wieder dieser Thematik zugewandt, die ihr zwar durch die Religion vorgegeben ist, zu der sie jedoch offensichtlich eine innere Affinität besitzt. Zwar stammt das Wort „Gott" nicht aus der Philosophie. Aber die Philosophie bezieht sich auf das mit ihm Gemeinte und fragt nach der Bedeutung und Wahrheit seines Inhaltes. Eine klassische Verknüpfung dieser Art finden wir in den „fünf Wegen" des Thomas von Aquin (Sth I, q 2 a 3). Das Ergebnis der jeweiligen Argumentation in diesen fünf Gottesbeweisen wird z. B. mit den Begriffen „primum movens" (erstes Bewegende) oder „causa prima" (erste Ursache) oder „per se necessarium" (durch sich Notwendiges) bezeichnet. Dann folgt stets der Satz (so oder ähnlich): „quod omnes dicunt deum" (was alle Gott nennen). Thomas verknüpft also das Ergebnis eines philosophischen Gedankenganges, der abstrakte philosophische Begriffe verwendet („actus", „causa", „necessarium", „bonum", „finis"), mit einem Grundwort der religiösen Sprache. Diese Identifikation will offenbar klären helfen, was mit jenem Grundwort gemeint ist, und zwar soll dies auf kritische Weise geschehen, um z.B. unzureichende „Gottesvorstellungen" abzuwehren. Vor allem aber soll gezeigt werden, daß dieses Wort „Gott" eine Wahrheit zum Ausdruck bringt, die auch philosophischer Reflexion zugänglich ist. Aber was ist überhaupt unter „Religion" zu verstehen, der dieses Wort „Gott" entstammt?

2. Religion

Religion enthält das Bewußtsein von einem Bereich, der unsere unmittelbare, sinnliche Welt überschreitet und der uns zugleich „angeht". Es ist der Bereich einer unserer Welt überlegenen göttlichen Macht oder mehrerer Mächte, die den Menschen anfordern und mit denen er zu tun hat, auf die er sich einstellt und die er verehrt (in Riten und Gebeten), die also für ihn „Wirklichkeit" sind im ursprünglichen Sinn dieses Wortes, nämlich als

Wirkmächtiges. Dieser Bereich wird oft sehr anschaulich vorgestellt, etwa in den Mythen, die vom Leben der Götter und ihrem Bezug zur Welt und zum Mensch berichten. Aber aus dem Bewußtsein der Jenseitigkeit dieses Bereiches erwächst auch immer wieder das Bestreben, seine Unanschaulichkeit zu betonen, so in den Hochreligionen, bis hin zu einer negativen Bestimmung der Jenseitigkeit wie im Buddhismus, wo (jedenfalls in letzter Perspektive) sogar auf den Begriff eines für sich bestehenden Göttlichen verzichtet wird. In ihrer konkreten, das Leben prägenden Gestalt stützt sich Religion auf Überlieferung mit autoritativem Charakter, auf die Vorschriften eines unvordenklichen, mythisch begründeten Herkommens, aber auch auf Stifterpersönlichkeiten und an sie ergangene Offenbarungen, die mündlich fortleben oder schriftlich fixiert wurden. Die Sprache der Religionen ist weitgehend die des urgeschichtlichen Mythos, aber auch der Reflexion und der Weisheitslehre. Der religiöse Mensch findet sich gewöhnlich in einer durch eine bestimmte Religion vorgegebenen Welt- und Daseinsdeutung vor, die ihn zu einer ihr gemäßen Sicht der Dinge anleitet, ebenso zu einem entsprechenden Tun, zu Gebet und Riten, aber auch zu einer sittlichen Lebensführung.

3. Philosophie - Religion - Theologie

3 Auch die Philosophie begnügt sich nicht einfach mit dem unmittelbar Vorhandenen, dem äußerlich in der Welt Gegebenen oder innerlich Erlebten. Sie überschreitet diese verschiedenen Bereiche, indem sie den Blick auf das Ganze unserer Wirklichkeit richtet. Dem entspricht ihre Ausrichtung auf das Prinzipielle, auf die Grundstrukturen der Wirklichkeit (in den Worten von Goethes „Faust": „daß ich erkenne, was die Welt im Innersten zusammenhält", I, 382f), auf das, was das Wirkliche und unser Wissen von ihm letztlich begründet. Wonach hier gefragt wird, ist nur im Überstieg, in der Transzendenz des immer beschränkten unmittelbar Gegebenen zu erreichen. Religion und Philosophie treffen sich so in einer gemeinsamen Ausrichtung. Das rationale Verfahren beider ist freilich verschieden. Philosophie weiß sich nur der begründeten Einsicht verpflichtet, nicht aber einer autoritativ verbürgten Tradition. Ihr Medium und alleiniger Maßstab ist die nur sich selbst verantwortliche Vernunft. Sie muß zwar die Aussagen der Religionen über die Begründung unserer Welt in einem göttlichen Bereich nicht von vornherein ablehnen, im Gegenteil. Denn ihr Fragen nach dem Prinzipiellen geht in eine ähnliche Richtung. Aber sie kann sich nicht in der Auslegung einer Tradition oder eines vorgegebenen Glaubens erschöpfen, da für sie nur das Geltung haben kann, was sich vernünftig rechtfertigen läßt. Damit ist das Feld eines kritischen, aber auch fruchtbaren Dialoges zwischen Philosophie und Religion eröffnet. Die Philosophie wird zwar manche Einwände erheben gegen verschiedene

16

Vorstellungen der Religion und vielleicht auf die mangelnde Konsistenz oder die unzureichende Begründung in ihren Aussagen hinweisen. Sie könnte aber auch einen religiösen Kernbereich in einer bisher nicht erreichten rationalen Gestalt zum Vorschein bringen. Umgekehrt könnte die Religion daran interessiert sein, mit Hilfe der Philosophie in Bezug auf ihre Inhalte Unwesentliches vom Wesentlichen zu trennen und diesem eine bessere Begründung und sich im ganzen eine reflektiertere Gestalt zu geben. Sie wird sich im Zuge dieser Auseinandersetzung aber auch gegen rationale Verengungen wenden und kann so die Philosophie dazu bringen, Verkürzungen in den angelegten Kriterien, die der Offenheit und Weite der Vernunft widersprechen, zu revidieren.

So ergibt sich die Möglichkeit eines vielfältigen Austausches zwischen Religion und Philosophie. Und in der Tat hat ein solcher das geistige Leben im Abendland wesentlich geprägt. Die Philosophie hat sich immer aus einem Bezug zur Religion verstanden, und diese hat durch die Philosophie eine reflektierte Gestalt als Theologie bekommen. Hierzu ist allerdings zu bemerken, daß das Wort „Theologie" der Philosophie entstammt. Es findet sich das erste Mal bei Platon (Politeia 379a) im Zusammenhang einer Kritik an den gängigen Göttervorstellungen, um zu einem gereinigten Gottesbegriff zu gelangen, für den die „Theologie" steht. Dieser Begriff wird dann von Aristoteles übernommen (Metaphysik VI, 1) und steht für die „erste Philosophie", d.h. für die Wissenschaft von den grundlegenden Prinzipien des Seins und Erkennens. Erst später, in der Zeit des Christentums, als dieses, nicht ohne Einfluß durch die antike Philosophie, den eigenen Glauben rational auszulegen und zu durchdenken unternahm, bekam der Begriff „Theologie" die bis heute übliche Bedeutung der wissenschaftlichen Gestalt des christlichen Glaubens. Es ist aber von diesem Zusammenhang her möglich, den Begriff auch weiter zu fassen und Theologie die (ansatzweise oder weiter entwickelte) Reflexionsgestalt einer Religion zu nennen. Es gibt dann auch eine islamische oder hinduistische Theologie. Auch in mythischen Formen ist sie rudimentär vorhanden, weshalb man z.B. von einer Theologie Homers oder Hesiods spricht.

4. Philosophische Theologie

Daß der Begriff Theologie aus der Philosophie stammt und dort, etwa bei Aristoteles, deren Grundlagenbereich bezeichnet, ist kein Zufall. Denn da sich die Philosophie den ersten Prinzipien zuwendet, berührt sie eben jenen Letztbereich, den die Religion zum Inhalt hat. Die Thematik, die das Wort „Gott" bezeichnet, ist also ureigener Bereich der Philosophie, in gewisser Weise sogar ihr Kernbereich, nämlich das Nachdenken über das Ganze in seiner tiefsten Begründung und seinen letzten Ursprüngen oder die Frage nach dem Absoluten und Unbedingten. Gott ist insofern nicht *ein* Thema der Philosophie unter anderen, so wie man eine Philosophie der Politik, der Familie oder der Mathematik betreiben kann. Vielmehr ist mit „Gott" in religiöser Sprache genau das bezeichnet, worauf die Philosophie sich wesentlich ausrichtet, wenn sie die Radikalität ihres eigenen Fragens, das sich mit keinen Vorläufigkeiten begnügt, ernst nimmt. Durch diese Radikalität (von radix, die Wurzel) ergibt sich eine Nähe zur Religion, die in der Tradition der abendländischen Philosophie überall zu beobachten ist. Auch wenn sich diese Nähe nicht immer in einer Zustimmung zum gängigen religiösen Glauben zeigt, sondern manchmal in eine scharfe Antithese zu ihm gerät, bleibt die Philosophie doch durch ihre aufs Letzte zielende Radikalität gleichsam religiös durchstimmt. Die „philosophische Theologie" knüpft an dieser der Philosophie eigentümlichen inneren Ausrichtung an. Sie hebt an ihr genau dieses Bemühen heraus, worin es um die Mitte eines letzten Suchens und Fragens oder eines Suchens und Fragens nach dem unübersteigbaren Letzten geht. Ganz unvermeidlich ist es, daß sich die Philosophie in diesem Bestreben zu den religiösen Antworten in Beziehung setzt, ob nun zustimmend oder ablehnend oder in beiderlei Sinn. Umgekehrt tritt de facto die Religion mit einer solchen Philosophie ins Gespräch, schon um sich in einem von solcher Philosophie mitgeprägten geistigen Umfeld zu behaupten, und indem sie dies tut, gibt sie sich mehr und mehr eine reflektierte Gestalt als Theologie. In diesem Gespräch geht es in bezug auf jenen göttlich zu nennenden Letztbereich um Argumente und angemessene Begriffe. Nicht alle möglichen Vorstellungen vom Göttlichen sind für die Philosophie in gleicher Weise Herausforderungen. In ihrem Fragen nach dem Letzten und Unbedingten setzt sie auch Maßstäbe, die wiederum für die Religion eine Herausforderung darstellen, ihr eigenes Bewußtsein vom Göttlichen so zur Sprache zu bringen, daß darin das Göttliche in seiner wahren Gestalt, Gott wahrhaft als Gott hervortritt und nicht eine irgendwie noch untergeordnete Größe bleibt. Nur so kann die Religion von der Philosophie erstgenommen werden. D.h. in diesem Gespräch gewinnt der Begriff vom Göttlichen normativen Sinn. Wie der Religion nicht alle Vorstellungen vom Göttlichen gleichwertig sein können, so sind sie auch der Philosophie bei ihrer Prinzipiensuche nicht alle in gleicher Weise diskussionswürdig.

5. *Religionsphilosophie*

5 Die Religionsphilosophie entwickelte sich im 18. Jahrhundert aus dem Bemühen, philosophisch das Wesen des Religion zu erfassen, allerdings nicht in den bekannten Bahnen der dogmatischen Theologie oder der bisher bekannten philosophischen Theologie. Nach Kant ist Religion moralischerVernunftglaube (Kant 1793), für Schleiermacher „Gefühl des Unendlichen" oder „Anschauen des Universums" (Schleiermacher 1799,

53, 54), und von Hegel wird sie als „Erhebung zum Unendlichen" bestimmt (Hegel TW 17, 414, 415ff). Feuerbach sieht in solcher Erhebung nur ein Selbstmißverständnis des Menschen, der sein eigenes unendliches Streben hypostasiert und in ein Jenseits projiziert. Damit ist das Vorbild abgegeben für alle späteren reduktionistischen Religionstheorien (Marx, Nietzsche, Freud und deren Nachfolger). Im Bemühen um die Würdigung der nicht in dieser Weise reduzierbaren Eigenbedeutung des Religiösen entstanden im 20. Jahrhundert Religionsphilosophien, von denen ich nur einige Beispiele nenne. Ausgehend von einer empirischen Beschreibung der religiösen Erfahrung wurde diese als Teilnahme an einem letztlich göttlichen Leben gedeutet (W. James). Oder man suchte, von der Religionswissenschaft herkommend, über den Begriff des „Heiligen" einen gemeinsam Begriff des Religiösen zu finden (R. Otto, F. Heiler, G. Mensching). Andere sahen das Religiöse in Grundstrukturen des menschlichen Geistes und dessen Transzendenzfähigkeit verankert (K. Rahner, 1941) oder in existentiellen Erfahrungen der Grenze und des Umgreifenden (K. Jaspers), in einem höchsten Werterfassen (M. Scheler), oder entwickelten es, im Anschluß an die Daseinsanalysen von M. Heidegger, aus dem Zusammenhang mit der Erfahrung etwa der Angst, der Sinnlosigkeit oder des Nichts (B. Welte). Andere setzen, inspiriert von L. Wittgenstein, bei der Sprache und der religiösen Rede an (I. Dalferth). Drei Religionsphilosophen unserer Tage seien besonders hervorgehoben: K. Wuchterl, der bei der Wissenschaftstheorie ansetzt und deren Begriff des Paradigmas und der Kontingenz für das Verstehen von Religion fruchtbar macht, zum anderen R. Schaeffler, der aus einer Kombination von Transzendentalphilosophie, Religionsphänomenologie, Religionsgeschichte und Sprachphilosophie eine komplexe Würdigung des Religiösen anstrebt, deren Mitte ein dialogischer Erfahrungsbegriff ist, und schließlich J. Splett, der die Dimension des Religiösen in Grunderfahrungen des Menschen (vor allem des Sittlichen und Schönen) so verankert sieht, daß ohne sie das geistige Leben des Menschen nicht gedacht und seine Ausdrucksweisen nicht angemessen interpretiert werden können. Kennzeichnend für die Religionsphilosophie überhaupt ist die Verbindung der Phänomenanalyse des Religiösen, wobei sie sich nicht auf eine besondere Religion beschränkt, mit einer Gesamtdeutung der den Phänomenen zugrunde liegenden Erfahrungen und einer systematischen Bestimmung des religiösen Gegenstandes.

Obwohl sich viele Überschneidungen und Entsprechungen ergeben, dürfte 6 der Unterschied der Religionsphilosophie zur philosophischen Theologie darin zu sehen sein, daß die Religionsphilosophie von vornherein auf die Religion ihre Aufmerksam richtet, sie einmal auf ihre Rationalität überprüft, dann aber auch die verschiedenen Ausgestaltungen und Vollzüge des Religiösen genauer untersucht. D. h. die Religionsphilosophie läßt sich die religiösen Phänomene zunächst in einer gewissen Breite durch die Empirie geben, reflektiert dann aber auf sie mit philosophischen Mitteln. So werden

Phänomene untersucht wie Gebet, Ritus, entsprechende Verhaltens- und Sprachstrukturen, Erlebnis- und Erkenntnisweisen, etwa Mystik und Ekstase usw., aber doch unter philosophischer Rücksicht, d.h. geleitet etwa von der Frage, inwiefern sich in diesen Phänomenen etwas zeigt von der Tiefe und der Hintergründigkeit der Wirklichkeit überhaupt. Die kognitive Dimension des Religiösen findet dabei entsprechende Beachtung und die Wahrheitsfrage wird als legitim angesehen. Das Eigentümliche der Philosophischen Theologie liegt hingegen darin, daß sie aus der Mitte der Philosophie selbst kommt, aus dem Zusammenhang von deren eigenen systematischen Fragen, nach den von ihr entwickelten Methoden und Begriffen und nach ihren Traditionen. Die Philosophie hat hier zunächst nur sich im Blick und findet dann mit ihren großen Abschlußtheorien über das Ganze und Absolute die Brücke zur Religion, wobei ihr Gesprächspartner eher die Theologie als die praktizierte Religion ist.

6. Religionswissenschaft

7 Die Religionswissenschaft untersucht die Religion in der ganzen Breite ihres Vorkommens. Sie ist entstanden, als sich im 19. Jahrhundert der Blick auf die Vielfalt der Religionen weitete. Dabei verwendet sie ein ganzes Bündel einzelner Methoden, etwa die der Philologie, der Sozial- und Kulturgeschichte, der Archäologie und Ethnologie. Ihre Methode ist deskriptiv. So verzichtet sie auf philosophisch normative Beurteilungsgesichtspunkte, wie sie der philosophischen Theologie, aber auch der Religionsphilosophie eigen sind. Zwar läßt sich aus dem Vergleich der Religionen viel Gemeinsames erheben. Doch zeigen sich auch Unterschiede, die dann Gegenstand einer historischen Beschreibung ihrer Besonderheiten werden. Leitend ist das Bemühen, die Religionen soweit wie möglich aus historisch kulturellen, soziologischen oder psychologischen Faktoren zu erklären, so daß für die heutige Perspektive der Religionswissenschaftler zu gelten scheint, was G. Kehrer so formuliert: „Ein Konsens besteht - auch wenn er nicht immer explizit ausgesprochen wird - darüber, daß der Gegenstand der Religionswissenschaft, die religiösen Systeme, selbst nicht religiös definiert werden darf [...]. Für die Religionswissenschaft ist Religion eine ausschließlich kulturelle (d.h. von Menschen) gemachte Erscheinung. Sie unterscheidet sich damit systematisch nicht von anderen kulturellen Produkten, wie Technologie, Literatur, Musik usw." (Kehrer, 424f) Der naheliegende Einwand ist natürlich der, daß bei dieser Perspektive das spezifisch Religiöse aus dem Blick gerät. Doch bewegt sich das empirisch ausgerichtete Verfahren in diesen selbstgesetzten Grenzen. Bleiben diese als methodische Beschränkungen bewußt, so ist das Vorgehen der Religionswissenschaft unproblematisch. Denn zweifellos tragen die Aspekte, die sie erforscht, zum Verständnis der kon-

kreten Religionen und ihrer Ausdrucksformen sehr viel bei. Ein Problem entsteht erst dort, wo die eingenommene Perspektive im Sinne eine Reduktion des Religiösen auf das empirisch Zugängliche (das Psychologische, Soziologische usw.) verstanden wird und damit selbst die Züge einer philosophischen Gesamtdeutung annimmt. Das Recht dieser Deutung wäre dann auch philosophisch zu diskutieren. Denn die religiösen Vollzüge sind von ihrer Intention her auf das Überempirische ausgerichtet. Will man dieser interpretierend gerecht werden, muß man sie ernst nehmen. Ob es das hier Intendierte gibt, ist nicht mehr allein empirisch zu entscheiden, sondern erfordert philosophische Reflexion, und zwar eben diejenige der Religionsphilosophie und der philosophischen Theologie.

7. Das hermeneutisch-dialektische Verfahren philosophischer Theologie

In der philosophischen Theologie geht es um argumentativ vermittelte Einsichten, die aus der Mitte der Philosophie kommen. Denn der genuin philosophischen Frage nach dem Prinzipiellen scheint eine Ausrichtung des menschlichen Geistes auf ein Letztes und Unhintergehbares zu entsprechen, für das die Philosophie verschiedene Begriffe hat, wie das „Ursprüngliche", „Unbedingte", „Unendliche" oder „Absolute". Insofern die Philosophie nun anerkennt, daß diese Thematik derjenigen entspricht, für die das Wort „Gott" steht, ist sie philosophische Theologie und setzt sich als solche zur Religion und deren Theologie in Beziehung. Während aber im religiösen Bewußtsein der Bezug zu Gott im Wesentlichen auf gläubiger Annahme beruht, ist dem Philosophen der entsprechende Gegenstand nicht ohne ein ganzes Geflecht von Argumentationen gegeben, vermittelt durch Einwände und Gegeneinwände, einer Auseinandersetzung also im Gespräch, die Platon „Dialégesthai" nennt, wovon das Wort Dialektik stammt. Vorgreifend sei dies an einigen Themen der philosophischen Theologie wenigstens skizzenweise angedeutet. Der Mensch, so heißt es in ihr, sei auf das Ganze der Wirklichkeit ausgerichtet und könne so auf ein Unendliches Bezug nehmen, das dem Begriff Gottes entspricht. Aber ist der Mensch zu diesem Ganzheitsbezug überhaupt fähig? Ist er nicht wesentlich begrenzt und endlich? Nun, dies ist er durchaus. Doch eben damit ist er auch in der Lage, diese seine Verfaßtheit zu erkennen. Dann aber kann er in sie nicht vollkommen eingeschlossen sein, sonst wäre diese Erkenntnis nicht möglich. Der Mensch muß also eine Fähigkeit besitzen, seine Endlichkeit zu überschreiten und damit die Endlichkeit überhaupt. Wenn nun das Woraufhin dieses Überschreitens nicht Nichts sein soll, womit das Überschreiten selbst hinfällig, ja unmöglich sein müßte, kann dieses Ziel nur das nicht mehr Endliche, und d.h. das in sich selbst Unendliche sein. Wir sehen, daß in der hier skizzierten Argumentation der philosophischen Theologie das Ergebnis durch Rede und Gegenrede er-

reicht wird. Ebenso ist es mit der Voraussetzung, auf die hier zurückgegriffen wird, daß wir überhaupt zu einer wahren Einsicht fähig sind. Ist
der Mensch nicht ständig in Irrtümern gefangen? Spricht nicht vieles
dafür, daß er aus seinen Illusionen niemals herauskommt? Aber nehmen
wir einmal an, es wäre so. Dann hätte diese Auffassung recht. Sie wäre
Ausdruck einer Einsicht in eine grundlegende Wahrheit. Auch die Erkenntnis also, daß der Mensch zur Wahrheit befähigt ist, ergibt sich nur
aus einer Dialektik von Rede und Gegenrede.

9 Diese Dialektik durchzieht die Geschichte des Denkens und insbesondere
die der philosophischen Theologie. Denn die Entwicklung ihrer systematischen Entwürfe ist eine Auseinandersetzung mit Gegenentwürfen. Ein
„Nachdenken" dieser verschiedenen Konzeptionen und ihres Streites ist
deshalb eine Einübung in die sachliche Problematik ihres Gegenstands-
bereiches. Im folgenden wird deshalb häufig auf die Geschichte der Philosophie Bezug genommen. Diese Geschichte ist nämlich wie ein großes
zeitübergreifendes (Streit-)Gespräch über die Grundfragen, die sich dem
Menschen stellen, anzusehen. Das Studium der Philosophiegeschichte
dient deswegen nicht nur der historischen Bildung, sondern führt unmittelbar in die Sache hinein. Zudem lehrt diese Art von Einübung, Standpunkte zunächst einmal zur Kenntnis zu nehmen und sie zu verstehen. Erst
so werden uns ihre eventuellen Grenzen deutlich, und es kann eine Auseinandersetzung mit ihnen erfolgen, die nicht von außen, also nicht von
irgendwelchen vorgefaßten Meinungen herkommt, sondern an einer internen Problematik der Konzeptionen anknüpft. Nur eine solche Auseinandersetzung fördert überzeugende Argumente und Einsichten zu Tage.
Die Vertiefung in die Philosophiegeschichte schult also unseren hermeneu-
tischen Sinn in der Auslegung und im Verstehen von Standpunkten, und
genau dies dient der Erarbeitung einer Systematik und führt keineswegs in
einen Relativismus, der allen Standpunkten gleichermaßen recht und un-
recht gibt. Besonders erforderlich ist solch hermeneutischer Sinn für das
Verstehen der klassischen Texte zur philosophischen Theologie, d.h. der
Texte zu den Gottesbeweisen. Der Kern ihrer Argumentationen ist in der
Regel eingebettet in einen philosophie- und geistesgeschichtlichen Zusammenhang, aus dem er in seiner bleibenden Bedeutung erst herausgearbeitet werden muß. Diese Rekonstruktionen sind in hohem Maße loh-
nend, weil sich mit dem sachlichen Gewicht der ans Licht gehobenen
Gedanken auch sehr rasch zeigt, daß sie nicht einem Sonder- und Neben-
geschäft philosophischer Betätigung entstammen, sondern aus der Mitte
der Philosophie kommen, nämlich aus dem das philosophische Denken
überhaupt kennzeichnenden Fragen nach dem Prinzipiellen und Letzten
der Erkenntnis und Wirklichkeit. Dieses die Philosophie von ihrem Wesen
her bewegende Fragen wie auch das ihm korrespondierende Erproben von
Antworten ist in den Texten zu den Gottesbeweisen gleichsam in konzen-
trierter Form repräsentiert.

Wenn die philosophische Theologie sich von diesem Hintergrund her der Religion zuwendet, bringt sie Maßstäbe ins Spiel, die zu Anfragen an die Religion werden. So muß sich das religiöse Bewußtsein fragen lassen, ob seine Vorstellungen von Gott (z.B. als Götter oder Naturkräfte) dem Begriff des Letzten und Unbedingten entsprechen, der für den Gottesbegriff in Anspruch zu nehmen ist. Eine Nichtentsprechung kann innerhalb einer Religion bewußt werden, wenn etwa von ihren Heiligen und Propheten im Namen eines tiefer erfaßten Gottesbegriffs die Defizienz von Gottesvorstellungen als Götzendienst, ob nun in der eigenen oder in anderen Religionen, kritisiert wird. Die Religionsgeschichte zeigt eine solche Dynamik der Klärung des Gottesgedankens, die von den archaischen zu den Hochreligionen führt. Anstoß dazu können religiöse Erfahrungen aber auch theologische Reflexionen sein, vielleicht meist beides in Einem. Es sind Klärungen, die, von einer Reflexion im Sinne der philosophischen Theologie aufgegriffen und verstärkt, wiederum an die Religion zurückgegeben werden können. So zeichnet sich ein ebenso lebendiger wie spannungsvoller Austausch zwischen Philosophie und Religion ab. Und in der Tat hat ein solcher Austausch das geistige Leben im Abendland weitgehend und tief geprägt. Die Geschichte dieses Wechselverhältnisses begann mit der Religion. Sie stand am Anfang. Auf ihrem Boden entwickelte sich ein Nachdenken, aus dem schließlich die Philosophie wurde. Diese jedoch, ihrer Herkunft eingedenk, blieb der Religion zugewandt, affirmativ oder kritisch oder in beiderlei Weise. Die Anfänge dieses Wechselverhältnisses sollen einführend kurz dargestellt werden. Sie machen den gemeinsame Wurzel und den sachlichen Zusammenhang von Religion und Philosophie deutlich, für den nicht zuletzt die Tradition der philosophischen Theologie steht.

8. Die Anfänge der philosophischen Thematisierung des Religiösen in Griechenland und vergleichbare theologische Reflexionen in der Bibel

a. In der *griechischen Antike* erwuchs das philosophische Denken aus der Religion. Die philosophische Frage nach der Einheit in der Vielfalt der Erscheinungen und nach dem die Einheit stiftenden allgemeinen Ursprung ist bereits in der mythologischen „Theologie" vorgebildet, d.h. in den Versuchen, die Vorstellungen von den Göttern in eine Ordnung zu bringen. So vereinigt Homer (8. Jh. v. Chr.) die verschiedenen Götter, wie sie in den Gegenden Griechenlands heimisch waren und zusammen eine große Vielfalt bildeten, in einen gemeinsamen Götterhimmel, den Olymp, dessen Herrscher Zeus ist, der für die Götter wie ein gemeinsamer Vater ist. Hesiod (um 700 v. Chr.) sucht diese Einheit vom Ursprung her verständlich zu machen. In seinem Lehrgedicht „Theogonie" (Entstehung der Götter), läßt er die Götter aus dem „Chaos" (von „chásko", gähnen; gähnender, leerer Abgrund) hervorgehen. Zunächst entsteht aus ihm, zusammen mit Nacht, Licht und Eros, als erste Realität die Erde (Gaia), die sich dann den Himmel (Uranos) als ihr Gegenüber gebiert, der mit ihr die Götter der nächsten Generation erzeugt. Damit hat Hesiod die für die griechische Philosophie leitende Frage erstmals aufgenommen, nämlich die nach der „Arché (ἀρχή)", dem Ursprung, und zwar des gesamten, Welt und Götter beinhaltenden Kosmos. Diese Philosophie entstand im 7. Jahrhundert in den Kolonien Griechenlands an der Küste Kleinasiens und in Süditalien unter den Bedingungen einer interkulturellen Situation und in Kenntnis verschiedenster religiöser Überlieferungen. Der leitende Gedanke war, daß die Frage nach dem Ursprung nicht mehr nach bestimmten, immer begrenzten religiösen Vorstellungen beantwortet werden sollte, sondern auf dem Weg eines allen Menschen gleichermaßen zugänglichen Begreifens. Diese Fähigkeit zur Allgemeinheit ist nichts anderes als die Vernunft, die Fähigkeit zur Verständigung wie zum Verstehen der Wirklichkeit. Sie sollte nun den allgemeinen Einheitsgrund der Dinge ausfindig machen. Er wird zunächst in einer für alle zugänglichen Anschauung gesucht. So nahm Thales das Wasser als den einen Ursprung an, Anaximenes die Luft, den Atem, Heraklit das Feuer. Denkt man dazu an Hesiod und die Erde als erste Vorhandenheit nach dem Nichts, dann sind hier bereits die vier Elemente gedacht, die seit Empedokles bis weit in die Neuzeit als die Urbestandteile der Natur angesehen wurden. Aber man fragte sich auch, ob diese Ursprungsgrößen nicht zu anschaulich konkret gedacht wurden, um das wahrhaft Allgemeine und aller Bestimmtheit Vorausliegende abgeben zu können. Für Anaximander war deshalb die Arché nurmehr „Ápeiron", das Unbegrenzte (A: die Verneinung, peras: die Grenze), und dieses galt ihm als das Göttliche, wie auch die vorher genannten Ursprungsgrößen mehr sein sollten als tote Stoffe, sondern göttlichen Charakter trugen. Bei Xenophanes verbindet sich der Gedanke des einen Ursprungs mit dem eines einzigen wahrhaften Gottes. Er fordert eine Erneuerung der Religion und übt scharfe Religionskritik:

12 „Die Äthiopier behaupten, ihre Götter seien stumpfnasig und schwarz, die Thraker, blauäugig und blond" (B 16). „Aber die Menschen nehmen an, die Götter seien geboren, sie trügen Kleider, hätten Stimme und Körper - wie sie selbst" (B 14). „Wenn die Rinder und Pferde und Löwen Hände hätten und mit diesen Händen malen könnten und Bildwerke schaffen wie Menschen, würden die Pferde die Götter abbilden und malen in der Gestalt von Pferden, die Rinder in der von Rindern, und sie würden solche Statuen meißeln, ihrer eigenen Körpergestalt entsprechend" (B 15).
Diese Kritik hat nicht die Auflösung der Religion zum Ziel, wie etwa die spätere Projektionstheorie eines Feuerbach, sondern die Reinigung und Vertiefung der Religion. Im Grunde gibt es nur einen, zumindest einen maßgebenden Gott, der als reiner und höchster Geist (νοῦς) alles lenkt und bewegt. Mit dieser Lehre von dem einen, den Kosmos durchwalten-

den Geist weist Xenophanes auf die Systeme von Platon und Aristoteles voraus: „Ein einziger Gott ist unter Göttern und Menschen der Größte, weder dem Körper noch der Einsicht nach den sterblichen Menschen gleich" (B 23). „Als ganzer sieht er, als ganzer versteht er (νοεῖ), als ganzer hört er" (B 24). „Immer verbleibt er am selben Ort, ohne irgendwelche Bewegung, denn es geziemt sich für ihn nicht, bald hierhin bald dorthin zu gehen, um seine Ziele zu erreichen" (B 26); „sondern ohne Anstrengung lenkt er alles mit seines Geistes Bewußtsein (νόου φρενί)" (B 25).

b. Zur *Bibel*: Im alten Israel ist bei Deuterojesaia (die Kapitel 40-55 des Jesaiabuches, entstanden im 6. Jh. v. Chr.) ein entscheidender Schritt zur Ausbildung eines radikal monotheistischen Gottesglaubens erkennbar. In den früheren Schichten des AT wird der alleinige Gott Israels noch anderen Göttern gegenübergestellt. Z. B heißt es: „Wer ist dir gleich unter den Göttern?" (Ex 15, 11) oder: „Jahwe ist größer als alle Götter" (Ex 18, 11). Doch nun ist die Situation extrem zugespitzt. Das Reich ist zerstört, das Volk im Exil in Babylon. Haben sich die fremden Götter nicht als mächtiger erwiesen als Jahwe? Die Antwort des Propheten besteht in einem strikten Monotheismus. Was kann es denn in dieser Situation heißen, weiterhin auf den eigenen Gott zu vertrauen? Wenn an ihm festgehalten werden soll, dann muß dieser Gott letztlich und allem Schein zum Trotz der eigentlich Mächtige sein. Das aber kann er nur sein, wenn er alles in seiner Hand hat. Dann und nur dann ist er wirklich und wahrhaft Gott zu nennen. Wie könnte man auch auf einen Gott bauen, der sich die Macht teilen muß, der selbst nur ein Faktor unter anderen und somit einem übergeordneten Zusammenhang unterworfen ist? Letztlich vertrauen können wir nur dem, der so verfaßt ist, daß er dieses Vertrauen verdient, und das kann nur der eine und allein mächtige Ursprung von allem sein. Nur der eine und wahre Gott ist das Korrelat eines letzten Vertrauens. Am Glauben festhalten heißt, an diesen Gott glauben. Dann kann der Augenschein noch so gegen ihn sprechen. Er hat und behält das letzte und entscheidende Wort. „So spricht der Herr [...]: Ich bin der Erste, ich bin der Letzte, außer mir gibt es keinen Gott [...]. Erschreckt nicht, und fürchtet euch nicht! [...] Gibt es einen Gott außer mir? Es gibt keinen Fels außer mir" (Jes 44, 6. 8). Dieser Gottesbegriff verdankt sich also einer theologischen Reflexion, nämlich der auf die Konsequenzen des vollen Gottvertrauens. Der Zusammenhang von Gottesbegriff und Vertrauen bleibt auch für die spätere christliche Theologie maßgebend. Man denke an Luthers Erklärung zum ersten Gebot in seinem „großen Katechismus": „Ist der Glaube und das Vertrauen recht, so ist auch dein Gott recht" (Bekenntnisschriften Nr. 587). Die Rationalität, welche bei Deuterojesaia am Werk ist, ist der der Griechen gleichrangig, nur knüpft sie sich nicht wie bei diesen an eine theoretisch-spekulative, sondern an eine praktische Frage. Sie ist Reflexion auf die logischen Implikationen eines praktischen Vollzuges, nämlich des Glaubens. Die gleichrangige Rationalität zeigt sich auch im kritischen Potential. Denn das tiefere Gottesverständnis führt den Propheten zu einer Religionskritik, die an Schärfe und Ironie der des Xenophanes in nichts nachsteht (Jes 44, 9-20). Sie findet ins spätere Buch der Weisheit Eingang, in dessen Version ich sie zitiere, da sie dort mit philosophischen Mitteln formuliert wird.

14 Dieses Buch der Weisheit wurde im 1 Jh. v. Chr. verfaßt. Es ist griechisch geschrieben und entstammt der hellenistisch jüdischen Diasporakultur in Alexandrien. Deutlich wird auf die griechische Philosophie Bezug genommen, sowohl kritisch als auch zustimmend. Gott ist nicht den „Feuer", „Luft" oder „Wasser" gleichzusetzen, - eine Anspielung auf die vorsokratischen Philosophen. Gott ist aber auch nicht den Gestirnen zuzuordnen. Die Gestirne galten als göttlich. Noch bei Platon und Aristoteles findet sich diese Auffassung. Die Astronomie war deshalb schon bei Babyloniern und Ägyptern eine Erkundung ihrer schicksalsbestimmenden Macht. Doch dies widerstreitet dem Glauben an den einen Gott, von dem allein der Mensch letztlich abhängig ist. Dieser Glaube kann durchaus mit philosophischen Mitteln ausgedrückt werden. Der Vorwurf wird erhoben, „den Seienden" nicht erkannt zu haben. Damit kommt ein Begriff ins Spiel, der seit Parmenides (6. Jh. v. Chr.) und seiner Lehre vom einen, absoluten Sein, Grundbegriff der Philosophie ist. Es kann aber auch an die eigene Tradition angeknüpft werden. Denn in der Selbstvorstellung Gottes vor Moses heißt es, in der griechischen Übersetzung der Septuaginta, die im hellenistischen Judentum die gewöhnlich benutzte Bibel war: „Ich bin der Seiende" (Ex 3, 14). Auf ihn läßt sich „in Analogie schließen". Sowohl der Analogiegedanke als auch der rationale Schluß auf Gott von der Welt aus ist ein Gedanke der griechischen Philosophie. Von dieser theologischen aber auch philosophischen Sicht wird die schon bei Deuterojesaia formulierte Kritik an gängigen religiösen Vorstellungen aufgenommen. Ich zitiere nun den Text:

„Töricht waren von Natur alle Menschen, denen die Gotteserkenntnis fehlte. Sie hatten die Welt in ihrer Vollkommenheit vor Augen, ohne den Seienden erkennen zu können. Beim Anblick der Werke erkannten sie den Meister nicht, sondern hielten das Feuer, den Wind, die flüchtige Luft, den Kreis der Gestirne, die gewaltige Flut oder die Himmelsleuchten für weltbeherrschende Götter. Wenn sie diese, entzückt über ihre Schönheit, als Götter ansahen, dann hätten sie auch erkennen sollen, wieviel besser ihr Gebieter ist; denn der Urheber der Schönheit hat sie geschaffen. Und wenn sie über ihre Macht und ihre Kraft in Staunen gerieten, dann hätten sie auch erkennen sollen, wieviel mächtiger jener ist, der sie geschaffen hat; denn von der Größe und Schönheit der Geschöpfe läßt sich auf ihren Schöpfer in Analogie schließen. Dennoch verdienen jene nur geringen Tadel. Vielleicht suchen sie Gott und wollen ihn finden, gehen aber dabei in die Irre. Sie verweilen bei der Erforschung seiner Werke und lassen sich

26

durch den Augenschein täuschen; denn schön ist, was sie schauen. Doch auch sie sind unentschuldbar: Wenn sie durch ihren Verstand schon fähig waren, die Welt zu erforschen, warum fanden sie dann nicht eher den Herrn der Welt? Unselig aber sind jene, die auf Totes ihre Hoffnung setzen und Werke von Menschenhand als Götter bezeichnen, Gold und Silber, kunstvolle Gebilde und Tiergestalten oder einen nutzlosen Stein" (Weisheit 13, 1-10).

In ähnlicher Weise, wohl mit Bezugnahme auf diesen Text, erhebt Paulus 15 im Römerbrief Vorwürfe gegen die Heiden. Denn der Gott Jesu, der ihnen nun verkündet wird, sollte ihnen eigentlich kein unbekannter sein: „Das Erkennbare an Gott ist ihnen deutlich. Gott hat es ihnen sichtbar gemacht. Denn das Unsichtbare an ihm wird seit der Erschaffung der Welt durch seine Werke mit der Vernunft erfaßt, seine ewige Macht und Gottheit. Daher sind sie unentschuldbar. Denn sie haben Gott erkannt, ihn aber nicht als Gott geehrt und ihm nicht gedankt" (Röm 1, 19ff).

In Athen, so berichtet die Apostelgeschichte, läßt Paulus sich in einen Streit mit epikureischen und stoischen Philosophen ein (Apg 17, 18), die ihn auf den Areopag schleppen, wo er sich näher erklären soll. Seine Botschaft ist die: 1) Gott ist souveräner Schöpfer. Er wohnt nicht in Tempeln. Somit ist Gott weit ferner als die sonstigen Götter. 2) Die Menschen suchen ihn (ähnlich wie im Text aus dem Weisheitsbuch). Das ist sogar ihre Bestimmung. 3) Dieser Gott ist dem Menschen nahe. Zur Bestätigung dieser Gottesnähe zitiert Paulus den stoischen Philosophen Aratos. Ferne und Nähe Gottes schließen sich also nicht aus, sondern bedingen sich: „Gott, der die Welt erschaffen hat und alles in ihr, er, der Herr über Himmel und Erde, wohnt nicht in Tempeln, die von Menschenhand gemacht sind. Er läßt sich auch nicht von Menschen bedienen, als brauche er etwas: er, der allen das Leben, den Atem und alles gibt. Er hat aus einem einzigen Menschen das ganze Menschengeschlecht erschaffen, damit es die ganze Erde bewohne. Er hat für sie bestimmte Zeiten und die Grenzen ihrer Wohnsitze festgesetzt. Sie sollten Gott suchen, ob sie ihn ertasten und finden könnten; denn keinem von uns ist er fern. Denn in ihm leben wir, bewegen wir uns und sind wir, wie auch einige von euren Dichtern gesagt haben: Wir sind von seiner Art" (Apg 17, 24-28).

9. Zur Geschichte des Verhältnisses von Theologie und Philosophie

In der ersten Phase, der sogenannten Patristik, sieht das junge Christentum 16 in der griechischen Philosophie weitgehend einen Verbündeten. Denn mit Hilfe etwa der stoischen und platonischen Philosophie konnte gegen den Polytheismus und den vielfältigen Aberglauben argumentiert werden. Freilich hatten die Christen von dem auch bei den gebildeten Heiden anerkannten Gott eine Botschaft zu verkünden, die in Konkurrenz zu jenen

Philosophien trat, nämlich die Lehre von der Menschwerdung dieses Gottes in Jesus Christus, seinem Leiden und Tod und seiner Auferstehung, die auch unsere Auferstehung begründen sollte. Diese Lehren waren den antiken Philosophien fremd. Sie zogen ihren Spott auf sich (Apg 17, 32) oder galten ihnen einfach als „Torheit" (1 Kor 1, 23). Wie konnte die höchste göttliche Wirklichkeit als ein Teil dieser Welt gedacht werden? War nicht eine leibhafte Auferstehung ein widersinniger Gedanke, wo doch nur das Geistige im Menschen der Vergänglichkeit überlegen ist? Und doch sah etwa Clemens von Alexandrien (um 200) die christliche Lehre als „wahre Philosophie" an (strom I, 2. 5. 11. 18. 19), die den gelehrten Streit nicht zu scheuen brauchte und in ihm ihre philosophische Überlegenheit erweisen konnte. Augustinus unterscheidet (unter Rückgriff auf Varro) eine „mythische", „politische" und „natürliche Theologie" (de civ. dei VI, 5) (vgl. Lieberg). Die mythische ist die der Göttergeschichten der Dichter, die politische die des Staatskultes und die natürliche die der Philosophen. Die ersten beiden lehnt Augustinus ab. Die dritte aber ist ernst zu nehmen. Denn die Philosophen, vor allem die Platoniker, haben viel Wahres über Gott gesagt (ebd. VIII, 1ff). Besagt doch schon „Philosophie" Liebe zur Weisheit. „Wenn nun die Weisheit Gott ist [...], dann ist der wahre Philosoph ein Liebhaber Gottes (porro si sapientia deus est [...], verus philosophus est amator dei" (VIII, 1). So haben die Platoniker in etwa sogar den Gedanken der Trinität erreicht (X, 23). Die Inkarnation blieb ihnen allerdings unbekannt. Obwohl sie eigentlich durch ihre Lehre von der Gnade (gratia) für diesen Gedanken offen sein müßten (X, 29). Bis ins Frühmittelalter hielt sich diese Auffassung einer weitgehenden philosophischen Begründbarkeit des Glaubens durch. Anselm von Canterbury (1033-1109) schreibt in Bezug auf seine Schriften „Monologion" und „Proslogion": Er wollte dort zeigen, daß „das, was wir über das Wesen Gottes und seine Personen (de divina natura et eius personis), mit Ausnahme der Inkarnation (praeter incarnationem), glauben, durch notwendige Vernunftgründe (necessariis rationibus) ohne Berufung auf die Heilige Schrift (sine scripturae auctoritate) bewiesen werden könne (probari possit)" (de incarn. verbi, 6). In seinem Buch über die Menschwerdung (Cur deus homo) ist sein Vorhaben sogar, die Unmöglichkeit der Erlösung ohne Christus „rationibus necessariis" (mit notwendigen Gründen) und „remoto Christo" (unter Absehung von Christus) zu beweisen, d.h. ohne das Offenbarungsgeschehen argumentativ in Anspruch zu nehmen (praefatio), um so das, „was wir glauben, einzusehen (quod credimus intelligere)" (I, 1). Der Verzicht auf diesen Vernunftbeweis wäre Nachlässigkeit (negligentia) (I, 1). Ein solches Zutrauen zur Vernunft dürfte wohl erst bei Hegel wieder zu finden sein.

17   Im Hochmittelalter ändert sich die Situation durch das Bekanntwerden der aristotelischen Philosophie in deren ganzem Umfang und damit eines hochdifferenzierten, umfassenden und in sich geschlossenen Systems, zu

dem sich die christlichen Glaubensinhalte wie Fremdkörper verhielten. Die patristische und frühmittelalterliche Sicht, die im Geist des Augustinus durch eine vielfältige Integration von Philosophie und Theologie gekennzeichnet war, schien zerbrochen. Was war zu tun? Die Lösung der Averroisten (die dem islamischen Aristoteles-Kommentator und -Anhänger Averroes folgten) war die der „doppelten Wahrheit" (so Siger von Brabant), d.h. der unverbunden nebeneinander bestehenden philosophischen und theologischen Wahrheit. Dagegen wandte sich die Hochscholastik. Thomas von Aquin erkannte zwar den Aristoteles an (er ist für ihn stets „der Philosoph"), begrenzte aber dessen Philosophie auf das Licht der natürlichen Vernunft. Darüber hinaus gibt es für ihn noch eine „übernatürliche" Sicht der Dinge, die dem Licht der Offenbarung entstammt und durch die Autoritäten der Schrift und der Kirche verbürgt ist. Damit bereitet die Hochscholastik eine Trennung und Zuordnung von „Natur" und „Übernatur" vor, die für die gesamte weitere Scholastik bestimmend blieb und die vom kirchlichen Lehramt fixiert wurde (DH 2751, 2755, 3016, 3538f). Es war dann üblich, die Funktion der Philosophie als „ancilla theologiae (Magd der Theologie)" zu bestimmen. „Theologia naturalis" wurde weitgehend die übliche Bezeichnung (so z.B. der Titel des repräsentativen Lehrbuches von W. Brugger, 1964) für eine philosophische Theologie, die, auf die natürliche Vernunft gestützt, sich ausdrücklich einer offenbarungsgeleiteten Theologie gegenüberstellte. Wir sahen aber, daß für Augustinus „natürliche Theologie" noch die viel umfassendere Bedeutung der Lehre von der wahren Natur Gottes hatte (gegenüber der „mythologisch" dichterischen und der funktional „politischen" Theologie).

Die Trennung von natürlicher und übernatürlicher Erkenntnis und damit 18
von Philosophie und Theologie wird durch den Nominalismus des Spätmittelalters verstärkt, für den die menschliche Vernunft nicht mehr bis zum Wesen der Dinge durchdringen kann und die Begriffe nur subjektive Konstrukte bleiben. Damit bekommt auf der anderen Seite der Glaube und die Offenbarung ein höheres Gewicht als einziger Weg zur Erkenntnis Gottes und der Übernatur. Von dieser nominalistischen Sicht ist Luther stark beeinflußt. So wird seine Skepsis gegenüber Philosophie und Vernunft verständlich ebenso wie die Bedeutung, die er dem Glauben beimißt. Durch den Humanismus Melanchtons kommen allerdings wieder philosophiefreundlichere Elemente in die protestantische Theologie. In Frankreich ist der Jansenismus das katholische Gegenstück zum Protestantismus. Glaube und Gnade stehen gegen die menschliche Vernunft und deren Unzulänglichkeit. Pascal hat diesen Gegensatz in die klassische Formulierung gebracht: „Der Gott Abrahams, Isaaks und Jakobs, nicht der Gott der Philosophen und Weisen". Im Zuge der Aufklärung des 17. und 18. Jahrhunderts breitet sich von England kommend der „Deismus" aus, eine Theologie, die sich bewußt auf die allgemeinmenschliche Vernunft stützt und auf dieser Ebene das Christentum in seinen Grundzügen zu recht-

fertigen versucht. Deutlich wird dies etwa am Titel des Buches von John
Toland, (1696) „Christianity not Mysterious (später ähnlich: M. Tindal).
Was sich in Offenbarungswahrheiten kleide, sei auch mit der Vernunft zu
rechtfertigen, ansonsten sei es aus der Religion auszuscheiden. Aus diesem
Geist der Aufklärung schrieb Lessing „Die Erziehung des Menschengeschlechts" (1780) und Kant „Die Religion innerhalb der Grenzen der
bloßen Vernunft" (1793). Für Kant ist die Religion eine Erweiterung der
Moral um das Postulat Gottes, so daß er zu der Definition kommt: Religion ist „die Erkenntnis aller unserer Pflichten als göttlicher Gebote" (229,
ähnlich KpV A 233). Die christlichen Dogmen werden nur insoweit
anerkannt, als sie im Sinne dieser religiösen Moralfundierung ausgelegt
werden können. Jesus ist das große moralische Vorbild. Darauf beschränkt
sich die Christologie. Die Dreifaltigkeitslehre wird abgelehnt. Gebet und
Riten gelten als „Afterglaube" (vgl. Sala). Auch Hegel begründet die Religion in der Vernunft. Für ihn haben allerdings die Dogmen der Christologie und Trinitätslehre einen spekulativen Gehalt, welcher der tiefsten
Vernunfteinsicht genau entspricht. So ist seine Religionsphilosophie, die
er auch „Theologie" nennt (TW 17, 341), eine vernünftige Rechtfertigung
des christlichen Glaubens in seinen zentralen Inhalten. Ein ähnliches Bemühen ist beim späten Schelling gegeben.

19 In der französischen Aufklärung verbinden sich mit einer Kritik an der
Kirche und am Christentum agnostische oder atheistische Tendenzen
(Voltaire, Diderot), die schließlich in offene Bekenntnisse zum Atheismus
münden (Holbach, La Mettrie). Philosophie tritt damit auf als Kritik und
Destruktion von Religion und Theologie. In Deutschland deutet Feuerbach die Religion als Projektion des Menschen und läßt sie in dessen
Streben nach Unendlichkeit fundiert sein. Die einzelnen Inhalte der Religion bekommen bei ihm eine anthropologische Bedeutung. So ist die
angebliche Liebe zu Gott nur ein Mißverstehen der sich selbst überschreitenden Kraft zwischenmenschlicher Liebe. Marx sieht die Religion nur als
Kompensation sozialer Ungerechtigkeit an („Opium des Volkes"), Nietzsche als Ausdruck eines lebensfeindlichen Ressentiments des Schwächeren,
und Freud beurteilt sie als neurotische und infantile Flucht vor der Realität. Für den sprachanalytischen Positivismus sind religiöse Sätze einfachhin
sinnlos (Carnap, Ayer). Wittgenstein verteidigt gegen diese Sicht das
religiöse Transzendenzerleben sowie den eigenen Wert des religiösen
„Sprachspieles" neben dem eines natur- oder humanwissenschaftlichen
Verfahrens. Philosophisch wird damit der Religion und ihrer Theologie
ein Bereich eigener Legitimation eingeräumt. Ob dieser Bereich auch
metaphysisch zu rechtfertigen ist, bleibt allerdings bei Wittgenstein offen
(zu den genannten Autoren vgl. Weger 1979).

20 Was die Theologie betrifft, so war in der von der Scholastik beherrschten
katholischen Theologie die oben beschriebene Zuordnung von natürlicher
und übernatürlicher Gotteserkenntnis leitend. Sie hatte auch in die alt-

30

protestantische Theologie Eingang gefunden. Im Pietismus mit seiner Betonung des religiösen Erlebens wird allerdings wieder an die vernunftkritische Tendenz der evangelischen Tradition angeknüpft. Schleiermacher nimmt in seinen Reden „Über die Religion" (1799) dieses Gefühlsanliegen auf, gibt ihm aber ein philosophisches Fundament. Denn das Gefühl für das Unendliche, worin er die Religion gründen läßt, wird von ihm philosophisch expliziert. Kierkegaard sieht die Religion allein in einer Antwort auf den persönlichen Anruf Gottes gerechtfertigt, der sie sogar noch über das vernünftig Allgemeinverbindliche der Ethik erhebt (vgl. Furcht und Zittern, Kierkegaard GW, Abt. 4). Der Einfluß dieses Denkers zeigt sich in der „Dialektische Theologie", die zwischen den Weltkriegen ihre Blüte hatte und deren Hauptvertreter Karl Barth ist. Ihr großes Thema ist die Eigenständigkeit des Glaubens. Nach Barth steht die Theologie vollkommen in sich. Jede Anknüpfung an philosophische Argumentationen wäre ein falscher Versuch der Absicherung und damit eine Minderung des reinen Glaubens an das Wort Gottes. Mit aller Härte wendet er sich deshalb gegen eine Gott und Welt verbindende Analogie-Lehre (Barth 1947, S. VIII). Gegen diese antiphilosophische Einstellung der Theologie richtet sich die Theologie von Wolfhart Pannenberg (Pannenberg 1961; 1971). Das spezifisch Theologische ist nach ihm nicht durch einen isolierten Glaubenssprung zu wahren, sondern durch eine auch philosophisch und anthropologisch zu beschreibende Offenheit des Menschen, die nur in einem Glaubensakt zu bestehen ist, der, wenn er nicht blind sein soll, ein entsprechendes Entgegenkommen Gottes antizipiert, für das die Person und Lehre Jesu Christi steht. Auf katholischer Seite vertrat Karl Rahner eine die traditionelle Trennung von Natur und Übernatur überschreitende Verbindung von Philosophie und Theologie und zeigte damit neue Wege auf. Nach ihm vermag die philosophische Reflexion eine transzendentale Verwiesenheit des Menschen auf Gott freizulegen, die als von diesem her immer schon ermöglicht zu denken ist und die sich im Glauben an seine endgültige Selbstmitteilung in Jesus Christus erfüllt (Rahner 1941; 1976). In der katholischen Fundamentaltheologie (jener traditionell am stärksten philosophisch ausgerichteten theologischen Disziplin) wird eine weitgehend transzendentalphilosophische Begründung der Theologie von H.-J. Verweyen vertreten, wobei ihm Fichtes Ich-Philosophie in einer kommunikationstheoretischen Erweiterung als Grundlage dient (Verweyen 1991). Von philosophischer Seite sind Jörg Splett und Richard Schaeffler hier nochmals zu nennen, die ihre philosophischen Positionen in einem ständigen Austausch mit der Theologie, unter Wahrung der Eigenständigkeit wie auch zum intendierten Vorteil beider Disziplinen, entwickeln.

10. Entsprechungen zwischen Philosophie und Theologie

a. Der Gedanke des Höchsten und seine Unbegreiflichkeit

1) in der Philosophie

21 Die Philosophie stößt im Denken auf ein Letztes, Höchstes, Unbedingtes, und dies gerade in der Auseinandersetzung mit Einwänden hiergegen. Denn wenn gesagt wird: Es gibt nichts Letztes, Unbedingtes, und: wir können nur Vorläufiges erfassen, dann wird dies offenbar mit einem Anspruch auf endgültige Wahrheitserkenntnis behauptet. Diese Unausweichlichkeit eines Letztheits- und Endgültigkeitsbezuges zeigt sich besonders im Bereich des Guten und der Moral. Im Bemühen, diesen Unbedingtheitsbezug näher auszulegen, wird aber auch deutlich, daß dies dem Denken nie vollkommen gelingen kann, und zwar nicht nur faktisch, sondern prinzipiell nicht. Das über alle Bedingungsverhältnisse Hinausliegende läßt sich nicht mehr wie ein Gegenstand vor unser geistiges Auge stellen. Zu dieser Übergegenständlichkeit seien einige Beispiele aus der Philosophiegeschichte angeführt: Nach Platon ist die „Idee des Guten", die das „Voraussetzungslose" ist und der „Anfang des Alls", kein Seiendes mehr, das wie ein Objekt dem Denken gegenübergestellt werden kann, sondern „jenseits des Seins". Nur noch im Gleichnis kann es dargestellt werden (Politeia 506-9, 511 b f). Ähnlich steht nach Plotin das „Hen", das Eine, noch über dem Nous, dem Denken (En V 1; V 4). Nach Kant ist das Unbedingte und Notwendige kein theoretischer Gegenstand mehr. Aber in der Moral, auf die sich die praktische Philosophie bezieht, ist es als das höchste gebietende Gute real da. Am Schluß der „Grundlegung zur Metaphysik der Sitten" (1785) heißt es: „Und so begreifen wir zwar nicht die praktische unbedingte Notwendigkeit des moralischen Imperativs, wir begreifen aber doch seine *Unbegreiflichkeit*, welches alles ist, was billigermaßen von einer Philosophie, die bis zur Grenze der menschlichen Vernunft in Prinzipien strebt, gefordert werden kann". Nach Fichte ist das höchste „Unwandelbare" dem reflexiven Wissen in einem letzten „Einheitspunkt" seiner selbst gegeben, aber auch entzogen: „so ist hier eben das Begreifen des durchaus Unbegreiflichen, *als Unbegreiflichen*" (Fichte, 1804, 32f, 34). Nach Hegel ist „der Inhalt der Philosophie und der Religion derselbe" und dieser „als religiös wesentlich spekulativ" (Enz § 573 Anm). Doch an diese Ebene reicht der trennende und objektivierende Verstand nicht heran, und so kommt er in seiner Vorlesung über die Gottesbeweise zu dem Ergebnis: „daher ist alles Spekulative dem Verstande ein Mysterium" (TW 17, 535). Bei Wittgenstein heißt es: „Die Anschauung der Welt sub specie aeterni ist ihre Anschauung als-begrenztes-Ganzes. Das Gefühl der Welt als begrenztes Ganzes ist das mystische (Tractatus 6. 45). „Es gibt allerdings Unaussprechliches. Dies *zeigt* sich, es ist das Mystische" (6. 522).

2) in der Theologie

Eine der Religion eigentümliche Erfahrung besteht darin, daß Gott oder 22
das Göttliche dem Menschen zwar nahe, aber auch entzogen ist. Der
Mensch kann Gott nicht vor sein Auge bringen wollen. Als Beispiel sei an
den in der Religionsgeschichte in vielen Varianten auftauchenden griechischen Mythos von Semele erinnert, der sich Zeus in menschlicher
Gestalt näherte, die aber, als er ihr den Wunsch erfüllt, ihn in seiner Göttlichkeit zu sehen, sterben muß. In der Bibel lesen wir, daß Gott zu Mose
spricht: „Du kannst mein Angesicht nicht schauen, denn kein Mensch kann
mich schauen und am Leben bleiben". Nur der vorübergezogene Gott,
d.h. der da war, (wörtlich: nur sein „Rücken"), kann von Mose (also vom
Menschen) gesehen werden (Ex 33, 20 ff). Nach Jesaia weist Gott das
Denken des Menschen in die Schranken: „Meine Gedanken sind nicht eure
Gedanken, und eure Wege sind nicht meine Wege - Spruch des Herrn. So
hoch der Himmel über der Erde ist, so hoch sind meine Wege über euren
Wegen und meine Gedanken über euren Gedanken" (Jes 55, 8 f). Nach
dem NT ist Gott derjenige, „der in unzugänglichem Licht wohnt, den kein
Mensch gesehen hat noch zu sehen vermag" (1 Tim 6, 16). Die Licht-
metapher findet sich bereits im Platonismus. Für die christliche Theologie
und stellvertretend für ähnliche Zitate sei nur eines von Augustinus angeführt: „Wir sprechen über Gott; was wunder, daß du nicht begreifst?
Wenn du es nämlich begreifst, so ist es nicht Gott (De deo loquimur, quid
mirum si non comprehendis? Si enim comprehendis, non est deus)" (sermo 117, 3, 5).

b. Die Einbezogenheit des Subjektes in den Gegenstand

1) in der Philosophie

Der Nichtobjektivierbarkeit des „Letzten" oder Absoluten entspricht seine 23
umfassende Wirklichkeit, die auch das Subjekt mit umgreift, das sich auf es
bezieht. Dies bedeutet für das Subjekt, daß sein Selbstbezug von dem
Bezug zu jenem Höchsten nicht zu trennen ist. Oder anders gesagt: Die
Ausrichtung auf das Höchste kann nur gelingen, wenn das Subjekt das
rechte Verhältnis zu sich selbst hat. Da nun dieser Zusammenhang normativen Charakter hat, heißt dies: Es geht darum, daß der Mensch sich
„letztlich" in der rechten Weise zu sich selbst verhalte und so eben auch
zum Letzten, das als Unbedingtes und unbedingt Gutes seinem Selbstverhältnis zum unhintergehbaren Maßstab wird. Dies ist der große Schritt
des Sokrates über die Naturphilosophie hinaus. Für ihn ist das „Erkenne
dich selbst" der Schlüssel zu wahrer philosophischer Erkenntnis (Phaidros
229 e f; Charmides 164 d ff). Für die antiken Philosophenschulen ist dies

bestimmend geblieben, denn es geht in ihnen immer auch um eine Gesamthaltung und Einstellung zum Leben und zur Welt überhaupt. In der Neuzeit ist diese Bedeutung des Praktischen als Angelpunkt philosophischer Erkenntnis und als einziger angemessener Zugang zum Unbedingten vor allem von Kant herausgestellt worden, für den der Bereich des Praktischen die Mitte alles Philosophierens bildet. Auch für den Idealismus ist dies die Mitte geblieben, besonders deutlich bei Fichte, aber auch erkennbar bei Hegel und Schelling. Für Kierkegaard und den Existentialismus gilt dies ebenfalls. Aber auch eine objektivistisch ausgerichtete wissenschaftliche Philosophie verbindet sich in der Regel mit moralischen Ansprüchen, etwa dem auf vorbehaltlose Suche nach Wahrheit und eine intellektuelle Redlichkeit als wissenschaftlicher Grundhaltung.

2) in der Theologie

24 Hier wird unüberhörbar gelehrt, daß sich der Mensch zu jenem Höchsten, zu Gott, nicht hinwenden kann wie zu einem neutralen Objekt. Vielmehr muß er die rechte Einstellung haben. Er muß „reinen Herzens" sein (Mt 5, 8). D.h. er kann sich nicht zu Gott hinwenden ohne sich zu „bekehren". Er muß umkehren. D. h. er hat eine Reflexionsbewegung zu vollziehen (von re-flectere, zurückbeugen). Das Wort im NT dafür ist „Metanoia": Umdenken, die Sinnrichtung des Geistes ändern. Der Mensch soll in sich gehen, um sich ganz auf Gott hin auszurichten. Eine doppelte Reflexion ist also gefordert: in sich zu gehen und von sich weg hin zu Gott, oder besser gesagt zunächst hin zu Gott, um dann unter seinem Blick wieder zurück auf sich selbst zu blicken, die eigene Sündhaftigkeit zu erkennen, aber auch die Möglichkeit, ein neuer Mensch zu werden. So ist Jesu Botschaft vom kommenden, d.h. sich dem Menschen zuwendenden Gott mit der Forderung verbunden, sich zu diesem Gott hinzukehren, und in dieser Hinkehr sich zu bekehren und umzukehren: „Die Zeit ist erfüllt, das Reich Gottes ist nahe. Kehrt um und glaubt an die frohe Botschaft" (Mk 1, 15). Die entscheidende Aktivität geht dabei von Gott aus. Für den Menschen kommt es darauf an, die Tat Gottes in sich wirken zu lassen. „Aber das alles kommt von Gott, der uns durch Christus mit sich versöhnt hat [...]. Laßt euch mit Gott versöhnen!" (2 Kor 5, 18. 20). Die Hinwendung zu Gott muß dem Menschen also von Gott selbst eingeräumt werden. Diese Einräumung ist Gabe, und sie ist zugleich Anspruch, sich auf diese Gabe einzulassen, nämlich in sich und aus sich heraus zu gehen und in dieser Umkehr Gott als den wahrhaft Umfassenden anzuerkennen, als der er sich in diesem Anspruch erweist.

c. Die Thematisierung eines schon bestehenden Lebenszusammenhanges

1) in der Philosophie

Wir sagten, aus der unübersteigbaren Letztheit und umfassenden Abso- 25
lutheit folge die Nichtobjektivierbarkeit jenes höchsten Gegenstandes und
aus dieser das Einbezogensein des sich auf ihn ausrichtenden Subjektes in
ihn. Dies bedeutet nun weiterhin, daß das Subjekt sich hier nicht auf einen
schlechthin neuen, nie dagewesenen Gegenstand ausrichtet. Vielmehr wird
es darauf aufmerksam, daß dieser ihm schon längst gegeben ist. Er muß
ihm schon bekannt sein, damit er sich überhaupt auf ihn ausrichten kann.
Denn die Reflexion verweist ihn in eine Tiefe der eigenen Subjektivität, in
der diese immer schon von jenem Höchsten und Umgreifenden getragen
ist. Die Bezugnahme darauf ist somit zugleich eine Aktualisierung und
Intensivierung des Selbstbezuges, und die Erkenntnis des Höchsten ist
Erinnerung. Platon hat diesen Zusammenhang klar gesehen. Nach ihm
kann die Erkenntnis der Ideen und der Idee des Guten und Höchsten nur
„Anamnesis", Erinnerung sein, da wir uns auf jene Idee nur von ihr herkommend beziehen können. Das Gute ist uns nie völlig fremd. Wir kennen
es längst und müssen uns seiner nur bewußt werden. Dabei kann uns das
Gute allerdings in seiner überraschenden Neuheit aufgehen. Von Augustinus wird dieser Gedanke der „Anamnesis", der „Memoria", in die christliche Philosophie eingeführt. Das Beisichsein, das sich in der Memoria
realisiert, ist der Grundakt des Geistes, der sich differenziert in Erkenntnis
und Wille, wodurch der menschliche Geist Bild Gottes und seiner Dreifaltigkeit wird (Nr. 343-47). Nach Descartes beginnt die Philosophie mit
einem Reflexionsakt des Ich, durch den es dann die Gottesidee in sich
entdeckt als „idea innata", als dem Geist eingeborene Idee. Nach Kant ist
die Philosophie eine Reflexion auf die im Subjekt immer schon liegenden
Möglichkeitsbedingungen seines Erkennens und Wollens. Hegel nennt die
philosophische Erkenntnis einen „Weg der Seele [...], indem sie durch die
vollständige Erfahrung ihrer selbst zur Kenntnis desjenigen gelangt, was
sie an sich selbst ist" (PG, 67). Dieses „an sich" ist nach ihm nichts anderes
als das Absolute, das jedoch nur in diesem Akt der „Er-innerung" (PG
548, 590f) dem Geiste aufgeht (vgl. TW 19, 44 in bezug auf Platon).

2) in der Theologie

Die Erkenntnis Gottes kann sich nur auf ihn als einen solchen beziehen, 26
der auch bisher nicht abwesend und völlig fremd war. So stellt sich Gott
dem Moses als Gott der „Väter" dar (Ex 3, 15), d.h. als der Gott, der das
Volk schon längst begleitet hat und den es jetzt neu (wieder) zu erkennen
gilt. Das bedeutet: Die aktuelle Hinwendung zu Gott ist auch Gedächtnis,
Erinnerung an sein bisheriges Wirken in der Geschichte, später im Chri-

stentum: Erinnerung an Jesus Christus. Entsprechendes gilt auch für das Individuum und seine Geschichte. Wer zum Glauben kommt oder ihn bewußt vollzieht, erkennt dankbar die bisherige Anwesenheit Gottes im eigenen Leben an. Augustinus spricht diese Anerkennung betend so aus: „Spät hab ich Dich geliebt, Du Schönheit, ewig alt und ewig neu, spät hab ich Dich geliebt! Und siehe, Du warst innen, und ich war draußen, und da suchte ich nach Dir [...]. Du warst bei mir und ich war nicht bei Dir" (Confess. 10, 27). Daß die Hinwendung zu Gott aus einer schon bestehen Gemeinschaft mit ihm kommt, ist auch für das Verhältnis von Glauben und Denken relevant. Denn der Glaube ist immer auch etwas Vorgegebenes, in der Überlieferung und in der Glaubensgemeinschaft, der Kirche, längst Vorhandenes. Die Reflexion wendet sich auf ihn zurück. Sie ist dann „fides quaerens intellectum (Glaube, der den Intellekt sucht)", Glaube, der intellektuell durchdrungen werden will und soll, wie es Anselm im Anschluß an Augustinus von der philosophisch-theologischen Reflexion sagt (Proslogion, Vorrede). Diese Re-flexion, dieses Nach-Denken, ist etwas Sekundäres. Sie knüpft an eine schon bestehende vieldimensionale Gemeinschaft mit Gott an, da wir Menschen zu Gott nur von ihm selbst her gelangen können, uns nur dann explizit auf ihn ausrichten können, wenn er bereits in uns und um uns wirksam war und ist.

Erster Teil:
Die systematische Frage nach Gott: Die Gottesbeweise

Einleitendes zum Begriff „Gottesbeweis":

„Gottesbeweis" sei hier zunächst einfach als der übliche Name für die 27
damit bezeichnete Argumentation eingeführt. Was in dieser Argumentation „Beweis" bedeutet, muß sie selbst zeigen. Es wird sich ergeben, daß
es sich z.B. nicht um einen deduktiven Beweis mit axiomatischen Vorga-
ben handelt (Vorbild dafür wäre die Mathematik). Denn in der mit dem
Gottesbegriff eröffneten Ganzheitsperspektive kann es keine unbefragten
Ausgangspunkte geben. Dem Unbedingten kann nur eine reflexive, selbst-
explikative Argumentationsstruktur gerecht werden (Was das heißt, muß
sich im weiteren zeigen). Auch handelt es sich nicht um die Art von Beweisen, wie sie in den Naturwissenschaften geführt werden, wo mit Hilfe
von Gesetzesaussagen und Antezedensbedingungen (so das gängige HO-
Modell der Wissenschaftstheorie) prognostisch auswertbare Erklärungen
hypothetischer Art gegeben werden. Gott ist keine „Erklärung" für irgendwelche Vorgänge in der Welt, die aus ihm abgeleitet werden könnten.
Gott ist auch keine Größe, die mit einer Indizienkette zu erschließen wäre.
Man kann ihn nicht „auffinden" wollen wie ein irgendwie vermutetes
Wesen (nach der Art: gibt es den Jeti im Himalaya?). „Finden" kann man
ihn nur, wenn man mit ihm in gewisser Weise immer schon zu tun hat.
Das Absolute oder Notwendige (wenn man diese Begriffe für den Gottesgedanken wählt) ist und kann nur sein: ein immer schon Gegebenes,
immer schon (wenn auch nicht explizit) Gewußtes, jedenfalls kein empirisch Vorhandenes. Was das alles genauer heißt, muß die Argumentation
selbst zeigen. Es wird sich herausstellen, daß es sich um einen ganz eigenen
Typ handelt, der sich von dem, was man üblicherweise unter „Beweis"
versteht, radikal unterscheidet. Da sich aber der Begriff Gottesbeweis
eingebürgert hat, sei er auch von mir als Name für diesen besonderen
Argumentationstyp verwendet.

Die klassischen Gottesbeweise können als Angelpunkte der philosophi- 28
schen Theologie bezeichnet werden. Denn es geht in ihnen um einen
Überschritt über das Endliche hin zum Unendlichen. Eben dieser Überschritt gehört zum Kern der abendländischen Philosophie und wirkt sich
in allen ihren Bereichen aus. Es gibt jedoch Argumentationen, in denen
sich dieser Schritt verdichtet, und sie sind es, die als Gottesbeweise gelten
können und auch oft so genannt werden. Die leitende Frage ist dabei die:
Kann die Legitimität jenes Schrittes erwiesen werden, oder ist er nur eine
Art irrationaler Sprung oder eine bloße Illusion und ein Selbstmißverständnis des Denkens? Da in der Philosophie allein Argumente zählen,

kann von dem Vorhaben eines solchen Erweises als vom Projekt eines Gottesbeweis gesprochen werden, allerdings unter den genannten Einschränkungen, etwa im Vergleich zu Beweis-Begriffen in den anderen Wissenschaften.

29 Es gibt verschiedene Typen dieses Überschrittes und damit dieses Beweises. Der erste ist der Schritt von der äußeren Natur auf das sie begründende Göttliche. Dies ist (von griechisch „kosmos", die Welt) der „kosmologische Gottesbeweis" (KGB). Der zweite setzt bei der Wahrheit und ihrer Erkenntnis an und fragt: Was bedeutet es, daß wir Wahrheit erkennen können? Der Nachweis soll geführt werden, daß die Erkenntnis der Wahrheit von existentem endlichen Seienden die Kenntnis des Unendlichen und zwar des unendlich Seienden voraussetzt. Dies ist (von griechisch „aletheia", die Wahrheit) der „alethologische Gottesbeweis" (AlGB). Der dritte geht vom Denken aus und reflektiert auf den darin zu findenden Bezug zu einem Letzten und Höchsten, das, weil es als solches nicht mehr unter einschränkenden Bedingungen stehen kann, auch wirklich seiend ist. Dies ist (von griechisch „on", das Seiende) der „ontologische Gottesbeweis" (OGB). Der vierte Gottesbeweis geht von der Erfahrung des Werthaften und Guten aus. Er zielt darauf, daß diese Erfahrung nur verständlich wird aus der Bezugnahme auf ein höchstes und unbedingt Gutes, das als solches die Quelle unbedingter Forderung ist. Dies ist (vom griechischen „axios", werthaft) der „axiologische Gottesbeweis" (AxGB). Der fünfte von uns behandelte Beweis hat zum Ausgangspunkt die Zweckgebilde, aber nicht nur die der Natur, sondern vor allem die Zwecke und Sinnziele unseres geistigen Lebens. In Anlehnung an die traditionelle Bezeichnung (vom griechischen „telos", das Ziel) wird er vorgestellt als der „teleologische Gottesbeweis" (TelGB). Es wird sich zeigen, daß diese einzelnen Beweise nicht isoliert nebeneinanderstehen. Sie enthalten im Grunde *einen* Gedanken, nämlich den des Überschrittes vom Endlichen zum Unendlichen. Doch lassen die Aspekte des Seins und seiner Erfahrung, auf die sich die Argumentation jeweils bezieht, verschiedene Ausprägungen in der Darstellung zu. Wir werden aber sehen, daß jene Aspekte wesentlich zusammengehören. Sein, Wahrheit, Gutheit und Denken gelten schon seit der antiken Metaphysik als zusammengehörige Momente, die aufeinander verweisen. Als ein solcher Verweisungszusammenhang werden sich auch die hier vorstellten Gottesbeweise ergeben. Die Ausführung des einen wirft ein Licht auf den anderen. So erhellen und ergänzen sie einander und stellen in ihrer Gesamtheit und in den verschiedenen Dimensionen unserer reflektierten Erfahrung sich bewährende Kernargumentation dar.

30 Damit ist aber keine Vollständigkeit beansprucht. Es sind durchaus weitere Varianten von Gottesbeweisen möglich und in der Geschichte des Denkens auch zu finden. Hegel sieht das Prinzip dafür darin, daß alle unsere metaphysisch-logischen Grundbestimmungen (Sein, Einheit, Substanz, Ganzheit, Grund, Reflexion, Zweck, Leben, Erkennen, Wahrheit und

Gutheit, Selbstsein und Freiheit - um nur einige der Bestimmungen zu nennen, die er in seiner „Wissenschaft der Logik" behandelt) den Zusammenhang von Endlichem und Unendlichen enthalten. In seinen Worten: „Überhaupt kann man die Beweise zu Dutzenden vermehren; jede Stufe der logischen Idee kann dazu dienen" (TW 17, 518). Da die Fülle dieser Bestimmungen nicht abschließbar ist, kann es immer wieder neue Gottesbeweise geben. Aber alle werden in der ein oder anderen Art und Weise jene Kernargumentation enthalten, daß nämlich das Bedingte nicht ohne das Unbedingte, das Relative nicht ohne das Absolute, das Endliche nicht ohne das Unendliche sein kann.

I. DER KOSMOLOGISCHE GOTTESBEWEIS

1. Ein *vorsokratischer Entwurf*: In seiner „Physik" gibt Aristoteles eine 31 Argumentation der vorsokratischen Naturphilosophen wieder, speziell des Anaximander, die den Grundgedanken des „kosmologischen Gottesbeweises" (KGB) bereits enthält:
„Alle Dinge sind entweder Anfang oder vom Anfang her (ἣ ἀρχὴ ἣ ἐξ ἀρχῆς). Vom Unbegrenzten (ἀπείρου) gibt es keinen Anfang, sonst wäre ihm eine Schranke gesetzt. Es ist auch nicht entstanden und ist unvergänglich, weil es ein Anfang ist. Denn das Entstandene muß notwendig ein Ende nehmen, so wie es auch ein Ende von jedem Vergehen gibt. Deswegen, wie schon gesagt, gibt es keinen Anfang von ihm (dem Anfang). Sondern er scheint dies (Anfang) von allem übrigen zu sein, alles zu umfassen und alles zu steuern, so wie diejenigen sagen, die neben dem Unbegrenzten keine weiteren Ursachen annehmen wie den Geist [Anaxagoras] oder die Liebe [Empedokles], und dies sei das Göttliche, denn es sei unsterblich und unvergänglich, wie es Anaximander und die meisten der Naturphilosophen sagen" (Aristoteles, Physik 203 b 6-15)
(1) Alle Dinge sind Anfang oder vom Anfang her. (2) Das Apeiron (das Unbegrenzte) hat keinen Anfang, sonst hätte es eine Schranke. D.h. das Apeiron bringt die Arché zum Ausdruck. (3) Der Anfang, bzw. das Apeiron, ist nicht entstanden, ist also unvergänglich. Es hat wesentlich in sich die Macht zum Sein. Es ist gleichsam durch nichts außerhalb seiner bedroht. (4) Das Entstandene vergeht auch wieder, d.h. es ist begrenzt. Diese Grenze zeigt sich nach allen Seiten. (Vielleicht ist dies eine Spitze gegen Hesiod, dessen Götter entstehen, aber unsterblich sind). (5) Der Anfang ist Anfang alles übrigen. Er umfaßt und steuert alles. In seiner Ferne ist er allem nahe. (6) Dies ist das Göttliche. Diese Aussage stellt eine Identifikation mit der religiösen Überlieferung her, wie sie ähnlich jeweils am Ende der 5 Wege des Thomas zu finden ist. Die Einheitlichkeit der Arché ist in dieser Argumentation des Anaximander mehr gewahrt als etwa bei Anaxagoras, der einen zweifachen Ursprung annimmt: Materie und

Geist, oder als bei Empedokles, nach dessen Lehre alles in der Welt aus den vier Elementen (Wasser, Feuer, Luft und Erde) und deren Bewegung durch die beiden Kräfte „Liebe" und „Streit" hervorgeht.

Wir haben in diesem Text die Grundstruktur des KGB vor uns. Aus dem Kontext (Physik III, 4-8) geht allerdings hervor, daß für Aristoteles der Begriff des „Apeiron" nicht der adäquate Begriff für die göttliche Arche ist, da für ihn das Unbegrenzte nur das Unbestimmte im Sinne der Potentialität der Materie, bzw. des potentiell Unendlichen, wie es beim Zählen auftritt, ist. Nach J. Hirschberger faßt Aristoteles den Begriff des Unbegrenzten nicht mehr wie Anaximander „als etwas Substantielles auf, sondern nur als eine Eigenschaft" (Hirschberger I, 219). Für Aristoteles ist jene letzte, die Welt tragende Arché, höchster geistiger Vollzug und damit alle Bestimmungen (Formen, Ideen) in sich fassender Selbstvollzug. Nicht also die Kernargumentation, die von Anaximander geradezu musterhaft vorgeführt wird, sondern die nähere Auslegung jener ersten und allgemeinen Arche ist es, in der sich Aristoteles von Anaximander aus den Gründen, die seiner differenzierteren Begrifflichkeit und entwickelteren Philosophie entsprechen, absetzt.

32 2. *Platon* beginnt bei der Bewegung in der Natur. Die Bewegung kommt durch Bewegungsanstöße zustande, die wiederum von vorangehenden Bewegungsanstößen herstammen. Doch muß die Bewegung letztlich in einer Selbstbewegung gründen (Nomoi 894 e ff). Die Selbstbewegung ist charakteristisch für die Seele (ebd. 895 e f). Im „Phaidros" (245 c ff) ist dies der Beweis für die Unsterblichkeit der Seele. Denn das Sich-selbst-Bewegende ist anfänglich und ungeworden. Die Selbstbewegung der Seele trägt deshalb das All. Sie ist das Göttliche oder mit dem Göttlichen in der Schau des Ewigen und Unvergänglichen, des „wahrhaft Seienden" (247 c), direkt vereint. Die Seele des Menschen gehört in diesen Bereich des zu jener Schau Fähigen und deswegen an deren Gegenstand Teilhabenden. Sie ist somit selbst unvergänglich und unsterblich. Für Platon ist ein Gottesbeweis, d.h. der Beweis jenes Höchsten und Ewigen, auch der Beweis dafür, daß wir durch unsere Seele an diesem Höchsten Anteil haben, da wir sonst zu seiner Argumentation nicht imstande wären. Im „Phaidon" wird der abschließende Beweis für die Unsterblichkeit der Seele so geführt, daß die Unvergänglichkeit der „Idee des Lebens" aufgewiesen wird: „Gott wenigstens, sprach Sokrates, und die Idee des Lebens selbst wird wohl, wenn überhaupt etwas unsterblich ist, von jedem eingestanden werden, daß es niemals untergehe" (Phaidon 106 d). Die Seele kann nur in der Einheit mit diesem unvergänglichen Leben begriffen werden kann, und so ist sie ebenfalls unsterblich (105 b -107 a). In den vorangehenden Beweisen (76 d - 80 e) wurde von Sokrates gezeigt, daß das apriorisch Ideelle und damit Überzeitliche in unserem Erkennen von unserer Seele nicht zu trennen ist, da diese durch jenes überhaupt agiert, bzw. ihr Durch-sich-Agieren nichts

anderes ist als der Bezug zu jenem Bereich und als dessen Vollzug: „Wenn sie (die Seele) aber durch sich selbst betrachtet, dann geht sie zu dem Reinen, immer Seienden, Unsterblichen und sich stets Gleichen, und als diesem verwandt, hält sie sich stets zu ihm" (79 d).

Zu den Texten aus Platons „Nomoi" ist zu bemerken: Der Bereich der 33 Seele wird dort mit den Göttern identifiziert, die auch als Naturgrößen angesehen werden, z. B. als Gestirne. Platon hat das Bestreben (wie Aristoteles und später Plotin), die traditionelle Religion, trotz seiner Kritik an deren Vorstellungen von den Göttern (vgl. Politeia 377-383) in einer gereinigten Form in seine Systematik zu integrieren. Nach dem „Timaios" sind diese Götter als Bestandteile des Kosmos selbst geschaffen vom „Vater des Alles", vom Demiurgen (27 ff, 39 ff). Der aber ist selbst auf die Ideen ausgerichtet und ihnen damit in gewisser Weise untergeordnet. Er dürfte in diesem Dialog mit dem „Nous", dem Geist, zu identifizieren sein, während die Götter der von ihm erschaffenen Weltseele zugeordnet werden. Ihr gehören auch die Götter an, von denen in den „Nomoi" die Rede ist. In der „Politeia" ist das absolut Höchste und damit Göttliche die „Idee des Guten". Im „Symposion" heißt sie „Idee des Schönen". Sie wird dort auch das „immer Seiende" genannt, das „nicht in einem anderen ist [...], sondern rein für sich" (Symposion 210 e, 211 a f; vgl. Phaidros 247 c f). Mit diesen Bestimmungen hat Platon die höchste und eigentliche Gottesidee erreicht. Plotin hat im Anschluß an die Differenzierung des göttlichen Bereichs bei Platon eine dreifache Stufung des Übersinnlichen angenommen, bestehend in dem „Einen" oder „Guten" und „Schönen" als dem Höchsten, in dem ihm untergeordneten „Geist" und in der diesem wiederum untergeordneten „Seele". In den folgenden Texten aus dem „Phaidros" und den „Nomoi" will Platon zeigen, daß die Bewegung des Kosmos in einem göttlichen Bereich gründet. Von dessen weiterer Differenzierung durch Platon soll dabei abgesehen werden.

„Alles, was Seele ist, ist unsterblich; denn was sich immer bewegt, ist 34 unsterblich. Was aber anderes bewegt *und* von anderem bewegt wird, dem ist mit dem Aufhören der Bewegung zugleich ein Aufhören des Lebens gegeben. So ist es also einzig das sich selbst Bewegende, da es sich selbst ja nicht im Stich läßt, nicht aufhört, sich zu bewegen; es wird aber auch für alle anderen Wesen, die in Bewegung sind, zur Quelle und zum Ursprung der Bewegung. Anfang (ἀρχή) aber ist etwas Ungewordenes; denn aus dem Anfang wird zwangsläufig alles Werdende, er selbst hat keinen Ursprung; denn wenn der Anfang aus irgend etwas würde, hätte der Anfang nichts, woraus er entstehen könnte. Nachdem er aber etwas Ungewordenes ist, muß er zwangsläufig unzerstörbar sein; vergeht nämlich der Anfang, so wird weder er selbst jemals aus irgend etwas noch etwas anderes aus ihm hervorgehen, da ja doch aus dem Anfang alles werden muß. Somit ist der Bewegung Anfang das sich selbst Bewegende (τὸ αὐτὸ αὑτὸ κινοῦν), und dieses kann weder vergehen noch werden, oder alles, Himmel und werdende Welt, stürzte zusammen und bliebe stehen und hätte nichts, woher sie jemals wieder Bewegung und Werden bekämen. Da sich nun das von sich selbst Bewegte als unsterblich erwiesen hat, wird man kein Bedenken haben, Wesen und Begriff der Seele eben so zu bestimmen. Denn jeder Körper, der seine Bewegung von außen bekommt, ist unbeseelt; wer sie aber von innen aus sich selbst besitzt, der ist beseelt, wie eben dies die Natur der Seele ist. Wenn sich dies aber so verhält, daß nämlich das sich selbst Bewegende nichts anderes als die Seele ist, dann ist die Seele wohl zwangsläufig ungeworden und unsterblich" (Phaidros 245 c ff).

„Als Anfang also aller Bewegung und als diejenige, die als erste in den stillstehenden Dingen und in den bewegten wirkt, ist die sich selbst bewegende Bewegung, so müssen wir behaupten, notwendig die älteste und mächtigste unter allen Veränderungen; die aber, die durch etwas anderes den Anstoß erhält und dann anderes in Bewegung setzt, die zweite" (Nomoi 895 b). „Was nun weiter die Sterne insgesamt betrifft und den Mond, die Jahre, Monate und sämtliche Jahreszeiten: welche andere Behauptung können wir darüber aufstellen als eben diese: weil eine Seele oder Seelen sich als Ursachen von diesem allen erwiesen haben und als vollkommen gut in jeder Vortrefflichkeit, so werden wir behaupten, daß sie Gottheiten sind" (Nomoi 899 b).

35   3. *Aristoteles* knüpft an diese Argumentation Platons an. Er kritisiert jedoch den Gedanken der Selbstbewegung (Physik VIII, 5). Denn es müßte in diesem Fall etwas im selben Sinn bewegend und bewegt sein. Das aber ist ein Widerspruch. Die Bewegung kann nach Aristoteles nur im Unbewegten gründen. Thomas von Aquin wird später einen Ausgleich suchen zwischen Aristoteles und Platon: „es ist nämlich kein Unterschied, ob man mit Platon zu einem Ersten gelangt, das sich selbst bewegt, oder mit Aristoteles zu dem Ersten, das ganz und gar unbeweglich ist (Scg I, 13). Unbewegt sind nach Aristoteles zunächst die Formen, die jeweils als Ziele in allem Geschehen walten und das Werden lenken. Dieses Werden ist ein Übergehen von der Möglichkeit (dýnamis) in die Wirklichkeit (enérgeia). Zur weiteren Kosmologie des Aristoteles sei folgende Skizze gegeben: Die Natur ist nach ihm ein großer Bewegungszusammenhang. Die Zeit ist das „Maß der Bewegung" (Physik 219 b). Dabei ist Bewegung, „kínesis", jede Form von Veränderung. Unter den Veränderungen hat die Ortsbewegung allerdings einen Vorrang. Denn die Gestirne als die höchsten materiellen Seienden verändern sich nur dem Orte, nicht ihrer Beschaffenheit nach. Die Zeit ist ohne Anfang und Ende, ebenso die Bewegung, auf die sie bezogen und von der sie nie zu lösen ist. Nach Aristoteles gibt es keine leere Zeit im Newtonschen Sinne, übrigens auch keinen leeren Raum. Der Kosmos ist ewig, und die Erde ist kugelgestaltig und steht in seiner Mitte. Um sie kreisen die Schalen, die Sphären der Gestirne, nämlich die des Mondes, der Sonne, der Planeten, und schließlich, als äußerste Schale, die

des Fixsternhimmels, dessen Bewegung als immerwährende Kreisbewegung die denkbar vollkommenste ist. Die Gestirne sind ewig. Sie bestehen nicht aus den vier Elementen, sondern aus einer Art geistiger Stofflichkeit, dem „Äther" (der später so genannten „quinta essentia"), und haben (wie schon bei Platon) göttlichen Rang. Da sie sich bewegen, sind sie allerdings noch in einem ständigen Übergang von Möglichkeit zu Wirklichkeit, wenn auch nur dem Orte, nicht ihrem (werdelosen) Sein nach. Die Fixsternsphäre kann deswegen nicht letzter, tragender Grund (Arché) des Kosmos sein. Denn Bewegung kann nur von Aktualität, von Wirklichkeit ausgehen. Wäre das ursprüngliche Sein bewegt, wäre es immer durch die Möglichkeit bedingt, und diese hätte aus sich die Wirklichkeit, also letztlich das Nichts das Sein hervorbringen müssen. Das aber ist nicht denkbar. Der sich bewegende Kosmos kann deshalb nur in einer reinen Wirklichkeit, in reiner Aktualität gründen. Diese ist höchstes Leben, höchster Selbstbezug, reine Reflexivität, und damit Denken und Sich-selbst-Denken, Denken des Denkens, „nóesis noéseos". Von diesem reinen Denken stammt alle Bewegung. Es ist dies der wahre Beweger, der selbst unbewegt sein muß. Wie kann er aber die Welt bewegen, wenn er selbst in die Bewegung in keiner Weise involviert ist? Die Antwort ist die: Er bewegt durch Attraktion, wie ein Geliebtes. Im Blick auf die vier Ursachen, die Aristoteles unterscheidet, die Stoff- und Form- (als innere) und die Wirk- und Zielursache (als äußere), wird der unbewegte Beweger als Zielursache bestimmt. Aristoteles kennt somit keine Hervorbringung der Welt im Sinne der Wirkursache. Sie würde eine Involvierung in die Welt mit sich bringen, die vom Unbewegten fernzuhalten ist. Eine Schöpfung, wie Platon sie im „Timaios" als Mythos ins Auge faßt, ist nach Aristoteles ausgeschlossen. Doch mit dem Begriff der höchsten Zielursache greift er einen Gedanken Platons auf. Nach diesem ist der Eros auf das Schöne, letztlich auf „das Schöne selbst", das „immer Seiende", ausgerichtet. Der Mensch in seiner geistigen Fähigkeit kann bis zu einer „Schau" dieses Höchsten gelangen (Symposion 210 e - 212 a). Doch dieser Eros durchzieht den ganzen Kosmos. Auch die vernunftlosen Tiere streben nach diesem Ewigen, indem sie sich in der Gattung immer weiter fortpflanzen (207 d). Nach dem „Phaidros" ist die Seele das Bewegungsprinzip des Alls (245 c ff). Ihr Streben ist der Eros, der als geistiger in der Schau des „ewig" und „wahrhaft Seienden" seine Erfüllung findet (246 b - 248 e). Auch in der Sicht des Aristoteles nimmt der ganze Kosmos an diesem Streben nach dem Ewigen teil, und zwar jeweils in den Grenzen, welche die Form den Seienden gibt. Wie Platon verweist er auf das Gattungsleben der Tiere (de anima 415 a/b). Der Mensch aber ist zur „Theoria" fähig, zur geistigen Schau des Göttlichen (Nik.Ethik X, 7-9). Und dieses Göttliche ist der „erste Beweger" des gesamten Kosmos. Die spätere christliche Aufnahme dieser Gesamtsicht ist etwa in Dantes „Göttlicher Komödie" zu finden: „Io credo in uno Iddio / solo ed eterno, che tutto 'l ciel move, / non moto, con amore e con disìo (ich glaube an einen Gott, den einzigen und ewigen, der den ganzen Himmel bewegt, selbst unbewegt, durch Liebe und Sehnsucht)" (div. com. III, 24, 130ff), und die Schlußzeilen des Werkes: „l' amor che move il sole e l'altre stelle (die Liebe, die Sonne und die anderen Gestirne bewegt)".

36 „Da aber dasjenige, was bewegt wird und bewegt, ein Mittleres ist, so muß es auch etwas geben, das ohne bewegt zu werden, selbst bewegt, das ewig und Wesen und Wirklichkeit ist. Auf solche Weise aber bewegt das Erstrebte und das Intelligible; es bewegt, ohne bewegt zu werden" (Met. 1072 a). „Jenes bewegt wie ein Geliebtes (ὡς ἐρώμενον), und durch das (von ihm) Bewegte bewegt es das übrige. Wenn nun etwas bewegt wird, so ist es möglich, daß es sich auch anders verhalte. Wenn also Ortsbewegung die erste Wirklichkeit insofern ist, als das Bewegte in Bewegung ist, so ist insofern auch möglich, daß es sich anders verhalte, nämlich dem Orte, wenn auch nicht dem Wesen nach. Nun gibt es aber etwas, was ohne bewegt zu werden selbst bewegt und in wirklicher Tätigkeit existiert (τι κινοῦν αὐτὸ ἀκίνητον, ὂν ἐνεργείᾳ ὄν); bei diesem ist es also auf keine Weise möglich, daß es sich anders verhalte. Denn Ortsbewegung ist die erste unter den Veränderungen und unter ihr die Kreisbewegung; diese Bewegung aber wird von jenem ersten Bewegenden hervorgebracht. Also ist es notwendig seiend, und inwiefern es notwendig ist, ist es auch so gut und in diesem Sinne Prinzip (ἀρχή) [...]. Von einem solchen Prinzip also hängen der Himmel und die Natur ab. Sein Leben aber ist das beste, und wie es bei uns nur kurze Zeit stattfindet, da beständige Dauer ihm unmöglich ist, so ist es bei ihm immerwährend" (Met. 1072 b). „Sich selbst also erkennt die Vernunft, wenn sie das Beste ist, und die Vernunfterkenntnis ist Erkenntnis ihrer Erkenntnis (νόησις νοήσεως" (Met. 1074 b).

37 4. *Plotin* bestimmte das Höchste als „Eines" und „Gutes". Er führt zu diesem höchsten Einen in einer Argumentation, die der Struktur des KGB entspricht. Das Viele ist nicht „sich selbst genügend" (autárkes). Denn es ist im einzelnen und in seiner Gesamtheit abhängig, weil es nicht als vollkommener Selbstbezug, als radikale Einheit gedacht werden kann. Nur das in jeder Hinsicht in sich selbst stehende Eine genügt sich selbst und kann der Grund all dessen sein, was abhängig und nicht vollkommen eins mit sich ist:

„An seiner Selbstgenügsamkeit kann man wohl seine (des höchsten Einen) Einheit begreifen. Da es das Zureichendste und Selbstgenügendste von allem ist, so muß es auch das Unbedürftigste sein. Alles Viele und Nichteine aber ist bedürftig, da es erst aus Vielem ein Eines geworden ist; sein Wesen bedarf also des Einsseins. Jenes aber bedarf seiner selbst nicht, denn es *ist* es selbst. Was ferner vieles ist, bedarf so vieler Dinge als es ist; weiter existiert jedes der Dinge in ihm mit den anderen verbunden und steht nicht in sich selbst, weil es der anderen bedürftig ist, und dadurch wird ein solches Wesen sowohl in seinen Einzelbestandteilen wie als Ganzes bedürf-

44

tig. So wahr es nun ein völlig selbstgenügsames Wesen geben muß, so muß es das Eine geben, denn es allein ist so beschaffen, daß es weder gegen sich selbst noch gegen ein anderes bedürftig ist" (En VI 9, 6).

5. Islamische und jüdische Scholastik

Die islamische Kultur hatte im Frühmittelalter eine Blütezeit. Sie war der 38 westeuropäisch christlichen Welt überlegen. Über die Araber wurde auch weitgehend die antike Philosophie und besonders das Werk des Aristoteles im Abendland bekannt und rezipiert. Islamische Gelehrte wie Avicenna und Averroes hatten großen Einfluß auf die Hochscholastik des 13. Jahrhunderts. Auch mit den Gottesbeweisen haben sich die islamischen Gelehrten intensiv befaßt. Es kam dabei zu zwei miteinander streitenden Richtungen in der Bezugnahme auf Aristoteles (zum folgenden siehe: Craig, 48 - 157).

(1) Die wichtigen Vertreter der ersten Richtung sind Al-Kindi (801-873) 39 und Al-Ghazali (1058-1111). Ihr Rückgriff auf Aristoteles war von dem christlichen Schriftsteller Johannes Philoponos, der im 6. Jh. in Alexandrien lehrte, geprägt. Dieser kritisierte die Lehre des Aristoteles von der ewigen Welt. Sie war nach ihm mit dem christlichen Schöpfungsglauben nicht vereinbar und zudem in sich widersprüchlich. Letzteres war sie deshalb, weil in einer ewig bestehenden Welt jedem Augenblick eine unendliche Anzahl von aktualisierten Zeit-Schritten vorweggegangen sein müßten. Das aber ist unmöglich. Denkbar ist nur (auch nach Aristoteles) ein potentiell Unendliches (wie bei den Zahlen). Diesen Gedanken griffen jene beiden islamischen Gelehrten auf und entwickelten auf dieser Basis einen Gottesbeweis aus der Kausalursächlichkeit: Im Bewegungs- und Verursachungszusammenhang kann man nicht ins Unendliche zurückgehen. Es muß einen Anfang gegeben haben. Ihn konnte nur der allmächtige Gott setzen. Nur diese Auffassung sei mit dem Gottesbegriff und der Schöpfungslehre des Islam vereinbar.

(2) Die andere, der ersten entgegengesetzte Richtung ist durch die Ge- 40 lehrten Al-Farabi (gest. 950), Ibn Sina (Avicenna) (980-1037), Ibn Rushd (Averroes) (1126-1198) und den Juden Moses Maimonides (1135-1204) (Leibarzt von Sultan Saladin, dem Sieger über das Kreuzritterheer) repräsentiert. Sie folgten Aristoteles in der Auffassung von einer ewigen Welt immerhin insoweit, als sie dessen Argument gegen die Annahme eines Anfangs der Welt für stichhaltig hielten. Es bestand darin, daß die Zeit keinen Anfang haben kann: Denn wenn ich ihren Anfang denke, denke ich diesen wiederum auf einer übergeordneten Zeitachse. Sonst hat der Begriff des Anfangs keinen Sinn. Da aber nach Aristoteles die Zeit das Maß der realen Bewegung und insofern stets auf diese bezogen ist (es gibt keine leere, Newtonsche Zeit), muß die Gesamtbewegung und damit der

Kosmos als ewig gedacht werden. Nun ist allerdings nach Aristoteles der Kosmos nochmals auf den von ihm unterschiedenen ersten Beweger angewiesen, auch wenn dieser nicht im Sinne eines wirkursächlichen Schöpfergottes gedacht wird. Die oben genannten Gelehrten verbanden nun die Aristotelische Lehre mit dem Schöpfungsglauben. Angelpunkt dafür konnte nicht der Begriff einer Ursachenfolge in der Zeit sein, sondern nur das Begriffspaar der „Kontingenz" und „Notwendigkeit". Das kontingente Seiende ist nur ein Mögliches. Es hat nicht aus sich die Notwendigkeit zum Sein, sondern ist auf anderes Seiendes angewiesen. Dies zeigt sich an seinem Entstehen und Vergehen. Aber wie ist es mit dem ganzen Zusammenhang des Entstehens und Vergehens? Muß dieser nicht als anfanglos und somit als ewig gedacht werden? Das kann man zugeben und ihn in diesem Sinn „notwendig" nennen. Allerdings ist diese Notwendigkeit noch keine vollkommene. Denn auch der Zusammenhang des Entstehenden und Vergehenden ist nicht vollkommen aus sich selbst, denn er kann nicht in radikaler Selbstbegründung gedacht werden. Er ist somit als ganzer abhängig und seine Notwendigkeit selbst nochmals eine bloß mögliche, eben eine Notwendigkeit nicht durch sich selbst, sondern durch anderes. Dieses andere kann aber nur der allmächtige Schöpfergott sein, der allein aus sich selbst notwendig seiend ist. Während allerdings die drei islamischen Gelehrten eine anfangslose Schöpfung lehrten, erkannte Maimonides auch die Schwäche der aristotelischen Gründe an und hielt sich so für berechtigt, wenn auch nicht aus philosophischen, sondern aus Gründen des Glaubens, an einem Schöpfungsanfang festzuhalten (Führer der Unschlüssigen II, 2-19; die Gottesbeweise finden sich in II, 1).Thomas von Aquin hat die beschriebene Argumentation des Gottesbeweises aus der Kontingenz als „dritten Weg" formuliert (die Vorlage der lateinischen Texte des Avicenna dazu finden sich in: Arnou, 59-71; bei Maimonides entspricht der dritte und vierte Beweis zusammengenommen dem dritten bei Thomas, während sich die zwei ersten Wege beider gleichen). Außerdem liegt diese philosophische Sicht auch seinen anderen Gottesbeweisen zugrunde. Die beiden widerstreitenden Auffassungen über die Ewigkeit der Welt wurden später von Kant in der „Kritik der reinen Vernunft" als (erste) kosmologische Antinomie vorgeführt (KrV B 454 ff).

6. Thomas von Aquin - erster, zweiter und dritter „Weg":

41 Thomas hat, neben kürzeren Bezugnahmen auf die Thematik in anderen Werken, seine Gottesbeweise hauptsächlich in der „Summa contra gentiles" (Scg I, 13, 15) und in der „Summa theologiae" (Sth I, q II, a 3 resp) dargelegt. Da der Text in der Summa theologiae strukturierter und übersichtlicher ist und vor allem auch der klassische Bezugstext für die meisten Zitationen darstellt, werde ich mich auf ihn stützen (eine gute Zusammen-

stellung der Texte mit Kommentierung ist die von Seidel, 1982). Von diesen berühmten „fünf Wegen", den „quinque viae" werden im folgenden die ersten drei angeführt. Sie gehören inhaltlich zusammen und stellen Varianten des KGB dar (vgl. Muck, 106 - 133). Der „vierte Weg" aus den Graden der Vollkommenheit soll im Zuge des axiologischen Gottesbeweises, der „fünfte" aus der Finalität im Zusammenhang des teleologischen behandelt werden.

Thomas legt seine Gottesbeweise dar in der Sth I in der quaestio 2: „De Deo, an Deus sit (über Gott, ob es ihn gibt)". Deren erster Artikel ist überschrieben mit der Frage: „Utrum Deum esse sit per se notum (ob das Sein Gottes durch sich bekannt ist)". Thomas unterscheidet ein Bekanntsein (notum) „in sich (secundum se)" und „für uns (quoad nos)". In sich ist Gottes Sein bekannt und selbstverständlich. Denn Gott ist sein eigenes Sein (Deus enim est suum esse). Aber für uns ist dieses Sein Gottes nicht selbstverständlich. Wir haben nicht diese Innenperspektive Gottes. Für uns sind Beweise nötig. Und da unsere Erkenntnis über die Sinne geht, sind diese Beweise über die Sinnlichkeit, also über das äußere, sinnliche Sein zu führen. Für uns ist Gott also nicht direkt, sondern nur indirekt über die Erkenntnis des Endlichen erkennbar.

Der Artikel 2 ist überschrieben: „Utrum Deum esse sit demonstrabile (ob Gottes Sein beweisbar ist)". Thomas unterscheidet: Ein „Beweis aus dem Grund heraus (demonstratio per causam)", auch „Beweis aus dem schlechthin (sachlich) Vorgeordneten (per priora simpliciter)" oder „wegen etwas (propter quid)" genannt, ist uns nicht möglich. D.h. wir können nicht aus der Begründung heraus, die in Gott selbst liegt, seine Existenz erkennen. Uns ist nur der „Beweis aus dem Verursachten (demonstratio per effectum) möglich, auch „Beweis weil (demonstratio quia)" oder „durch das, was für uns das Frühere ist (per priora quoad nos)" genannt. Denn nur durch das von Gott Begründete, die Welt, die für uns das Bekanntere und insofern in der Erkenntnis Frühere ist, ist uns ein Zugang zu Gott möglich, der an sich selbst das Frühere, aber für unsere Erkenntnis das Nachgeordnete und erst zu Erweisende ist.

Der Artikel 3 ist überschrieben: „Utrum Deus sit (ob es Gott gibt)". Hier 42 folgen im Corpus des Artikels (stets eingeleitet mit „respondeo") die „fünf Wege": „Ich antworte, daß Gottes Sein auf fünf Wegen bewiesen werden kann (respondeo dicendum quod Deum esse quinque viis probari potest)". Der Erste, der für Thomas der „manifestior", der stärkste unter ihnen ist, „ist von der Bewegung hergenommen (sumitur ex parte motus)":

„Ich antworte: Daß Gott ist, kann, so läßt sich sagen, auf fünf Wegen bewiesen werden. Der erste und augenfälligere Weg aber ist der, welcher von der Bewegung her (ex parte motus) genommen wird. (a) Es ist nämlich gewiß und steht für die Sinneswahrnehmung fest, daß einige (Dinge) in dieser Welt bewegt werden (moveri in hoc mundo). Alles aber, was bewegt wird, wird von etwas anderem bewegt (Omne autem quod movetur, ab alio movetur). Nichts nämlich wird bewegt, außer sofern es sich zu dem in Möglichkeit (in potentia) verhält, wozu es bewegt wird. Etwas bewegt aber, sofern es in Wirklichkeit ist (est actu); denn bewegen heißt nichts anderes, als etwas aus der Möglichkeit in die Wirklichkeit überführen (de potentia in actum). Aus der Möglichkeit kann aber etwas nicht überführt werden außer durch etwas Seiendes in Wirklichkeit: z.B. etwas Warmes in Wirklichkeit, wie das Feuer, bewirkt, daß das Holz, das warm der Möglichkeit nach ist, in Wirklichkeit warm wird, und dadurch bewegt es dieses und verändert es. Es ist aber nicht möglich, daß dasselbe (Ding) zugleich in derselben Hinsicht in Wirklichkeit und in Möglichkeit sei, sondern nur in verschiedenen Hinsichten: Was nämlich in Wirklichkeit warm ist, kann nicht zugleich in Möglichkeit warm sein, sondern es ist zugleich kalt in Möglichkeit. Es ist also unmöglich, daß etwas in derselben Hinsicht und auf dieselbe Weise bewegend und bewegt ist oder sich selbst bewegt. Alles also, was bewegt wird, muß von etwas anderem bewegt werden. (b) Wenn also das, wovon es bewegt wird, (seinerseits) bewegt wird, dann muß es auch selbst von einem anderen bewegt werden, und jenes (wiederum) von einem anderem. Hier aber kann es nicht ins Unendliche gehen, weil so nicht etwas erstes Bewegendes wäre, und infolgedessen auch kein anderes Bewegendes, weil die zweiten bewegenden (Ursachen) nur dadurch bewegen, daß sie von einem ersten Bewegenden bewegt sind, wie z.B. der Stab nur dadurch (etwas) bewegt, daß er von der Hand bewegt ist. (c) Also ist es notwendig, zu etwas erstem Bewegenden (primum movens) zu kommen, das von nichts bewegt wird. Und dies verstehen alle als Gott" (Sth I, q 2 a 3 resp).

43 Ausgangspunkt ist die Beobachtung: es gibt Bewegung.(a). Die These über die Bewegung ist die, daß alles in Bewegung Befindliche von anderem bewegt wird. Der Beweis dafür verläuft so: 1. Das in Bewegung Befindliche ist (lediglich) in Potenz zur jeweiligen Aktualität, hat sie also noch nicht erreicht. 2. Aktiv bewegen kann nur das (schon) Aktuelle, (Wirkliche). 3. Bewegen heißt: etwas von der Potentialität in die Aktualität überführen. 4. Nichts kann in demselben Sinne in Potenz und im Akt sein. Damit ist die These bewiesen: Alles in Bewegung Befindliche wird vom anderen bewegt. (b) Nun folgt der Beweis für den Ausschluß eines „regressus in infinitum (Rückganges ins Unendliche)": Wenn das, was (aktiv) bewegt, selbst wiederum bewegt wird usw., so kann man in dieser Reihe nicht ins Unendliche gehen. Es gäbe dann nämlich nur „zweite Bewegende (moventia secunda)" ohne ein erstes Bewegendes. Doch es ist undenkbar, daß es nur in diesem Sinne Zweite gibt, also nur Nachfolgende ohne ein Erstes. D.h. es ist ein „erstes Bewegendes (primum movens) vorauszusetzen, und das ist es, was alle Gott nennen.

Zunächst eine Erläuterung zum Ausschluß des Regressus: Thomas schließt im Bereich des Endlichen, wie auch schon Aristoteles, eine aktuale Unendlichkeit aus. Es gibt im Re-(oder Pro-)gredieren nur potentiell Un-

endliches. D.h. ich kann immer weitergehen, wie ich auch immer weiter
zählen kann, ohne daß es sinnvoll ist, eine schon bestehende in sich abge-
schlossene unendliche Reihe der Zahlen anzunehmen. Wäre der Rückgang
in den bewegenden Ursachen im Sinne eines potentiell unabschließbaren
Weiterschreitens zu verstehen, wäre ein Erstes Bewegendes definitions-
gemäß ausgeschlossen. Komme ich aber vom Effekt her, vom Begründeten, so muß das Begründende als vorangegangen schon vorausgesetzt
werden. Ich kann es also nicht gleichsam immer nur „dahingestellt sein
lassen". Den schon vorauszusetzenden Grund mit dem je „Noch nicht" des
potentiell Unendlichen zu identifizieren, hieße ihn zum Verschwinden
bringen. Man müßte dann sagen: Das der Begründung Bedürftige ist
grundlos. Aber das ist ein Widerspruch, denn dann gäbe es auch das der
Begründung Bedürftige, also seinen Grund außer sich Habende nicht
mehr. Doch damit, daß ein Grund gegeben sein muß, ist noch nichts
darüber gesagt, auf welcher Ebene er anzusetzen ist. Liegt er auf einer
tieferen Ebene als es die der raum-zeitlichen Verläufe ist, so wäre auf deren
Oberflächendimension eine gewisse potentielle Unbestimmtheit nach
beiden Seiten wohl zu akzeptieren, ohne daß der Beweis hinfällig würde,
da ja die Ebene des Endlichen als solche nicht in sich begründet ist und
einen Grund verlangt.

Kritik an diesem Beweis wurde schon in der Scholastik laut. Sie ging vor 44
allem in zwei Richtungen: 1) Der Beweis scheint nur schlüssig, wenn man
Eigenaktivität, z.B. die der Seele ausschließt. 2) Ist Gott so zu denken, daß
er das erste Glied einer Bewegungskette darstellt?

Zu 1): Als guter Aristoteliker kann und will Thomas eine gewisse Eigenaktivität der Lebewesen nicht ausschließen. Im Gegenteil, dadurch, daß das
Lebewesen seinem eigenen Telos folgt, hat es auch seine Eigenaktivität. Es
verwirklicht sich selbst nach seinem „eídos", seiner „Form". Von dieser
Eigenaktivität ist im Text nicht die Rede, so daß sich ein mißverständlicher
Eindruck ergeben kann. Allerdings geht es Thomas in diesem Beweis um
eine grundsätzlichere Perspektive. Auch das Lebewesen in seiner Aktivität
steht in einem es bedingenden Bewegungszusammenhang. Es ist nicht
einfach durch sich selbst. So wird es etwa gezeugt und verdankt damit
seine Bewegung einem anderen Seienden. „Der Mensch zeugt den Menschen". Mit diesem Satz spricht Aristoteles mehrfach den Lebens- und
Bewegungszusammenhang unserer Welt aus, ohne den auch ein selbst-
aktives Leben in ihr nicht möglich ist.

Zu 2): Daß Thomas Gott nicht als erstes Bewegungsglied auf die Ebene
der sich bewegenden natürlichen Dinge und Ereignisse stellt, geht daraus
hervor, daß für ihn ein Anfang der Welt nicht beweisbar ist (Sth I, q 46 a
2). Hier folgt er Aristoteles. D.h. Gott als „primum movens" ist nicht
Anfangsglied einer Bewegungsreihe. Vielmehr ist Gott letzter tragender
und nur insofern bewegender Grund. Thomas verbindet diese Aristotelische Sicht mit dem christlichen Gottesgedanken, indem er sagt: Gott als

die „universale Ursache (causa universalis)" bringt das Seiende und die Zeit hervor (producit rem et tempus)" (Sth I, q 46 a 1 ad 6). Gleiches wird schon von Augustinus gesagt (de civ. dei 11, 6; 12, 26).

45 Der „zweite Weg": „aus dem Grund der Kausalursache (ex ratione causae efficientis)": „Der zweite Weg ist aus dem Begriff der bewirkenden Ursache (ex ratione causae efficientis) (genommen). (a) Wir finden nämlich, daß in den sinnlich wahrnehmbaren (Dingen) hier eine Ordnung der wirkenden Ursachen (ordinem causarum efficientium) besteht. Es findet sich jedoch nicht und ist auch nicht möglich, daß etwas Wirkursache seiner selbst (causa efficiens sui ipsius) sei, da es so früher wäre als es selbst, was unmöglich ist. (b) Es ist aber nicht möglich, daß die Wirkursachen ins Unendliche gehen, weil bei allen geordneten Wirkursachen (insgesamt) das Erste Ursache des Mittleren, und das Mittlere Ursache des Letzten ist, sei es daß das Mittlere mehreres oder nur eines ist. Ist aber die Ursache entfernt worden, dann wird auch die Wirkung entfernt. Wenn es also kein Erstes in den Wirkursachen gibt, wird es kein Letztes und auch kein Mittleres geben. Wenn aber die Wirkursachen ins Unendliche gehen, wird es keine erste Wirkursache geben, und so wird es weder eine letzte Wirkung, noch mittlere Wirkursachen geben: was offenbar falsch ist. (c) Also ist es notwendig, eine erste Wirkursache (causam efficientem primam) anzunehmen. Diese nennen alle Gott" (Sth I, q 2 a 3 resp).
Thomas lehnt sich an Aristoteles Met. II, 2 an, wo die Unendlichkeit der Ursachenreihe ausgeschlossen wird. Ausgearbeitet wurde der Beweis auf dem Hintergrund des theistischen Schöpfungsgedankens in der islamischen Scholastik (Nr. 39 f). Die Argumentation: (a) Wir finden eine Ordnung der wirkenden Ursachen in der Welt. Nichts kann Ursache seiner selbst sein, denn es müßte in diesem Falle etwas seiner Existenz vorangehen. (b) Man kann in der Reihe der Ursachen nicht ins Unendliche zurückgehen, weil es dann nur „Mittlere" gäbe. Also ist es notwendig, eine „prima causa" anzunehmen. Sie nennen alle Gott.

46 Als Einwände bleiben auch hier die beiden gegen den 1. Weg angeführten möglich. Die Antwort auf sie läßt sich entsprechend übertragen. Zu den „Ursachen" ist die Unterscheidung des Thomas wichtig zwischen „beiläufiger" oder „akzidenteller Ursache (causa per accidens)" und „wesentlicher" oder „innerlich bestimmender Ursache (causa per se)" (Sth I, q 46 a 2 ad 7). Die „causae per accidens" bilden eine Folge auf gleicher Ebene. Hier können die Ursachen selbst wieder verschwinden wie in der Generationenreihe, so daß eine potentielle Unendlichkeit nicht ausschließbar erscheint. Man denke an die Vorstellung von der ewigen zeitlichen Welt des Aristoteles. Bei den „causae per se" handelt es sich um bleibende tragende Ursachen. Es sind dies die „geordneten Ursachen", die in der Aristotelischen Kosmologie das Bedingungssystem der Erde, des Mondes, der Planetenschalen, der Fixsterne und des ersten Bewegers bilden. Hier müssen die jeweiligen Ursachen beständig und bleibend wirken. Und hier kann man

nicht ins Unendliche zurückgehen. Warum nicht? Für Thomas ist wie für Aristoteles eine aktuale Unendlichkeit diskreter Größen undenkbar. Eine nur potentiell faßbare Unendlichkeit der welthaften Ereignisverläufe kann es freilich nur aufgrund beständiger tragender Ursachen geben. Eine Unendlichkeit in dieser Reihe annehmen hieße eine Unendlichkeit bestehender diskreter Größen voraussetzen, was unmöglich ist. Bei dieser Argumentation des Thomas fällt allerdings auf, daß er nur bei den simultan tragenden „geordneten Ursachen" der causae per se das Problem der aktualen Unendlichkeit gegeben sieht. Daß sich dieses Problem auch bei den causae per accidens stellt, insofern sie nämlich als eine immer schon abgelaufene Geschehensreihe gedacht werden, wie die islamischen Aristoteleskritiker richtig erkannten, wird, wenn ich recht sehe, von Thomas (und Aristoteles) nicht reflektiert.

Auch Duns Scotus argumentiert in seinem Tractatus de primo principio 47 (aus dem Jahr 1305) anhand der causae per se, die bei ihm: causae essentialiter ordinatae heißen (im Unterschied zu den causae accidentaliter ordinatae, deren Bedeutung er einschätzt wie Thomas die causae per accidens) (III, 2, 28). Es gelingt ihm aber eine noch präzisere Durchführung des Gedankens: Die Letztverursachung muß außerhalb der Reihe der wesentlich geordneten Ursachen liegen, die als solche stets voneinander unterscheidbar sind. Wäre ihre Reihe unverursacht, so wäre sie selbst „causa sui" (d.h. sie wäre selbstbezüglich und nicht mehr diskret). Würde man jedoch ihre Diskretheit ins Unendliche erweitern, hieße dies: „Unendlich viele Ursachen, die wesentlich geordnet sind, wären zugleich im Akt.[...] Diese Folge nimmt kein Philosoph an" (III, 2, 29).

Für Thomas ist Gott die letzte und alles tragende Ursache. Sie vermittelt 48 sich zwar einerseits durch die kosmischen Schalen, und insofern ist Thomas dem aristotelischen Weltbild verpflichtet. Sie wirkt aber auch unmittelbar, denn sie ist radikal schöpferisch, so daß die Dinge durch sie in ihre Existenz gesetzt werden, ein Gedanke, der Aristoteles noch fremd war. Auf diese Weise ist die erste Ursache unmittelbar mit dem Sein und Eigensein des durch sie Begründeten verbunden: „Die Wirkung von seiten Gottes in den Dingen ist das Sein selbst, welches alle anderen Wirkungen voraussetzen und auf das sie gegründet sind (primus autem effectus Dei in rebus est ipsum esse quod omnes alii effectus praesupponunt et supra quod fundantur" (compendium theologiae 68; vgl. Sth I, q 44 a 1 resp). Der Schöpfungsgedanke relativiert also aber die Aristotelische Stufenordnung der kosmischen Ursachen erheblich, ja er macht sie im Grunde unwesentlich. Gott ist der Schöpfer im Sinne des *Seins* seiner Geschöpfe, was der unbewegte Beweger nach Aristoteles gerade nicht ist, und so ist Gott seinen Geschöpfen als deren tragender Grund durch alle innerweltlichen Vermittlungen hindurch unmittelbar und innerlichst nahe.

49 Der „dritte Weg": „aus dem Möglichen und Notwendigen (ex possibili et necessario)": „Der dritte Weg ist vom Möglichen und Notwendigen hergenommen (ex possibili et necessario) und verläuft so: (a) Wir finden nämlich unter den Dingen solche, welche die Möglichkeit haben zu sein und nicht zu sein, da sich einiges findet, das entsteht und vergeht und infolgedessen die Möglichkeit hat zu sein und nicht zu sein. Es ist aber unmöglich, daß alles von dieser Art sei, weil das, was möglicherweise nicht sein kann, auch einmal nicht ist. Wenn also alles die Möglichkeit hat nicht zu sein, dann war hinsichtlich der Dinge auch einmal nichts. Wenn dies aber wahr ist, dann wäre auch jetzt nichts, weil das, was nicht ist, nur anfängt zu sein durch etwas, was ist. Wenn also (einmal) nichts Seiendes war, dann war es auch unmöglich, daß etwas zu sein anfing, und so wäre auch nun nichts: was offenbar falsch ist. Also ist nicht alles Seiende nur Mögliches, sondern es muß auch etwas Notwendiges unter den Dingen geben. (b) Jedes Notwendige aber hat die Ursache seiner Notwendigkeit entweder von anderswoher (causam suae necessitatis aliunde) oder nicht. Es ist aber nicht möglich, daß es ins Unendliche bei den notwendigen (Dingen) gehe, die eine Ursache ihrer Notwendigkeit haben, wie dies auch bei den Wirkursachen nicht möglich ist, wie (oben) bewiesen. (c) Also ist es notwendig, etwas anzunehmen, das durch sich notwendig ist (per se necessarium) und die Ursache seiner Notwendigkeit nicht von anderswoher hat, sondern das (vielmehr) Ursache der Notwendigkeit für die anderen (Dinge) ist. Dies nennen alle Gott" (Sth I, q 2 a 3 resp).

50 Der Beweis ist angelehnt an Aristoteles Met. IX, 8, aber erst bei Avicenna ausgearbeitet worden (Arnou, 59ff), wiederum auf dem Hintergrund des Schöpfungsgedankens. Die Argumentation: (a) Die Dinge entstehen und vergehen. Sie haben also die Möglichkeit, zu sein und nicht zu sein. Mit dieser Beschreibung wird der Begriff der Möglichkeit eingeführt. Er ist an jene Beschreibung gebunden und geht zunächst nicht über sie hinaus. Was ist das Mögliche? Antwort: Das was entsteht und vergeht. Doch kann nicht alles von dieser Art sein (mit Seidel zu lesen: „Impossibile est autem omnia quae sunt talia esse"). Denn wenn das der Fall wäre, müßte einmal nichts gewesen sein. Aber dies ist unmöglich, da aus nichts eben nichts wird. Somit muß es etwas nicht nur (in diesem Sinn) Mögliches, es muß etwas Notwendiges geben. (b) Dieses Notwendige hat die Ursache seiner Notwendigkeit entweder in sich oder in anderem. Bei letzterem kann man nicht ins Unendliche zurückgehen. D.h. es muß ein „per se ipsum necessarium" geben. Dieses nennen alle Gott. Thomas unterscheidet also zwei Weisen des Notwendigen (und zwei Weisen des Möglichen). Dies ist sinnvoll. Denn der Begriff des Notwendigen hatte sich als Negation des Möglichen ergeben, und dieses war zunächst als Entstehendes und Vergehendes bestimmt worden. Eine nach Aristoteles ewige Welt ist nicht mehr bloß ein (in diesem Sinn) Mögliches, sondern ein Notwendiges. Doch ist sie damit noch nicht ein durch sich selbst Notwendiges. Denn sie

bleibt abhängig, nach Aristoteles vom ersten Beweger, nach Thomas vom Schöpfergott, hat also ihre Notwendigkeit von woanders her (aliunde). Sie ist, nun in einem vertieften Sinne, ein bloß Mögliches, weil Abhängiges. War der erste Möglichkeitsbegriff an das Entstehen und Vergehen gebunden, so besagt der zweite ganz generell: Abhängigkeit. Entsprechend ergab sich der erste Begriff der Notwendigkeit aus der Verneinung von Entstehen und Vergehen und besagte lediglich Ewigkeit. Der zweite, radikalere bedeutet: Sein aus sich selbst, und dieses erst ist Gott. Nur er hat seine Notwendigkeit aus sich selbst. Nur er *ist* aus *sich*. Wesen und Existenz fallen in ihm zusammen: „Es ist unmöglich, daß in Gott Sein und Wesen unterschieden sind (impossibile est ergo quod in Deo sit aliud esse, et aliud eius essentia)" (Sth I, q 3 a 4 resp). „Gott ist sein Sein (Deus est suum esse)" (ebd. a 6 resp; vgl. ebd. q 2 a 1 resp).

7. Weitere Tradierung des kosmologischen Gottesbeweises

Der KGB wird in der scholastischen Philosophie weiter tradiert und in der einen oder anderen Variante wiedergegeben. Um nur zwei Beispiele anzuführen: Wilhelm von Ockham verstärkt die Kritik an der Argumentation mit zeitlich vorangehenden Ursachen, hält aber eine erste Ursache der Erhaltung (conservatio) für notwendig (sent. 1. d. 2, q 10). Francisco Suárez folgt im ganzen den ersten drei Wegen des Thomas, ist aber bestrebt, den ersten Weg aus der Bindung an die aristotelische Kosmologie zu lösen (disp. metaph. XXIX, s. 1, nr. 7-17, 20-40). Descartes berücksichtigt den KGB ebenfalls. Im Anschluß an den Gottesbeweis in Med. III., der von der Idee des Vollkommenen ausgeht, die ihren Grund nicht im Subjekt haben kann, fügt er eine Variante des Gottesbeweises aus der Kontingenz hinzu. Sie ist insofern interessant, als die Grundlage dafür nicht die äußere Wirklichkeit ist, sondern die konkrete zweifelnde und damit unvollkommene Subjektivität, die ja den Ausgangspunkt seiner Gesamtargumentation bildet: „Hätte ich nun aber mein Dasein von mir, so würde ich nicht zweifeln, keine Wünsche haben, es würde mir überhaupt nichts mangeln; denn ich hätte mir alle Vollkommenheiten gegeben, von denen eine Vorstellung in mir vorhanden ist, und so wäre ich selbst Gott [...] Es ist nämlich klar genug, daß es hier keinen Fortschritt ins Unendliche geben kann, zumal es sich nicht nur um die Ursache handelt, die mich ehemals erzeugt hat, sondern gerade auch um die, welche mich gegenwärtig erhält (conservat)" (Med. III, 30, 34). Ockhams Argumentation von den erhaltenden Ursachen wird hier aufgenommen. Nach Leibniz fordert das „Prinzip des zureichenden Grundes" eine erste göttliche Ursache der Welt, die aber nicht auf der Ebene einer zeitlichen Folge von Ereignissen liegen kann: „Also muß der zureichende Grund, der keines anderen Grundes bedarf, außerhalb dieser Reihe der zufälligen Dinge liegen und sich in einer Substanz vorfinden, welche die Ursache der Reihe und ein notwendiges Wesen ist, das den Grund seiner Existenz in sich selbst trägt; denn sonst hätte man noch immer keinen zureichenden Grund, bei dem man stehenbleiben könnte. Dieser letzte Grund der Dinge wird Gott genannt" (Monadologie § 8). In der Leibniz-Schule vertritt Christian Wolff den KGB in seiner „Theologia naturalis" (Pars I, cap 1, § 24ff). Er beginnt wie Descartes nicht mit der äußeren Kontingenzerfahrung, sondern mit derjenigen der eigenen Seele (anima): Unserer Existenz sind wir gewiß. Aber was ist ihr zureichender Grund (ratio sufficiens)? Wenn wir einen solchen nicht in uns haben, und das ist der Fall, da wir offensichtlich, weil abhängig, nicht notwendig sind, kann der geforderte Grund nur im göttlichen „notwendigen Sein (ens necessarium)" liegen, dem „Sein aus sich (ens a se)", das sich von unserem abhängigen Sein, einem „Sein vom anderen her (ens ab alio)" unterscheidet. Auf dieser Linie argumentiert auch John Locke: „Es steht meiner Ansicht nach außer Frage, daß der Mensch eine klare Idee von seinem eigenen Dasein besitzt; er weiß bestimmt, daß er existiert und daß er etwas ist [...]. Ferner weiß der Mensch durch intuitive Gewißheit, daß das reine Nichts nicht ein reales Sein hervorbringen kann [...]. Weiter leuchtet ein, daß dasjenige, was sein Dasein und seinen Ursprung etwas anderem verdankt, auch alles, was in seinem Dasein umschlossen ist und zu diesem Sein gehört, von etwas anderem erhalten haben muß. Alle Kräfte, die es besitzt, müssen auf dieselbe Quelle zurückzuführen sein und von dieser Quelle mitgeteilt sein. Diese ewige Quelle alles Seins muß somit auch Quelle und Ursprung aller Kraft sein; demnach muß dieses ewige Wesen auch das mächtigste sein" (Essay Concernig Human Understanding, IV, 10, nr 2-4). David Hume begründet die Erkenntnis von Kausalzusammenhängen psychologisch auf Grund sich wiederholender Assoziationen (Enquiry Concerning Human Understanding, Abschn. 7). Die damit zu gewinnenden Plausibilitäten reichen für das praktische Leben aus. Doch entschieden abzulehnen ist nach ihm die Frage nach Ursachen, die das Irdische übersteigen. Hier kann es keine Alltagsplausibilitäten mehr geben (ebd. Abschn. 11). Zudem verwirft Hume den Begriff eines „notwendigen Wesens", da wir uns bei jeder Existenz auch seine Nichtexistenz denken können (Dialogues Concerning Natural Religion, Kap 9). Zu jüngeren scholastischen Versionen des KGB vgl. Schmidt 2000 b.

8. Kants Kritik am kosmologischen Gottesbeweis

a. Kants Kritik

52 Die prominenteste und einflußreichste Kritik am Kontingenzbeweis stammt von Kant. Auf sie soll deswegen genauer eingegangen werden.

Kant behandelt diesen Beweis innerhalb seiner Lehre vom „Ideal der reinen Vernunft" in der „Transzendentalen Dialektik" der „Kritik der reinen Vernunft" im dritten (KrV B 611ff) und fünften (B 631ff) Abschnitt. In der Überschrift des letzteren nennt er ihn „kosmologischen Beweis", innerhalb des Textes jedoch, und zwar in bezug auf Leibniz, Beweis „a contingentia mundi" (B 632). Zunächst wird (in beiden Abschnitten: 3 und 5) der Kerngedanke des Beweises als legitim angesehen: „Wenn etwas, was es auch sei, existiert, so muß auch eingeräumt werden, daß irgend etwas notwendigerweise existiere. Denn das Zufällige existiert nur unter der Bedingung eines anderen, als seiner Ursache, und von dieser gilt der Schluß fernerhin, bis zu einer Ursache, die nicht zufällig und eben darum ohne Bedingung notwendigerweise da ist" (B 612; entsprechend: B 632f). Problematisch erscheint nur, wie es im Abschnitt 3 weiter heißt, der Übergang von diesem Notwendigen zum Begriff eines Wesens, „das in keinem Stücke und in keiner Absicht defekt ist" (B 613), also „eines Wesens von der höchsten Realität" (B 614), denn nur mit diesem Übergang ist der Gottesbegriff erreicht.

Es gibt hier eine auffällige Parallele zum „dritten Weg" des Thomas (Sth I, 53 q II, a 3 resp). Denn in einem ersten Schritt gelangt Thomas über das Vergängliche und insofern lediglich „possibile" zu einem Notwendigen. Doch dieses ist, wegen der vorangehenden Absetzung vom „possibile", zunächst nur ein Unvergängliches. Im Blick auf das Gesagte wird man an eine unvergängliche Welt zu denken haben. D.h. es kann nach Thomas ein „necessarium" geben, das noch nicht das eigentliche, göttliche necessarium ist, sondern nur eines, das „habet causam suae necessitatis aliunde". Der entscheidende Schritt zu Gott ist erst der von diesem Notwendigen zu einem „per se necessarium", also zu einem durch sich selbst Notwendigen. In der Unterscheidung zwischen dem Schluß vom Kontingenten auf das Notwendige und dem Schluß auf Gott stimmen also Kant und Thomas überein, nicht freilich in bezug auf das Recht des Schlusses von jener ersten auf die zweite, höhere Notwendigkeit. (Zum diesbezüglichen Vergleich Thomas/Kant vgl. Hughes)

Dieser Schluß nämlich ist nach Kant nicht möglich. Denn es läßt sich nicht beweisen, „daß der Begriff eines eingeschränkten Wesens, das nicht die höchste Realität hat, darum der absoluten Notwendigkeit widerspreche" (KrV B 616). An welches „eingeschränkte Wesen", das notwendig zu nennen keinen Widerspruch ergäbe, könnte Kant hier gedacht haben? Ein Blick auf die vierte Antinomie der „kosmologischen Ideen" läßt vermuten, daß Kant an die Notwendigkeit der Welt gedacht hat. Denn nach der „Thesis" dieser Antinomie ist von der Sinnenwelt ausgehend auf ein Notwendiges zu schließen, das allerdings zur Welt gehören muß, da ein welttranszendentes Notwendiges zu denken widersprüchlich wäre (B 481f). Nach der „Antithesis" allerdings kann auch die Welt nicht notwendig sein, weil dies irgendwo den Abbruch der immer berechtigten Ursachenfrage mit sich brächte. In der „Anmerkung" zur „Thesis" deutet Kant den Zweifel darüber an, ob das sogenannte Zufällige wirklich, d.h. in einem „intelligiblen" Sinn, zufällig sei und nicht doch, vielleicht kausaldeterministisch, notwendig (B 487f). Auch diese nicht auszuschließende Notwendigkeit wäre somit eine Konkurrentin für die Notwendigkeit des Gottesbegriffs, auf die der KGB zielt.

54 Abschnitt 5 enthält das bekannte Argument, der kosmologische Beweis sei ein versteckter ontologischer (B 635). Dessen Hinfälligkeit war damit erwiesen worden, daß „Sein" nicht als Prädikat gelten könne (B 626ff), oder wie es später erläuternd heißt: Jeder, auch der höchste Begriffsinhalt ist ohne Widerspruch als nicht existent zu denken (B 643). Das Argument findet sich bereits bei Hume: „Man behauptet, die Gottheit sei ein notwendig existierendes Wesen, und sucht diese Notwendigkeit ihrer Existenz wie folgt zu erklären: Wenn uns ihr Wesen oder ihre Natur vollständig bekannt wäre, dann würden wir ihre Nichtexistenz als ebenso unmöglich erkennen wie wir es als unmöglich erkennen, daß zweimal zwei nicht vier ist. Aber es liegt auf der Hand, daß dies niemals der Fall sein kann, solange unsere Fähigkeiten sich nicht wandeln. Es wird uns immer möglich sein, etwas, das wir zunächst als existent dachten, dann doch als nichtexistent zu denken" (Dialogues Concerning Natural Religion, 9; dt. Reclam S. 87).

55 Der Übergang vom Gedanken eines notwendig Existierenden zum Gottesbegriff als dem „ens realissimum" (Abschnitt 3) ist also nach Kant ebensowenig möglich wie der umgekehrte Schluß von diesem Ideal auf seine notwendige Existenz (Abschnitt 5). Im übrigen sei im kosmologischen Beweis „ein ganzes Nest von dialektischen Anmaßungen verborgen" (KrV B 637f): (1.) der Schluß vom Zufälligen auf die Ursache sei „nur in der Sinnenwelt von Bedeutung", (2.) aus der Unmöglichkeit einer unendlichen Reihe könne weder innerhalb der Welt noch in einem Schritt über diese hinaus auf eine erste Ursache geschlossen werden, (3.) alle Bedingungen wegzulassen und so im Grunde nichts mehr zu begreifen, könne nicht als Vollendung des Begreifens ausgegeben werden, (4.) die „logische Möglichkeit" des Begriffs dürfe nicht mit der „transzendentalen", d.h. mit seiner auf Erfahrung bezogen „Tunlichkeit" verwechselt werden. Schließlich sei, und dies entspricht dem Punkt (3), der Begriff der nicht mehr verursachten Erstursache in sich selbst widersprüchlich. „Man kann sich des Gedanken nicht erwehren, man kann ihn aber auch nicht ertragen: daß ein Wesen, welches wir uns auch als das höchste unter allen möglichen vorstellen, gleichsam zu sich selber sage: Ich bin von Ewigkeit zu Ewigkeit, außer mir ist nichts, ohne das, was bloß durch meinen Willen etwas ist; aber woher bin ich denn? Hier sinkt alles unter uns, und die größte Vollkommenheit, wie die kleinste, schwebt ohne Haltung bloß vor der spekulativen Vernunft, der es nichts kostet, die eine so wie die andere ohne die mindeste Hindernis verschwinden zu lassen" (B 641).

Nach Walter Schulz nimmt dieser Text Kants in bezug auf das Schicksal 56
der neuzeitlichen Metaphysik eine Schlüsselstellung ein, insofern er die
Dekonstruktion der abendländischen Metaphysik einleitet (Schulz 1957,
80). Bei Betrand Russell hört sich das Ergebnis so an: „Wenn alles eine
Ursache haben muß, dann muß auch Gott eine Ursache haben. Wenn es
etwas geben kann, das keine Ursache hat, kann das ebensogut die Welt wie
Gott sein" (Russell, 20). J. L. Mackie will zwar dem Argument für eine
göttliche Erstursache, trotz aller zunächst von ihm vorgebrachten Kritik
daran, eine gewisse Plausibilität nicht streitig machen, meint allerdings:
„Die größte Schwäche dieses ansonsten anziehenden Arguments liegt
jedoch darin, daß begründet werden müßte, weshalb Gott die einzige
Ausnahme von dem angenommenen Erfordernis, daß alles von anderem
abhängt, sein sollte" (Mackie, 147; vgl. 150f).

b. Zwei mögliche Ansätze der Gegenkritik

1) Eine Auseinandersetzung könnte beginnen bei dem von Kant für illegi- 57
tim angesehenen Schritt von der Notwendigkeit als dem Ergebnis des
KGB zum „ens realissimum" als dem Begriff des Vollkommenen und
Absoluten (Ich greife damit auf die unten gegebene Systematik des KGB
vor). Ist dieser Übergang ein solcher zu einem vollkommen Aus-sich-
selbst-Seienden, dann kann das damit erreichte Sein in keiner Weise mehr
als eingeschränkt gedacht werden. Die Welt mit einer eventuell eigenen
Notwendigkeit, sei es im Sinne der Anfanglosigkeit oder einer deterministischen Kausalfolge, bleibt immer ein Gefüge von äußeren Relationen.
Auch in der Determinationskette unterscheidet sich das Ereignis A vom
Ereignis B und ist insofern mit jenem absoluten Aus-sich- und Bei-sich-
selbst-Sein niemals gleichzusetzen. Für den Rückschluß des KGB kommt
deswegen nur eine welttranszendente Ursache in Frage. Deren reines Aus-
sich-selbst-Sein wäre dann auch die angemessene Antwort auf die (wohl
eher rhetorische) Frage dieses Wesens: „Woher bin ich?" In der Tat, hier
„sinkt alles unter uns", nämlich an Versuchen, einen irreflexiven Kausalbegriff in diesem Bereich noch in Anwendung zu bringen. Derartige
Versuche, wie auch die von Russell oder Mackie, gehen allerdings nicht
fehl wegen der Unbegreiflichkeit und der daraus gefolgerten Gegenstands-
losigkeit der Sache, sondern einfach weil die Begründungsrelation des
Selbstbezuges durch jenen Kausalbegriff nicht zu erfassen ist. Wäre dieser
der einzig mögliche, wie sollte z.B. Freiheit begriffen werden? Sie mit
Kant aus dem erkennbaren Bereich auszuschließen, beruht auf der Vorentscheidung für die kognitive Alleingültigkeit jener für die naturwissen-
schaftliche Erkenntnis durchaus angemessenen irreflexiven Kausalität.
2) Kants Kritik an dem umgekehrten Schluß vom Begriff des „ens realissi- 58
mum" auf dessen notwendige Existenz ist dann zutreffend, wenn die Idee

des Absoluten im Sinne eines abstrakten und willkürlich zu bildenden Begriffes genommen wird. Begriffsinhalte dieser Art kann ich jeder Zeit ohne Widerspruch als nichtexistent denken (KrV B 643). Anders verhält es sich, wenn jener Begriffsinhalt so im Denken verankert ist, daß er ohne performativen, d.h. im Vollzug des Behauptens hervortretenden Widerspruch nicht zu leugnen ist. Kants Lehre vom „Unbedingten" läßt sich im Sinne solcher Denknotwendigkeit interpretieren. Denn die Vernunft ist nichts anderes als der Bezug zum Unbedingten. „Denn das, was uns notwendig über die Grenze der Erfahrung und aller Erscheinungen hinaus zu gehen treibt, ist das Unbedingte, welches die Vernunft in den Dingen an sich selbst notwendig und mit allem Recht zu allem Bedingten, und dadurch die Reihe der Bedingungen als vollendet verlangt" (KrV B XX). Der Streit mit Kant muß darum gehen, ob dieser vernunftnotwendige Bezug zum Unbedingten subjektimmanent bleibt, also über eine bloß subjektiv gültige Idee nicht hinauskommt, oder ob er auf das dieser Idee allein angemessene Wirklichsein des Unbedingten ausgerichtet ist, ohne welches sie zu einem Bedingten würde und hinter ihren eigenen Anspruch zurückfiele. Näheres dazu im Abschnitt über den OGB, Nr. 154-62)

9. Der Begriff der Kontingenz in neueren Religionstheorien

59 Bevor wir den KGB systematisch behandeln, soll noch kurz darauf eingegangen werden, daß der für ihn zentrale Begriff der Kontingenz in jüngster Zeit eine gewisse Wiederbelebung erfahren hat, und zwar dort, wo es galt, für eine wissenschaftlichen Standards genügende Definition der Religion einen geeigneten Grundbegriff zu finden. In seinem Aufsatz „Was ist Religion?" kommt Detlef Pollak nach Abwägung verschiedener Auffassungen zu dem Ergebnis, daß sich zur Definition von Religion der Begriff der „Kontingenz" besonders eigne: „Das Bezugsproblem besteht, so nehme ich in Übereinstimmung mit vielen anderen Religionstheoretikern an, im Problem der Kontingenz. [...] Für die Religion ist sie insofern relevant, als sie die prinzipiell unaufhebbare Ungesichertheit des Daseins thematisiert" (Pollak, 184). Hierbei ist es so, daß die religiöse „Problemlösung", also die „Antwort" der Religion, durch „zwei Momente gekennzeichnet ist: zum einen durch den Akt der Überschreitung der verfügbaren Lebenswelt des Menschen (a), zum anderen durch die gleichzeitige Bezugnahme auf eben diese Lebenswelt (b)" (185). „Im Akt der Transzendierung des alltäglichen Erfahrungsraumes wird der dem Menschen zugängliche Bereich überschritten. Nur in dem, was dem Menschen nicht zugänglich ist, kann er Sicherheit finden. Was er mit seinen Mitteln zu erreichen vermag, das vermag er auch zu hinterfragen, zu relativieren und zu bestreiten. Die Bewältigung des Kontingenzproblems kann also nur durch den Bezug auf das Unerfaßbare erfolgen" (186). Bei drei Autoren, auf die sich Pollack

besonders stützt, soll die Verwendung des Kontingenzbegriffs kurz skizziert werden.

In der Soziologie wird traditionell die Religion durch ihre Funktion für 60 die Gesellschaft bestimmt, etwa als einer ihrer stabilisierenden und integrierenden Faktoren (so bei Émile Durkheim, Georg Simmel oder Talcott Parsons). Doch scheint diese Definition die Religion zu einer prinzipiell austauschbaren Größe zu machen und sie gerade nicht in ihrem Spezifikum zu treffen. Der Soziologe *Niklas Luhmann* versucht deshalb, die Religion über diejenige Funktion zu definieren, in der sie unersetzbar ist. Er geht davon aus, daß die Gesellschaft ein reflexives System ist, das als solches darauf ausgerichtet ist, ihre Umwelt durch „Reduktion von Komplexität" in eine Ordnung von „Sinn" umzuwandeln (Luhmann 1977, Kap 1). Weil dieser Prozeß aber nie zum Abschluß kommen, die Reduktion nie vollkommen gelingen kann, bleibt für das System ein Problem bestehen, eben dasjenige der nicht mehr aufhebbaren Kontingenz. Hat sich nun die Religion „eingespielt" auf dieses Verhältnis von „Unbestimmbarkeit und Bestimmtheit (oder: Transzendenz und Immanenz), gibt es für die Lösung dieses Problems außerhalb der Religion keine funktionalen Äquivalente mehr" (ebd. 46). Entsprechend wird von Luhmann die nähere Beschreibung und Bestimmung religiöser Inhalte unter der Überschrift „Transformationen der Kontingenz im Sozialsystem der Religion" (Kap 3, 182ff) vorgenommen.

Hermann Lübbe hat diesen Gedanken aufgegriffen, um begreiflich zu 61 machen, warum die Religion durch die Aufklärung nicht zum Verschwinden gebracht wurde, und um die Vermutung zu erhärten, daß ein solches Verschwinden auch nicht zu erwarten ist. Er geht aus von der „Kennzeichnung der Religion als Kultur des Verhaltens zum Unverfügbaren oder als Kontingenzbewältigungspraxis" (Lübbe, 150). Denn: „In religiöser Lebenspraxis verhalten wir uns zu derjenigen Kontingenz, die sich der Transformation in Handlungssinn prinzipiell widersetzt" (154). Von daher muß z. B. der religiöse Schöpfungsglaube der Evolutionstheorie keineswegs widersprechen. Wer diesen Glauben hat, „bezieht sich vielmehr aufs kontingente Ganze der Voraussetzungen unseres Lebens" (172). Die Aussagen und Appelle, die etwa in geistlichen Liedern enthalten sind, verschaffen uns weder Informationen über die Welt noch geben sie uns konkrete Handlungsanweisungen, etwa zur Behebung bestimmter Nöte. „Weder dem Baedeker noch der Feuerwehr wird Konkurrenz gemacht, vielmehr vergegenwärtigt, daß wir in keiner Lebenslage der Bedingungen unseres Daseins mächtig sind und darauf antworten die fraglichen Lieder dann mit ihrem Dank, ihren Bitten und Klagen" (173).

So richtig diese von Luhmann und Lübbe vertretene Einschätzung der 62 Religion ist, bleibt doch ein gewisses Bedenken bestehen, wenn die Religion hier primär über ihre und sei es auch unersetzbare gesellschaftliche oder psychologische Funktion bestimmt wird. Bleibt es bei dieser Bestimmung und steht sie für das Wesen der Religion, dann scheint sich eine, wenn auch sublime, Bindung des Unendlichen an das Endliche zu ergeben, wie Hegel sie sogar noch in der „Form" des KGB zu erkennen glaubt (TW 17, 460 - 470). Wenn es letztlich um den Menschen geht, um sein Wohlbefinden, Glück, seine Sinnfindung usw., dann steht *er* jedenfalls im Mittelpunkt. Die Religion mag für ihn einzigartig sein, doch gibt allein er das Maß ab für ihren Wert. Robert Spaemann faßt dieses Bedenken in die Worte: „Anselm von Canterbury hatte Gott den genannt, jenseits dessen nichts Größeres gedacht werden kann. Eine funktionalistische Interpretation der Gottesidee aber, die Gott zu irgend etwas gut sein läßt, hebt die Gottesidee auf. Größer nämlich als Gott ist dann immer das, wofür Gott eine Funktion erfüllt [...]. Allerdings ist es richtig, daß der Mensch Gott braucht, aber er braucht ihn gerade als einen solchen, der in selbstgenügsamem Glück lebt, der den Menschen seinerseits nicht braucht und dessen schaffende Liebe aus Überfluß, nicht aus Mangel und Ergänzungsbedürftigkeit stammt" (Spaemann, 1972, 58).

63   Differenzierter als jene funktionalistischen Sichtweisen ist der Entwurf von *Kurt Wuchterl*. Er nähert sich dem Phänomen Religion über die Wissenschaftstheorie und analytische Handlungstheorie und greift dabei auf den Begriff der Kontingenz zurück. Wuchterl zeigt, daß „Kontingenzbewältigung" stets der Versuch des Subjektes ist, entweder in theoretischer Weise, durch die Einordnung in Verstehenszusammenhänge, oder auf praktischem Weg durch handelnde Veränderung und Gestaltung, erfahrene Kontingenzen abzubauen. Doch eben dieses Bemühen in Wissenschaft und Technik gerät an Grenzen, da man unvermeidlich auf letzte Faktizitäten stößt, die sich nicht mehr durch solche Einordnung und Gestaltung in Sinnzusammenhänge auflösen lassen. Es bleibt hier nur die Anerkennung von Kontingenz, d.h. eine „Begegnung" mit ihr, die auf „Bewältigung" verzichtet. „Kontingenzbewältigung und Kontingenzbegegnung sind die beiden möglichen Formen des Transzendierens von Kontingenz" (127). Die Anerkennung der Faktizität im Sinne einer Kontingenzbegegnung ist dabei die Voraussetzung für eine religiöse Einstellung. Soll diese zustande kommen, muß allerdings der Blick auf die Kontingenz von einer Offenheit für das „ewig Andere" (127) zu ihr begleitet sein. Nur von diesem „ganz Anderen" (127) kann dann eine Sinngebung, welche über die Bewältigungspraxis hinausgeht, erwartet werden. Sie müßte, da sie aus dem Bereich des absolut Unverfügbaren kommt, als „Offenbarung" gelten (127, 241). Erst mit dieser Erwartungshaltung ist nach Wuchterl der (sich bei Luhmann und Lübbe immer noch einstellende) Verdacht einer bloß funktionalen Inanspruchnahme der Religion durch das menschliche Subjekt zur „Bewältigung" von Kontingenz ausgeräumt. Diese Konzeption Wuchterls ist durchaus überzeugend. Einen Punkt möchte ich allerdings hinzufügen. Die Anerkennung eines „ganz Anderen" zur Kontingenz muß einer philosophisch metaphysischen Erörterung zugänglich sein. Sonst bliebe der

Schritt über die Kontingenz hinaus im Verdacht einer willkürlichen (wenn auch psychologisch verständlichen) Option. Es muß Argumente dafür geben, warum die Kontingenz nicht das Letzte sein kann. Materialistische Systeme (wie etwa das von Günter Dux) haben keine Schwierigkeit, die gesamte Bedeutsamkeit des Religiösen für den Menschen anzuerkennen, setzen aber diese Anerkennung unter den selbstverständlichen Vorbehalt, daß die Kontingenz in Wahrheit unser unaufhebbar letzter Horizont ist, der zwar in psychologisch nachvollziehbaren irrationalen Annahmen überspringbar erscheint, jedoch mit vernünftig legitimierbaren Gründen schlechthin nicht überschritten werden kann. Hier liegt, wie ich meine, die bleibende Aktualität des kosmologischen und der anderen Gottesbeweise, weil sie im Kern eben dafür argumentieren, daß es widersprüchlich ist, die Kontingenz als das schlechthin Letzte anzusehen und sie damit zu verabsolutieren.

10. Systematische Rekonstruktion des kosmologischen Gottesbeweises

a. Die Ausgangsbasis des Beweises

Ausgangsbasis ist die reflektierte Erfahrung. Der Blick auf die uns umgebende Welt zeigt sie uns als einen Zusammenhang von Dingen und Eigenschaften, die vielerlei Relationen untereinander haben. Wir selbst erfahren uns als Teile dieser Welt, allerdings als solche, die sich ihrer selbst bewußt sind. In diesem Weltzusammenhang verweist ein „Ding" oder ein Ereignis auf das andere und wird von ihm und anderen bedingt und begrenzt, ja in dieser Begrenzung überhaupt erst identifizierbar. Keines kann allein für sich sein. Jedes ist durch anderes mitkonstituiert und insofern durch dieses mitbegründet.

Ein Seiendes (S) stellt sich also innerhalb dieser Erfahrungswelt als ein solches dar, das nicht ohne anderes S ist. Dies gelte als Definition. Die negative Form dieser Definition weist auf ein positives Implikat hin, das für sich genommen ebenfalls als Definition gelten kann: Ein S, das ohne anderes S ist. Auf dieser Ebene, nämlich der des Seins, schließen sich beide Definitionsgehalte kontradiktorisch aus. Es handelt sich um eine disjunctio completa (non datur tertium). Das S der ersten Definition soll eS, endliches Seiendes heißen, das der zweiten ueS, unendliches Seiendes. Die Bedeutung von endlich (e) und unendlich (ue) ergibt sich hier zugleich aus der Definition.

1. DEFINITION: eS = (def): ein S, das nicht *durch sich ist*, somit nicht *ohne anderes S ist*.
2. DEFINITION: ueS = (def): ein S, das *durch sich ist*, somit *ohne anderes ist*.

61

66 Zur ersten Definition: Diese ist aus der Erfahrung gewonnen und beschreibt sie. Denn wir begreifen unsere Welt als eS-Zusammenhang. Das einzelne eS kann ohne äußere Relationen letztlich nicht existieren oder als existierend gedacht werden. Seine Relationen sind ihm daher (wenn auch in verschiedenem Grad) innerlich und wesentlich. Die einzelnen eS bilden zwar Stufen der Selbständigkeit und des Eigenseins. Von allen gilt aber: Ohne Kontext, d.h. ohne relationalen Zusammenhang, wären sie unmöglich. Sie sind eben niemals vollkommen durch sich (in ihrem Gehalt begreifbar und als existierend konzipierbar), und zwar in keinem ihrer Aspekte. Auch gerade ihre Eigenständigkeit ist immer eine bedingte und relative. Es gäbe sonst in ihnen einen Bereich vollkommenen Durch-sich-Seins. Das eS ist aber kein vollkommener Selbstbezug (keine Selbstbegründung, Selbstsetzung), sondern bedingtes Selbstsein. Es ist, so wie es durch äußere Relation innerlich konstituiert ist, auch sich selbst stets nochmals entzogen (oder positiv ausgedrückt: sich gegeben). Das eS ist also (unbeschadet einer gewissen Einheit mit sich) nur in der Struktur des Teil- und Andersseins zu denken.

67 Zur zweiten Definition: ueS ist in der ersten Definition negativ mitdefiniert. Das S ist hier allein durch sich und somit ohne ein es bedingendes oder begründendes anderes S. Es ist vollkommener Selbstbezug. So wie es nicht durch äußere Relationen bedingt ist, ist es auch in sich vollkommen eins (d.h. ohne Teile). Das ueS ist (im Unterschied zum eS) nur singulär zu denken. Zwei ueS hätten eine äußere Relation zueinander, denn sie wären real verschieden, und beide wären durch diese Beziehung charakterisiert, somit jeweils bedingt. Freilich, die Definition des ueS ist nicht wie die des eS aus der Erfahrung gewonnen. Der Begriff ist hier (zunächst) nur gedacht. Mit Anselm zu sprechen: Sein Inhalt bedeutet: „solum existens per seipsum (ein nur durch sich selbst Existierendes)". So erläutert Anselm von Canterbury (Proslogion 5) den Gottesbegriff, dessen Bedeutung er zunächst so angibt: „deus, quo nil maius valet cogitari" (ebd.), womit er seine berühmte Definition aus proslogion 2 wieder aufnimmt: „id quo maius cogitari non potest (das über das hinaus Größeres nicht gedacht werden kann)".Immerhin bleibt festzuhalten, daß diese Definition, im Sinne einer Absetzung von ihrem Begriffsinhalt, in die Definition des erfahrungsbezogenen eS notwendig eingeht.

b. Erweis der Existenz des unendlichen Seienden (ueS)

68 eS ist auf anderes eS verwiesen. Daran zeigt sich seine grundsätzliche Abhängigkeit. Ein eS kann niemals allein in sich stehen. Es ist niemals im Sinne des ueS zu begreifen. Die Frage stellt sich nun, ob nicht ein eS-Zusammenhang (also ein Relationszusammenhang, der nur aus eS-Glie-

dern besteht) als vollkommen in sich stehend und somit als ueS begriffen
werden könnte. Beschränken wir uns der Einfachheit halber auf den Zusammenhang: eS1 und eS2. Es soll nun versucht werden, zu denken, daß
beide Glieder einander so bedingen, daß sie zusammen vollkommen in sich
stehen und keines weiteren S zu ihrem Existieren mehr bedürfen.
Doch dies ist nicht möglich. Denn wenn beide voneinander unterschieden
sind, so daß das eine das andere bedingt im Sinne einer Vorgegebenheit,
dann darf das Verhältnis nicht unter der Hand in eine restlose Selbstbe-
dingung und Selbstbegründung des einen durch das andere verwandelt
werden. Es ergäbe sich in diesem Fall (ob nun von der einen oder der
anderen Seite ausgehend) die Struktur der absoluten Selbstsetzung und
Selbstbegründung. Das Bedingende wäre immer vom Bedingten aus
gänzlich gesetzt. Oder anders gesagt: Das eine wäre „durch" das andere
„selbst"-gesetzt und „selbst"-begründet, - ein offensichtlicher Widerspruch.
Die Selbstbegründung müßte also die eS-Struktur aufheben. Doch damit
wäre die Ausgangsbasis verlassen. Wir hätten das Absolute, das ueS vor
uns. Wir wären es sogar selbst, denn es gäbe keinen Unterschied zwischen
ihm und uns. Aber dies widerspricht total unserer Erfahrung. Denn es
wäre jede bedingende Andersheit aufgehoben. Wir müssen uns fragen, ob
wir die äußeren Dinge oder uns selbst so erfahren, daß das jeweils andere
von der Ausgangswirklichkeit vollkommen gesetzt und hervorgebracht
wird. Eine bedingende Andersheit gäbe es nicht. Sie wäre Schein.
Wir haben bisher nur die Struktur eS1-eS2 behandelt. Ändert sich die
Lage, wenn diese Struktur um weitere Glieder vermehrt wird? eS1-eS2-
eS3... usw. Liegt nicht vielleicht die Möglichkeit, das Insichstehen des eS-
Zusammenhangs zu denken, in seiner beliebigen Ausweitung? Doch ist
auch das ein Irrtum. Denn jeder beliebige eS-Zusammenhang ist auf die
eben behandelte Elementarstruktur von eS1-eS2 zurückführbar, da jede
neue Hinzufügung eines eS immer einer eS-Struktur aus lediglich eS-eS
gegenübersteht:

$$(eS \ - \ eS) \ - \ eS$$
$$eS \quad \ - \ eS \ . \ . \ .$$

Wenn aber jeder eS-Zusammenhang mit beliebig vielen Gliedern immer
die Struktur von eS1-eS2 behält, sie also immer nur wiederholt und bestätigt, dann stellt sich die Frage, welche Konsequenz für ihn selbst die eS-
Definition hat. Denn das eS ist zwar als solches *erkennbar* an seiner Pluralität (eS-eS). Aber diese selbst bleibt immer ein eS, also ein Nicht-durch-
sich-selbst-Seiendes. Vom eS hat aber zu gelten, daß es nicht ohne anders
S gedacht werden kann. Was aber ist dieses andere S, wenn zu seiner
Bestimmung nicht mehr auf ein weiteres eS zurückgegriffen werden kann,
da ein solches nur eine Bestätigung der eS-Struktur wäre? Es bleibt nur die
Möglichkeit des ueS. Eine andere Alternative gibt es nicht. Das aber
bedeutet: das S, ohne welches das eS nicht sein kann, ist nicht lediglich ein
weiteres eS (dieses fungiert nur als das Erkennungszeichen der eS-Struk-

tur), sondern ist im Grunde das ueS. Denn das zum eS andere S muß letztlich ein *anderes* zum eS *als solchen* sein, und das ist nur das ueS.

c. Auseinandersetzung mit verschiedenen Einwänden

1) Das Problem des Regressus

70 Häufig wird gegen diese Argumentation der Einwand des „Regressus in
infinitum" erhoben. Er besagt, daß man in der Bedingungsfolge ohne
Selbstwiderspruch ins Unendliche zurückgehen könne und daß diese
Möglichkeit durch die obige Argumentation nicht ausgeschlossen sei. In
der Tat ist ein unendlicher Regreß in der Reihe der eS-Glieder nicht ausgeschlossen, allerdings eben auch nur auf dieser Ebene. Dazu zwei Beispiele:
Für Kutschera ist die Frage nach der Ersturssache gleich der nach einer
größten natürlichen Zahl (Kutschera, 25). Dieser Einwand ist berechtigt,
solange man auf der Ebene linearer Kausalität des eS-eS-eS... bleibt, entfällt aber, wenn es um die Struktur des eS-eS überhaupt geht. Gleiches
wäre zu Mackie (143f) zu sagen. Dies gilt auch für die Möglichkeit unendlich vieler realer Welten, die manche Physiker annehmen (Hinweise
dazu bei Erbrich, 194). Die entsprechende Theorie besagt, daß aus einem
energiereichen Ur-Vakuum „unentwegt ‚Weltblasen' entstehen", wobei
„unter diesen unendlich (!) vielen Welten" eine die unsere ist (ebd.). Aber
auch diese Unendlichkeit ist nicht die des oben beschriebenen ueS. Denn
die vielen Welten bleiben jede für sich begrenzt und stehen wegen ihrer
Verschiedenheit in äußerer Relation zueinander (vgl. Nr. 77).

71 Reduziert man aber die (sei es auch unendliche) Reihe der eS-Glieder auf
die Elementarstruktur eS1-eS2, dann ist die gesamte Bedingungkette
bedingt, und die Bedingung kann dann nur das andere des eS als solchen
sein, also das ueS. Das Regreß-Problem scheint mir also nicht das Haupt-
problem des KGB zu sein! Wichtig ist dabei, daß die eS-Struktur eines
jeden eS-Zusammenhangs mit dem ersten Schritt eS-eS entschieden ist.
Halte ich hier an einer wirklich bedingenden Andersheit fest, dann ergibt
sich das Weitere. Denn der vollkommene Selbstbezug ist mit diesem ersten
Schritt ausgeschlossen, und jede Hinzufügung eines weiteren bedingenden
eS ist lediglich eine Bestätigung dieses Ausschlusses. So wie die unendliche
Vermehrung der eS-Glieder kein Ersatz für die Unendlichkeit des ueS ist,
so ist übrigens auch eine Anleihe bei der Mathematik und dem Rechnen
mit infinitesimalen Größen irreführend. Denn im Falle von 0,9999... = 1
handelt es sich bei der Hinzufügung einer weiteren 9 um eine wirkliche
Annäherung an 1. Im Falle von eS-eS-eS.... handelt es sich aber bei der
Hinzufügung eines weitern eS um keinerlei Annäherung an das ueS.

72 Man muß sich stets den strikten Begriff des ueS vor Augen halten (reiner
Selbstbezug, keinerlei äußere Bedingtheit oder innere Andersheit, volle

Selbstverfügung und Selbstmächtigkeit) und sich dann fragen, ob irgend-eine Konstellation aus eS-Gliedern diesen Begriff erfüllen kann. Wenn dies nicht der Fall ist, bleibt eine solche Konstellation immer selbst noch ein S, das nicht durch sich ist und somit nicht ohne anderes S ist. Dies sagt auch etwas über die Verteilung der Beweislast. Trägt sie nicht am ehesten derje-nige, der den eS-Zusammenhang als vollkommen in sich stehend und somit als ueS konzipieren will? Auf dies wäre den Finger zu legen z.B. in Konzeptionen, nach denen ohne großes Bedenken die Materie als der alleinige Grund aller Dinge angesehen wird.

Nach Mackie ist der KGB allenfalls plausibel als Schluß auf ein unvergäng- 73 liches materielles Substrat: „Wenn es eine solche niemals abreißende Folge gäbe, könnte sie ein Hinweis darauf sein, daß es eine unvergängliche Urmaterie gibt, aus der die vergänglichen Dinge bestehen und in die sie sich wieder auflösen, um so zur Entstehung anderer Dinge beizutragen" (Mackie, 142; vgl. 146). Dies gilt auch für jene kosmologischen Theorien, die im „Urknall" nicht die Entstehung des Universums überhaupt sehen, sondern dieses als in sich geschlossen und naturgesetzlich aus sich selbst erklärbar zu begreifen versuchen (Hawking, 93). Wenn die zureichende Begründung nur im absoluten Aussichsein liegen kann, dann ist sie mit einem irgendwie gearteten Universum, das immer in einer endlichen Struktur verbleibt, nicht gleichzusetzen.

2) Eigenständigkeit contra Abhängigkeit?

Muß es nicht aber eine gewisse Eigenständigkeit und Eigenwirksamkeit 74 des einen eS dem anderen eS gegenüber geben, d.h. eine gewisse Nicht-reduzierbarkeit des einen auf das andere, und zwar bei noch so starker Kausalabhängigkeit voneinander? Denn wäre dies nicht der Fall, hätten wir uns den Kosmos im Partikulären wie im ganzen ohne jede Eigenwirkung zu denken. Er wäre völlig entleert, und ein Bedingungsverhältnis gäbe es dann auch nicht mehr. Würde aber die Annahme solcher Eigenständigkeit nicht bedeuten, daß es im eS gleichsam einen Kernbereich wahrer und absoluter Unabhängigkeit gibt? Hierzu ist folgendes zu sagen: Eine gewis-se Unabhängigkeit kann und muß im eS durchaus angenommen werden, aber nicht als vollkommener Selbstbezug im Sinne des ueS. Genau einen solchen müßte das eS aber haben, wenn auch nur ein einziger Aspekt an ihm den Charakter voller Unabhängigkeit mit Recht zugeschrieben bekä-me. Das einzelne eS wäre dann in Wahrheit ueS (somit absolut und singu-lär usw.). Will man der (durchaus zuzugestehenden) relativen Selbständig-keit des eS gerecht werden, muß ihre besondere Relativität bestimmt werden, und zwar dahingehend, daß gerade die Eigenständigkeit des eS ihre Begründung nur im ueS findet, mit der Konsequenz, daß ein eS um so selbständiger ausfallen wird, je präsenter in ihm das ueS ist. Als vor-zügliches Beispiel bietet sich die endliche Freiheit an, deren Ausrichtung auf das Unendliche und deren innere Erfüllung durch es sie selbst als Freiheit gerade begründet (Näheres dazu bei Weissmahr, Kap B IV).

3) Alles aus dem Nichts entstanden?

75 Könnte aber nicht alles aus dem Nichts entstanden sein? Unsere Welt und der ganze eS-eS Zusammenhang hätten dann nur diesen einen Grund, das Nichts. So erwägt z.B. der Physiker Paul Davies: „Kommt das Universum aus dem Nichts?" (Davies, 276). Sieht man etwas genauer auf das, was behauptet wird, so ist das Nichts hier durchaus „etwas", nämlich ein energiereiches Vakuum, oder ein Ur-Quantenfeld, aus dem durch Quantensprünge die ersten Formen von Materie entstehen. Dies ist aber nicht das Nichts im radikalen, metaphysischen Sinn. Eher wäre dieses physikalische Quasi-Nichts zu vergleichen mit dem, was in der Aristotelischen Tradition „materia prima" genannt wurde: eine materielle Potentialität, die sich zwar notwendig in Bestimmungen darstellt, zunächst aber noch ohne solche gedacht wird. Vom radikalen Nichts spricht Thomas, wenn er in seinem „dritten Weg" sagt: „Si igitur nihil fuit ens, impossibile fuit quod aliquid inciperet esse; et sic modo nihil esset, quod patet esse falsum (Wenn nämlich einmal nichts war, dann ist es unmöglich, daß etwas zu sein anfing; es wäre dann auch jetzt nichts, was offenbar falsch ist)" (Sth I, q 2 a 3 resp). Dem ist schwer zu widersprechen. Dieses Nichts als Grund angeben heißt lediglich: keinen Grund angeben. Wenn aber das eS nicht in sich gründet, ist es nicht ohne das andere seiner, und ein solches muß *sein*. Diese Argumentation ist von der Annahme irgendwelcher Anfangszustände des Kosmos völlig unabhängig.

76 Mackie wendet sich gegen das Prinzip, daß aus nichts niemals etwas entstehen könne:"Hume hat darauf aufmerksam gemacht, daß wir zweifellos den Begriff eines unverursachten Existenzbeginnes von irgend etwas bilden könnten" (Mackie, 143). An der Stelle, auf die Mackie sich beruft, sagt Hume folgendes: „Da alle voneinander verschiedenen Vorstellungen voneinander trennbar sind, die Vorstellung einer Ursache aber von der Vorstellung ihrer Wirkung augenscheinlich verschieden ist, so fällt es uns leicht, einen Gegenstand in diesem Augenblick als nichtexistierend und im nächsten als existierend zu denken, ohne daß wir damit die neue Vorstellung einer Ursache oder eines hervorbringenden Prinzips verbinden" (Treatise of Human Nature, I, 3, 3; dt. Meiner-Ausgabe I, 107). Nun führt es zwar nicht zum formalen Widerspruch, die Begründungsfrage wegzulassen und etwas einfachin als existierend zu denken. Doch bei der weiteren Explikation dessen, was ich gedacht habe, taucht die Begründungsfrage in der ein oder anderen Weise wieder auf. Denn das einzelne etwas muß erklärt, näher bestimmt und damit in seinen Kontext gestellt und somit auch begründet werden. Zwar könnte jemand erwidern: „warum soll ich nach einer Begründung fragen?" Aber eben hiermit hätte er

nach einer Begründung gefragt und seinen Abbruch des Fragens nach den Gründen der Sache einer Rechtfertigung unterstellt, der er sich zugleich entzieht. Akzeptiere ich also die Begründungsfrage in ihrer universellen Berechtigung, so stehe ich in bezug auf das, was „ist" vor der Alternative: entweder gründet dieses allein in sich selbst oder eben nicht und ist dann nicht ohne ein anderes Existierendes zu denken. Das Nichts als Begründung anführen, heißt lediglich keine Begründung angeben.

4) Mehrere Welten - mehrere Anfänge?

Was aber ist zu der Annahme mehrerer Welten zu sagen, die nebenein- 77 ander bestehen ohne Wechselwirkung? Könnte dies die Begründungsfrage tangieren? Doch auch hier gilt: Jede Welt für sich gründet im Absoluten, und damit ist der Schluß auf das Absolute unabhängig von jeder Pluralität der Welten. Bei Leibniz, nach dem die Monaden als solche nicht wechsel-wirkenden Welten angesehen werden können, muß man berücksichtigen, daß die einzelne Monade und ihre Welt das ganze Monadenuniversum auf ihre je eigene Weise immerhin abspiegelt, ein Abbildungszusammenhang mit den anderen Monaden also durchaus vorhanden ist. Auch wenn man annimmt (vgl. Erbrich, 194). daß unsere Welt zusammen mit vielen, vielleicht sogar unendlich vielen Welten, die untereinander nicht wechsel-wirken, aus einem Ur-Quantenfeld entstanden sei, so gründet jede dieser Welten und das All dieser Welten dennoch im Absoluten. Der Kerngedanke des KGB bleibt also unberührt.

Entsprechend dem Argument von in sich stehenden Welten könnte auch 78 mit Kutschera (26) eingewendet werden, es könnte vielleicht mehre „Erst-ursachen" geben. Dies ist aber dann nicht möglich, wenn die „Erstursache" im strikten Sinn als Absolutes gedacht wird. Denn wie wir sahen, verlangt der Begriff dieses Absoluten seine Singularität. Mehrere Absolute würden sich unterscheiden. Sie hätten eine äußere Relation zueinander und wären durch diese in ihrem Eigensein bestimmt, aber auch begrenzt. Sie stünden also im Verhältnis des eS-eS zueinander.

5) Das Prinzip vom zureichenden Grund

Leibniz knüpft seinen Kontingenzbeweis an das Prinzip vom „zureichen- 79 den Grund". Dieses ist nach ihm neben dem „Prinzip des Widerspruchs" das zweite Prinzip, auf dem „unsere Vernunfterkenntnisse beruhen" (Monadologie § 31f). In Anwendung auf den Weltzusammenhang kommt Leibniz zu dem Ergebnis: „Der zureichende oder letzte Grund muß au-ßerhalb des Zusammenhanges oder der Reihe der besonderen und zufäl-ligen Dinge liegen, so sehr man diese auch ins Unendliche fortgesetzt denken mag" (ebd. § 37). Der denkbare Regressus endlicher Ursachen in infinitum ist für Leibniz also kein Einwand. Schwierigkeiten bietet für die

Ausleger allerdings das Prinzip vom „zureichenden Grund", d.h. „daß sich nichts ereignet, ohne daß es dem, der die Dinge hinlänglich erkennte, möglich wäre, einen Grund anzugeben, der genügte, um zu bestimmen, warum es so ist und nicht anders" (Vernunftprinzipien der Gnade und der Natur § 7). Mackie deutet dieses Prinzip so, daß „gleiche Ursachen gleiche Wirkungen haben" (Mackie, 136). Dies sei, so Mackie, ein Prinzip, nach dem man sinnvollerweise innerhalb der Welt vorgehen könne, aber zum einen hätten wir nicht das Recht, es innerhalb der Welt als universal geltend anzusehen, weil daraus ein umstrittener Determinismus folge, und außerdem sei zu sagen: „Selbst wenn innerhalb der Welt alles einen zureichenden Grund hätte, d.h. eine Ursache in Übereinstimmung mit einer Regel, nach der gleiche Ursachen gleiche Wirkungen hervorbringen, wäre dies doch nicht Grund genug zu erwarten, daß auch die Welt als ganze oder ihre grundlegenden Kausalgesetze selbst einen zureichenden Grund von anderer Art haben müßten" (ebd. 136); „von anderer Art" meint hier offenbar die Unterschiedenheit von den innerweltlichen Kausalgesetzen, die ja selbst erst im Sinne einer Ableitbarkeit begründet werden müßten. Kutschera kann dem Leibnizschen Prinzip vom zureichenden Grund, das er ein „unklares Prinzip" nennt (Kutschera, 28), einen präziseren Sinn dann abgewinnen, wenn man es als deterministisches Kausalprinzip versteht (ebd.). Doch dessen durchgängige Anwendbarkeit innerhalb der Welt ist bekanntermaßen umstritten (ebd.). „Ein Grund dafür, daß eine bestimmte Welt realisiert wird, ist jedoch keine Ursache, denn Ursachen sind zeitlich lokalisierte Ereignisse in der Welt und sie sind Bedingungen, aus denen die Wirkung sich mithilfe von kausalen Naturgesetzen ergibt, die in der betreffenden Welt gelten; mit ihnen läßt sich der Vorgang der Realisierung dieser Welt also nicht erklären" (ebd. 28f).

80 Der Rückschluß auf die Existenz Gottes ist jedoch von ganz anderer Art. Die Existenz Gottes ist notwendige, nicht hinreichende Bedingung der Welt. D.h. ohne die Existenz Gottes kann die Welt nicht gedacht werden. Aber aus der Voraussetzung der Existenz Gottes folgt nicht die Existenz der Welt. Zwar ist Gott in weiterer Überlegung auch hinreichender Grund für die Existenz der Welt, aber dies erst, wenn sein Entschluß zur Welt hinzugedacht wird. Der Leibnizsche Gottesbegriff als zureichender Grund ist schillernd. Im KGB geht es um den Schluß von B auf A, der besagt, daß ein Notwendiges (A), nämlich Gott, von allem anderen (B), das nicht Gott ist, impliziert wird. Nicht aber geht es um den Schluß vom göttlich Notwendigen (A) auf das von ihm (vermeintlich) implizierte Nichtgöttliche (B). Wäre Leibniz in letzterem Sinne zu verstehen, wäre sein Argument in der Tat fragwürdig. Aber dann wäre, wie Kutschera zurecht sagt, auch die Kontingenz aufgehoben, und zwar in dem Sinne, daß nunmehr „an sich" alles, bis hin zum kleinsten Ereignis, aus dem Wesen Gott ableitbar wäre (ebd. 29f). Die Kontingenz der Abhängigkeit von Gott wäre freilich auch bei dieser „Aufhebung der Kontingenz" noch gegeben.

6) Zwei problematische Tendenzen

1. Dem eS-Zusammenhang ueS-Charakter zu verleihen (immanentistische und materialistische Systeme). 2. Den eS-Zusammenhang zugunsten der Alleinexistenz des ueS zum bloßen Schein zu erklären (z.B. Parmenides oder manche hinduistische Monismen des absoluten Seins) (Nr. 369 f). 81

d. Perspektiven und Fragen im Anschluß an das Kernargument

1) Das unendliche Seiende als Geist

Ist das ueS nur ein subjektives Konstrukt? In der Tat ist es zunächst eine Idee. Allerdings kann ich nur von ihr her die endlichen Dinge in ihrem Sein begreifen. Sie ist damit allem eS übergeordnet, denn ich begreife dieses nur von ihr her. Von dieser Überordnung her ergibt sich eine Nichtentsprechung, die es nicht zuläßt, jene Idee zu einem Ding oder Objekt zu machen. Doch damit scheint das ueS wieder auf die Subjektivität eingeschränkt und bloße Idee zu sein. Aber das ist unmöglich. Das ueS kann nicht etwas lediglich Subjektives sein. Es würde zu etwas Begrenztem und Relativem gemacht und wäre nicht mehr das Unendliche und Absolute, in dem wir das Endliche und Relative überhaupt erst erkennen. Das ueS kann somit nur als Subjekt-Objekt-Einheit gedacht werden. Dann aber ist es reflexives Sein oder reiner Selbstbezug. Meine individuelle Subjektivität ist dann durch diesen bedingt und hat durch ihn ihre Vollzugs- und Erkenntnisfähigkeit. Zugleich geht jenes höchste reflexive Sein über meine endliche Reflexivität hinaus, ermöglicht sie, ist ihr aber als in sich Unendliches unendlich überlegen. Das ueS ist somit Geist, und zwar absoluter Geist, der *in* mir ist und *über* mir. Das ueS als dieser Geist kann und muß meiner Subjektivität immanent und transzendent sein. Mit diesem Ergebnis ist zum Teil schon eine Frage beantwortet, die sich als häufig erhobener Einwand gegen den KGB stellt. 82

2) Wird Gott verdinglicht?

Wenn das ueS als Wirklichkeit erkannt ist, ist es dann Objekt? Antwortet man darauf mit Ja, so scheint das ueS dem erkennenden Subjekt gegenüberzustehen. Dann aber steht es in einer Relation zum Subjekt und ist somit partikulär. So lautet der Einwand, der KGB mache Gott zu einem Objekt und verdingliche ihn damit. Er ist nur zu entkräften, wenn deutlich wird, daß die Wirklichkeit des ueS nicht nur die Seite des erkannten Objektes einnimmt, sondern ebenso die des erkennenden Subjektes. Das ueS muß als ebenso objektiv wie subjektiv gedacht werden können, nämlich objektiv als höchster Gegenstand unseres Erkennens, der alle sonst erkenn- 83 baren Dinge letztlich bedingt, wie auch subjektiv als der „Hintergrund" des Erkennens, durch den das Erkennen der Dinge ermöglicht wird. Nun hatte sich die Idee des ueS als apriorische (nicht aposteriorisch empirische) Idee ergeben, so daß nur auf sie hin das eS erkennbar und definierbar ist (die Einsicht Descartes in der III. Meditation). Die Idee des ueS ist apriorisch, und nur von ihr her ist Endliches erkennbar, wie umgekehrt die apriorische Unendlichkeitsidee nur in Bezug auf Endliches unserem Denken aufgeht. Das ueS steht also auf beiden Seiten, auf der des Subjektes und des Objektes. Eben weil es selbst subjektiv-objektiv ist, kann es auf beiden Seiten stehen.

84 Der Einwand läßt sich auch so formulieren: Die Verdinglichung des Unendlichen ist insofern unumgänglich, als ich mich auf die Subjekt und Objekt übergreifende Einheit meines Erkennens niemals beziehen kann. Denn dieses muß als Subjektvollzug gleichsam immer „außerhalb" dessen stehen, worauf es sich bezieht. Es muß sich als Erkenntnismedium (sprachlicher Ausdruck usw.) von dem unterscheiden, worauf es sich bezieht. Nun ist diese Unterscheidbarkeit durchaus zuzugeben. Doch folgt aus ihr nicht die Unmöglichkeit des Selbstbezuges. Sie zu behaupten führt vielmehr in den Widerspruch. Denn diese Behauptung muß auch für sie selbst gelten und bezieht sich eben damit auf sie, d.h. auf sich selbst. Wenn also der Selbstbezug möglich ist und sich in weiterer Überlegung letztlich als ein umfassender, unendlicher herausstellt, weil er nicht *nur* ein vorläufiger und endlicher sein kann (wie der im eS-eS-Bezug stehende), dann gibt es keinen Grund, den Bezug meines Denkens auf ihn für unmöglich zu erklären. Aber jener Einwand enthält ein Moment der Wahrheit. Denn die Einheit des ueS als mich umfassende Subjekt-Objekt-Einheit kann ich in der Tat nicht vor mich bringen wie ein sonstiges Objekt. Sie ist, weil umfassend, nur in indirekter Weise ins Bewußtsein zu heben, indem sie als schon gegebene Voraussetzung meines Denkens eingesehen wird. So ist es auch nicht zufällig, daß ihr Erweis (wie eben geschehen) ein indirekter (nicht deduktiv direkter) ist, also im Ausschluß des Gegenteils besteht.

3) Die universale Begründung und ihre Geltung auch für das Subjekt

85 Wenn das ueS zugleich auf der Seite des Subjektes stehen muß, begründet es dieses auch. Erst mit dieser universalen Begründung erweist es sich als ueS. Sonst könnte das Subjekt sich nochmals von ihm distanzieren. Dann aber wäre ueS nicht unendlich. Wenn aber das Subjekt sich von ihm nicht mehr distanzieren kann, muß auch die Begründung angemessen gedacht werden. Sie kann dann nur als eine Begründung gedacht werden, die das Subjekt als solches, das Subjekt in seinem spezifischen Subjektvollzug begründet, und d.h. als Freiheitsvollzug. Das ist aber nur als Anspruch möglich. Und so verweist das Ergebnis des KGB auf den AxGB als seine weitere Explikation voraus. Die Argumentation ist insofern nicht einfach

als abgeschlossen zu betrachten. Eine spezifische, die Freiheit als solche betreffende Begründung muß es geben, sonst kann der KGB nicht festgehalten werden. Denn er zielt auf universale Begründung. Kein Bereich kann davon ausgenommen werden, sonst verliert er seine Gültigkeit. Wenn ich aber das ueS als distanzierbares Objekt denke, habe ich ihm mein Ich schon entzogen. Dieses selbst nochmals als begründet zu denken, ist somit die Aufgabe einer spezifischen Freiheitsbegründung.

4) Der subjektive Anteil an der Bestimmung der äußeren Wirklichkeit

Ausgegangen wird im KGB vom Seienden, das in Relationen mit anderem 86 verbunden ist, für sich aber (in verschiedenem Grad) eine gewisse Selbständigkeit (Substantialität) besitzt. Dies freilich ist ein *Gedanke* (vgl. Kant: die Kategorien kommen aus dem Denken). Wie rechtfertige ich ihn? Die äußere Wahrnehmung jedenfalls bietet mir den Gedanken des substantiellen Fürsichseins noch nicht dar. Dieser Gedanke ist der einer (gewissen) Selbstbezüglichkeit (eines Selbst-Seins, Eigen-Standes des Seins als Fürsichsein). Um sie weiß ich zunächst bei mir. Das aber bedeutet: ich *denke* die Wirklichkeit, auch die äußere, in ihrer Eigenständigkeit nach Maßgabe meiner selbst. Erst so ergibt sich der Maßstab des Aus-sich-selbst-Seins, dem ich alles Seiende unterwerfe und gemessen an dem das eS immer noch ein Nicht-Selbständiges und Abhängiges bleibt. In dieser Sicht ist die Ausgangsbasis des KGB nur dann gegeben, wenn ich der Struktur meiner Subjektivität eine Erschließungskraft bezüglich der äußeren Wirklichkeit zuschreiben muß, und zwar in dem Sinne, daß ich auch das äußere Seiende (in gewissem Maße) als ein Für-sich-Seiendes zu begreifen habe, daß ich also Sein überhaupt im Wesentlichen als (graduelle) Reflexivität aufzufassen berechtigt bin. Wenn das ueS als (vollkommen) in sich und aus sich Seiendes zu denken ist, somit als per se reflexiv, wie ja auch (vgl. oben) die Begründung der endlichen Subjektivität einen ihr allein angemessenen subjekthaften Grund erfordert, dann ist es konsequent, Sein überhaupt und auch endliches Sein so denken, daß es zumindest latent subjekthaft ist. Dies heißt zunächst nur, es in der Struktur eines relativ Selbständigen zu denken, wobei es in der Welt als jeweils eindeutigeres und gesteigertes Insichsein in Erscheinung tritt. Im Zusammenhang des teleologischen Gottesbeweises wird es um eine solche vom Subjekt her gedachte Ontologie gehen, nach der das Sein ursprünglich Selbstsein und Insichsein ist (Nr. 291). Auch auf diesem Feld verweist der KGB also auf weitere Explikationen, regt sie selbst aber auch an.

5) Das absolute Aus-sich-Sein und der ontologische Gottesbeweis

Der Maßstab des Selbstseins des Seins ist derjenige der vollkommenen 87 Selbstbegründung, d.h. des vollkommenen In-sich- und Aus-sich-selbst-

Seins. Man könnte nun den Einwand erheben: Warum soll ich diesen Maßstab anerkennen, warum ihn überhaupt konzipieren? Kann ich und soll ich mich auf ein höchstes Unbedingtes und Aus-sich-Seiendes überhaupt beziehen? Doch diese Frage ist mit der obigen Argumentation im Grunde beantwortet. Denn wir sahen, daß wir das Sein als eine gewisse Selbständigkeit, als ein gewisses Insichsein auffassen müssen und damit den Maßstab jenes vollkommenen Insichseins anlegen. Wenn nun Seiendes nicht vollkommen aus sich ist, dann ist es eben nicht ohne anderes, und dieses andere kann letztlich nur jenes schlechthin Unbedingte sein. Es scheint so zu sein, daß die Idee des ueS unserem Geist eigentümlich ist. Wir können von ihr offenbar nicht absehen. In unserem Denken zeigt sich ein „id quo maius cogitari non potest (etwas über das hinaus Größeres nicht gedacht werden kann)", um die Formel Anselms aufzugreifen, womit der später zu behandelnde Ontologische Gottesbeweis (OGB) angesprochen ist, der jene höchste und unübersteigbare Idee im Denken aufzeigt, jene Idee, die unter keiner Rücksicht mehr als bedingt gedacht werden kann, somit auch nicht als eine bloß subjektive. Der KGB sieht in dieser Idee die Voraussetzung des in der Erfahrung gegebenen endlichen Seienden. Wenn dieses Endliche existiert, dann nur als von der Existenz jenes Unendlichen her ermöglicht. Man könnte also sagen: der KGB beginnt beim endlichen Seienden und schließt auf jene höchste Idee, der OGB beginnt bei dieser Idee und schließt auf ihr Sein. Doch so einfach ist der Unterschied nicht. In Wahrheit besteht eine vielfache Verschränkung zwischen beiden Beweisen. Denn der KGB kommt nicht ohne jene apriorische Idee des ueS aus, deren Wahrheit sich dann in der Analyse der Erkenntnis des endlichen Seienden erweist, und der OGB stößt auf die Idee des Höchsten in der Reflexion auf das tatsächliche Denken und Begreifen, das immer schon auf Sein bezogen und auch selbst schon realer Vollzug ist. Der OGB beginnt also nicht von einer bloß abstrakten Vorstellung oder willkürlichen Begriffsbildung. Doch da unser Begreifen von der Subjekt-Objekt-Differenz bestimmt ist, kann die Argumentation vorzugsweise (nicht ausschließlich) von der einen oder anderen Seite ausgehen.

6) Das Verhältnis von endlichem und unendlichem Sein als Relation

88 Wenn eS und ueS different sind, dann scheinen sie in äußerer Relation zu stehen. Doch dies ist das Zeichen der Endlichkeit. Wird also nicht das Unendliche verendlicht? Ist das Ergebnis des Beweises nicht antinomisch? Die Möglichkeit seiner Beibehaltung hängt davon ab, ob es gelingt, die Beziehung des ueS zum eS widerspruchsfrei zu explizieren. Hierfür muß die Beziehung zwischen eS und ueS radikal asymmetrisch gedacht werden. Zwar ist diese Asymmetrie schon im bisherigen Gedanken enthalten. Sie muß aber hervorgehoben und überzeugend dargelegt werden. Es geht dabei um den Gedanken, daß das eS im ueS radikal gründet und dieses

seinerseits jenes begründet, wobei die Begründung als ein Getragenwerden des eS durch das ueS bis in die innerste Eigenständigkeit des eS hinein zu verstehen ist, so daß das ueS als im eS gegenwärtig und die Beziehung zu ihm sogar als Selbstbeziehung des ueS gedacht werden kann.

Dies zu denken ist sicher nicht leicht, und man wird bei der Erwägung, ob eine solch radikale Präsenz des Unendlichen in Bereich der Endlichkeit ein vollziehbarer Gedanke ist, auch auf Aussagen der Religionen hören müssen. Man wird dann feststellen, daß dort der Begriff der Präsenz Gottes in der Welt längst lebendig ist, was schon einmal dagegen spricht, diesen Begriff als willkürliche Erfindung abzulehnen. Es gilt vielmehr, diesen Begriff in seiner spekulativen Bedeutung zu erfassen und ihn so für die Philosophie fruchtbar zu machen. Dabei wird sich herausstellen, und dies sei vorgreifend gesagt, daß ein solches Unternehmen auf die Quelle, aus der dieser Begriff geschöpft wird, verwiesen bleibt. Denn als Antwort auf das beschriebene Problem ist er mit weiteren Fragen verwoben, etwa nach der Vereinbarkeit einer gedachten Präsenz des Göttlichen in der Welt mit deren Schrecklichkeit (das Theodizeeproblem). Damit wird dann deutlich werden, daß die schließliche Beantwortung der Gottesfrage auch in den Bereich des Existentiellen, d.h. des ganz persönlichen Selbst- und Weltverständnisses hineinführt und ihre positive Beantwortung nicht ohne das Moment der Entscheidung und des Vertrauens zustande kommt, womit eine Ebene relevant wird, die per se schon religiösen Charakter hat. Die Reflexion ist in dieser existentiellen Zuspitzung allerdings nur manifester und ausdrücklicher das, was sie immer ist, nämlich Freiheitsvollzug. Doch wenn die freie Entscheidung in der Gottesfrage nicht irrational ausfallen soll, werden Argumentationen wie die obigen ihre Rolle spielen.

11. Wissenschaftliche Kausalität und metaphysisches Kausalprinzip

(Zum folgenden: Spaemann 1992) Bei Aristoteles sind die vier Ursachen jeweils Antworten auf vier Warum-Fragen a) Was? - Formursache, b) woraus? - Materialursache, c) Wodurch? - Wirkursache, d) Wozu? - Zielursache. Dabei sind a/b die inneren, c/d die äußeren Ursachen (Physik 198 a, 194 b ff; Met. 983 a - 988 b). Im Mittelalter trat auf Grund des Schöpfungsgedankens die Wirkursache in den Vordergrund. Sie wurde in der Neuzeit beherrschend. Denn die Naturwissenschaft zielte auf ein Verstehen der Natur im Sinne der Technik, die durch die genauere Kenntnis der jeweils hervorbringenden Ursachen ermöglicht wird. Eine durch und durch mechanisch wirkende Natur ließe sich entsprechend beherrschen, und das war das Ziel. Doch für das Denken wurde diese Art von Kausalität fragwürdig. Wie kann ein Endliches ein anderes Endliches hervorbringen? Ist die Hervorbringung nicht Gott vorbehalten? Und sieht man denn überhaupt den Akt der Hervorbringung bei der Beobachtung der Kausalabläufe? Ist der Wahrnehmung nicht nur die Abfolge der Erscheinungen gegeben? Auf diese Probleme stieß im 17. Jahrhundert der sogenannte „Okkasionalismus" (Malebranche, Geulincx). Der Name deutet schon die hier ins Auge gefaßte Lösung an: Die Hervorbringung im Kausalgeschehen ist kein Akt der Natur, sondern ein jeweils gesetzter Akt Gottes bei „Gelegenheit (occasio)" einer Geschehensabfolge. David Hume teilte die Auffassung, daß sich ein Kausalwirken in der Wahrnehmung nicht zeige. Er ließ allerdings die theologische Erklärung weg. Seine Lösung besteht darin, daß sich unsere Auffassung von Kausalität durch wiederholte Beobachtung gleicher Vorgänge ergebe und kein anderes Fundament habe als die aus der Gewohnheit stammenden Assoziationsgesetze, die aber keinen ontologischen Aussagewert besitzen. Die Gewohnheit des „post hoc (nach diesem)" führe zu der Vorstellung und dann zum Begriff des „propter hoc (wegen diesem)" (Treatise of Human Nature I, 3, nr 4-6; Enquiry Concerning Human Understanding 7). Kant nimmt diese phänomenale Sicht auf und systematisiert sie. „Wenn wir also erfahren, daß etwas geschieht, so setzen wir dabei jederzeit voraus, daß irgend etwas vorausgehe, worauf es nach einer Regel folgt" (KrV B 240). Doch bringt nach Kant erst die Anwendung der apriorischen Kategorie der Kausalität auf die Sinnlichkeit eine entsprechende Kausalerkenntnis zustande, die also nicht hinfällig wird. Denn, so könnte man Kants Festhalten an der Kausalität verständlich machen, der Hahnenschrei geht zwar dem Sonnenaufgang voraus, „bewirkt" ihn aber nicht. Wirken ist uns durch unser eigenes Handeln bekannt, das wir auf die Natur übertragen. „Alle Veränderung ist also nur durch eine kontinuierliche Handlung der Kausalität möglich" (KrV B 254). Im Opus postumum finden sich weiterführende Reflexionen Kants über den vom Handeln herkommenden Sinn und Ursprung des Begriffs der Kausalität: „Nur dadurch daß das Subject sich seiner bewegenden Kräfte (zu agieren) [bewußt ist] und [,] da in dem Verhältnisse dieser Bewegung alles wechselseitig ist [,] gleich stark auf sich Gegenwirkung wahrzunehmen [,] welches Verhältnis apriori erkannt (nicht von der Erfahrung abhängig) ist [,] werden die entgegenwirkende[n] bewegenden Kräfte der Materie anticipiert und die Eigenschaften der Materie vestgesetzt" (Kant AA XXII, 506, von mir durch [...] ergänzt).

91 Die heutige Wissenschaftstheorie knüpft an Kant an. Ihr zufolge geht es bei der wissenschaftlichen Erforschung der Ursachen (das Modell sind dabei die Naturwissenschaften) darum, die phänomenalen Abfolgen in mathematischen Zusammenhängen, d.h. Gesetzen, zu erfassen, um so zu Prognosen imstande zu sein. Als Einschränkung gilt dabei, daß im Mikrobereich nur statistische Werte erreichbar sind. Das HO-Schema (nach Hempel / Oppenheim) bringt diese Kausalauffassung folgendermaßen auf den Begriff: Die Erklärung (Explanans) eines zu erklärenden Ereignisses (des Explanandum) setzt sich aus Gesetzen (G1, G2, ...) und Antezedensbedingungen (der Ausgangslage) zusammen (A1, A2, ...). Z..B: Dieser

74

Faden reißt (Explanandum), weil Fäden der und der Stärke, mit mehr als einem Kilo belastet, reißen (G) und weil dieser Faden einer von dieser Stärke ist und mit 1 u. 1/2 Kilo belastet wurde (A). Das eigentliche Wirkelement ist für sich nicht sichtbar. Wie bei Kant kommt es durch ein Hinzudenken ins Spiel. Hier wird allerdings eine Ambivalenz deutlich, die schon der Kantischen Lösung anhaftet: Kommt dem Denken wirklichkeitserschließende Bedeutung zu oder bleibt seine Hinzufügung nur subjektiv, gleichsam nur Projektion des Denkens. Rein theoretisch ist diese Frage nicht zu entscheiden. Kant hat dazu immerhin den wichtigen Hinweis gegeben auf die Einbeziehung des Bewußtseins der eigenen Handlung. Man kann und muß diesen Gesichtspunkt weiter entfalten. Der Wissenschaftler, der nach einem Kausalzusammenhang sucht, denkt nämlich wie ein Ingenieur, indem er sich fragt: Was würde geschehen, wenn ich das und das täte? Er sucht nach einem Mechanismus, den er als ein Wirken versteht infolge eines virtuellen Eingreifens. In der Wissenschaftstheorie nennt man diese Auffassung die „interventionistische Kausaltheorie" (vgl. Spaemann 1992). Nach ihr ist es (1.) unplausibel anzunehmen, daß mein an mir selbst zu beobachtendes Vermögen, zu handeln und so auch zu wirken, im Weltkontext isoliert und ohne Entsprechung sein soll. Vielmehr ist davon auszugehen, daß mein Wirken sich in einem Wirk- und so erst überhaupt Wirklichkeitskontext der Welt bewegt. (2.) Wenn ich Ursachen denke, dann denke ich dies überhaupt in der Weise eines möglichen Eingreifens (Intervention). So gilt mir der Hahnenschrei deshalb nicht als die Ursache des Sonnenaufganges, weil ich in meiner Vorstellung den Hahn vorher beseitigen könnte und dennoch wüßte, daß die Sonne aufgeht. Entsprechend fragt auch der Ingenieur, was geschehen würde, wenn er dies oder das täte, die oder jene Bedingung setzte oder auch nicht. (3.) Schließlich scheint die Unumkehrbarkeit der Abfolge der Verläufe dieser Welt, jedenfalls im größeren Rahmen des Makrobereichs und somit auch die (Verbindung der) Teile betreffend, dem Handlungsmodell mit seinen einmaligen Setzungen eine Priorität einzuräumen gegenüber einer geometrischen Gleichförmigkeit. Einmalige Setzungen gelten als spezifischer Gegenstandsbereich der Geistes- und Geschichtswissenschaften. Aber auch hier sucht man nach allgemeinen Gesetzen, etwa der typischen Abfolge in der Entstehung von Kriegen oder Revolutionen (aus welchen Vorbedingungen entstehen sie?). Doch handelt es sich in diesem Bereich offensichtlich immer um einmalige Verläufe, die man nie vollkommen in ein allgemeines Gesetz aufheben kann.

Von dieser Kausalanalyse, die darin besteht, aus Voraussetzungen oder 92 Bedingungen etwas zu erklären oder abzuleiten, unterscheidet sich das *metaphysische Kausalprinzip*, zunächst (1) formal, denn es ist ein Rückschluß auf die notwendige Bedingung (oder Bedingung der Möglichkeit), leitet aber aus dieser nichts ab, d.h. verläuft formallogisch als Replikation, nicht als Implikation, nämlich so: Wenn Gott nicht ist, dann ist die Welt nicht. Nun aber ist die Welt. Also ist Gott. Nicht etwa so: Wenn Gott ist, dann ist die Welt. Nun aber ist Gott, also ist die Welt. Gott ist somit für unser Erkennen nur die notwendige, nicht die hinreichende Bedingung dieser Welt. Wir können aus ihm die Welt nicht ableiten, doch sie auf ihn zurückführen. Das metaphysische Kausalprinzip hat zudem (2) material seine Besonderheit darin, daß es sich nur auf die Ermöglichung des endlichen (relativen, bedingten) Seins durch das unendliche (absolute, unbedingte) Sein bezieht. Man kann es so formulieren: *Das Endliche ist nicht ohne das andere des Endlichen als solchen, also nicht ohne das im eigentlichen Sinn Unendliche*, oder: *das Abhängige ist nicht ohne das Unabhängige, das Relative nicht ohne das Absolute, das „ens ab alio" nicht ohne das „ens a se".* Aus dem so Bedingenden jedoch ist das Bedingte nicht abzuleiten. Wegen dieser formalen Eigentümlichkeit und wegen seiner materialen Besonderheit ist das metaphysische Kausalprinzip für die oben beschriebenen Wissenschaften völlig nutzlos. Gott ist keine wissenschaftlich relevante Größe und kann es auch gar nicht sein. Er ist kein Faktor in einem die Welt erforschenden und auf Prognosen und technische Realisierungen ausgerichteten Wissenschaftsprogramm. Das metaphysische Kausalprinzip zeigt der Wissenschaft eine einzige Grenze, indem es sagt, daß die Welt sich nicht in jeder Hinsicht selbst erklärt und von selbst versteht, sondern in ihrem Wesen kontingent ist und somit den Grund (nicht ihres Wie-Seins im einzelnen, sondern) ihres Seins überhaupt nicht aus sich selbst besitzt, sondern in dem hat, was nicht Welt, nicht kontigent ist, somit in dem Anderen zu ihr, dem Anderen zu ihr als einer endlichen. Man erkennt nun leicht, daß das metaphysische Kausalprinzip nichts anderes ist als das Argument des KGB und dieser nichts anderes ist als die Anwendung des metaphysischen Kausalprinzips auf den einzigen für es in Frage kommenden Fall, eben die Thematik des KGB.

12. Zum Begriff der „causa sui"

93 Das unendlich Seiende ist Sein aus sich selbst und durch sich selbst. In der Philosophiegeschichte wurde dafür verschiedentlich der Begriff der „causa sui" verwendet. Auf ihn und auf die Problematik, die sich an ihn knüpft, sei kurz eingegangen, weil über diese begriffsgeschichtliche Erörterung auch nochmals die Sache selbst verdeutlicht werden kann. Thomas lehnt im zweiten Weg den Begriff der „causa efficiens sui ipsius" ab, da er beinhalte, daß etwas sich selbst (in der Reihe der geordneten Ursachen) vorgängig sein könne („quia sic esset prius seipso"). Deswegen ist dieser Begriff für Thomas auch ungeeignet, Gott zu denken, und im zweiten Weg steht für Gott der Begriff: „causa efficiens prima". Allerdings will Thomas damit nicht jeden Gedanken eines aktiven Selbstbezuges als widersprüchlich zurückweisen. Tatsächlich beschreibt er die Freiheit in der Weise eines

solchen Selbstbezuges: „Derjenige tut etwas frei, der aus sich selbst handelt (Ille ergo libere aliquid agit qui ex seipso agit)" (Sth II/I, q 108 a 1 ad 2). Zuvor zitiert Thomas Aristoteles, der den Freien so bestimmt: er existiere „ἑαυτοῦ ἕνεκα", um seiner selbst willen (Met. 982b), im Unterschied zum Sklaven, der für seinen Herrn da ist. Thomas gibt den griechischen Ausdruck wieder mit: „causa sui" (a.a..O.; vgl. in 1 Met. lect. 3 n. 58), wobei „causa" ablativisch zu verstehen ist. In Scg III, 112 wird die Freiheit so definiert: „Was die Herrschaft über sein Handeln hat, das ist frei im Handeln; frei nämlich ist der, der Ursache seines Handelns ist (Quod dominium sui actus habet, liberum est in agendo; liber enim est, qui sui causa est)". Hier scheint „causa" im Nominativ zu stehen (wie es dem „ex seipso agit" entspricht). Thomas verwendet also den Begriff „causa sui" zur Bestimmung der Freiheit, aber offenbar in beiderlei Sinn: einmal in der Bedeutung „um seiner selbst willen" (causa im Ablativ) und „Ursache seiner selbst" (causa im Nominativ).

Freiheit hat offenbar diese beiden Aspekte. Sie gehören zusammen. Das 94 „durch sich" der Effizienzkausalität muß in Einheit mit dem „für sich" der Finalursächlichkeit gedacht werden. Der Gedanke einer neutral faktischen Selbstverursachung dürfte latent widersprüchlich sein, solange er nicht mit dem Aspekt des Werthaften und Guten verbunden wird. Eine (agierende oder wie auch immer geartete) Bezugnahme auf sich selbst ist Selbst-Vollzug und als solcher ein Bei-sich- und Auf-sich-hin-Sein. Dies schließt Normativität und Werthaftigkeit ein und hat Konsequenzen auch für das Denken des Höchsten und Absoluten. Dieses ist als allgemeiner Grund und Grund seiner selbst nur denkbar als um seiner selbst willen seiend. Nur so bringt es die Warum-Frage zum Abschluß. Absolut fraglos ist allein das schlechthin aus sich und damit um seiner selbst willen Seiende. Die Platonische Tradition hat dies deutlich gesehen. Für Platon ist der letzte Grund von allem (Anfang des Alls) zugleich höchstes Ziel, nämlich das Gute schlechthin (Politeia 506-509; 511 b). Nach Plotin ist der letzte Ursprung (ἀρχή) „αἴτιον ἑαυτοῦ καὶ παρ' αὑτοῦ καὶ δι' αὑτόν (Grund seiner selbst und von sich her und auf sich hin)" (En VI 8, 14, 41).

Descartes verwendet den Begriff „causa sui" als Gottesbegriff (Descartes 95 1972, 98). In der „Ethica" Spinozas wird der Begriff grundlegend. Dort lautet die erste Definition im Teil I (de Deo): „Per causam sui intelligo id, cuius essentia involvit existentiam; sive id, cuius natura non potest concipi, nisi existens" (Unter Ursache seiner selbst verstehe ich das, dessen Wesen das Dasein in sich schließt, oder das, dessen Natur nicht anders als daseiend begriffen werden kann). Auch Hegel arbeitet mit diesem Begriff, um den Bedeutungsgehalt des Absoluten oder des Geistes zu erläutern (TW 6, 251; TW 17, 494ff; TW 20, 172; RP § 66 Anm). Der Rückgriff auf die platonische Tradition ist insofern erkennbar, als die höchste Idee oder „absolute Idee" als die Einheit von Wahrheit und Gutheit, von Theorie und Praxis bestimmt wird (TW 6, 548f; Enz §§ 233ff).

96 Prominent ist die Kritik Schopenhauers. Er hält diesen Begriff für eine „contradictio in adjecto", da hier das Verursachte und die Verursachung im selben Sinne identifiziert werden (Über die vierfache Wurzel des Satzes vom Grund, § 8; Werke V). Sein Einwand deckt sich mit dem im zweiten Weg des Thomas. Wir sahen jedoch, daß damit der Begriff der „causa sui" nicht erledigt ist, es sei denn, man hielte den Begriff des realen Selbstbezuges für widersprüchlich. Dieser aber impliziert ein Wirken aus sich selbst, und umgekehrt kann der Gedanke des Wirkens-aus-sich nicht auf den des Selbstbezuges verzichten. Daß hier ein latenter Widerspruch vermutet wird, ist verständlich, und die Kritik von Thomas oder Schopenhauer mahnt zur Vorsicht. Doch stellt die Unvermeidlichkeit jenes Begriffs ein spekulatives Problem dar, dem man sich stellen muß. Es dürfte nur zu lösen sein, wenn das Aus-sich auch als Für-sich zu konzipieren ist, d.h. wenn es denkmöglich ist, daß etwas nur in dem Sinne sich *voraus* (ante seipsum) sein kann, als es sich *vorweg* (post seipsum)ist, wenn also seine Wirkursache seine Zielursache ist. Natürlich sind Wirk- und Zielursache in unserer Welt weitgehend deutlich zu unterscheiden, und doch sind beide nicht vollkommen zu trennen und dürften einander stets in abgestufter Weise enthalten. Wenn dies so ist, kann es in einer gänzlich ateleologisch verfaßten Welt kein Eigenwirken und überhaupt kein Wirken geben. Vermutlich ist es kein Zufall, daß die Entfernung der Zielursache aus der Welterkenntnis bald auch die Entfernung der Wirkursache nach sich zog. Wurde jene obsolet, mußte bald auch diese werden (Näheres unten zur Teleologie, Nr. 273, 282-87).

97 Der Zusammenhang von Wirk- und Zielursache hat auch für den Begriff eines absoluten Aus-sich-Seins Konsequenzen. Denn dieser Begriff kann nur festgehalten werden, wenn das absolute Aus-sich auch als absolutes Für-sich und der Grund seiner selbst zugleich als eigenes Ziel zu denken ist. Kant läßt das von der Metaphysik gedachte höchste Wesen, den Grund von allem und seiner selbst, sich fragen: „woher bin ich?" (KrV B 641), um den Begriff eines letzten Grundes ad absurdum zu führen. Ähnlich sagt Bertrand Russell: „Wenn alles eine Ursache haben muß, dann muß auch Gott eine Ursache haben" (Russel, 20). Der einseitige Blick auf die Wirkursache und auf das Woher scheint diese Konsequenz nahezulegen. Sie entfällt jedoch, wenn das Woher als eins mit dem Wozu gedacht wird. Es läßt sich dann ein absolutes Bei-sich-Sein denken, ein Von-sich-her als Auf-sich-hin in Vollendung. Im Licht dieses höchsten Maßstabes ist auch das endliche Bei-sich-Sein und Aus-sich-Wirken als solches erkennbar, das, weil es nicht vollkommen aus sich und bei sich ist, ein Weiterfragen nach Gründen erlaubt und gebietet. Mit dem Gedanken eines höchsten Aus-sich-Seins allerdings, das zugleich höchstes Für-sich-Sein ist, können und müssen unsere Fragen zur Ruhe kommen, einfach deshalb weil die Antwort ein absolut Fragloses ist, das im höchsten Um-seiner-selbst-willen besteht, in einem absoluten Sein und Gut-sein.

II. DER ALETHOLOGISCHE GOTTESBEWEIS

1. Der Gottesbeweis des Augustinus aus der Wahrheit

a. Texte - Erklärungen

Augustinus verwendet verschiedene Argumente für die Existenz Gottes, 98
die er stets mit seiner unverwechselbaren rhetorischen Sprache formuliert,
wobei es ihm nicht immer auf begriffliche Schärfe ankommt: „Siehe, da
sind Himmel und Erde. Laut rufen sie, daß sie geschaffen sind, denn sie
verändern sich und wandeln sich" (Confess. XI, 4; ähnlich: Sermo 141, 2);
oder: „[...]Gott, dessen geheime, alldurchdringende, durch nichts zu
befleckende Gegenwart alles ins Dasein ruft, was irgendwie ist, soweit es
ist. Denn täte er es nicht, würde es nicht so oder so, sondern überhaupt
nicht sein können" (de civ. dei XII, 26). Den Platonikern wird eine philosophisch erkennbare Schöpfungslehre zugestanden (ebd. VIII, 6). Auch
der platonische Schluß von den Gütern auf das höchste Gut findet sich bei
Augustinus (de trin. VIII, 3.5). Doch der Gottesbeweis, der auf ihn selbst
zurückgeht, ist der aus der Erkenntnis der Wahrheit. Obwohl seine Argumentation uns heute einige Verständnisschwierigkeiten macht, lohnt sich
das Eingehen auf ihn, da sein Kerngehalt von bleibender Bedeutung ist.

Die Schrift: „Vom freien Willen (de libero arbitrio)":

Augustinus hat kurz nach seiner Bekehrung (386) neben anderen weit- 99
gehend philosophischen Werken die in drei Bücher eingeteilte Schrift
„Vom freien Willen (de libero arbitrio)" verfaßt. Sie ist bis zum Anfang
des dritten Buches ein Dialog zwischen Augustinus und einem gewissen
Evodius. Das erste Buch beginnt, dem Titel gemäß, mit der Freiheit als
dem den Menschen auszeichnenden Gut. Doch der Mensch ist durch sie
auch zum Bösen fähig. Wie kann dann, so wird im zweiten Buch gefragt,
Gott den Menschen mit dieser Fähigkeit geschaffen haben? Da hier der
Gottesgedanke widersprüchlich zu werden droht, muß zunächst die Frage
nach der Existenz Gottes beantwortet werden. Nachdem dies geschehen
ist, wendet sich das dritte Buch der Frage nach der Vereinbarkeit der
Tatsache des Bösen mit der Existenz Gottes zu (dem Theodizeeproblem).
Uns geht es um den im zweiten Buch vorgelegten Gottesbeweis. Die
Existenz Gottes ist zunächst für den Glaubenden eine Gewißheit, im Un-
terschied zu dem im Psalter genannten „Toren", der „in seinem Herzen
spricht: es ist kein Gott" (PS 14, 1; 53, 2; ähnlich 10, 4) (de lib. arb. 13).
Doch für die Glaubenden gilt: „das, was wir glauben, wollen wir kennen
und einsehen (id quod credimus, nosse et intellegere cupimus" (16).
Anselm, der sich Augustinus besonders verpflichtet weiß (vgl. Monologion, Prolog), wird dieses Programm „Glaube, der nach Begreifen verlangt

(fides quaerens intellectum)", nennen" (Proslogion, Prooemium).Die eigentliche Argumentation beginnt mit dem Aufweis der unumgänglichen Existenzgewißheit. Denn hier kann ich mich nicht täuschen: „Gerade wenn du nicht wärest, könntest du dich nicht täuschen (utique si non esses, falli omnino non posses)" (20). Im Selbstbewußtsein ist Leben und Existenz eingeschlossen. Es gibt diese drei: "Sein, Leben, Einsicht (esse, vivere, intellegere)" (22). Es kann zwar auch bloß Existierendes geben (Steine), auch bloß Lebendiges (Tiere). Wir aber sind mit Vernunft ausgestattete lebendig Existierende. Die Vernunft (ratio) erfaßt sich selbst und jenes von ihr Implizierte (22). „Wie nun, wenn wir etwas finden können, was zweifellos nicht nur ist, sondern auch noch unsere Vernunft überragt, wirst du dann Bedenken tragen, dies, was es auch sein mag, Gott zu nennen? - [...] Mir scheint, man sollte Gott nicht das nennen, dem meine Vernunft untergeordnet, sondern dem nichts übergeordnet ist (quo est nullus superior)" (54) (ähnlich: de doctrina christiana, I, VII, 7). Der spätere Rückgriff von Anselm auf diesen Gottesbegriff ist deutlich: „id quo maius cogitari non potest" (Proslogion 2). Weiter heißt es bei Augustinus: „Wenn du findest, daß unserer Vernunft nur das überlegen ist, was ewig und unwandelbar ist (aeternum atque incommutabile), wirst du auch dann Bedenken tragen, dies Gott zu nennen? [...]Wenn sie (die Vernunft) [...] allein durch sich selbst etwas Ewiges und Unwandelbares erblickt, dann muß sie beides zugeben, daß sie selbst diesem unterlegen und daß dies ihr Gott ist" (55f). „Es wird also genügen, wenn ich zeige, daß es etwas gibt, von dem du einräumen mußt, daß es entweder selbst Gott ist, oder aber, daß das, was diesem etwa noch überlegen sein sollte, Gott ist" (57). Beispiel für das Ewige, das die Vernunft erreicht, ist die „Zahl" (79ff). Grundlegend für die Zahl (numerus) ist die „Eins" (unum). „Von jeder beliebigen Zahl gilt, sie wird danach bestimmt und benannt, wie oft sie die Eins in sich faßt. Die Eins aber [...] kann nicht sinnlich wahrgenommen werden [...].Wo ich also die Eins auch kennengelernt haben mag, gewiß habe ich sie nicht durch den Körpersinn kennengelernt, denn durch ihn kenne ich nur den Körper, der nun einmal nicht wahrhaft und rein eins ist" (84-87).

100 Neben dieser theoretischen Fähigkeit, das Unwandelbare zu erfassen, gibt es auch die praktische, auf das Streben bezogene, werthafte Erkenntnis des Unwandelbaren, die in der „Weisheit" (sapientia) realisiert ist (96ff). „Du hältst doch wohl nichts anderes für Weisheit als die Wahrheit, in der man das höchste Gut (summum bonum) erblickt?" (100). Sofern alle Menschen nach Glück streben, streben sie nach dem höchsten Gut. Doch nur die Weisheit erschließt den Weg zu ihm (100ff). „Nur das höchste Gut kann uns glückselig machen, das in der Wahrheit, die wir Weisheit nennen, erblickt und ergriffen wird" (102). Zwar haben die Menschen verschiedene Ziele, aber das Gute ist nur eines, wie auch die Wahrheit nur eine ist, in der diese Ziele und Güter erblickt werden (105ff). Wie das Licht auch nur eines ist, in dem die Dinge gesehen werden, so ist die Weisheit eine ein-

zige, in der die verschiedenen Güter als solche erkannt werden (108). So unwandelbar die Regeln der Zahlen sind, so unwandelbar sind die Regeln der Weisheit (119). „Beide sind im Geheimnis und in der Gewißheit der Wahrheit geborgen [...], und es handelt sich bei beiden um die gleiche Sache (eademque res est)" (123). „Du wirst deshalb keinesfalls leugnen, daß es eine unwandelbare Wahrheit gibt, die all das in sich schließt, was unwandelbar wahr ist, die weder dein noch mein noch irgendeines Menschen Eigentum heißen kann, sondern allen das unwandelbare Wahre Erblickenden als wundersam geheimes und doch jedermann zugängliches Licht gegenwärtig ist und sich kundtut" (130). „Ist es nicht so, daß wir nach ihr (secundum illam) auch über unseren Geist urteilen, während wir über sie auf keine Weise urteilen können? [...] Wenn sie also weder geringer noch gleich ist wie der Menschengeist, muß sie ihm überlegen und vornehmer sein (superior atque excellentior)" (136). „Ich hatte versprochen, wenn du dich erinnerst, dir etwas aufzuzeigen, was erhabener ist als unser Geist und unsere Vernunft. Siehe, da hast du die Wahrheit selbst (ipsa veritas)" (137). „Darin besteht unsere Freiheit, daß wir uns dieser Wahrheit unterwerfen. Sie ist unser Gott, der uns vom Tode, das ist vom Sündenstande, befreit. Denn die Wahrheit selbst, als Mensch mit den Menschen verkehrend, spricht zu den Gläubigen: ‚Wenn ihr in meinem Wort bleibt, seid ihr wahrhaft meine Jünger, und ihr werdet die Wahrheit erkennen und die Wahrheit wird euch frei machen' (Joh 8, 31f). Denn nur das kann die Seele genießen, was sie in Sicherheit genießt. Es gibt ja keine Sicherheit bei Gütern, die man wider Willen verlieren kann. Die Wahrheit aber und Weisheit kann man nicht wider Willen verlieren" (143f). „Allen Erdenbewohnern, die sich ihr liebend zuwenden, ist sie ganz nahe, allen immerdar gegenwärtig, an keinem Ort hält sie sich auf und fehlt doch nirgends, mahnt draußen und lehrt drinnen und verwandelt alle, die sie schauen, ins Bessere, ohne je von irgendwem ins Schlechtere verwandelt zu werden. Keiner urteilt über sie, keiner urteilt recht ohne sie (nullus de illa judicat nullus sine illa judicat bene)" (152). „Du aber hattest mir zugestanden, wenn ich etwas aufzeigen könnte, das über unserem Geiste ist, würdest du bekennen, daß damit der Gottesbeweis erbracht sei, falls es nicht noch etwas Höheres gäbe. Ich nahm dein Zugeständnis an und erklärte, es werde also genügen, dies zu beweisen. Denn wenn es etwas noch Erhabeneres gibt, so ist eben dieses Gott, wenn aber nicht, dann ist die Wahrheit selber Gott" (153).

Ergänzende Texte aus: „Über die wahre Religion (de vera religione)":

„Geh nicht nach draußen, kehr wieder ein bei dir selbst! Im inneren Menschen wohnt die Wahrheit. Und wenn du deine Natur noch wandelbar findest, so schreite über dich selbst hinaus! Doch bedenke, daß, wenn du über dich hinausschreitest, du über deine verständige Seele hinausschrei- 101 test. Dorthin also trachte, von wo der Lichtstrahl kommt, der deine Vernunft erleuchtet. Denn wohin sonst gelangt, wer seine Vernunft recht gebraucht, wenn nicht zur Wahrheit? Die Wahrheit kommt ja nicht durch Vernunftgebrauch zu sich selber, sondern sie ist das, wonach alle, die ihre Vernunft gebrauchen, trachten. So sieh, hier ist die denkbar höchste Übereinstimmung, und nun stimme auch du mit ihr überein. Bekenne, daß du nicht bist, was sie ist. Denn sie selbst sucht sich nicht. Du aber bist suchend zu ihr gelangt, nicht einen Raum durchmessend, sondern von Sehnsucht des Geistes getrieben [...]. Aber wenn du nicht einsiehst, was ich sage, und zweifelst, ob es wahr sei, so sieh zu, ob du auch daran zweifelst, daß du es bezweifelst. Und wenn es gewiß ist, daß du zweifelst, so forsche, woher diese Gewißheit kommt. Da wird dir nicht, ganz gewiß nicht, das Licht unserer Sonne begegnen, sondern ‚das wahre Licht, das jeden Menschen erleuchtet, der in diese Welt kommt' (Joh 1, 9) [...]. So ergibt sich folgende Erkenntnisregel: Jeder, der einsieht, daß er zweifelt, sieht etwas Wahres ein und ist dessen, was er einsieht, auch gewiß. Also ist er eines Wahren gewiß. Jeder also, der daran zweifelt, ob es eine Wahrheit gibt, hat in sich selbst etwas Wahres, woran er nicht zweifelt. Da nun alles Wahre nur durch die Wahrheit wahr ist, kann niemand an der Wahrheit zweifeln, der überhaupt zweifeln kann. Wo man dies sieht, glänzt jenes Licht, das nichts von Raum- und Zeitgrößen, auch nichts von räumlich oder zeitlich gedachten Phantasiebildern weiß" (Kap 39, 202-206).

Erklärungen zum Verständnis des Textes und der Argumentation:

102 Der gegen den universalen Zweifel geführte retorsive Nachweis der Ich-gewißheit mit ihrer Implikation der Wahrheits- und Existenzgewißheit ist ein Schlüsselargument, das Augustinus an verschiedenen Stellen vorträgt (neben den schon genannten: contra academ. III, X 23; de trin. X, 10.14; XV, 12.21; de civ. dei XI, 26). Dieses von Augustinus zum ersten Mal ausgearbeitete Argument weist auf Descartes voraus (Med. II). Die retorsive Widerlegung der Bestreitung der Wahrheit ist zwar schon bei Clemens von Alexandrien zu finden (Strom. VIII, 5) und kann sich auf die Widerlegung der Einwände gegen das Nichtwiderspruchsprinzip (NWP) durch Aristoteles (Met. IV, 4-8) stützen. Doch der retorsive Aufweis der Gewißheit der eigenen Existenz und damit von Existenz überhaupt (also das „typisch Cartesische" Argument) dürfte auf Augustinus zurückgehen. Im Grunde ist damit nur die sokratisch-platonische Aufforderung zur Reflexion gemäß dem berühmten Spruch von Delphi: „Erkenne dich selbst (γνῶθι σεαυτόν)!" (Phaidros 229 e; Protagoras 343 b; Charmides 164 d ff; Alkibiades I, 124 b u. 129 a; auch Xenophon Mem. IV, 2, 24) aufgenommen und konsequent durchgeführt. Die Reflexion auf sich selbst enthüllt die grundlegende Einsicht in eine nicht mehr in Frage stellbare Wahrheit. Die Radikalität, mit der Augustinus diesen Appell, in sich zu

gehen, aufnimmt und zum philosophischen Ausgangspunkt macht, läßt ihn freilich einer neuen geistigen Welt angehören, nämlich der des Christentums mit seiner Lehre vom einmaligen Wert des einzelnen Menschen und seiner Existenz und dem persönlichen Angesprochensein durch den Willen Gottes. Die spätere Aufnahme der Argumentation durch Descartes wurde schon erwähnt. Fichte leitet seine Hinführung zur Wissenschaftslehre mit ihrem radikalen Ansatz beim Ich durch eine Aufforderung ein, die von Augustinus stammen könnte: „Merke auf dich selbst: Kehre deinen Blick von allem, was dich umgibt, ab, und in dein Inneres - ist die erste Forderung, welche die Philosophie an ihren Lehrling tut. Es ist von nichts, was außer dir ist, die Rede, sondern lediglich, von dir selbst" (Erste Einleitung in die Wissenschaftslehre, SW I, 422).

Die Frage in „de libero arbitrio II" richtet sich auf das, was der Vernunft 103 übergeordnet ist, d.h. auf das, was sie letztlich bindet, also den internen und doch übergeordneten Maßstab der Vernunft. Dies kann nach einer theoretischen und praktischen Seite entfaltet werden. Nach der theoretischen Seite sieht Augustinus in den Zahlen, die in der Eins gründen (dazu: de musica VI, XVII.56), eine die Vernunft normierende Ordnung. Dahinter steht die platonische Tradition. Nach Plotin ist das Höchste das „Hen", das „Eine". Diese Konzeption ist die Weiterführung der sogenannten „ungeschriebenen Lehre Platons" vom „Einen" als dem allgemeinen Ursprung. Das Eine und, mit ihm zusammenhängend, die „unbestimmte Zweiheit" als Prinzip der Vervielfältigung, sind Grundlage der Vielfalt der Zahlen und dann (in weiteren Stufen) der materiellen Welt (vgl. Gaiser). Die Mathematik ist aber nach Platons „Liniengleichnis" (Politeia 509 b ff) zwar der ewigen Welt, aber noch nicht den Ideen selbst zugeordnet, denn sie verbleibt im Hypothetischen und verweist auf weitere Voraussetzungen. Sie hat es noch nicht mit demjenigen Bereich des Denkens zu tun, der sich selbst trägt, dem Reflexiven, der rein durch sich gerechtfertigt ist und seinen Anfang in sich selbst hat. Hier erst hat die „Idee des Guten" ihren Ort als zusammenfassende Ursprungsidee und ebenso das „Eine", wie von Plotin (entsprechend der ungeschriebenen Lehre Platons) vorzüglich dieses Höchste genannt wird. Sieht man Augustins Lehre von den Zahlen auf diesem Hintergrund, dann wird verständlich, daß sie für ihn auf jenes Höchste und Göttliche hinweisen. Denn die Zahlen gehören dem Bereich des Unvergänglichen an und weisen über ihre Grundbestimmung, die Eins, auf jenes Ideelle und schlechthin Höchste hin, das der Ursprung und das Ziel von allem ist. Auch das praktische Streben richtet sich auf ein Höchstes, das höchste Gut, welches mit jenem theoretisch angezielten Höchsten identisch sein muß. Insofern es die Vernunft bindet, ist es ihr der letzte Maßstab und die vollkommene Wahrheit. Leider fehlt den Augustinischen Texten die genaue argumentative Durchführung dieser Konzeption. Dieser Mangel erschwert zuweilen die Lektüre und das Verständnis. Augustinus begnügt sich mit Hinweisen und Andeutungen, die erst in eine

Argumentation übertragen werden müßten. Doch enthält der Text von de libero arbitrio manche Anregungen für eine solche Ausführung. So ist der Gedanke von der Implikation der Existenz im Vollzug der Vernunft in gewisser Weise ein Vorgriff auf den ontologischen Gottesbeweis. Wenn nämlich die höchste Vernunft als Maß unseres Vernunftvollzugs nicht dessen Produkt sein kann, dann muß ihre sich selbst genügende, vollkommene Reflexivität auch die Existenz enthalten. Diese höchste und zugleich reale Vernunft ist uns zwar innerlich (Gehe in dich!), aber sie ist doch von uns unterschieden. Das Argument dafür ist ein ähnliches wie später bei Descartes (Med. III, 30). „Bekenne, daß du nicht bist, was sie ist. Denn sie selbst sucht sich nicht. Du aber bist suchend zu ihr gelangt", so hieß es oben in „de vera religione". Die Unvollkommenheit unserer Vernunft beweist die bleibende Differenz zwischen ihr und jener höchsten Vernunft, unbeschadet der Einheit beider.

b. Spätere Aufnahmen des Argumentes

104   Aus dem Mittelalter seien nur zwei Beispiele genannt, wie der Augustinische Gedanke von Gott als der höchsten Wahrheit aufgenommen wurde. *Anselm* fragt in seiner Schrift „Über die Wahrheit (de veritate)" gemäß seinem Programm, den Glauben auch zu begreifen (cur deus homo I, 1; proslogion, prooem.), was es denn bedeute, wenn wir „glauben, daß Gott die Wahrheit ist" (de ver.1). Er legt dann diese Bedeutung so aus, daß die einzelnen Wahrheiten eine allgemeine Wahrheit voraussetzen, nämlich den Maßstab einer letzten Angemessenheit (rectitudo), die als solche und als unabhängig gedacht „die höchste durch sich bestehende Wahrheit ist (summa veritas per se subsistens)" (13). Nach *Thomas* ist Gott ebenfalls diese höchste in sich stehende Wahrheit, weil er die vollkommene Identität von Erkennen und Erkanntem ist, die in dem stets gebrochenen Erkennen des Menschen so nicht angetroffen wird: „Da nun im göttlichen Erkennen das Erkennen und das Erkannte vollkommen eins sind, so wird seine Wahrheit die erste und höchste Wahrheit sein (cum igitur in intellectu divino sit omnino idem intellectus et quod intellegitur, sua veritas erit prima et summa veritas) (Scg I, 62). Freilich bleibt die nähere spekulative Auslegung dieser Sicht eine große Aufgabe. Denn der Einwand einer illegitimen Hypostasierung liegt nahe, wenn hier von der Übereinstimmung, die in jeder Wahrheit gegeben sein muß, zu einer höchsten und für sich bestehenden Identität übergegangen wird. Dem läßt sich nur begegnen, wenn gezeigt werden kann, daß „Wahrheit" nicht ein Begriff nachträglicher Abstraktion ist, sondern ein vorgängiger und unbedingter Maßstab des Erkennens überhaupt, der deswegen nur in den metaphysischen Attributen des Absoluten bestimmter zu fassen ist.

Für *Descartes* sind die Gottesbeweise der III. und V. Meditation deswegen
so wichtig, weil erst Gott und seine Wahrhaftigkeit alle über die unbezwei-
felbare Ichgewißheit hinausgehenden Wahrheitserkenntnisse des Lebens
und der Wissenschaften garantiert (Med. V, 15f). Doch das spekulative
Niveau des Augustinus und der mittelalterlichen Philosophie wird in der
Wahrheitsthematik wohl erst wieder vom Deutschen Idealismus erreicht.
Bei Fichte löst in der Wissenschaftslehre von 1804 der Begriff der „Wahrheit" als Ausdruck für das Absolute den des „Ich" seiner frühen Wissenschaftslehre ab: „Was ist nun, und wofür wird allgemein gehalten, Philosophie überhaupt, oder, was sich etwa leichter dürfte angeben lassen, was
soll die Philosophie, nach der allgemeinen Anforderung an sie? Ohne
Zweifel: die Wahrheit darstellen. Was aber ist Wahrheit, und was suchen
wir eigentlich, wenn wir sie suchen? Besinnen wir uns nur, was wir nicht
für Wahrheit gelten lassen: wenn es so sein kann, oder auch so; also die
Mannigfaltigkeit und Wandelbarkeit der Ansicht. Die Wahrheit daher,
absolute Einheit und Unveränderlichkeit der Ansicht. [...]; das Wesen der
Philosophie würde darin bestehen: Alles Mannigfaltige [...] zurückzuführen auf absolute Einheit" (Fichte, 1804, 1.Vorlesung). Schelling hat schon
früh Fichtes Lehre vom absoluten Ich als Lehre vom metaphysisch Absoluten verstanden und ausgelegt. So beginnt seine Schrift „Vom Ich als Prinzip der Philosophie oder über das Unbedingte im menschlichen Wissen"
(1794; SW 1/1, 149ff): „Wer etwas wissen will, will zugleich, daß sein
Wissen Realität habe [...]. Entweder muß unser Wissen schlechthin ohne
Realität - ein ewiger Kreislauf, ein beständiges wechselseitiges Verfließen
aller einzelnen Sätze in einander, ein Chaos sein, in dem kein Element sich
scheidet, oder - Es muß einen letzten Punkt der Realität geben, an dem
alles hängt, von dem aller Bestand und alle Form unseres Wissens ausgeht
[...]. Es muß etwas geben, in dem und durch welches alles, was da ist, zum
Dasein, alles, was gedacht wird, zur Realität, und das Denken selbst zur
Form der Einheit und Unwandelbarkeit gelangt" (§ 1). Nach Hegel ist die
„absolute Idee" die vollkommene Wahrheit. Und er beschreibt sie ähnlich
wie Thomas den Gottesbegriff. „Drittens erkennt der Geist die Idee als
seine absolute Wahrheit, als die Wahrheit, die an und für sich ist; die
unendliche Idee, in welcher Erkennen und Tun sich ausgeglichen hat, und
die das absolute Wissen ihrer selbst ist" (TW 6, 469).

2. Systematische Rekonstruktion des alethologischen Gottesbeweises

Für den hier gegebenen Vorschlag verdanke ich wesentliche Anstöße Karl
Rahner (1941), Johannes B. Lotz (1957), Emerich Coreth (1964), Bela
Weissmahr (1983, 1985) und J. Splett (1986).

106 Die klassische Definition der Wahrheit lautet: „adaequatio intellectus et rei (Übereinstimmung des Intellektes und der Sache)" (Thomas Sth I, q 21 a 2 resp).Trotz der Problematik dieser Definition bleibt sie unverzichtbar. Sie kann durch „Konsens" oder „Kohärenz" präzisiert, aber nicht ersetzt werden (zu den entsprechenden Theorien siehe: Nr. 129-32). Worin diese Übereinstimmung besteht, kann nur durch sie selbst erfaßt werden. Sie läßt sich durch andere Arten von Übereinstimmung (z.b. Modell-Ausführung, Abbild-Original) erläutern, aber nicht erklären. Um nämlich genau diejenige Übereinstimmung zu erfassen, um die es hier geht, muß sie schon bekannt sein. Dieses Bekanntseinmüssen begrenzt die Definitionsbemühungen aller philosophischen Grundbegriffe wie „Sein", das „Gute", „Freiheit", „Unbedingtheit".

107 Das Erkennen hat reflexive Gestalt. Diese erscheint im sprachlichen Ausdruck. Ich erfasse etwas *als* etwas (etwa: dies ist so und so, steht mit dem und dem in Verbindung, ist eins mit sich, existiert wirklich usw.). Es ergibt sich damit zwischen dem Objekt und seiner sprachlich erkenntnismäßigen Einordnung ein Abstand, der zugleich eine Bezugnahme und Identifizierung enthält, in der die Sache selbst eben das „ist", als was ich sie erkenne und ausspreche. Erst mit dieser Differenz ist Wahrheit, aber auch Irrtum und Lüge, möglich.

108 Wenn es mir gelingt, etwas als etwas zu identifizieren, habe ich es in seinen Zusammenhang gestellt und so erkannt. Mit der Wandelbarkeit des Zusammenhanges (epistemisch und ontologisch) kann sich die Sache, ebenso ihre Erkenntnis, modifizieren. So ist die Erkenntnis auch immer wieder überholbar. Doch wenn ich dies verabsolutiere, kommt es zum Widerspruch. „Alle Wahrheit ist überholbar". Das zu sagen ist offenkundig widersprüchlich. Ich bin also zumindest auf endgültige Wahrheit ausgerichtet und muß auch im einzelnen mit endgültiger Wahrheit rechnen. Die Frage ist, was hat dies für Implikationen?

b. Erkenntnis, Wahrheitszusammenhang und absolutes Sein

109 Gehen wir aus von der Erkenntnis des wirklich Existierenden (also nicht abstrakter Entitäten wie z. B. der Zahlen), d.h. von Dingen, die existieren, also etwa von uns selbst oder von den Dingen um uns herum. Ich begreife diese Existenzen in ihrem Zusammenhang und aus ihm. Wenn etwas „ist", gehört es diesem Zusammenhang an und hat in ihm seinen Platz, und in meinem Erkennen beanspruche ich, eben dies als wahr erfaßt zu haben. Der Zusammenhang dessen, was „ist", kann freilich nirgendwo als abgeschlossen gedacht werden. Denn außerhalb des „Ist" gibt es (nur das Nichts, also) nichts. Insofern ist der Zusammenhang des Seins grenzenlos.

Etwas als begrenzt erkennen heißt, nicht ganz in es eingeschlossen, nicht ganz darauf festgelegt zu sein, sondern es in jenen letztlich unendlichen Zusammenhang des Seins zu stellen (vgl. Hegel Enz § 60; Descartes Med. III, 24). Ich könnte es gar nicht als beschränkt und endlich erkennen, ja nicht einmal als ein solches denken, wenn ich es nicht auf jenen Gesamtzusammenhang beziehen würde, auch wenn ich diesen Zusammenhang niemals ganz vor Augen habe und haben kann. Wäre mir aber jede Bezugnahme auf ihn unmöglich, so könnte ich die Einordnung des einzelnen in die Einheit des „Ist" nicht vornehmen. Ich käme über regionale Verbindungen nie hinaus. Doch etwas in seinem „Ist" erfassen heißt gerade, es in den Zusammenhang des „Ist" überhaupt, des grenzenlosen Seins schlechthin zu stellen. Dieser Zusammenhang ist der subjektive und objektive Horizont meines Erkennens. Nur von ihm her und auf ihn hin kann ich von einzelnem sagen: es ist.

Wie ist nun dieser umfassende Zusammenhang des Seins auszulegen? 110 Vielleicht ist er mit dem Weltzusammenhang identisch? Beim Erwägen dieser Möglichkeit müssen wir eines bedenken: Jener letzte Horizont des „Ist", der unsere Erkenntnis ermöglicht, muß von einer Unendlichkeit sein, die keine irgendwie geartete Einschränkung mehr zuläßt. Er muß jede bloße Faktizität überschreiten und kann so nur ein in sich und aus sich vollkommen Unbegrenztes sein, ein nicht mehr irgendwie Bedingtes. Er kann also nur das schlechthin Unbedingte, nur dasjenige sein, „über das hinaus Größeres nicht gedacht werden kann". Diese Konsequenz liegt in der Wahrheitsfähigkeit unseres Erkenntnis, welche diese letzte Uneingeschränktheit verlangt. Von dieser Einsicht her muß gefragt werden, ob der Weltzusammenhang mit diesem Unbedingten identisch sein kann. Das aber ist nicht der Fall. Der Weltzusammenhang ist nicht im letzten Sinn unendlich. Wäre er es, dürfte er keinerlei Begrenztheit und Bedingtheit aufweisen. Doch wir erkennen die Welt in der Struktur ihrer Endlichkeit (als äußere Relation und damit in ihrer inneren Begrenztheit). Die Welt bleibt ein Faktum, ein nicht vollkommen und in jeder Hinsicht sich selbst begründendes Sein. In dieser Struktur könnten wir sie jedoch nicht mehr erfassen, wären wir ganz auf sie festgelegt. Wir „müßten" dann gemäß ihrer Begrenztheit denken, ohne uns nochmals von ihr distanzieren und uns denkend auf sie beziehen zu können. Wir könnten jedoch diese eigene Begrenztheit nicht mehr erkennen, sie nicht einmal mehr zum Problem erheben. Aber eben diese Fähigkeit kennzeichnet unsere Reflexion, die auch der Determinist noch unterstellen muß. Die Unabhängigkeit von einer letzten Festlegung, Eingrenzung oder Vorprägung macht unsere Erkenntnis und deren Wahrheitsbezug überhaupt erst verständlich und begründet die spezifische Freiheit der Reflexion und ihres Erkenntnisaktes. Das Erkennen ist *unser* Akt, und wir können ihn nicht auf ein anderes außer uns zurückführen. Diese Eigentätigkeit und Selbstverantwortlichkeit unterstellen wir in jedem echten Gespräch auch unserem Gegenüber. Mit eben dieser Freiheit, die in unserer Reflexion und Kommunikation immer im Spiel ist, setzen wir jene Überlegenheit über jede Begrenzung voraus, deren Ermöglichung allein das jede Schranke überschreitende Absolute sein kann. Wir sind dieses Absolute allerdings nicht einfachhin selbst. Unsere Endlichkeit verbietet uns die pure Identifikation mit ihm. Weder wir noch unsere Welt sind das Absolute. Doch sind wir darauf bezogen, und wir können uns nicht verstehen ohne diesen Bezug auf das uns schlechthin überschreitende Unendliche, das unbeschadet seiner radikalen Differenz zu uns, durch seine Präsenz in unserem Inneren unsere geistigen Fähigkeit begründet und ermöglicht.

111   Der Horizont, in dem wir die Endlichkeit der Welt erkennen, kann also mit dieser nicht einfach identisch sein, sondern muß über sie hinausgehen, und zwar in prinzipieller Weise. Das aber bedeutet, daß dieser letzte Horizont nur von einer Letztheit, Absolutheit ausgefüllt werden kann, von der jede irgendwie geartete Endlichkeit auszuschließen ist. Mit einem „Vielleicht" ist dieser Konsequenz nicht zu entkommen, also mit der Überlegung: Vielleicht ist auch der letzte Horizont noch prinzipiell endlich. Denn wenn dieses Vielleicht eine Möglichkeit sein soll, muß sie für sich konsistent sein, d.h. wir müßten denken können, daß sie für uns real ist. Das aber können wir nicht. Denn wäre diese Möglichkeit wirklich, könnten wir sie nicht mehr erfassen, wir könnten sie gar nicht mehr in Erwägung ziehen. Das aber ist offensichtlich nicht unsere Situation. Auch wenn wir uns durch Aspekte und Perspektiven noch so eingegrenzt wissen (und dies geradezu ins Unabsehbare, denn wie sollten wir alle unsere Eingegrenztheiten, die uns kognitiv bestimmen, genau erfassen können?), dann ist eben dieses Wissen um die vielfältigen Eingegrenztheiten der Beweis dafür, daß diese Erkenntnis nicht wieder nur Folge einer Eingegrenztheit, einer Perspektivität sein kann, sondern deren Überschreitung voraussetzt. Die Möglichkeit, mit einer *prinzipiellen* Eingegrenztheit unserer Erkenntnis zu rechnen, ist also widersprüchlich (dies gegen Nietzsches „Perspektivismus"). Sie ist somit auszuschließen. Dann aber bleibt nur die andere Möglichkeit übrig, nämlich das Erfassen unserer Endlichkeit in deren Übersteigen auf das Unendliche hin begründet zu sehen, in der Ausrichtung auf das die Endlichkeit der Welt transzendierende absolute Sein. Dieses Transzendieren ist für unseren Geist konstitutiv. Garantiert es doch, daß wir unsere Welt in ihrer Endlichkeit erkennen und sie nicht unter der Hand zu der Unendlichkeit werden lassen, die sie nicht ist und strukturell nicht sein kann. Jener Überstieg ist damit auch wieder, so könnte man sagen, die „Rettung" der Endlichkeit, nämlich das Belassen unserer Welt wie sie ist, nämlich in ihrer Endlichkeit.

c. Wahrheit und Objektivität - die Unbedingtheit des „Ist"

Erst diese Unendlichkeitsperspektive garantiert uns also die Objektivität 112 unserer Erkenntnis. Aber vielleicht komme ich nie zur Erkenntnis der Objektivität? Doch genau das ist widersprüchlich. Wenn ich aber zur Objektivität fähig bin, da ich sie unausweichlich beanspruche, habe ich auch jene Letztperspektive, die nicht mehr überschreitbar ist, nicht mehr überschreitbar deshalb (und nur deshalb), weil sie sich auf das nicht mehr Überschreitbare bezieht, das Absolute oder in sich Unendliche. Robert Spaemann hat von daher plausibel erklärt, warum Descartes von seiner Ich-Gewißheit auf den Gottesgedanken kommt (Spaemann 1987): Die Ich-Gewißheit enthält die nicht zu leugnende Gewißheit der eigenen Existenz. Dabei sind Ichgewißheit und Gewißheit der eigenen Existenz freilich zu unterscheiden. Die Einsicht in die Existenz hebt nämlich eine Implikation der Selbstgewißheit hervor, und zwar die des in der Einsicht in mein Denken mitenthaltenen Wissens um die *Existenz* dieses Denkvollzuges. Mit dieser Existenz wird der Vollzug in den Zusammenhang des „Ist" überhaupt hineingestellt. Dieser Zusammenhang aber ist prinzipiell durch nichts (eben nur durch das Nichts) eingeschränkt, also unendlich. Für Descartes ist diese Unendlichkeit sofort mit dem Gottesgedanken identisch. Warum? Die Konsequenz ergibt sich, unabhängig von der konkreten Argumentation in der III. Meditation (die über das Kausalprinzip läuft), im Sinne des oben Gesagten sachlich aus der Einsicht in die Unendlichkeit des Seins-Zusammenhanges, in den ich mit der Ichgewißheit meine Existenz hineinstelle. Denn eine letzte Objektivität meiner Erkenntnis kann dieser Zusammenhang nur als in sich unendlicher garantieren, nicht als von mir bloß entworfener oder selbst noch endlicher. Nur als in sich unendlicher erhebt er die Erkenntnis über alle Einschränkung und enthüllt ihr das „Ist" (des Endlichen, meiner Existenz) in seiner letzten und unüberholbaren Objektivität.

Damit ist die eigentliche Rechtfertigung für das Moment der Unbedingt- 113 heit gegeben, das jede Erkenntnis eines „Ist" in sich trägt. Wenn ich die Wahrheit irgendeines „Ist", auch eines ganz zufälligen und kontingenten, erkenne, dann gilt dies unbedingt. Von keinem anderen „Ist" kann dieses „Ist" widerlegt werden. Mit diesem Bewußtsein von „keinem anderen" bin ich offen auf alles „Ist", auf den Gesamtzusammenhang des Seins, von dem her und innerhalb dessen das von mir erkannte einzelne „Ist" seine Unbedingtheit besitzt. Zwar ist dieses „Ist" nicht aus sich selbst heraus notwendig. Es ist abhängig und insofern nur ein Mögliches. Aber wenn es einmal „ist", dann schließt es genau in dieser Rücksicht seines faktischen Seins alle gegenteiligen möglichen Welten aus und macht sie unmöglich. Nichts anderes, es Aufhebendes, ist dann mehr möglich. D.h. das bedingte „Ist" hat eine Unbedingtheit, die ihm durch das Sein zukommt, das in sich diese Unbedingtheit haben muß und zwar so, daß sie nicht mehr von irgendwoher bedingt ist. D.h. das Sein muß selbst - letztlich und im Grunde - unbedingt in vollem Sinne sein.

114 Der Zusammenhang des Seins muß also in der Weise gedacht werden, daß er die Rechtfertigung letzter Unbedingtheit enthält. Das aber bedeutet: er kann im Letzten und im Grunde nicht mehr als bedingt und begrenzt gedacht werden. Denn dies würde erfordern, ihn aus einem höheren Zusammenhang zu begreifen. Wenn also die Notwendigkeit des einzelnen „Ist" im Seinszusammenhang gründet, in dem es seinen unaufhebbaren Platz hat (sogar für immer und ewig, denn auch wenn es vergeht, war es doch einmal), dann muß dieser Seinszusammenhang so gedacht werden, daß er genau diese Notwendigkeit zu begründen in der Lage ist. Dies vermag er aber nur, wenn er nicht mehr ein überholbar Vorläufiges und Bedingtes, Kontingentes, sondern ein in sich Notwendiges ist. Erst durch diese Notwendigkeit verweist er nicht mehr auf anderes, von dem seine Notwendigkeit abzuleiten wäre, vielmehr muß sie sich aus seinem Selbstsein und seinem Selbstbezug ergeben. Mit einem deterministischen Zusammenhang von Weltverläufen hat diese Notwendigkeit nichts zu tun und ist streng von ihm zu unterscheiden. Denn ein deterministischer Zusammenhang hat diskrete Größen (Ereignisse oder Verläufe). Alles einzelne sogenannte Notwendige in ihm ist außenbestimmt und insofern kontingent, und im ganzen ist seine Notwendigkeit immer noch eine bloße Faktizität, die als selbst kontingente jene Notwendigkeit des „Ist" nicht garantieren kann. Nur der *eine* tragende Grund des Seinszusammenhanges kann sie garantieren, der so notwendig ist, daß er seine Notwendigkeit ganz aus sich schöpft.

115 Ist aber die Unbedingtheit, von der hier die Rede ist, nicht lediglich die des Nichtwiderspruchsprinzips (NWP), also die eines nur formalen Zusammenhangs? Abgesehen davon, daß auch das NWP in seiner Formalität ein Hinweis auf jene höchste Notwendigkeit sein dürfte (vgl. Nr. 178 f), wird es hier in seiner Anwendung auf das „Ist" reflektiert, auf das tatsächlich Existierende. Ein solches Faktum ist unaufhebbar, insofern es ist. Im Unterschied zum NWP als Denk- und Erkenntnisprinzip ist hier die Unaufhebbarkeit des „Ist" im faktisch Seienden gemeint. Dieses ist, wenn es ist, schlechthin vorgegeben und nicht zu ändern. Es steht unabänderlich im „Raum" des Seins und seiner Objektivität. Bei einer bloßen Vorstellung etwa oder einem gedanklichen Konstrukt (für welches das NWP auch gelten würde) ist von der Seite des Vorstellenden eine Aufhebung möglich: Ich kann sagen: ich denke mir dies und das, aber es „ist" nicht. So verfahre ich, wenn ich mir eine Geschichte ausdenke. Ich kann dann Welten erstellen und sie wieder aufheben. Eine solche Aufhebung ist beim existierenden Faktum nicht möglich. Dieses ist dann *einfachhin,* und zwar nicht mehr nur hypothetisch (wohingegen das „Ist" des NWP lediglich hypothetische Geltung hat: *wenn* etwas ist, *dann* kann es nicht nicht sein). In ähnlicher Weise ist z.B. auch ein Traum oder eine bloße Erscheinung

nicht unaufhebbar. Denn ich kann sagen: in Wirklichkeit ist all das gar nicht, oder zumindest: vielleicht ist es nicht. Ich kann es also im Sinne des Seins aufheben (ich habe es zwar in meinem Denken, weiß aber zugleich oder vermute: es ist nicht wirklich). Bei einem bestehenden Faktum ist das völlig anders. Es ist, und zwar unaufhebbar. Diese absolute Unaufhebbarkeit hat das Faktum nicht durch sein *So-* oder *Dieses*-Sein, sondern allein durch sein „Ist". Hierin ist es unbedingt. Die möglichen Welten stehen mit ihm nicht mehr auf einer Ebene. Durch die Faktizität des „Ist" werden die gegenteiligen möglichen Welten zur Unmöglichkeit, und diese ist nur die andere Seite der spezifischen Notwendigkeit des Existierenden. Worin gründet diese Notwendigkeit des Faktums? Nicht einfach im kontingenten Faktum selbst! Denn dieses ist bedingt. Was dessen Unbedingtheit ausmacht und begründet, ist der Seinszusammenhang, in welchem es seinen festen und unaufhebbaren Platz hat (auch wenn es verschwindet, behält es ihn für immer). Dieser Zusammenhang muß aber so gedacht werden, daß er die geforderte Unbedingtheit in sich enthält. D.h. er muß in sich selbst unbedingt sein. Als bloßer Zusammenhang von Kontingentem hat er diese Unbedingtheit nicht, sondern nur als dessen tragender Grund und als in sich unbedingtes Sein (vgl. Henrici).

Irrtum, Lüge, Fantasiegebilde sind aus dem Wahrheitszusammenhang 116 gelöst. Sie sind gleichsam freischwebend, sind mit allem und mit nichts vereinbar (Dabei geht es natürlich nicht um die Lüge oder den Traum als Fakten, sondern um ihre spezifische Irrealität), während eine Wahrheit in den Zusammenhang des Wahren, des „Ist", eingefügt ist und dort ihren unaufhebbaren Platz hat. Beim bloßen Schein kann ich mir immer sagen, daß es (vielleicht) in Wirklichkeit ganz anders ist. Wäre nun all unsere Erkenntnis solcher Schein, dann wäre sie stets aufhebbar und vorläufig. Das aber widerspricht dem „Ist" der Erkenntnis. Zudem könnten wir vom Schein überhaupt nicht reden, wenn uns nicht der Zugang zur Wirklichkeit immer schon vertraut wäre. Alles für Schein zu halten ist also unsinnig und widersprüchlich. Doch es gibt eine philosophisch elaboriertere Version dieser Sicht, die besagt: alle Erkenntnis ist (auf welchen Wegen und Umwegen auch immer) lediglich unsere Setzung. Wir kommen in der Erkenntnis nur zu einem „Für uns", nie zu einem „An sich". Auch hier ist der Einwand angebracht, daß wir ein „Für uns" nicht denken können ohne Bezugnahme auf ein „Ans sich". Wir müssen uns diese Sicht genauer betrachten, denn sie kann das Lebensgefühl nachhaltig bestimmen. Leben wir nicht vielleicht in von uns konstruierten Welten, in Scheinwelten? In der Literatur ist dieses Thema etwa von Calderón („Das Leben ein Traum") oder von Pirandello („So ist es, wenn es Ihnen scheint") behandelt worden. Fichte führt im zweiten Buch seiner Schrift „Die Bestimmung des Menschen" das objektivierende, Gewißheit suchende Wissen zu einem Punkt der Selbstauflösung, wo ihm nur zu sagen bleibt: „Ich selbst weiß überhaupt nicht, und bin nicht. Bilder sind: sie sind das Einzige, was da ist, und sie wissen von sich, nach Weise der Bilder [...]. Alle Realität verwandelt sich in einen wunderbaren Traum, ohne ein Leben, von welchem geträumt wird, und ohne einen Geist, dem da träumt; in einen Traum, der in einem Traume von sich selbst zusammenhängt" (Fichte 1800, 83). Nietzsche hat diese Eingeschlossenheit in eigene Vorstellungen und Konstrukte „Perspektivismus" genannt: „Tatsachen gibt es nicht, nur Interpretationen" (Schlechta III, 903). Bei Nietzsche folgt diese Auffassung aus seiner Ontologie. Wenn es nämlich, wie er annimmt, nur Faktisches, Kontingentes, Bedingtes gibt, dann ist jeder Letztbezug ausgeschlossen. Das „Ist" von irgend etwas in letztgültiger Perspektive erkennen zu wollen muß illusorisch sein, da sich kein Zusammenhang des Seins denken läßt, der diese Unbedingtheit begründen könnte. Auch von seiten des Erkennens ist die Letztgültigkeit ausgeschlossen. Denn mein Erkenntnisvollzug ist kontingent wie alles sonst. Ich muß eben so denken, wie ich denke, da mein faktischer, von irgendwoher bedingter „Denk"-Vollzug mich dazu bestimmt. „Letzte Skepsis. - Was sind denn zuletzt die Wahrheiten des Menschen? - Es sind die *unwiderlegbaren* Irrtümer des Menschen" (Die fröhliche Wissenschaft, Nr. 265). Der Selbstwiderspruch dieser doch Wahrheit beanspruchenden Aussage tritt klar zu Tage. Unbestritten bleibt freilich, daß Nietzsche etwas Richtiges gesehen hat, denn unser Erkennen ist ohne Zweifel von Perspektiven geprägt. Doch ist die Verabsolutierung dieser These selbstwidersprüchlich. Die einzige Alternative zu diesem totalen „Perspektivismus" ist die prinzipielle Offenheit unseres Geistes auf ein die Kontingenz übersteigendes absolutes und unbedingtes Sein und dessen Wahrheit, von welcher der Aspekt jener Unbedingtheit, den selbst das beiläufigste Faktum dieser Welt noch an sich hat, erst verständlich wird.

d. Wahrheit als unbedingte Norm

117 Behauptungen sollen wahr sein. Wir haben sie zu rechtfertigen, vor uns selbst und vor anderen. Wir müssen um ihre Berechtigung wissen oder diese wenigstens antizipieren. Sowohl das der Einsicht vorausgehende Erwägen wie auch eine nachfolgende Verteidigung ihrer muß mit Argumenten geschehen. Maßstab ist stets die Wahrheit. Sie ist unbedingte Norm. Jede Einsicht in das Bestehen eines Faktums, eines Wertes, einer Geltung, aber auch jedes diesbezügliche Überlegen und Fragen, Argumentieren und Zweifeln ist per se der Wahrheit unterstellt, so daß unser gesamtes geistiges Leben auf sie als Norm ausgerichtet ist. Die entsprechenden Akte des Erkennens, Zustimmens, Erwägens usw. müssen dabei als frei gedacht werden, weil nur Freiheit durch eine unbedingte Norm gebunden sein kann. Automatismen oder bloße Reflexe sind diese Akte keinesfalls. Sie wären dann nur naturhafte Vorgänge, die auf ihren fakti-

schen Bedingungskontext verweisen, aus dem man sie erklären könnte. Doch ein auf Unbedingtes ausgerichteter Akt ist auf solche Zusammenhänge nicht zu reduzieren, da er sich der Verbindung mit dem prinzipiell Überfaktischen einer unbedingten Norm verdankt. Sich ihr unterstellt zu wissen heißt frei sein. Wir haben damit eine Basis gewonnen, auf der sich gegen den Determinismus argumentieren läßt. Denn wer ihn vertritt, behauptet ihn als wahr. Doch die Bezugnahme auf Wahrheit setzt Freiheit voraus (vgl. Steinvorth, 66-75; Splett 1986, 19-48).

Wie aber eine derart letztgültig normierende Wahrheit zu denken? Sie 118 kann nicht mit irgendeiner Einzelwahrheit gleichgesetzt werden, die einen bedingten Inhalt hat. Zwar ist jede solche Einzelwahrheit unter der Rücksicht ihres Wahrseins unbedingt. Unter anderer Rücksicht ist sie aber bedingt. Allein die Wahrheit als allgemeine Norm und letzter Rechtfertigungsgrund aller geistigen Akte kann nicht mehr unter irgendwelchen Bedingungen stehen. Ihre Unbedingtheit müßte sich ansonsten auflösen. Eine Einzelwahrheit in ihrer Bedingtheit zu erkennen bedeutet ja gerade, auf die *eine* Wahrheit insofern Bezug nehmen, als diese solchen Bedingungen nicht mehr unterworfen ist. Wenn es also überhaupt wahre Erkenntnis gibt, dann ist die Voraussetzung dafür die Bezugnahme auf eine letzte, nicht mehr einschränkbare oder bedingte Wahrheit, die als solche die eine Norm aller Wahrheiten ist. Augustinus hat deshalb zwischen „veritas" und „verum" unterschieden, zwischen der einen Wahrheit und dem einzelnen Wahren. Damit hat sich der Anschluß an die bisherigen Darlegungen ergeben. Unser Ergebnis war der in sich unbedingte Wahrheitszusammenhang als Ermöglichung jedweder Einzelwahrheit, sei es in ihrem Für-sich-Bestehen oder ihrer Erkenntnis. Dieser absolute Wahrheitszusammenhang oder Wahrheitsgrund aber ist die eine, unbedingte Wahrheit, die als solche den freien Akt des Geistes unbedingt bindet.

Damit hat sich uns der Begriff der Wahrheit um einen wichtigen Gesichts- 119 punkt erweitert. Wahrheit kann nicht wertneutral, nicht im Sinne des bloßen „Ist" verstanden werden. Als Norm verlangt sie Anerkennung, und als unbedingte Norm ist sie von uns unbedingt anzuerkennen. Indem sie in dieser Weise bindet, zeigt sie sich uns so, daß sie die Anerkennung auch verdient, die sie fordert, da sie als letzter Rechtfertigungsgrund des Erkennens und Urteilens nur vollkommen in sich gerechtfertigt sein kann. Ihre Hoheit fordert von uns, ihr die Ehre zu geben. Sich ihrem Anspruch zu verweigern würde bedeuten, mit sich in Widerspruch zu geraten, und hätte zur Folge, daß sich das Licht der Erkenntnis in Finsternis verwandelte (vgl. Joh 3, 20 f). Unser Ergebnis: Die Wahrheit enthüllt sich im Kern ihres Wesens als zustimmungswürdig und gut, wie dies schon Augustinus sah. Freilich ist das nicht von jeder beliebigen Einzelwahrheit zu sagen, sondern nur von jener grundlegenden Wahrheit in ihrer bindenden Macht. Die damit angesprochene Thematik des Guten gehört zwar in den „axiologischen Gottesbeweis" (AxGB) und wird erst in ihm näher entfaltet. Aber wie dort das Gute seine Wahrheit zu erkennen geben wird (Nr. 239 f), zeigt hier im AlGB die Wahrheit dies, daß sie nicht ohne Gutheit zu begreifen ist. Auch im Zusammenhang des KGB ergab sich der Bezug zum Guten (Nr. 97). Einmal mehr wird deutlich, daß die verschiedenen Gottesbeweise innerlich verbunden sind, wie nach der Lehre von den Transzendentalien „Sein", „Wahrheit" und „Gutheit" einander implizieren. Was die Thematik des Guten betrifft, so möchte ich es jedoch bei diesen Hinweisen belassen und auf die Ausführungen zum AxGB nicht weiter vorgreifen.

e. Notwendigkeit aus sich selbst

120 Nach Thomas gilt: „Nichts ist so kontingent, daß es nicht etwas Notwendiges in sich hätte (nihil enim est adeo contingens, quin in se aliquid necessarium habeat)" (Sth I, q 86 a 3 resp). Denn wenn etwas „ist", kann es unter derselben Rücksicht nicht nicht sein, ist somit unbedingt und notwendig. Die Rechtfertigung dafür liegt im Zusammenhang des Seins, der auf diese Notwendigkeit hin ausgelegt werden muß. Dies kann nur so geschehen, daß jenes bedingt Notwendige in einem Sein von höchster Notwendigkeit gründet, einem Sein, das, weil es ganz aus sich ist, auch unbedingt und notwendig ist. Bei diesem Gedankengang muß allerdings der Begriff der Notwendigkeit in bezug auf das absolute Sein präzisiert werden. Denn das Nicht-anders-Können im Notwendigkeitsbegriff scheint einen Zwang zu besagen, der vom Absoluten fernzuhalten ist. Man muß deshalb unterscheiden zwischen „quoad nos" (für uns) und „quoad se" (in sich). Mit der Bezugnahme auf das höchste Nicht-nicht-sein-Können ist die logisch epistemische Perspektive „quoad nos" zum Ausdruck gebracht; „quoad se" ist das höchste Notwendige jedem Zwang überlegen. Zwang wäre Selbstentfremdung und gerade Nicht-aus-sich-Sein. D.h. im Gedanken des in sich Notwendigen (des ens necessarium) ist die Notwendigkeit des Nicht-anders-Könnens überboten durch höchste Freiheit (ohne für uns den Notwendigkeitscharakter zu verlieren). Das notwendige Sein ist dort als ewige, sich selbst treue Entschiedenheit zum Sein zu denken.

f. Wahrheit und Einheit des Seins

121 Für Augustinus ist in der Zahl die ewige Wahrheit des Göttlichen erkennbar. Wir sahen, daß dies auf dem platonisch-plotinischen Hintergrund so zu verstehen ist, daß die Zahl die Einheit voraussetzt, und diese nicht ohne eine höchste Einheit (Hen) zu denken ist, auf die sie damit verweist. Der Aufweis einer höchsten und absoluten Einheit könnte als eigener Gottesbeweis angesehen werden (so durchgeführt bei H. Beck, 134-146, dazu: Schmidt 1988). Man kann ihn aber auch, wie ich es vorziehe, als ergänzen-

des Argument dem AlGB zuordnen. Denn dieser besagt, daß das einzelne „Ist" nur aus einem letzten Zusammenhang des Seins verstanden werden kann, der das Kontingente transzendiert und somit rein aus sich selbst ist. Damit ist er auch vollkommene Einheit mit sich, also keine äußerlich hergestellte Einheit, sondern Einheit als reiner Selbstbezug. Nach Kant ist die Einheit, die meine Erkenntnis leitet, die transzendentale Apperzeption, die Einheit meines Ich, denn „Das: Ich denke, muß alle meine Vorstellungen begleiten können" (KrV B 131). Es ist dies „der höchste Punkt, an den man allen Verstandesgebrauch, selbst die ganze Logik, und, nach ihr, die Transzendental-Philosophie heften muß" (KrV B 134). Nach Kant hat diese Einheit aber nur subjektive Geltung als Vereinigung der von außen gegebenen Mannigfaltigkeit. Der nachkantische Idealismus sieht hier tiefer. Denn die Einheit muß auch objektive Gültigkeit haben. Kann denn eine Mannigfaltigkeit ohne jede Einheit gedacht werden? Auch die Differenz von Innen und Außen (spontaner Verstandesleistung und äußerer Anschauung) muß von einer Einheit her verstanden werden (sonst hätte es keinen Sinn, von Entgegensetzung zu sprechen). Die Einheit, in der sich unser Begreifen vollzieht, läßt uns die Dinge erstens in deren jeweiliger Einheit mit sich, zweitens aber auch in ihrem Bezug zueinander und ihrer gegenseitigen Einheit erkennen. So begreifen wir unsere Welt als Zusammenhang. Doch wie sollten wir dies können, wenn auf der Seite des Erkennbaren eine dem Ich entsprechende letzte Einheit fehlen würde, wenn es also im Sein bei einem Auseinander der Mannigfaltigkeit bliebe? Woher hätte ich den Gesichtspunkt, der mich diese letzte Mannigfaltigkeit überhaupt erkennen und denken ließe? Aus meinem Ich? Aber wenn dieses nur zu einer partikulären und subjektiven, nur ein-seitigen Einheit fähig ist, wäre es unerklärlich, wie es aus sich allein zum Begriff einer umfassende Einheit gelangen könnte und sei es auch nur als allgemeines Ordnungsprinzip. Zu diesem Begriff kann das Ich nur gelangen, wenn es auf Partikularität nicht festgelegt ist, sondern im Gegenteil dazu befähigt ist, jede Grenze zu überschreiten und eine übergeordnete Einheit zu denken. Entweder muß das Ich diese Einheit selbst sein oder durch eine ihm übergeordnete Einheit, auf die es konstitutiv bezogen ist, seine Einheitsfähigkeit besitzen. Nur letzteres kann der Fall sein, weil unser Ich nicht schlechthin mit sich eins ist. Gerade seine notwendige Ausrichtung auf äußere Objekte, seine konstitutive (so von Kant richtig gesehen) Rezeptivität, zeigt dies. Das Ich setzt also einen übergeordneten Maßstab der Einheit voraus, der nur eine vollkommene Einheit mit sich selbst sein kann. Warum dieser höchste Maßstab der Einheit? Weil ein nicht vollkommen mit sich Eines seine Einheit stets einer anderweitigen Ermöglichung verdankt. Die Einheit kommt ihm dann nicht durch sich selbst, sondern durch anderes zu. Ein unendlicher Regreß, der sich hier konstruieren ließe, ist keine Lösung, weil ich in ihm nur immer eine sich äußerliche Einheit vor mir hätte und damit bei einer letzten Trennung bliebe. Doch genau diese könnte ich als solche nicht mehr erkennen. Wenn mir das aber möglich ist, dann durch den Bezug auf eine letztlich übergeordnete Einheit, die nur eine vollkommene Einheit mit sich selbst sein kann.

122 Der entscheidende Punkt in der Argumentation ist der, daß der Gedanke der Einheit von sich her eine solche in sich ruhende letzte Einheit fordert und daß diese kein bloßer Gedanke sein kann, wenn das Erkennen von ihr geleitet sein soll. Eine absolute Einheit in sich ist unser Ich zwar nicht. Doch hat es seine reflexive Einheit wesentlich durch die Offenheit auf jene letzte und höchste Einheit, die durch ihre Präsenz im Ich dessen Einheit mit sich wie auch seine Einigungsfähigkeit im Erkennen und im Gestalten der Welt ermöglicht und leitet. Nur Gedanke, nur subjektives Konstrukt kann dieser höchste Maßstab nicht sein. Vielmehr muß er, wenn er das Erkennen des Seienden leitet und zur Wahrheit führt, zugleich auch tragender Einheitsgrund dieses Seienden selbst sein. Diese Einsicht ist für Plotin der Angelpunkt seiner Philosophie, daß nämlich das „Hen", das Eine, Ursprung von allem und Maßstab unseres Erkennens von allem ist (vgl. die Annäherung an diesen Gedanken bei Pannenberg 1978).

g. Wahrheit, Einheit und höchste Reflexivität

123 Höchste Einheit läßt sich nur als Selbstbezug denken, denn sie muß Einheit mit sich selbst sein, besagt also auch höchste Reflexivität. Schon in der Antike findet sich dieser Zusammenhang. Nach Parmenides entspricht dem absoluten Sein das Denken, der Nous, der mit dem Sein identisch ist: „Dasselbe ist Denken und Sein" (B 3). Nach Platon erfaßt der Nous das in sich reflexive, weil die eigenen Voraussetzungen in sich enthaltende, also selbst nous-hafte Sein der Ideen (Politeia 511 b ff). Der Nous ist somit eins mit dem eigentlich und durch sich selbst Seienden, und er ist so auch eins mit der Wahrheit. „Die Vernunft (nous) ist aber entweder ganz dasselbe wie die Wahrheit oder ihr doch unter allen am ähnlichsten und das Wahrste" (Philebos 65 d). Aristoteles bestimmt das höchste Seiende als „Denken des Denkens (nóesis noéseos)", und ganz entsprechend ist für Thomas in Gott die absolute Einheit von Erkennen und Erkanntem realisiert (Scg I, 62). Zwar wurde gegen diesen Gedanken vor allem von Plotin eingewandt, daß die Reflexivität noch die Differenz enthalte und deshalb mit der höchsten Einheit nicht zu vereinbaren sei. Doch greift dieser Einwand nur dann, wenn Differenz per se als Mangel anzusehen ist (näheres dazu: Nr. 337; 358). Der frühe Fichte sieht das Absolute im absoluten Ich, das unserem Ich immanent und sogar sein eigener Vollzug ist, das ihm aber auch als ewige Zielbestimmung all seiner Aktivitäten und Grenzüberschreitungen transzendent ist (Fichte 1794, I § 1). Schelling beginnt in seinem „System des transzendentalen Idealismus" beim Wissen. Dieses setzt eine Einheit von Subjekt und Objekt voraus, die letztlich eine absolu-

te sein muß (sonst stünden sich beide Seiten immer fremd gegenüber, und für ein Wissen gäbe es keine Gewähr). Doch diese Einheit kann nur das Absolute selbst sein. Dieses muß also in „intellektueller Anschauung" uns immer schon gegenwärtig sein, sonst könnten wir weder etwas wissen noch uns fragend auf Wissen ausrichten (Schelling 1800, I). Nach Hegel ist das höchste Beisichsein, das unserem Wissen als Zielbestimmung zugrunde liegt, das „absolute Wissen" (TW 3, 575ff), oder die (in sich reflexive) „absolute Idee" (TW 6, 548 ff). Versuchen wir uns, diesem Gedanken nochmals anzunähern.

Ein Erkennen der Wahrheit ist, so sagten wir, nur in einer letzten Offen-
heit unseres Geistes möglich. Dies widerspricht nicht unserer vielfältigen Eingeschränktheit, im Gegenteil. Denn die Eingeschränktheit kann uns nur in einer prinzipiellen Offenheit bewußt werden. Worin besteht nun diese? Etwa in absoluter Leere? Doch als Nichts wäre sie hinfällig. Unsere Beschränktheit könnten wir dann nur in das Nichts hinein, also *nicht* überschreiten. Die einzige Alternative scheint zu sein: Jene Offenheit muß erfüllt sein durch das Absolute, und zwar durch das absolute Sein. Aber vergegenständlichen wir nicht auf diese Weise die Offenheit, die unser Denken *als Denken* auszeichnet? Diesem Einwand Rechnung tragend müssen wir sagen: Jene Offenheit ist unserem Denken eigen und steht ihm nicht irgendwie gegenüber. Ist unser Denken dann aber nicht selbst absolut und ein unendliches Beisichsein? Evidenterweise ist das nicht der Fall. Unser Denken ist nicht das Absolute, aber offenbar auch von ihm nicht einfach zu trennen. Wir dürfen wohl folgendes sagen: Unser Denken ist ermöglicht durch ein absolutes Denken, in dem es sich bewegt, auf das es bezogen und durch das es getragen ist. „In ihm leben wir, bewegen wir uns und sind wir", sagt Paulus von unserem Verhältnis zu Gott (Apg 17, 28) und meint vor allem unser geistiges Sein, gemäß der stoischen Philosophie, an die er sich hier anlehnt (ebd.) und deren Lehre (in Entsprechung zur platonischen) besagt, daß der Nous göttlich und unendlich ist und wir Menschen an ihm Anteil haben. In christlicher Wendung heißt dies: Der göttliche Geist gibt uns Anteil an sich und begründet durch diese (Selbst-)Gabe unser geistiges Sein. Diese (antik / christliche) Lehre vom göttlichen und menschlichen Geist wird, wie wir sahen, in der neuzeitlichen Subjektphilosophie wieder aufgenommen, weil es sich zeigt, daß die von der Aufklärung so betonte Persönlichkeit gerade in ihren eigenständigsten Akten ohne tiefere Unendlichkeitsdimension nicht zu begreifen ist. Zwar ist alles in unserem Denken von uns gedacht, ja man kann sagen: von uns im Denken gesetzt. Doch folgt daraus nicht unsere Einschränkung auf eine nur subjektive Perspektive. Vielmehr lebt das Geistigste in uns, nämlich unser persönlichster und subjektivster Innenraum, aus einer letzten Uneingeschränktheit, die wir als endliche Wesen nur in der Lebenseinheit mit einem unendlichen geistigen Sein und Beisichsein besitzen.

125   Der folgende Überblick sei begonnen mit einem Wort Nietzsches. Es zeigt seine Fähigkeit zur kritischen Reflexion des eigenen „Perspektivismus": „daß auch wir Erkennenden von heute, wir Gottlosen und Antimetaphysiker, auch *unser* Feuer noch von dem Brande nehmen, den ein jahrtausendealter Glaube entzündet hat, jener Christen-Glaube, der auch der Glaube Platos war, daß Gott die Wahrheit ist, daß die Wahrheit göttlich ist" (Die fröhliche Wissenschaft Nr. § 344). Auch die Destruktion aller Wahrheitsansprüche weiß sich in einer über sich selbst aufgeklärten Reflexion noch vom Pathos eines unbedingten Wahrheitswillens bestimmt.
Was ist Wahrheit? Wie ist sie zu definieren? „wahr" kann attributiv verwendet werden (ein wahrer Freund, ein wahrer Satz), aber auch prädikativ (dies ist wahr). Letztere Verwendung ist nur in bezug auf Aussagen möglich (diese Aussage ist wahr, nicht aber: dieser Freund ist wahr). Im folgenden soll es nur um die Wahrheit von Aussagen gehen. Es geht dabei nicht um die Wahrheit einer Lautgestalt, sondern um die in der Lautgestalt ausgedrückte „Proposition", d.h. um den Inhalt der Aussage (der in verschiedenen Sprachen oder synonymen Formulierungen ausgedrückt werden kann). (zum folgenden: Ferber 74ff, Keller 104ff; Puntel 1973, 1978).

a. Die klassische Wahrheitsdefinition der „adaequatio"

126   Wahrheit ist „adaequatio intellectus et rei" (Thomas Sth I, q 1 a 2 resp; de veritate, q I a 10 resp), d.h. die Übereinstimmung des Geistes (oder der Sprache, des Gedankens u.ä.) mit der (intendierten) Sache (der Wirklichkeit). Die Definition entspricht dem normalen Sprachgebrauch. Wenn wir fragen: wann ist ein Satz wahr? - Dann ist die erwartete Antwort: Wenn es so ist, wie der Satz sagt. Wann also ist der Satz „Es gibt Marsmenschen" wahr? - Wenn es Marsmenschen gibt (nicht etwa: wenn ich sie mit Fernrohren oder sonstwie entdecken kann). Doch es ergeben sich Schwierigkeiten mit dieser Definition:
127   (1) Sie scheint zirkelhaft zu sein. Denn wenn ich frage, welche Definition der Wahrheit die ihr entsprechende und auf sie zutreffende ist (also mit ihr übereinstimmt), dann operiere ich bereits mit demjenigen Verständnis von Wahrheit, das ich erst noch definieren will. (2) Sie ist erkenntnistheoretisch nicht neutral, denn sie setzt einen Erkenntnisrealismus voraus, der erst zu erweisen wäre. (3) Sie fordert einen Standpunkt, der der Subjekt- und Objektseite übergeordnet ist. Doch sind wir zu einem solchen Standpunkt fähig? Können wir nicht immer nur Auffassungen mit Auffassungen vergleichen?
128   Zur semantischen Wahrheitstheorie von Alfred Tarski (vgl. Puntel 78, Kap. 2): Tarski bestimmt die Bedeutung (Semantik) von „wahr" so: Der

Satz „der Schnee ist weiß" ist wahr, wenn der Schnee weiß ist (oder: „p" ist wahr, wenn p). Durch diese Bestimmung läßt sich erkennen, daß die durch das Wahrheitsprädikat gestiftete Beziehung eine solche zwischen zwei Aussagen ist, nämlich einer metasprachlichen (jener in Anführungszeichen) und einer objektsprachlichen (der ohne Anführungszeichen). Die objektsprachliche Aussage spricht über außersprachliche Objekte, die metasprachliche über die auf Objekte zielende objektsprachliche Aussage. Die Semantik des Wahrheitsprädikates läßt sich also durch diese Stufung der Sprachen klären, wobei nach Tarski offen bleiben kann, ob die objektsprachliche Ebene realistisch, idealistisch, phänomenalistisch oder sonst wie zu deuten ist. Tarskis Wahrheitstheorie kann man als sprachphilosophische Version oder Reformulierung der Adaequationstheorie ansehehen. Doch werden mit ihr die oben angeführten Fragen an eine solche Theorie nicht zum Verschwinden gebracht. So kann die Unterscheidung von Objekt- und Metasprache das Zirkelproblem nicht völlig beseitigen. Denn um zu erfassen, was das Verhältnis zwischen „p" und p wahr macht, muß ich bereits einen Begriff von der ganz eigentümlichen und von andern Isomorphien zu unterscheidenden Wahrheitsbeziehung besitzen, muß also schon wissen, was Wahrheit ist. Zudem werden die anschließbaren erkenntnistheoretischen und metaphysischen Fragen lediglich ausgeklammert und aufgeschoben. Abhilfe versuchen hier Wahrheitstheorien zu schaffen, die bei der Kriterienfrage ansetzen. Denn die Adaequationstheorie scheint kein Kriterium der Wahrheitserkenntnis anzugeben außer dem sehr allgemeinen der Übereinstimmung von Intellekt und Sache überhaupt. Läßt sich auf diesem Wege der Begriff der Wahrheit genauer bestimmen?

b. Kohärenztheorie

Eine einzelne Aussage ist wahr, wenn sie widerspruchsfrei eingefügt werden kann in einen Zusammenhang von als wahr angenommenen Aussagen. Wir hätten hier mit einer Definition der Wahrheit zugleich ein Kriterium ihrer Erkenntnis. Aber diese Theorie ist nicht ausreichend. Denn auch wenn eine solche Einordnung der Aussage gelingt, kann durchaus noch gefragt werden: Ist die Aussage wahr? Z.B. galten im Mittelalter alle Aussagen über die Welt als gut einfügbar in das geozentrische Weltsystem und trotzdem entsprach dieses in sich kohärente System nicht der Wirklichkeit.

c. Evidenztheorie

Die Aussage kann als wahr gelten, wenn ihre Wahrheit mir evident ist. Auch hier ist die Wahrheit von einem Kriterium ihrer Erkenntnis her definiert. Doch das Evidenzerlebnis garantiert noch nicht die Wahrheit.

Beispiel: Die Evidenz, daß das Ganze größer ist als ein Teil von ihm, löst sich beim Rechnen mit mathematisch unendlichen Größen auf (wenn ich eine Strecke A B in der Hälfte durch den Punkt D teile, dann enthalten A D nicht „weniger" Punkte als A B).

d. Konsenstheorie

131 Die Übereinstimmung unter den nach der Wahrheit Fragenden und Forschenden, die am Ende eines (herrschaftsfreien, nicht manipulierten) Dialoges zwischen ihnen zustande kommt, kann als Wahrheit angesehen werden. Doch auch hier stellt sich wieder die Frage: Was garantiert, daß der Konsens nicht doch auf Irrtum beruht? Sicherlich ist der Weg zur Erkenntnis der Wahrheit in dieser Theorie gut beschrieben. Doch als Definition der Wahrheit reicht ein erzielter Konsens nicht aus. Dies ändert sich auch nicht, wenn man die Forschungsbemühungen ins Eschatologische ausweitet und sagt: Was am Ende eines unabsehbaren Weges der Forschung allgemein anerkannt ist, das ist wahr. Warum könnte es dann nicht dennoch falsch sein? Logisch ist das nicht ausgeschlossen, und damit reicht der Konsens nicht hin für eine Definition der Wahrheit.

e. Pragmatische Theorie

132 Die Nützlichkeit oder die Verifikationsmöglichkeit entscheidet über die Wahrheit. Aber auch dies ist unzureichend. Manchmal können auch Lüge und Irrtum nützlich sein? Und von Aussagen, die faktisch nicht verifiziert werden können (z.B: die Zahl der Sterne ist gerade), kann ich trotzdem sinnvollerweise sagen: sie sind entweder wahr oder falsch (allerdings hängt nach dem „Intuitionismus" in der Mathematik das Bestehen eines Sachverhaltes von seiner faktischen Konstruierbarkeit ab, vgl HWPh 4, 543 f).

f. Rückkehr zur Adaequations-Theorie

133 Bei den Wahrheitstheorien b) - e) bleibt immer die entscheidende Frage übrig: Die Aussage mag evident, nützlich usw. sein, aber ist sie auch wahr? Dies führt zur Adaequationstheorie zurück. Denn wahr ist die Aussage letztlich nur dann, wenn es so ist, wie sie sagt. Die Zirkelhaftigkeit der Definition weist dabei auf eine Besonderheit aller philosophischen Grundbegriffe hin, wie „Sein", „Gutheit", „Erkenntnis", „Sprache" und eben auch „Wahrheit". Sie lassen sich nicht definieren, ohne ihr Verständnis vorauszusetzen. So kann die Übereinstimmung, um die es bei der adaequatio geht, nur dann in ihrer Eigentümlichkeit erkannt und identifiziert

werden, wenn ihr Verstehen bereits vorhanden ist. Modell, Abbild, Spiege-
lung u.ä. sind allenfalls Analogien für die Übereinstimmung, um die es
geht. Die aber muß immer schon verstanden sein. Wir müssen mit Wahrheit vertraut sein, wenn wir sie in der Definition (wieder)erkennen sollen.

g. Können wir überhaupt Wahrheit erkennen?

In der Tat hat die Adaequatio-Definition der Wahrheit eine erkenntnis- 134
theoretische Implikation: Erkenntnis von Wahrheit bedeutet, bei der Sache
zu sein, die erkannt wird. Ist dieses Bei-der-Sache-Sein möglich? Kann ich
mit unwiderleglicher Gewißheit Wahrheit erkennen? Oder bin ich überall
nur auf Vermutungen angewiesen? Wenn letzteres der Fall wäre, würde
sich die Wahrheit der adaequatio vielleicht als ein Phantom herausstellen.
Nun gibt es aber Wahrheiten, die ich klar erkennen kann, so etwa das
Nichtwiderspruchsprinzip oder Wesenszusammenhänge wie den, daß
Farbiges immer ausgedehnt ist. Auch die Mathematik stellt Zusammenhänge dar, die sich aus den Voraussetzungen mit unwiderleglicher Sicherheit ergeben. Aber kann ich auch Existierendes, Reales erkennen?
Immerhin ist mit Augustinus und Descartes daran festzuhalten, daß ich um
meine eigene Existenz weiß und dieses Wissen sinnvoll nicht bestreiten
kann. Zudem sind mir Phänomene gegeben (wie Schmerzen, Farbein-
drücke), die als Erscheinungen Tatsachen sind, die, wenn sie mir gegeben
sind, von mir mit unwiderleglicher Sicherheit festgestellt werden können
(genauer dazu Keller, 125-158).

h. Die retorsive Argumentation

Doch gibt es noch eine ganz grundsätzliche Argumentation für den Nach- 135
weis, daß wir in der Lage sind und sein müssen, Wahrheit zu erkennen,
nämlich die der Retorsion (von retorquere: umwenden) (dazu: Weissmahr
1989; Hösle 1994, 152-181). Wer nämlich behauptet, wir könnten keine
Wahrheit erkennen, beansprucht, eine wahre Aussage zu machen. Dies
zeigt, daß wir gar nicht umhinkönnen, Einsicht in Wahrheit vorauszusetzen. Wir sind mit Wahrheit immer schon vertraut. Wir wissen, was Wahrheit ist und können dies nur wissen, wenn wir Wahrheiten erkannt haben.
Zwar können wir einzelne Behauptungen anzweifeln, aber nie unsere
prinzipielle Fähigkeit, Wahrheit zu erkennen. Wir müssen in einer grundlegenden Weise immer schon bei der Wahrheit sein. Für das genauere Verständnis dieser retorsiven Argumentation (sie wird auch performative oder
transzendentale genannt) ist die Unterscheidung zu beachten zwischen
dem (1) „propositionalen" Gehalt einer Behauptung, also dem, was in der
Behauptung ausgesagt wird, und (2) dem Vollzug der Behauptung selbst,

101

seinem „performativen" Akt. Beim retorsiven Argument wird auf eine Inkonsistenz zwischen den beiden Sprachebenen (1) und (2) aufmerksam gemacht. Wenn ich z.B sage: „Ich spreche kein Wort deutsch", dann ist in (1) etwas ausgesagt, von dem in (2) das Gegenteil behauptet wird. In vielen Witzen wird mit diesem Widerspruch gearbeitet (vgl. Hösle 1994, 176): Es klopft, und drinnen ertönt die Stimme: „ich bin nicht zu hause". Oder (in einem antiken Witz-Buch): Der Vater schlägt den jungen Ovid, weil er ihn wieder beim Dichten, das er ihm verboten hat, erwischt. Dieser antwortet: „párce mihí numquám vérsificábo patér! (schone mich, nie werde ich wieder dichten)". Der Witz liegt darin, daß Ovid dies als Pentameter, also in einer dichterischen Form sagt. Immer entsteht also ein Widerspruch zwischen dem „propositional" und dem „performativ" Behaupteten.

136 Nun lassen sich die meisten dieser Widersprüche (a) durchaus vermeiden, wenn man die gemeinte Sache in anderer Weise ausspricht. Wenn ich in deutscher Sprache sage: „Ich spreche kein Wort deutsch", so ist dies in der Tat ein performativer Widerspruch. Wenn ich aber sage: „I dont speak german" oder „non parlo tedesco", so ergibt sich kein Widerspruch. Anders ist es (b) in der Behauptung: „Ich existiere nicht". Das ist ein unaufhebbarer Widerspruch, der durch keinen Modus des Aussagens beseitigt werden kann. Dennoch basiert er auf der Gegebenheit einer kontingenten Tatsache, eben meiner durchaus kontingenten Existenz (denn ich kann auch nicht sein). Davon unterscheidet sich nochmals (c) die performative Voraussetzung eines Nicht-Kontingenten, die in jedem Behaupten impliziert ist, etwa des Seins überhaupt und, in der weiteren Explikation, des unbedingten Seins, ebenso der Wahrheit und (wie wir sahen) der unbedingten Wahrheit. Dabei gilt auf allen drei Ebenen (a, b, c): Wird die Verneinung nur auf der propositionalen Ebene betrachtet, ergibt sich noch kein Widerspruch. „Es gibt keine Wahrheit". Dieser Satz kann wahr oder falsch sein. Er enthält rein propositional genommen keinen Widerspruch, im Unterschied etwa zu dem Satz: „dieser Kreis ist viereckig" oder: „p und nicht-p". Hier ist der Widerspruch bereits auf der propositionalen Ebene vorhanden. Doch in den anderen Fällen (a, b, c) wird der Widerspruch erst sichtbar, wenn wir darauf achten, was derjenige, der etwas behauptet, durch den Vollzug seines Behauptens mitbehauptet.

137 Doch nicht nur im Behaupten setzten wir voraus, daß wir Wahrheit erkennen können, auch in unserem Fragen und Zweifeln ist der Bezug zur Wahrheit enthalten (vgl. Coreth, Kap 1). Denn wenn die Frage sinnvoll ist, frage ich nach dem, was „ist", nach der Wahrheit. Wenn ich nicht wüßte, was Wahrheit ist, wenn nicht eine gewisse Vertrautheit mit ihr schon gegeben wäre, könnte ich nicht nach ihr fragen. Gleiches gilt vom Zweifel. Wenn ich einen solchen äußere, muß ich um Wahrheit wissen. Eben dieses Wissen ist für uns unhintergehbar. Nehmen wir schließlich eine Aussage, wie die bereits erwähnte von Nietzsche: *„Letzte Skepsis.* -

Was sind denn zuletzt die Wahrheiten des Menschen? - Es sind die *un-widerlegbaren* Irrtümer des Menschen" (Die Fröhliche Wissenschaft Nr. 265). Nimmt man diesen Satz als eine Mahnung zu einer kritischen Haltung gegenüber möglicherweise festgefahrenen Meinungen und Vorurteilen, dann ist er durchaus ernst zu nehmen. In der Universalität seiner Behauptung liegt jedoch ein offensichtlicher performativer Widerspruch. Denn hier wird eine Behauptung aufgestellt, die wahr zu sein beansprucht, wobei der propositionale Gehalt der Aussage eben einen solchen Anspruch für unberechtigt erklärt. Man darf sich hier von der Formulierungskunst Nietzsches nicht blenden lassen. Besonders gegenüber Texten dieses Autors ist es erforderlich, dies zu beachten.

4. Die Ausrichtung auf ein Wahr-Sein, das uns übersteigt

Im Wissen um Wahrheit bin ich, wie dargelegt, auf einen letzten Zu- 138 sammenhang des „Ist", also des Seins, ausgerichtet, der aber eigentlich kein Zusammenhang mehr ist, sondern absolutes Insichsein. Nur dieses kann die geforderte Unbedingtheit garantieren, von der her ich Bedingtes denken und erkennend identifizieren kann. Nur dieses Unbedingte ist ebenso die objektive wie die subjektive Ermöglichung der Erkenntnis (also die Ermöglichung des Erkannten und des Erkennens).Wäre dieser letzte Zusammenhang bloße Faktizität (Kontingenz) und damit Begrenztheit, so wäre der damit gegebene Horizont niemals die Ermöglichung wahrer Erkenntnis, da von ihm nur eine Festlegung und Determination im Sinne der gegeben Begrenztheit ausgehen könnte. Sie selbst wäre nicht mehr erkennbar. Wäre sie erkennbar, müßte ein umfassenderer Horizont gegeben sein. Nur ein letzter und unbedingter Horizont, der unmöglich begrenzt sein kann, der subjektiv und objektiv und beides in Einem ist, garantiert die Erkenntnis der Wahrheit und macht verständlich, daß wir überhaupt nach ihr fragen können.

Dieses vorausgesetzte Unbedingte ist freilich selbst nicht mehr objekti- 139 vierbar. Wir sind nicht imstande, uns von ihm zu distanzieren. Aber wenn wir es denken können, scheint das doch zu bedeuten, daß wir zu ihm in eine Distanz treten, wie in jedem Erfassen eines Objektes durch ein von ihm unterschiedenes Subjekt dieses sich von jenem „distanzieren" muß. Doch so kann das Unbedingte gerade nicht distanziert werden. Ist dann sein Denken unmöglich? Dies wäre aber widersprüchlich. Der Ausweg liegt darin, das Denken des Unbedingten in seiner Besonderheit zu begreifen. Die Reflexion kann bis zu dem gelangen, was aller Reflexion zugrunde liegt, muß aber zugleich einsehen, daß dieses selbst nicht mehr ein Gegenstand des Denkens wie jeder andere ist. Nur in indirekter Weise, in der Erkenntnis einer immer schon gegebenen Voraussetzung meiner geistigen Vollzüge, auf die ich reflektiere, kann ich jenes Unbedingte denken. Um dieses besondere Denken von einem den Gegenstand begreifend umfassenden Denken, einem „comprehendere" zu unterscheiden, sprechen Augustinus (Confess. IX, 10. 24), Cusanus (de doct. ign. I, 4) und Descartes (Med. III, 38) von einem Denken, welches lediglich ein „attingere", ein Berühren ist. Das Unbedingte ist mir zu nahe, um es mir gegenüberstellen zu können. Es trägt und orientiert den Denkakt und ist wegen dieser Einheit mit ihm nicht mehr denkend zum Gegenstand zu machen. Es ist mir innerlich als die Ermächtigung meines Ich-Vollzuges und in diesem präsent. Aber gerade deswegen kann ich es, wie mein Ich, nicht letztlich objektivieren. Wenn ich mein Ich objektiviere, es mir also erkennend gegenüberstelle, dann tue „ich" dies und bin schon nicht mehr bloß dieses mein Objekt. Das Ich, so stellt sich heraus, ist in unmittelbarem „Kontakt" zum Unbedingten durch diese Verbindung und Einheit mit ihm und ist deshalb wie dieses mir vollkommen Bekannte und Vertraute dennoch meinem erkennenden Zugriff entzogen. Zu dieser Eigentümlichkeit des unbedingten Seins drei Beispiele aus Mittelalter Neuzeit und Gegenwart:

140 a. *Meister Eckhart* sieht sich genötigt, in Bezug auf das Absolute und sein Verhältnis zur Welt eine paradoxe Sprache zu gebrauchen. Denn das Absolute „ist" nicht im normalen, dinglich-endlichen Sinn. Und umgekehrt „ist" das Endliche nicht eigentlich, d.h. nach dem Maßstab vollen Aussichseins. Die Abbildung Gottes im Geschöpf ist damit zugleich äußerste Unähnlichkeit. Eckhart: „Nichts ist einem anderen zugleich so unähnlich und ähnlich wie Gott und Geschöpf (nihil tam dissimile et simile coniunctim alteri [...] quam deus et creatura)" (Exoduskomm. Nr. 117, DW, Lt. Werke I, 112). „Das Sein ist Gott (Esse est deus)" (op.trip.prol., Werke II, 473). „Alle Kreaturen sind ein reines Nichts [...]. Alle Kreaturen haben kein Sein, denn ihr Sein hängt an der Gegenwart Gottes" (DP, 171). „Gott ist nichts; nicht so, daß er ohne Sein wäre: er ist weder dies noch das, was man auszusagen vermag - er ist ein Sein über allen Sein" (DP, 407).

141 b. *Descartes'* Beweis in der III. Meditation beruht auf einer Einsicht, die er in einem Argument kurz und bündig zusammenfaßt, das von der vorangehenden Durchführung des Beweises über das Kausalprinzip unabhängig ist (dazu Schöndorf 1987, 112): Das Endliche kann als solches nur auf dem Hintergrund des Unendlichen erfaßt werden (Med. III, 24), wobei dieses nicht im Sinne des bloß potentiell Unendlichen, das strukturell endlich bleibt, verstanden werden darf (III, 27).
„Auch darf ich nicht glauben, ich begriffe das Unendliche nicht in einer wahrhaften Vorstellung, sondern nur durch Verneinung des Endlichen, so wie ich Ruhe und Dunkelheit durch Verneinung von Bewegung und Licht begreife. Denn ganz im Gegenteil sehe ich offenbar ein, daß mehr Sachgehalt (plus realitatis) in der unendlichen Substanz (in substantia infinita)

als in der endlichen enthalten ist und daß demnach der Begriff des Unendlichen dem des Endlichen, d.i. der Gottes dem meiner selbst gewissermaßen vorhergeht (priorem quodammodo in me esse perceptionem infiniti quam finiti). Wie sollte ich sonst auch begreifen können, daß ich zweifle, daß ich etwas wünsche, d.i. daß mir etwas mangelt und ich nicht ganz vollkommen bin, wenn gar keine Vorstellung von einem vollkommeneren Wesen in mir wäre (si nulla idea entis perfectioris in me esset), womit ich mich vergleiche und so meine Mängel erkenne?" (Med. III, 24).

c. Für *Karl Rahner* (1904-84) wurde der Grundgedanke des AlGB (ohne 142 diese Bezeichnung) entscheidend in seinem Werk „Hörer des Wortes". Der zentrale Begriff darin ist der des „Vorgriffs" auf eine das Endliche überschreitende Unendlichkeit, in dessen „Horizont" das Endliche in seinem Sein erfaßt wird. „Der Vorgriff ist die bewußtmachende Eröffnung des Horizontes, innerhalb dessen das einzelne Objekt der menschlichen Erkenntnis gewußt wird" (Rahner 1941,77). „Es ist [...] einleuchtend, daß dieses Worauf des Vorgriffs kein Gegenstand von der Art sein kann wie der, dessen abstrahierende und so objektivierende Erfassung er ermöglicht. Denn ein solcher Gegenstand wäre ja selbst nur in einem solchen Vorgriff erfaßbar" (78). Es wird dann (79f) unter Bezugnahme auf Kant und Heidegger dargelegt, daß dieser Vorgriff nicht auf ein wiederum Begrenztes, aber auch nicht auf das Nichts gehen kann. „Die positive Ungegrenztheit des transzendentalen Horizontes der menschlichen Erkenntnis zeigt von sich aus die Endlichkeit alles dessen, was diesen Horizont nicht ausfüllt. Nicht also das Nichts nichtet, sondern die Unendlichkeit des Seins, auf das der Vorgriff geht, enthüllt die Endlichkeit alles unmittelbar Gegebenen" (80). Er ist „ein Vorgriff auf das an sich ungegrenzte Sein [...]. Mit der Notwendigkeit, mit der dieser Vorgriff gesetzt wird, ist auch das unendliche Sein Gottes mitbejaht. Zwar stellt der Vorgriff nicht unmittelbar Gott als Gegenstand dem Geist vor, weil der Vorgriff als Bedingung der Möglichkeit der gegenständlichen Erkenntnis von sich her überhaupt keinen Gegenstand in seinem Selbst vorstellt. Aber in diesem Vorgriff als notwendiger und immer schon vollzogener Bedingung jeder menschlichen Erkenntnis und jedes menschlichen Handelns ist doch auch schon die Existenz eines absoluten Seins, also Gottes, mitbejaht, wenn auch nicht vorgestellt" (81f). „Es ist dies durchaus kein apriorischer Gottesbeweis [...]. Denn der Vorgriff und seine Weite lassen sich als vorhandene und für alle Erkenntnis notwendige Bedingung nur erkennen und als solche bejahen in der aposteriorischen Erfassung eines realen Seienden als deren notwendige Bedingung. So ist unsere Fassung der Gotteserkenntnis nur die erkenntnismetaphysische Wendung der realontologischen Formulierung der traditionellen Gottesbeweise" (82f). Die Nichtobjektivierbarkeit dessen, worauf der Vorgriff geht, legt Rahner als bleibendes „Geheimnis" aus, das Gott immer für uns ist (vgl. Schriften IV, 51ff; IX, 167f).

1. Zur Vorgeschichte des Anselmischen Gottesbeweises

143 Der von Kant so genannte „Ontologische Gottesbeweis" (OGB) schließt vom Gedanken Gottes auf dessen Sein, d.h. er versucht zu zeigen, daß im Denken dessen, was Gott seiner wahren Bedeutung nach ist, auch die Annahme seiner Existenz enthalten ist. Als erster hat Anselm von Canterbury diesen Beweis kurz und bündig formuliert. Doch hat er durchaus Vorgänger. Man kann den Wahrheitsbeweis des Augustinus bereits nach diesem Argument hin auslegen. Denn die höchste Wahrheit ist das, was der Vernunft nochmals übergeordnet ist. Dieses die Vernunft Bindende wird aus der internen Verfaßtheit der Vernunft erschlossen (also nicht im Rückgriff auf äußere Erfahrungen), und zwar aus ihrer Ausrichtung auf eine höchste theoretische und praktische Wahrheit, die als eine sie orientierende und leitende, d.h. sie unbedingt bindende nicht ihr Produkt sein kann. Freilich, und das ist bereits ein Hinweis für die Interpretation des Anselmischen Gedankens, ist die hierbei untersuchte Vernunft kein Konstrukt, sondern die lebendig agierende Vernunft, die in der Reflexion auf ihren Vollzug zunächst ihrer eigenen Existenz gewiß wird. Diese Implikation des Selbstseins und somit des Seins muß auch jene die Vernunft unbedingt bindende und ihr übergeordnete Macht der Wahrheit haben. Die Ausführungen Augustins können durchaus in diesem Sinne verstanden werden, und es scheint, daß Anselm sich von ihnen zu seinem Beweis hat anregen lassen. So findet sich die Vorform für seinen Gottesbegriff („id quo maius cogitari non potest") in de lib. arb. II, 54, wo Gott bestimmt wird als der, „quo est nullus superior", und wo es dann heißt: „Hunc plane fatebor deum quo nihil superius esse constiterit (nur den kann ich als Gott anerkennen, von dem feststeht, daß es nichts Höheres als ihn gibt" (II, 55) (ähnlich: de doctr. chr. I, 7. 16). Anderen Ortes bestimmt er Gott als „summum bonum omnino, et quo esse aut cogitari melius nihil potest (das ganz und gar höchste Gute, und über das hinaus es weder etwas Besseres geben noch ein solches gedacht werden kann) „ (de mor. eccl. cath. II, 11, 24). Bei Boethius heißt es später von Gott dementsprechend, er sei „id, quo melius nihil est (das, über das hinaus es nichts Besseres gibt)" (cons. phil. III, 10 p). Aber schon in der Stoa findet sich dieser Gottesbegriff. Da die Welt (mundus) mit Gott gleichzusetzen ist, gilt von ihr: „nihil praestabilius, nihil pulchrius, nec solum nihil est, sed ne cogitari quidem quicquam melius potest (nicht nur gibt es nichts Besseres, nichts Schöneres, sondern es ist gar nichts Besseres denkbar" (Cicero de nat. deor. II, 18; vgl. 19-21). Auch Seneca sucht in der Richtung dieser Bestimmungen nach dem angemessenen Gottesbegriff: „Und was ist Gott? Alles, was du siehst, und alles, was du nicht siehst. Dann erst gewinnt Gott seine Größe

(magnitudo), über die hinaus nichts Größeres gedacht werden kann (qua nihil maius cogitari potest), wenn er allein alles ist (si solus est omnia), wenn er sein Werk innen und außen zusammenhält (si opus suum et intra et extra tenet)" (nat. qaest. I praef. 13).

Was die eigentliche Argumentation angeht, so kann man Parmenides den 144 Schöpfer dieses Beweises nennen. Denken und Sein ist nach ihm eine Einheit: „τὸ γὰρ αὐτὸ νοεῖν ἐστίν τε καὶ εἶναι (dasselbe ist Denken und Sein)" (B 3). Weil aber nur das reine und absolute Sein, das keinerlei Nichtsein enthält, widerspruchslos gedacht werden kann, ist es auch allein existierend, bzw. das wahrhaft Existierende, wohingegen alles andere, mit Nichtsein Vermischte, nur Schein ist. Bei Platon findet sich im Phaidon (102 a - 107 a) eine Argumentation, die man die platonische „Urform des ontologischen Argumentes" genannt hat (Seifert, 125; ähnlich: Frank, 353): Die „Idee des Lebens" schließt den Tod ähnlich klar aus wie die Idee der geraden Zahlen das Ungerade. Fasse ich also den Begriff des Lebens, so habe ich auch schon die Unvergänglichkeit des Lebens erfaßt. Natürlich geht es Platon nicht um einzelnes Lebendiges, sondern um das Leben überhaupt, durch das auch das einzelne Lebendige sein Leben hat. Man darf sein Argument vielleicht so deuten, daß wir in uns die apriorische Idee eines unbedingten, weil ganz aus sich existierenden, selbstbezogenen und deshalb auch lebendigen Seins haben, das nicht anders als ewig existierend gedacht werden kann. Dieses muß dann mit Gott identisch sein. „Gott wenigstens, sprach Sokrates, und die Idee des Lebens selbst wird wohl, wenn überhaupt etwas unsterblich ist, von jedem eingestanden werden, daß sie niemals untergehe" (106 d). Leben begreifen heißt demnach: seine Unaufhebbarkeit begreifen, und diese ist mit Gott gleichzusetzen. Übrigens ist dies im Dialog der letzte (und somit besonders hervorgehobene) von Sokrates vorgebrachte Beweis für die Unsterblichkeit der Seele. Offenbar ist diese nur erweisbar, wenn ein in sich unvergängliches und somit göttliches Leben erwiesen werden kann, an dem auch die einzelne Seele Anteil hat. Die eigene Unvergänglichkeit entdeckt die Seele des Menschen nach dem Phaidros (245 c ff) über ihre Fähigkeit zu einer nicht weiter ableitbaren Selbstbewegung. Bei Plotin werden beide Argumentationen aufgenommen und zusammengeführt (En IV 7, 9). Nach Aristoteles ist das Höchste, der unbewegte Beweger, selbstreflexiver Nous, und dieser ist „Leben" und „enérgeia", d.h. Vollzug und also Sein (Met. 1072 b).

2. Der Gottesbeweis in Anselms „Proslogion"

Anselm, geboren in Aosta (1033/34), studierte in Frankreich, trat in das 145 Kloster Bec (Normandie) ein, wurde dort Abt und später Erzbischof von Canterbury, gest. 1109. In seinem „Proslogion" (Anrede) (1077/78) gründet er seine Gotteslehre auf seinen berühmten Gottesbeweis. Im

Prooemium des Proslogion findet sich das Wort, das über dem ganzen Unternehmen steht: „fides quaerens intellectum (Glaube, der begriffen werden will)" (vgl. Cur deus homo I, 1). Der Gedanke stammt von Augustinus (de lib. arb. II, 13). Das im Glauben Vorgegebene soll intellektuell erfaßt und soweit möglich durch Vernunftgründe als wahr erwiesen werden. Ich führe die entscheidenden Kapitel 2 und 3 an, die den zentralen Text für den Gottesbeweis bilden:

146 „Herr, der Du dem Glauben die Einsicht verleihst, verleih mir, daß ich, soweit Du es für nützlich erachtest, einsehe, daß Du bist, wie wir glauben, und das bist, was wir glauben. Und zwar glauben wir, daß Du etwas bist, über das hinaus Größeres nicht gedacht werden kann (credimus te esse aliquid quo nihil maius cogitari possit). Oder existiert ein solches Wesen nicht, weil ,der Tor in seinem Herzen gesprochen hat: es ist kein Gott' (Psalm 10, 4; 14, 1; 53, 2)? Doch freilich, wenn dieser Tor eben dies hört, was ich sage: ,etwas über das hinaus Größeres nicht gedacht werden kann', versteht er, was er hört; und was er versteht, ist in seinem Verstande (in intellectu eius est), auch wenn er nicht einsieht, daß dies existiert. Denn ein anderes ist es, daß etwas im Verstande ist, ein anderes, einzusehen, daß etwas existiert. Denn wenn ein Maler vorausdenkt, was er schaffen wird, hat er zwar im Verstande, erkennt aber noch nicht, daß existiert, was er noch nicht geschaffen hat. Wenn er aber schon geschaffen hat, hat er sowohl im Verstande, als er auch einsieht, daß existiert, was er bereits geschaffen hat. So wird auch der Tor überführt, daß wenigstens im Verstande etwas ist, über das hinaus Größeres nicht gedacht werden kann (id quo maius cogitari nequit), weil er das versteht, wenn er es hört, und was immer verstanden wird, ist im Verstande. Und sicherlich kann das, über das hinaus Größeres nicht gedacht werden kann, nicht im Verstande allein sein. Denn wenn es wenigstens im Verstande allein ist, kann gedacht werden, daß es auch in Wirklichkeit existiere - was größer ist. Wenn also das, über das hinaus Größeres nicht gedacht werden kann, im Verstande allein ist, so ist eben das, über das hinaus Größeres nicht gedacht werden kann, etwas über das hinaus Größeres gedacht werden kann. Das aber kann nicht sein. Es existiert also ohne Zweifel etwas, über das hinaus Größeres nicht gedacht werden kann, sowohl im Verstande als auch in Wirklichkeit" (Kapitel 2).

„Das existiert so schlechthin wahrhaft, daß sein Nicht-Sein nicht einmal gedacht werden kann (ut nec cogitari possit non esse). Denn es kann gedacht werden, daß etwas existiert, dessen Nicht-Sein nicht gedacht werden kann, was ein Größeres ist als das, dessen Nicht-Sein gedacht werden kann. Wenn daher das, über das hinaus Größeres nicht gedacht werden kann, als nicht-existierend gedacht werden kann, ist eben das, über das hinaus Größeres nicht gedacht werden kann, nicht das, über das hinaus Größeres nicht gedacht werden kann, was sich nicht miteinander vereinbaren läßt. So wahrhaft existiert also etwas, über das hinaus Größeres nicht gedacht werden kann, daß sein Nicht-Sein nicht einmal gedacht werden kann. Und das bist Du, Herr, unser Gott. So wahrhaft existierst Du also, Herr, mein Gott, daß Dein Nicht-Sein nicht einmal gedacht werden kann. Und das mit Recht. Wenn nämlich ein Geist etwas Besseres als Dich denken könnte (posset cogitare aliquid melius te), erhöbe sich das Geschöpf über den Schöpfer (ascenderet creatura super creatorem) und urteilte über den Schöpfer (et iudicaret de creatore), was gänzlich widersinnig ist. Allerdings kann einzig mit Ausnahme von Dir alles, was sonst noch existiert, als nicht-existierend gedacht werden. Du allein besitzt somit am wahrhaftigsten von allem und deshalb am meisten Existenz (verissime omnium et ideo maxime omnium habes esse), weil alles, was sonst noch existiert, nicht so wahrhaft und deswegen in geringerem Maße Existenz besitzt (non sic vere, et idcirco minus habet esse). Warum also sprach der Tor in seinem Herzen: es existiert kein Gott, wo es doch für den vernünftigen Geist so sehr auf der Hand liegt, daß Du am meisten von allem existierst? Warum, wenn nicht deshalb, weil er dumm und töricht ist?" (Kapitel 3).

Das Kapitel 2 beginnt als Gebet. Gott wird angeredet als der, der dem Glauben Einsicht verleiht. So wendet sich denn der Glaubende an diesen Gott und bittet ihn um die Einsicht: „daß du bist, wie wir glauben, und daß du das bist, was wir glauben". Der Glaubende ist überzeugt von der Existenz Gottes, von der Existenz seines Wasseins, seines Wesens. Dieses Wassein besteht im „aliquid, quo nihil maius cogitari possit". Doch der Tor (aus dem Psalter) bestreitet die Existenz dieses Wesens. Allerdings muß der Tor verstehen, was er bestreitet. Verstehen wird er auch, daß dasjenige, was nur im Verstande ist, weniger ist als das, was nicht nur im Verstande, sondern auch in Wirklichkeit ist (Malerbeispiel). Von dem „id quo maius...", das zunächst im Verstande ist, kann nämlich gedacht werden, daß es auch in Wirklichkeit ist, und dies ist „größer" als sein bloßer Begriff im Verstande. Wird das „id quo maius..." aber als das, über das hinaus Größeres nicht gedacht werden kann, gedacht, dann muß es als in Wirklichkeit existierend gedacht werden.

Kapitel 3 nimmt die letzte Einsicht nochmals auf: Das Nichtsein des „id quo maius..." kann nicht gedacht werden. Dieser Gedanke wird nun als eigener Begriff zum neuen Ausgangspunkt: Es kann also etwas gedacht werden, dessen Nichtsein nicht gedacht werden kann, und das ist auf jeden Fall etwas Größeres als dasjenige, dessen Nichtsein gedacht werden kann. Wird das „id quo maius..." nun gedacht, dann kann es nicht als etwas gedacht werden, dessen Nichtsein gedacht werden kann, denn darüber kann ja im Denken hinausgegangen werden. Es muß somit als das gedacht werden, dessen Nichtsein nicht gedacht werden kann. Es folgt darauf wieder die Anrede an Gott, nun an ihn als denjenigen, dessen Nichtsein nicht gedacht werden kann. Dabei wird das „maius" als „melius" gedeutet (wie schon bei Augustinus: de trin. VI, 8; von Thomas aufgenommen Scg

1, 43). Wollte man etwas Größeres/Besseres als Gott denken, würde man sich über Gott erheben. Man würde *über* ihn urteilen, was nicht möglich ist (vgl. de lib. arb. II, 152). Gott ist der Letzte Beurteilungsmaßstab. Man kann nur *nach* ihm, nicht *über* ihn urteilen, denn letzteres setzte wieder einen höheren Maßstab voraus. Es folgt noch die wichtige Einschränkung: „Allerdings kann mit Ausnahme von dir alles, was sonst noch existiert, als nicht-existierend gedacht werden".

3. Diskussion um Anselms Gottesbeweis

148 a. Ein Zeitgenosse Anselms, der Mönch *Gaunilo*, übte Kritik an diesem Beweis, indem er sagte, dann könnte man sich auch eine schönste Insel vorstellen und folgern, daß zu deren Vollkommenheit die Existenz gehören müßte. Doch hiergegen ist mit Anselm (am Schluß von Kap. 3) die Besonderheit des Gottesbegriffes herauszustellen. Nur in Bezug auf Gott, den rein Aus-sich-selbst-Seienden, gilt die Einheit von Wesen und Sein. Auch von anderen wird diese Besonderheit des Gottesbegriffs mit Nachdruck hervorgehoben. Zwei Beispiele: Thomas: „Deus enim est suum esse (Gott nämlich ist sein Sein)" (Sth I, q 2 a 1 resp); Spinoza über die göttliche Substanz: „quod in se est, et per se concipitur (was in sich ist und durch sich begriffen wird)" (Eth. I def 3). .

149 b. *Thomas* betont (ausführlicher in: Scg I, 10 u.11, kurz in: Sth I, q 2 a 1 ad 2) unter Bezugnahme auf Anselm (ohne ihn zu nennen), daß zwar der Begriff Gottes sein Sein einschließe. Doch sei dieser Begriff für uns zunächst *nur* ein Begriff, wenn in diesem auch (aber eben nur begrifflich) das Sein eingeschlossen sei. Wir Menschen seien nicht in der Lage, allein aus dem Begriff Gottes seine Existenz zu erkennen. Wir bedürfen der (uns zugänglichen) Schöpfungswelt und ihrer Sinnlichkeit. Nur durch sie und vermittels ihrer sei Gott für uns erkennbar. Hinter dieser Argumentation steht bei Thomas die Lehre des Aristoteles, nach der (gegen Platon) unsere Erkenntnis grundsätzlich durch die Sinne vermittelt wird. Richtig ist an der Kritik sicherlich, daß die Anselmische Argumentation nicht greift, wenn nicht auch von Existenz ausgegangen wird. Wenn ich nämlich den Begriff von der Wirklichkeit trenne und nur im Begriff und mit Begriffen argumentiere, komme ich tatsächlich über die Begriffsebene nicht hinaus. Ich darf mich also nicht auf einen bloßen, abstrakten Begriffsstandpunkt stellen. Dem Wortlaut seiner Argumentation nach scheint sich Anselm aber mit einem solchen Standpunkt zu begnügen, da Gott zunächst nur im Intellekt gegeben sein muß. Die Frage ist allerdings, wie nach Anselm dieser Intellekt und sein höchster Gedanke zu verstehen sind. Wird dieser Gedanke nur als Konstrukt des Denkens verstanden, hat die Kritik recht. Wird der Gedanke aber als Ausdruck eines unübersteigbar Höchsten

verstanden, ohne dessen Voraussetzung das real sich vollziehende Denken sich letztlich nicht begreifen kann, dann geht die Kritik ins Leere und Anselm hat doch recht. Auf ein Verständnis in diesem Sinne wird meine Rekonstruktion des Anselmischen Gedankens zielen.

c. Der große Zeitgenosse des Thomas *Bonaventura* akzeptiert den Ansel- 150 mischen Beweis und beruft sich ausdrücklich auf ihn. Er gibt dessen Text allerdings nicht bloß wieder, sondern rekonstruiert ihn schöpferisch mit Hilfe der Augustinischen Argumentation in dem Sinne, daß die retorsiv aufweisbare Erkenntnis der Wahrheit nicht zu denken ist ohne Bezugnahme auf eine unbedingte, letzte und unvergängliche Wahrheit, die Gott selbst ist. Ohne diesen letzten Halt gäbe es überhaupt keine Wahrheit. „Augustinus sagt, daß keine Wahrheit erkannt werden kann, es sei denn durch die erste Wahrheit, aber das Wahre, durch das alles andere als wahr erkannt wird, ist das am meisten unbezweifelbar Wahre; daß also Gott ist, ist nicht nur unzweifelhaft wahr, sondern auch so (wahr), daß über es hinaus nichts Unzweifelbareres gedacht werden kann; also ist ein solches Wahres, von dem nicht gedacht werden kann, daß es nicht ist (Augustinus dicit [...], quod nulla veritas videri potest nisi per primam veritatem; sed verum, per quod omne aliud verum videtur, est verum maxime indubitabile; ergo Deum esse, est verum non solum indubitabile, sed etiam quo nihil indubitabilius cogitari potest: ergo est tale verum, quod non potest cogitari non essse)" (De mysterio trinitatis, q 1 a 1 nr. 25, Opera V, 47). Die Existenz Gottes ist evident aus seinem Wesen heraus. Wenn man verstanden hat, was und wer Gott ist, ist man auch seiner Existenz gewiß: „Wenn Gott Gott ist, *ist* Gott; doch die (hier vorausgesetzte) Bedingung ist so sehr wahr, daß von ihr nicht gedacht werden kann, daß sie nicht (gegeben) ist; somit ist es unzweifelhaft wahr, daß Gott ist (si Deus est Deus, Deus *est*; sed antecedens est adeo verum, quod non potest cogitari non esse; ergo Deum esse, est verum indubitabile" (ebd. nr. 29, V, 48).

d. In eine Nähe zum OGB ist die Argumentation des *Nicolaus Cusanus* zu 151 rücken in seiner Schrift: „Trialogus de possest (Der Trialog über das Könnensein)". Gott muß begriffen werden als die Einheit von Möglichkeit (potentia / posse) und Wirklichkeit (actus / esse) (7). Da Gott uneingeschränktes Vermögen ist, ist er die reine Möglichkeit. Eben diese ist aber nur als uneingeschränkter Vollzug denkbar, d.h. als reines Sein. Beides verbindet Cusanus in dem Begriff „possest", der damit zur Definition Gottes dient. Gott ist als „possest" der allgemeine Ursprung. Alles andere außer Gott hat die Möglichkeit zu sein, aber wenn es ist, auch die Möglichkeit, nicht zu sein. Gott hat in diesem Sinn nicht die Möglichkeit, nicht zu sein. Er „kann" also gar nicht nicht sein und ist somit notwendig. „Wenn nämlich der Ursprung nicht sein könnte, wäre er nicht, weil er ist, was er sein kann. - Er ist also die absolute Notwendigkeit, weil er nicht

nicht sein kann" (27). Zu beachten ist, daß Cusanus nicht rein begrifflich, etwa mit abstrakten Möglichkeiten, argumentiert. Unter Bezugnahme auf Röm 1, 20, geht er von der Welt aus, um über diese „sichtbare" Gott, den „Unsichtbaren", zu erkennen (2). Die Begriffe (Möglichkeit und Wirklichkeit) entstammen also dem begreifenden Durchdringen einer vorgegebenen Welt.

152 e. *Descartes* formuliert in der V. Meditation den Anselmischen Gottesbeweis so, daß sich die Existenz Gottes aus der Einsicht in dessen Wesen mit Notwendigkeit ergibt und entsprechend folgern läßt: „Ich sehe genauso klar und deutlich ein, daß es zu seiner (Gottes) Natur gehört, immer zu existieren, wie ich einsehe, daß, was ich von irgendeiner Figur oder Zahl beweise, auch zu der Natur dieser Figur oder Zahl gehört [...] (mir wird) deutlich, daß sich das Dasein (existentiam) vom Wesen Gottes (ab essentia dei) ebensowenig trennen läßt, wie vom Wesen des Dreiecks, daß die Größe seiner drei Winkel zwei rechte beträgt" (Med. V, 7/8).

153 f. *David Humes* Kritik an diesem Beweis ist die, daß es eine notwendige Existenz deshalb nicht geben kann, weil ich jede Existenz widerspruchslos auch als nicht existierend denken kann. Es trifft zwar zu, daß man Gott als „notwendig existierendes Wesen" denkt. Aber: „Es wird uns immer möglich sein, etwas, das wir zunächst als existent dachten, dann doch als nicht-existent zu denken. Und der Geist ist niemals in der Weise gezwungen, von irgendeinem Gegenstand anzunehmen, er werde stets existent bleiben, in der wir gezwungen sind, immer daran festzuhalten, daß zweimal zwei vier ist. Der Ausdruck ‚notwendige Existenz' besitzt deshalb keinen Sinn oder, was auf dasselbe hinausläuft, keinen, der nicht in sich widersprüchlich wäre" (Dialoge über natürliche Religion, Teil 9, Reclam 87f). Auch nach Kant ist von der „spekulativen Vernunft" zu sagen, daß es sie in bezug auf „die größte Vollkommenheit, wie die kleinste" „nichts kostet, die eine so wie die andere ohne die mindeste Hindernis verschwinden zu lassen" (KrV B 641).

g. Kants Kritik und ihre Beurteilung

154 Kant ist energischer Kritiker dieses Beweises. Von ihm stammt auch die Bezeichnung „ontologischer Gottesbeweis". Er stellt sie dar in seiner Lehre vom „Ideal der reinen Vernunft" innerhalb der „transzendentalen Dialektik" der KrV. Das „transzendentale Ideal" ergibt sich aus dem Gedanken der vollständigen Bestimmung des Dinges, der voraussetzt, daß man „einen Inbegriff aller möglichen Prädikate überhaupt" (B 601) zu denken imstande ist. Diese „omnitudo realitatis" bildet die Grundlage des Gottesbegriffes. Der irrtümliche, „dialektische Schein" ergibt sich, wenn aus dieser Voraussetzung des Denkens ein Gegenstand der Erkenntnis gemacht

wird. Der ontologische Gottesbeweis verbindet nämlich mit diesem Begriff das Prädikat der Existenz, da ja zur Vollständigkeit jener omnitudo auch das Sein gehöre. Doch das „*Sein* ist offenbar kein reales Prädikat" (B 626). Denn es trägt zur Vollständigkeit der Bestimmungen nichts bei. Als existierend kann ein Begriffsinhalt nur in der durch Erfahrung vermittelten Erkenntnis erfaßt werden. Beispiel (B 627): 100 wirkliche und mögliche Taler unterscheiden sich in der Inhaltsbestimmung nicht, sondern allein durch die Erfahrung.

Aufschlußreich ist Kants Verbindung des ontologischen mit dem kosmolo- 155 gischen Gottesbeweis. Es steht nach Kant nichts im Wege, auch „eingeschränkte Wesen" „für unbedingt notwendig gelten zu lassen" (B 616). Der bloße Begriff der Notwendigkeit ist für Kant also für verschiedene Inhalte offen. In der vierten Antinomie der Kosmologie argumentiert Kant dahingehend, daß eine notwendige Weltursache inhaltlich unbestimmt bleibt, denn über ihre Zugehörigkeit zur Welt (Immanenz) oder Jenseitigkeit zu ihr (Transzendenz) kann nicht entschieden werden (B 484 ff). Damit ist es auch nicht möglich, aus dieser Notwendigkeit die göttliche „omnitudo realitatis" zu folgern. Ein Argument, das sich aus dem Gesamtkonzept der KrV ergibt, kommt hinzu: Das Kausalprinzip hat nur innerhalb der Naturerkenntnis seine Gültigkeit. Es kann also nicht in einer die Natur transzendierenden Weise angewandt werden (B 664). Von daher wird Kants These von der Unbestimmtheit des Gedankens einer weltbegründenden Notwendigkeit nochmals verständlich. Immerhin hält Kant den Schluß von der Kontingenz auf die Notwendigkeit ganz allgemein für gültig (B 612; 632f). Doch wegen der Unbestimmtheit des Notwendigkeitsbegriffs kann dieser Schluß nicht die notwendige Existenz der „omnitudo realitatis" erweisen. Von daher ist der kosmologische Gottesbeweis ein versteckter ontologischer, da von der Notwendigkeit des Seins nur dann auf die omnitudo realitatis geschlossen werden kann, wenn von deren Seite die Identität mit der Notwendigkeit feststeht. Dieses Feststehen wäre aber nur durch den ontologischen Gottesbeweis begründet. Doch der ist hinfällig, da vom Begriff nicht auf die Wirklichkeit geschlossen werden kann. Da der physikotheologische (teleologische) Gottesbeweis am kosmologischen hängt, sind nach Kant alle Gottesbeweise auf den ontologischen zurückzuführen.

Für die theoretische Erkenntnis bleibt die Frage nach dem Dasein Gottes 156 offen (B 669). Doch praktisch, d.h. vom sittlichen Handeln her, muß es postuliert werden (B 661f), denn nur Gott kann als Grant dafür gelten, daß sittliches Handeln auch zum Glück führt (also der Gute und des Glükkes Würdige nicht am Ende der Unglückliche, gleichsam der Dumme ist). In diesem Postulat erst gewinnt das transzendentale Ideal ontologische Valenz. Ein auch theologisch durchaus anzuerkennendes Anliegen Kants ist es, Gott aus dem Weltzusammenhang heraushalten (B 668). Gott ist keine (höhere) Größe dieser Welt. Insofern wendet sich Kant gegen die aristotelische (und auch noch Newtonsche) Lehre, daß ohne Gott gewisse Aspekte am Naturverlauf nicht erklärt werden könnten (Bewegung, Form der Planetenbewegung usw.). Man denke an sein berühmtes Wort aus der Vorrede zur zweiten Aufl. der KrV: „Ich mußte also das *Wissen* aufheben, um zum *Glauben* Platz zu bekommen" (B XXX).

Die Beurteilung dieser Kritik:

157 (1) Das Taler-Beispiel ist für sich genommen so unzulänglich wie das der schönsten Insel von Gaunilo, denn es läßt wie dieses die Besonderheit des Gottesbegriffes unberücksichtigt. Allein für diesen gilt, daß sein Wesensgehalt begrifflich die Existenz in sich schließt, da Gott so gedacht werden muß, daß er seine Existenz durch sich selbst besitzt. Kant will allerdinges mit seinem Beispiel vor allem das eine sagen, daß Seins-Erkenntnis nur durch sinnliche Erfahrung zustande kommt, woraus sich dann die Hinfälligkeit einer jeden aus Begriffen gefolgerten Existenz ergibt. Dies führt jedoch zum nächsten Punkt.

158 (2) Die Einschränkung der Erkenntnis auf die sinnlich vermittelte Gegenstandserkenntnis ist zu problematisieren. Wird Erkenntnis in dieser Weise definiert, dann folgt natürlich analytisch daraus, daß es keine Gotteserkenntnis gibt, denn Gott ist kein sinnlicher Gegenstand. Aber wie ist Kants Rede vom „Ding an sich" zu beurteilen? Dieses „affiziert" die Sinne (KrV A 358), so daß Kant auf eine „intelligible Ursache der Erscheinungen überhaupt" (B 522) zurückgreift. Damit wird eine gewisse, und zwar nichtsinnliche Erkennbarkeit dieses „noumenalen", d.h. rein intelligiblen „An sich" vorausgesetzt, und ihm sogar eine Ursächlichkeit in bezug auf unsere Erfahrung zugeschrieben, was nach der Restriktion der Kausalitätskategorie auf den erfahrungsimmanenten Bereich gar nicht möglich sein dürfte. In den Bereich des Übersinnlichen gehört die Idee des „Unbedingten". Sie ist für die Vernunft notwendig (B XX, 364); Sie hat aber nur „regulative", keine für die Erkenntnis konstitutive Bedeutung wie die erfahrungsbezogenen Kategorien (B 536 ff; 647; 672). Sie ist nur ein „problematischer Begriff" (B 445 Anm). Doch stellt sich die Frage, ob diese Idee nicht vielleicht nur ein Konstrukt unserer Subjektivität ist. Dann wäre allerdings unsere Vernunft prinzipiell endlich. Aber wie könnte sie dies erkennen? Gesteht man der Vernunft die Transzendenz der Endlichkeit zu, dann führt diese zwar in einen übersinnlichen Bereich, doch kann der dann nicht mehr in einer problematischen Schwebe zwischen Existenz und Nicht-Existenz gehalten werden.

159 (3) Nach Kant ist das „notwendige Sein", das durch den Kontingenzbeweis in legitimer Weise erschlossen werden kann (B 612) noch unbestimmt; „so kann daraus doch gar nicht geschlossen werden, daß der Begriff eines eingeschränkten Wesens, das nicht die höchste Realität hat, darum der absoluten Notwendigkeit widerspreche" (B 616). Dies ist der

Gedanke des Thomas im „dritten Weg". Der Schluß geht dort zunächst auf ein notwendiges Sein, das seine Notwendigkeit „aliunde (von woanders)" hat, noch nicht „per se (durch sich)". Dies wäre etwa die Welt in ihrer das einzelne Geschehen übergreifenden Notwendigkeit. Eine solche dürfte auch Kant vorschweben. Allerdings ist für Thomas klar, daß beim Begriff eines in seiner Notwendigkeit begründungsbedürftigen Seins nicht stehen geblieben werden kann, da es nur so zu denken ist, daß es in dem durch sich selbst Notwendigen gründet. Doch eine solche Argumentation ist für Kant nicht akzeptabel, denn sie ist nach ihm abgekoppelt von der Erfahrung, und „die Vernunft [...]forscht hinter lauter Begriffen" (B 634). Aber ist es akzeptabel, begrifflich forschend den Gedanken eines nicht aus sich selbst notwendigen Seins zu erwägen ohne nach einer weiteren Begründung dieser Notwendigkeit zu fragen? Dagegen wäre mit Thomas zu sagen: Ein Notwendiges, das noch kontingente Züge hat, kann nicht als schlechthin notwendig gelten und verweist insofern auf ein Notwendiges, das vollkommen in sich steht und aus sich selbst notwendig ist. Dieses entspräche dann dem Gottesbegriff, und die Kritik an der Identifizierung mit der absoluten Realität Gottes mittels des ontologischen Gottesbeweises wäre hinfällig. Eine solche Argumentation wäre durchaus eine begriffliche, die in der Tat nicht durch empirische Beobachtung belegt werden kann. Die Frage ist nur, ob wir in unserem Denken des Seins auf solche begrifflichen Verfahren verzichten können und ob es konsistent möglich ist, sie außer Kraft zu setzen.

(4) An Kant ist auch die Frage zu stellen, ob er den Begriff des Unbe- 160 dingten in der nötigen Klarheit herausstellt. „Da nun das *Unbedingte* allein die Totalität der Bedingungen möglich macht, und umgekehrt die Totalität der Bedingungen jederzeit selbst unbedingt ist; so kann ein reiner Vernunftbegriff überhaupt durch den Begriff des Unbedingten, sofern er einen Grund der Synthesis des Bedingten enthält, erklärt werden" (B 379, vgl. 393 f). Der Begriff des Unbedingten ist nach Kant auf das Ich, auf den Zusammenhang der Welt und auf Gott als die Gesamtheit der Inhalte (als omnitudo realitatis) anzuwenden (so dann die Unterteilung im Abschnitt über die Dialektik B 379, 390 ff). Doch wird dies dem Begriff des Unbedingten nicht gerecht, der über jede Bedingung hinauszugehen nötigt. Weder das Ich als eigener Anfang noch die Totalität des Endlichen als Welt noch die Summe aller dieser Inhalte ist aus sich heraus, d.h. aus dem, was sie für sich besagen und bedeuten, bereits schlechthin unbedingt.

(5) Zu kritisieren ist deshalb auch die These Kants, daß der Gedanke eines 161 Inbegriffs der Prädikate die Grundlage für den Gottesbegriff abgeben soll. Schon Hegel hielt diesen Begriff für ungeeignet, das Absolute auszusprechen, da mit den vielen verschiedenen Prädikaten auch ihre sämtlichen Schranken in Gott hinein verlegt würden (TW 5, 119 f). Kants Weiterführung in dem Sinne, daß dieses All-Wesen als einfach und unteilbar zu denken sei (KrV B 607 f), bleibt unbegründet.

162 (6) Kant erreicht den Gottesbegriff in einem nicht nur problematisch offenen, sondern affirmativ definitiven Sinne erst über die praktische Vernunft. Was den Inhalt des dann verwendeten Gottesbegriffs betrifft, stützt Kant sich auf den entsprechend gefüllten Gottesbegriff der christlichen Tradition, ohne daß die Verbindung mit dem noch sehr unbestimmten Begriff des transzendentalen Ideals genügend einsichtig würde. Zudem ist die strikte Trennung von theoretischer und praktischer Erkenntnis in Frage zu stellen. Einerseits sind im Postulat der praktischen Erkenntnis theoretische Elemente enthalten (Aussagen, die wahr oder falsch sein können), andererseits ist auch die theoretische Erkenntnis ein Vollzug, d.h. Handlung und damit Freiheitsakt. Die Einsicht folgt nämlich einer Norm, dem Anspruch der Wahrheit, für den sich das Subjekt aufschließen, gegen den es sich aber auch (freilich nur um den Preis des Selbstwiderspruchs und der Selbstverwirrung) verschließen kann. Die Bezugnahme auf eine letztgültige Wahrheitsgrundlage, deren Verbindlichkeit ohne das ontologische Gewicht des Absoluten im Bedingten und Vorläufigen bliebe, trägt dann den theoretischen und den praktischen Geistvollzug gemeinsam.

163 h. Im *Deutschen Idealismus* finden sich Argumentationen, die dem OGB entsprechen (jedenfalls bei seiner nicht rein begrifflichen Deutung). So ist nach Fichte das Ich zu einer Einsicht in eine letzte, das eigene partikuläre Ich aber zugleich übersteigende Selbstreflexion fähig. Fichte unterscheidet in seiner Wissenschaftslehre (Fichte 1794) das absolute Ich (1. Grundsatz) von dem Ich, das sich einem Nicht-Ich gegenüberstellt (2. Grundsatz), und der Vermittlungsaufgabe beider (3. Grundsatz), die von jener Absolutheit ermöglicht und geleitet ist, aber faktisch nie ganz erfüllt werden kann. Die Lehre vom absoluten Ich klärt sich in den späteren Schriften Fichtes (den Wissenschaftslehren von 1801/04/05 und in der Schrift „Anweisung zum seligen Leben" von 1806) zur Lehre vom Absoluten: dem absoluten Leben, Sein, letzter Einheit und Wahrheit, deren Erscheinung unser Ich ist. Schelling greift in seiner Schrift „Vom Ich als Prinzip der Philosophie oder über das Unbedingte im menschlichen Wissen" (1795) auf Fichtes Lehre von 1794 zurück. Er deutet jene Absolutheit im Ich als die im Wissen immer vorausgesetzte Einsicht in das Absolute schlechthin. Nach Hegel ist das in jedem Wissen implizit vorausgesetzte und in der Selbstreflexion des Bewußtseins schließlich hervortretende „absolute Wissen" (PG 575ff) die Basis für den Begriff des Absoluten, den er „absolute Idee" nennt (TW 6, 548 ff). Der Erweis ihrer Subjekt-Objekt-Einheit entspricht nach Hegel dem OGB (vgl. Schmidt 2000 a).

a. Das „id quo maius cogitari non potest" - ein bloßer Begriff?

(1) Der Gottesbegriff, den es zu verstehen gilt, „id quo maius cogitari non 164
potest", geht vom Vermögen aus, diesen Begriffsinhalt denken zu können,
spricht aber auch von einem Unvermögen, nämlich Größeres als diesen
Begriffsinhalt nicht denken zu können.

(2) Es soll also ein Unübersteigbares im Denken anzutreffen sein. Diese 165
Unübersteigbarkeit kann nicht psychologisch gemeint sein (der eine ist
besser in der Lage, sich etwas Größeres vorzustellen, als ein anderer, weil
dieser vielleicht weniger Fantasie hat). Sie kann auch nicht lediglich durch
die Absicht bestimmt sein, etwas Größtes zu denken und dieses dann als
Ausgangspunkt festzulegen. Solche Willkür könnte unversehens in einen
Widerspruch führen, etwa wie bei dem Vorhaben, eine höchste Zahl zu
denken. Es soll vielmehr im Denken der Gedanke von dem gegeben sein,
was prinzipiell nicht zu übersteigen, nicht zu relativieren ist.

(3) Der Ausgangspunkt kann also nicht in der Weise bestimmt werden, 166
daß ich sage: Ich denke mir eben diesen Begriff, fixiere ihn und nehme ihn
als Ausgangspunkt: „id quo maius cogitari nequit". Dies wäre nicht tragfähig, denn alle gedankliche Ausführung bliebe in die Klammer meiner
willkürlichen Setzung eingeschlossen, nämlich in die hypothetische Annahme dieses Begriffs, eine Annahme, auf die ich auch verzichten oder von
deren Gegenteil (also daß sie immer auszuschließen sei) ich ebensogut
ausgehen könnte. Die Frage muß vielmehr lauten, ob ich im Denken
genau dasjenige aufzufinden vermag, von dem Anselm spricht, nämlich
„etwas, über das hinaus Größeres nicht gedacht werden kann", und ob ich
von diesem dann auch einsehen kann, daß es meinem Denken eigentümlich, ja für es schlechthin konstitutiv ist, weil ich, wenn ich überhaupt
denke, von einer Tendenz zum je „Größeren" geleitet bin, die auf eben
dieses unübersteigbar „Größte" als ihre Ermöglichung hinweist.

(4) Daß Anselm sein Argument in dieser Weise verstanden wissen will 167
(und nicht im Sinne einer willkürlichen begrifflichen Setzung und Annahme), läßt sich bereits dem „non potest" entnehmen Mit ihm appelliert
Anselm offensichtlich an die Einsicht in ein dem Denken eigentümliches
Unvermögen, nämlich zur Überschreitung oder Relativierung von etwas,
das ein sich auf sich besinnendes Denken als Letztes und Unübersteigbares
in sich antrifft. Verstünde man dagegen das „non potest" im Sinne einer
bloß hypothetischen Annahme (ich nehme einmal an, daß ich über etwas
Bestimmtes nicht hinauszudenken vermag, könnte diese Annahme aber
ebenso gut bleiben lassen), dann wäre das „non potest" als aufhebbar und
relativierbar hingestellt. Für die sich von solchem Verständnis unterschei-
dende Auslegung, die ich für die angemessene halte, spricht zudem, daß
nach Anselm der mit dem „id quo maius..." gemeinte Begriffsinhalt, Gott,

nicht etwas ist, „über" das geurteilt werden kann (Kap 3). Vielmehr handelt es sich um dasjenige Größte, „nach" dem zu urteilen ist, also um den letzten Beurteilungsmaßstab, auf den das Denken innerlich verweist (ein entscheidender Gedanke des Augustinus aus de lib. arb. II, 152 wird hier aufgenommen, wie ja überhaupt das Proslogion von dieser Schrift stark beeinflußt ist).

b. Die Frage nach der Letztbegründung des Denkens

168 (1) Aber bin ich denn in diesem Sinne auf ein Letztes, Unübersteigbares bezogen? Vielleicht kann es dieses Letzte im Denken gar nicht geben, weil schon der Versuch, es zu behaupten, widersprüchlich ist? Denn seine Behauptung hinge doch immer an Bedingungen, so wie jede Annahme (auch jede Prämisse, jedes Axiom) (a) de facto von weiteren und immer weiteren Voraussetzungen abzuhängen scheint und mich in einen unendlichen Regreß führt, den ich nur durch (b) einen dogmatischen Abbruch beenden kann oder (c) um den Preis, mich in einem Zirkel zu bewegen (so der dreifache Einwand des sogenannten Münchhausen-Trilemmas gegen jedwede Letztbegründung, etwa bei Hans Albert, 11-15).

169 (2) Sage ich allerdings: es gibt keine voraussetzungslos gültige Erkenntnis, so ist zu fragen, unter welchen Voraussetzungen diese Aussage gültig ist. Wenn es heißt: diese Aussage gilt unbedingt, weil sie eben eine Letzteinsicht darstellt, dann bin ich im Widerspruch. Wenn ich jedoch sage: auch sie gilt nur unter Voraussetzungen, dann ist zu fragen: unter welchen? Die Antwort kann hier nur lauten: unter der Voraussetzung, daß es eben keine voraussetzungslose Erkenntnis geben soll. Damit aber ist diese „Erkenntnis" trivial geworden. Der Ausschluß der Voraussetzungslosigkeit hängt dann nämlich an einer Voraussetzung, die ich offenbar machen kann oder auch nicht. „Muß" ich sie machen, heißt dies: sie gilt unbedingt, und ich bin im Widerspruch.

170 (3) Wenn ich also zu sagen vermag: ich *kann* diese Voraussetzung (des Ausschlusses der Voraussetzungslosigkeit) machen, bin aber nicht zu ihr gezwungen (denn das „Muß" hieße eben Voraussetzungslosigkeit), dann darf ich auch sagen: unter einer anderen Voraussetzung gilt sie nicht. Unter welcher? Die Antwort kann nur lauten: unter der Voraussetzung eben der Voraussetzungslosigkeit. Doch kann die Voraussetzungslosigkeit unter Voraussetzungen stehen, die ich machen kann oder auch nicht? Offenbar nicht. Die Voraussetzungslosigkeit ist allein durch sich gegeben. Sie kann nur *aus sich* und *immer schon* gültig sein. Wenn sie möglich ist, dann ist sie notwendig. Sie kann aber nicht lediglich „möglich" sein, so daß ihr Bestehen von weiteren, zu ihr verschiedenen Voraussetzungen abhängig wäre. D. h.: wenn sie möglich ist, *muß* es sie geben, denn sie hat den Grund ihrer Möglichkeit in sich, hat die Bedingungen ihres Bestehens in

sich selbst. Möglich aber muß sie sein, denn ihre Unmöglichkeit ist (wie wir sahen) widersprüchlich.

(4) Die Aussage, an der die Retorsion ansetzt (in (2)):Es gibt keine vor- 171 aussetzungslose Erkenntnis, ist keine analytische, sondern eine synthetische. Sie will eine inhaltliche, keine trivial tautologische Aussage (im Sinne von: p ist nicht: nicht-p) sein. Wäre sie eine analytische, müßte ihre Verneinung ein formaler Widerspruch sein, was bei der Aussage, daß es voraussetzungslose Erkenntnis gibt, nicht der Fall ist. Sie ist also auch nur inhaltlich und nicht lediglich formal zu widerlegen (ebensowenig kann die Behauptung der Voraussetzungslosigkeit dadurch als wahr erwiesen werden, daß in der Aussage: es gibt keine voraussetzungslose Erkenntnis, ein formaler Widerspruch aufgewiesen wird). Sie ist also eine synthetische Aussage, und zwar eine synthetisch-apriorische. Denn sie ist überempirisch prinzipiell gemeint und insofern apriorisch. Sie sagt nicht: bisher ist keine voraussetzungslose Erkenntnis aufgetaucht, sondern: es kann keine solche geben (eben aufgrund des Münchhausentrilemmas). Die Aussage, von der hier kritisch ausgegangen wird, läßt sich somit auch so formulieren: Es gibt keine synthetisch-apriorische Einsicht. Doch genau dies ist eben ein Widerspruch. Denn mit der Behauptung wird genau eine solche Einsicht beansprucht (da die Behauptung weder eine analytische noch empirische ist) (vgl. Hösle 1987, 245 ff).

c. Ist die Idee des Unbedingten nur eine subjektive Idee?

(1) Der Inhalt muß zunächst nicht weiter bestimmt werden. Er besagt 172 aber: Voraussetzungslosigkeit. Beansprucht wird (ob von der einen oder anderen Seite) die Einsicht in eine inhaltliche Wahrheit, und zwar eine solche, die voraussetzungslos ist. Ihren Inhalt kann ich unter keine Bedingungen mehr stellen, denn er besteht in nichts anderem als seiner Unbedingtheit. Seine Wahrheit ist nur diese seine Unbedingtheit, die er gegen jede mögliche Einschränkung aufrechterhalten muß. In allen Zusammenhängen, in denen ich ihn denke, muß er seine Unbedingtheit, behalten und bewähren. Wenn ich nun sagen würde: im Blick auf das, was wirklich ist, ist dieser Wahrheitsgehalt nur ein Gedanke, dann würde ich ihn einschränken, würde ihn zu einem nur bedingt geltenden, zu einem nur bedingt unbedingten machen und hätte ihm widersprochen. Habe ich nämlich den tatsächlichen Zusammenhang des Seins im Blick (d.h. gehe ich aus von Existierendem), dann kann jener Gehalt seine Unbedingtheit nur behalten, wenn er „ist" und nicht lediglich ein gedachtes, konstruiertes Gebilde ist. Somit ist der Gehalt, wenn seine Wahrheit behauptet wird, per se als real behauptet, da ich ihn im Zusammenhang des tatsächlichen Seins nicht als bloßen Gedanken verstehen und damit relativieren kann. Wichtig ist allerdings die Vorgegebenheit des Seinszusammenhanges für den Behaup-

tenden. Dieser kann nicht etwa sagen, jener Gehalt sei allein schon aufgrund seines Bedeutungsgehaltes real, sondern nur argumentieren: Ihm kann das Sein nicht fehlen, *wenn* es überhaupt etwas gibt, weil er sonst ein Eingeschränktes wäre. Mit Thomas heißt das: quoad se (an sich) ist er schon immer seiend. Doch quoad nos (für uns) ist seine Seiendheit nur zugänglich, wenn wir von Seiendem ausgehen, d.h. unsere Erfahrung einbeziehen (Diese Einbeziehung der Erfahrungsgrundlage macht den Unterschied aus zu einem Verständnis des OGB als einer rein begrifflichen, d.h. auf der Begriffsebene verbleibenden Argumentation). Im folgenden (2-12) werde ich diesen Grundgedanken in mehreren Anläufen näher zu erläutern versuchen. Ich werde also im Kern nichts Neues sagen, sondern auf dem Weg der Auseinandersetzung mit möglichen Einwänden einige Aspekte erläutern, wobei die Argumentationen sich oft nur in Nuancen unterscheiden, sich also Wiederholungen ergeben müssen.

173 (2) Wird das genannte Ergebnis bestritten, so ergibt sich auf einer weiteren Ebene wieder eine Retorsionsmöglichkeit. Gehen wir davon aus, daß es dieses schlechthin Unbedingte nicht gibt, daß ihm kein Sein zukommt. Da es nicht kontingent, also nicht bedingt ist, ist seine Nichtexistenz auch keine kontingente Tatsache, sondern besagt: Unmöglichkeit. Das Unbedingte wäre somit unmöglich, d.h. notwendigerweise nicht. Damit wäre aber das existierende Bedingte zum Unbedingten geworden. Denn wenn das Unbedingte unmöglich ist, ist sein kontradiktorisches Gegenteil, das Bedingte, notwendig. Faktisches, kontingentes Sein wäre damit per se nicht-kontingent, also notwendig. Das aber ist ein Widerspruch. Ich müßte nämlich sagen: Meine letzte Einsicht, die ich unausweichlich beanspruche, ist die: Es kann nur Kontingentes geben, und es ist unbedingt so, daß es nur Kontingentes gibt. Worin ist diese Einsicht begründet? Nun, sie muß in dem Inhalt begründet sein, den ich denke, in der Sache des Kontingenten. D.h. (so meine vermeintliche Einsicht) Sein ist so, daß es nur kontingent sein kann. Sein ist notwendig. Doch der Inhalt dieser Notwendigkeit ist die Kontingenz. Das ist ein Widerspruch.

174 (3) Jene immer vorauszusetzende Einsicht in eine letzte Wahrheit sagt von dieser aus: sie ist ihrem Gehalt nach unbedingt. Keine Bedingung, unter der sie stünde, ist denkbar, die nicht schon in ihr selbst läge, durch sie selbst konstituiert wäre. Das eben bedeutet ihre volle Unbedingtheit. Sie kann insofern nicht die Seite eines Gegenübers sein. Sie kann auch nicht ein gedankliches Gebilde sein, das von vornherein so zu denken ist, daß es der Realität, dem Sein, gegenübersteht wie Zahlen oder Märchen, gedankliche Gebilde, die schiedlich friedlich eine solche Gegenüberstellung vertragen, weil sie durch sie definiert sind (auch wenn ich dann noch darüber streiten oder diskutieren kann, ob es eine eigene, für sich bestehende Welt der Zahlen gibt, denn auch wenn es sie gibt, bleibt sie ein Gegenüber, ein anderes zur Realität). Denn die Idee des Unbedingten enthält den Anspruch auf die Konstitution aller ihrer Bedingungen durch sie selbst. Ihr

Bedeutungsgehalt, das was sie ausmacht, ist durch nichts anderes als durch sie selbst konstituiert und durch keinen Bezug auf anderes. Irgendeine Einschränkung durch Gegenüberstellung, d.h. durch äußere Relation, ist mit ihr unvereinbar. Eben dies ist in jener Letzt-Einsicht vorausgesetzt. Damit ist alles Wesentliche gesagt. Das Weitere ist nur Entfaltung. Diese ist aber nicht sinnlos. Denn die Widerlegung von Einwänden kann die Wahrheit deutlicher hervortreten lassen, auch wenn nichts eigentlich Neues mehr hinzukommt. Wenn ich also davon ausgehe, daß es überhaupt etwas gibt, und schon mein tatsächliches Denken und Fragen ist Vollzug von Realität, dann ist damit bereits gesagt, daß jene Idee des Unbedingten tatsächlich *ist*. Denn *wäre* sie nicht, bliebe sie eine bloße Möglichkeit, die nur durch ein im Verhältnis zu ihr Unterschiedenes zur ihrer Wirklichkeit gebracht werden könnte. Damit wäre sie aber ein Kontingentes und nicht mehr unbedingt, wie es ihrem Inhalt entspricht. Angenommen, sie wäre faktisch nicht, dann müßte sie unmöglich sein. Man könnte sagen: Na und? Dann existiert sie auf Grund ihrer Unmöglichkeit eben nicht. Doch diese Konsequenz ist nicht harmlos. Denn sie bedeutet sogleich, daß das faktische Sein als absolut notwendig, das bedingte Sein als unbedingt zu gelten hätte. Doch das ergibt den schon genannten Widerspruch. Denn das Kontingente, Bedingte, Endliche ist eben nicht das Absolute und kann auch in seiner Pluralität nicht als ein solches gedacht werden. Schon das sich auf seinen realen Vollzug besinnende Denken der Idee des Unbedingten (als Letzteinsicht) beweist also deren Sein. Ihr bloß als gedankliches Gebilde betrachteter Bedeutungsgehalt ist bereits Ergebnis einer Abstraktion, einer Ablösung vom Akt des Denkens, die durch die Besinnung auf diesen Trennungsakt wieder aufgehoben werden kann und muß.

(4) Damit ergibt sich eine Variante des KGB innerhalb des OGB: Ich gehe nämlich (kritisch) davon aus: Ich erkenne das Sein in seiner ausschließlichen Bedingtheit. Dies hätte dann unbedingt zu gelten. Warum? Weil dieses Sein dann eben so ist, daß von ihm nur die Bedingtheit ausgesagt werden kann. Es ist somit in seiner letzten Verfaßtheit, d.h. unbedingt, - bedingt, und nur so ist es zu denken. Aber das ist ein Widerspruch. Ich kann widerspruchslos nur dies sagen: In meiner vorläufigen Sichtweise erkenne ich das Sein nur als bedingt. Gegen diese Aussage ist nichts einzuwenden. Denn sie läßt Raum für die zusätzliche Aussage: Die vorläufige Erkenntnis hat nicht das letzte Wort. Das Sein muß auch noch die Dimension der Unbedingtheit enthalten. Schließe ich diese Dimension aus, dann lege ich das Sein auf Bedingtheit fest, und zwar unbedingt. Ein „vielleicht" ist keine Lösung (also zu sagen: vielleicht ist das Sein bedingt, vielleicht unbedingt. Ich enthalte mich der Stellungnahme). Denn in diesem Fall wären die Alternativen auf ihre Konsistenz zu überprüfen. Jedoch die Alternative des definitiven Bedingtseins des Seins erweist sich als widersprüchlich, und damit gilt die andere Alternative: die des unbedingten

Seins, welche ihrerseits das gleichzeitige Bestehen des bedingten Seins keineswegs ausschließt, denn wenn es auch das Nur-Bedingte allein nicht geben kann, so ist doch ein Miteinander von Unbedingtem und Bedingten durchaus möglich und sogar das, was in Wahrheit ist.

176 (5) Auch Leibniz vertritt den Schluß vom Notwendigen auf dessen Existenz. Doch hat man den Eindruck, daß dies aufgrund der formalen Nicht-widersprüchlichkeit im Begriff des Notwendigen geschieht, so daß die Argumentation so verläuft: Der Begriff des notwendigen Seins ist nicht formal widersprüchlich (wie etwa der Begriff eines „runden Viereckes" es wäre), also ist dieses Sein möglich, wenn aber möglich, dann auch notwendig. Vgl. Leibniz Monadologie § 45 (bei Kant KrV B 635f kritisiert). Einmal zugestanden, daß jener Begriff auch keine versteckten Widersprüche enthält (dazu: Nr. 180), so bleibt die Argumentation doch auf der Begriffsebene. Nur in der Konfrontation mit dem, was tatsächlich ist und in der Erfahrung gegeben ist, kann die Argumentation greifen. Das von uns eingeschlagene Verfahren ist deshalb anders. Die Möglichkeit des Unbedingten wird zunächst als Voraussetzung dem Akt des Behauptens entnommen. D.h. wenn ich etwas behaupte, dann beziehe ich mich in der oben beschriebenen Weise auf Unbedingtes. Dieses Unbedingte ist so zu denken, daß es nicht nochmals von anderem her bedingt und somit ermöglicht sein kann. Mit seiner Möglichkeit ist also seine Notwendigkeit gegeben. Aber daß dieses Notwendige auch „ist", kann nur durch seine Konfrontation mit dem, was tatsächlich ist, erwiesen werden. Denn auf der Basis dieser Konfrontation kann die Idee des Unbedingten zwar in Frage gestellt, zugleich aber auch in ihrem Sein erwiesen werden.

177 (6) Hösle bringt dafür, daß die Letztbegründungsargumentation nicht nur für das Denken, sondern auch für das Sein gilt, das Argument, daß ich in dieser Behauptung mich immer auch auf Sein beziehe, und es insofern schon im Blick habe (Hösle 1987, 249 f). Das ist richtig. Nur bedarf dieser Gedanke der Ausführung. Und das war mein Ziel. In der Tat ist es so: Sein und Denken sind nicht völlig getrennt. Wenn ich sagen würde: Mein Denken erreicht nicht das Sein, so hätte ich mich doch schon darauf bezogen (entsprechend ist die Annahme eines völlig unbekannten „Dinges an sich" widersprüchlich, so das Argument Hösles). Auch muß ich mein Denken bereits als Denkvollzug begreifen, d.h. als einen realen Akt. Wenn ich auf mein Denken als einen realen Akt reflektiere, bin ich an dieser Stelle bereits beim Sein und damit auch bei dessen weiterem Zusammenhang als einer letzten Objektivität (vgl. Spaemann 1987). Könnte ich aber nicht sagen: Der obige Gedanke der Letztbegründung gilt nur für mein Denken; was aber das Sein betrifft, so nehme ich dessen prinzipelle Endlichkeit, Begrenztheit und Bedingtheit, also seine bloße Faktizität an? Das aber ist nicht möglich. Denn wenn ich davon ausgehe, daß ich in meinem Erkennen Zugang zum Sein habe, dann stehe ich vor der Alternative, (a) begreife ich dieses Sein als durchgehend bedingt oder begreife ich es so, daß es

(b), unbeschadet seiner vielfältigen Bedingtheit, die Dimension des Unbedingten enthält, die dann entsprechend auszulegen ist. Die Möglichkeit (a)
läuft auf einen Widerspruch hinaus, weil ich in ihr das Sein in seiner letzten, grundsätzlichen, und d.h. unbedingten Verfassung zu erkennen behaupte und damit gerade dasjenige in Anspruch nehme, was ich leugne.
Ich muß mich also der Alternative (b) zuwenden und sagen: ich habe
(auch) die Erkenntnis des Seins in seiner Unbedingtheit, wobei dieses mir
nicht so vor Augen liegt wie das Sein in seiner vielfältigen Bedingtheit.
Seine Unbedingtheit kann nur im Sinne eines tragenden (Hinter-)Grundes
begriffen werden und somit nur als das „ganz Andere" zu dem vor Augen
liegenden Sein. Völlig unproblematisch ist es hingegen zu sagen: für die
Erforschung der Welt setze ich allein die Bedingtheit des Seienden voraus
und verfolge dieses in seine verschiedenen Bedingungszusammenhänge,
wie sie sich in der Welt darbieten, wobei ich eben damit schon methodisch
jedes Gelangen zu einem Unbedingten ausschließe. Dies ist eine legitime
einschränkende Voraussetzung, die „ich mache" und die durch die Verfaßtheit der Weltwirklichkeit gerechtfertigt ist. Wenn ich aber diese Voraussetzung zum absolut Einzigen und in sich Voraussetzungslosen erhebe, gerate
ich in jenen beschriebenen Widerspruch. Das Voraussetzungslose und
Unbedingte ist von sich her immer schon gegeben. Ich kann es nur als
solches „ent-decken".

(7) Ich habe also von der inhaltlichen Einsicht in Unbedingtes auszugehen.   178
Dieses Unbedingte ist unbedingter Inhalt, ist unbedingtes Sein. Könnte
diese Einsicht nicht doch nur eine Einsicht in die Form sein? Eine Einsicht
in die Geltung des Nicht-Widerspruch-Prinzips (NWP), das ja unbedingt
gilt? Allerdings ist die Einsicht in die Unbedingtheit nicht irgendwie zu
beschränken. Das aber wäre der Fall, wenn die Einsicht auf die bloße Form
festgelegt würde. Ich sage dann: Ich erkenne unbedingt nur die Form. Ist
dies eine Aussage nur über die Form? Die Letzteinsicht ist (wie wir sahen)
jedenfalls mehr als die Behauptung der Form der Tautologie (des Analytischen), sondern ist eine inhaltliche. Doch ist in jener Aussage ohnehin
schon mehr behauptet, denn wenn es heißt, daß die Form das *einzige*
Unbedingte ist, ist auf den Inhalt immerhin Bezug genommen. Wie kann
dieser Bezug aussehen? Wohl gerade nicht so, daß auch der Inhalt letztlich
unbedingt ist, sondern im Gegenteil, daß, weil *nur* die Form unbedingt
ist, der Inhalt immer ein bedingter sein muß oder vielleicht ist. Dem ist
dann nachzugehen. Denn wenn ich sage, der Inhalt ist unbedingt bedingt,
so ist dies der bekannte Widerspruch. Wenn ich aber sage: *vielleicht* ist er
immer bedingt, wäre eben diese Möglichkeit zu erwägen und zu verwer-
fen. D.h. wenn ich sage: Das Unbedingte ist nur die Form, der Inhalt aber
ist immer bedingt, dann will dies eine letzte Einsicht in den Inhalt sein,
von dem ich die Form absetze, und zwar eine solche Einsicht, die eine
letzte Verfaßtheit des Inhaltes behauptet im Sinne seiner unbedingten
Bedingtheit. Das NWP will „nur" Form sein. Dieses „Nur" gehört zu

seinem Wesen, und eben diese (Selbst-)Relativierung macht es unmöglich, in ihm das Absolute schlechthin zu sehen. Dieses „Nur" (womit es nicht schon das Unbedingte selbst ist) ist auch bereits durch seine hypothetische Struktur gegeben. *Wenn* a, *dann* a. D.h. Wenn ein bestimmter Inhalt gegeben ist (nur gedanklich oder auch real), dann gilt: insofern er ist, ist er nicht sein Gegenteil, und *insofern* ist er unbedingt. Die Unbedingtheit ist also die eines beliebigen Inhaltes, insofern er gesetzt ist. Sie ist eine Seite an ihm, ein Aspekt, der durch das NWP herausgehoben und ausgesprochen wird. Zwar ist es sinnvoll und berechtigt, danach zu fragen, worin dieser vom NWP herausgehobene Aspekt des Unbedingten letztlich begründet ist. Die Antwort darauf kann nur lauten: im Unbedingten schlechthin, da sonst immer nur Bedingtes als der Grund jenes Unbedingtheitsaspektes anzusehen wäre und dieser somit unbegründet bliebe. Aber das NWP mit seiner durch seine Hypothetizität gegebenen Form, die in der Verwiesenheit auf beliebige Inhalte besteht, kann nicht selbst schon der volle Begriff des Absoluten sein. Einen Hinweis auf das wahre Absolute ist das NWP aber allemal. Dies soll im folgenden noch an seiner Identitätsimplikation verdeutlicht werden.

179 (8) Beginnen wir bei der (bloßen) Form des NWP. Ist sie trivial? Die Einsicht in ihre Notwendigkeit ist es nicht. Denn ich spreche durch sie einer Entität (gedanklich oder sinnlich) eine Identität mit sich zu. Ich stelle diese sich selbst gegenüber und vollziehe deren Identität mit sich, und zwar strikt die punktuell treffende Identität mit sich. Auf ihr gründet jede Anwendung des NWP. Diese Notwendigkeit ist als solche unbedingt, durch nichts zu negieren, von nirgendwoher zu widerlegen oder in Frage zu stellen. Zwar ist jene mit sich identische Entität ein Bedingtes, Gedachtes, Endliches, Objekthaftes. Aber es hat diesen erfaßbaren „Punkt" seiner Identität. Ich kann es reflexiv mit sich als identisch erkennen. Darin liegt in all seiner Bedingtheit das Moment seiner Unbedingtheit. Die Identifizierung des Objektes mit sich ist Grundlage der verschiedensten analytischen Zusammenhänge. Sie ermöglicht mir auch den abstrakten Gedanken der bloßen Identität mit sich als Eins, als Zahl, die als sie selbst unendlich wiederholbar ist. Was gibt mir die Kompetenz zu dieser Identifizierung? Offenbar mein Erfaßthaben eines prinzipiellen Beisichseins. Wo sollte dieses Erfassen anders seinen Ort und Ursprung haben als in meinem Selbstbewußtsein? Durch dieses erfasse ich mich als mich selbst, weil ich bei mir selbst bin. Und von ihm her und mit ihm im Zusammenhang kann ich alles, was irgendwie ist, auch in seiner eigenen Identität erfassen, d.h. als es selbst. Ich kann es mir gegenüberstellen und erkennen. Denn ohne das „mir" (das Selbstbewußtsein) ist keine Gegenüberstellung, keine Objektivierung möglich. D.h: Weil ich bei mir bin, kann ich auch beim anderen als ihm selbst sein. Wie ist mir aber dieser Identitätsvollzug überhaupt möglich? Ein voller Identitätsvollzug wäre allein das Absolute selbst. Das aber bin ich nicht und keines meiner Objekte ist es. Jeder meiner

Identitätsvollzüge ist nur ein bedingter. Doch kann ich ihn nur in bezug auf jene volle und letzte, absolute Identität vornehmen. Sie ist das Maß, vor dem sich mein Identitätsvollzug zu rechtfertigen hat. Nur in ihrem Lichte ist er mir möglich. Die Entschränkung auf die volle Absolutheit hin ist Bedingung meines Identitätsvollzuges. Dies wird deutlich, wenn ich das Gegenteil zu denken versuche, wenn ich also davon ausgehe, daß der meine Identifizierungen ermöglichende Identitätsvollzug sich in seiner Bedingtheit erschöpft. Ich könnte dann eine Identifizierung immer nur nach meinen eingeschränkten, faktischen Erkenntnisbedingungen vornehmen und mir über diese Einschränkung nicht einmal mehr Rechenschaft geben, da diese ja auch wieder nur von einer entsprechenden Bedingtheit geleitet wäre. Meine Erkenntnis- und Identifizierungsleistungen könnten sich lediglich deshalb ergeben, weil ich so denken *muß*, weil meine Sprache so ist, mein Gehirn so funktioniert, meine Kultur mir dies vorschreibt usw. D.h. meine Identifizierungskompetenz würde auf Faktisches festgelegt und aus ihm allein begründet. Aber dies ist widersprüchlich. Denn eben dieses Faktische transzendiere ich, indem ich es als solches erkenne und erfasse. Allein durch einen Wissenschaftsfortschritt wäre diese Grenze des Faktischen nicht zu überwinden. Sie würde nur hinausgeschoben. Zu überwinden ist sie nur durch das Bewußtsein des Faktischen als solchen, d.h. durch eine prinzipelle Überschreitung von dessen Grenze auf das schlechthin Überfaktische hin. Durch den Bezug auf dieses bin ich bei mir, kann ich etwas erkennen und identifizieren und verfahre nach dem NWP. Dieses Überfaktische als Maßstab ist die volle Identität mit sich, die absolute Reflexion. (Diese Argumentation entspricht weitgehend der Fichtes (1794) im „1. Grundsatz", die vom NWP ausgeht und von ihm zeigt, das es wegen seines hypothetischen Charakters die eigene Unbedingtheit nicht selbst begründen kann, sondern sie nur von einem absoluten Beisichsein her, in Fichtes Sprache: durch das absolute Ich, besitzt)

(9) Leibniz macht sich im Blick auf die Möglichkeit des notwendigen 180
(unendlichen) Seins selbst folgenden Einwand: Könnte dieser Gedanke nicht eine Widersprüchlichkeit enthalten, die versteckt ist, die ich also noch nicht kenne, so wie man ja auch vom „perpetuum mobile" lange Zeit dachte, es sei nicht widersprüchlich (Nouveaux essais IV, 10, 7f, der Einwand richtet sich an dieser Stelle gegen Descartes). Könnte also der Gedanke des Unbedingten, der Gedanke Gottes, nicht einen versteckten, nur noch nicht entdeckten Widerspruch enthalten? Leibniz gibt an dieser Stelle keine Antwort auf den Einwand. Wie wäre sie auf der von uns erarbeiteten Ebene zu geben? Ich meine so: Der Gedanke des Notwendigen (Unbedingten, Unendlichen) kann insofern keinen versteckten Widerspruch enthalten, weil wir (gemäß dem oben Gesagten) dieses Notwendige nur um den Preis der Hinnahme des Widerspruches leugnen können. Also gerade der Gedanke der Ausschließung des Notwendigen zugunsten der alleinigen Kontingenz führt uns in den Widerspruch. Dieser Widerspruch

besteht darin, daß ich den Gedanken des Notwendigen auch bei seiner Verneinung noch in Anspruch nehmen muß. Damit bleibt mir nur die Möglichkeit der grundsätzlichen Annahme des Notwendigen, da ich sonst aufgeben müßte zu denken. Man kann hiergegen natürlich einwenden, dies sei eine Zirkelargumentation. Das ist sie gewissermaßen auch. Nur handelt es sich nicht um einen „circulus vitiosus" (einen fehlerhaften Zirkel). Ein solcher ergibt sich dann, wenn mir eine kontingente Annahme (auf die ich ebenso verzichten oder von der ich ohne Widerspruch das Gegenteil annehmen kann) einerseits zur Basis meiner Argumentation dient und anderseits von mir als deren Ergebnis ausgegeben wird. Doch das Notwendige ist keine kontingente Annahme, deren Gegenteil mir widerspruchslos ebenfalls als Ausgangspunkt dienen könnte, sondern eine unumgängliche, immer gegebene Voraussetzung, die auch von ihrer Bestreitung nochmals in Anspruch genommen werden muß. Der Zirkel ist in diesem Fall der Zirkel (das In-sich-Stehen) des Absoluten selbst. Wir denken innerhalb seiner. D.h. wir denken nur *durch* das Absolute und von ihm gleichsam ermächtigt. Zu ihm gibt es kein „Außen".

181   (10) Das Unbedingte muß als mir vorgegeben gedacht werden. Ist es von mir nur gedacht, konstruiert und entworfen, dann ist es abhängig von meinem Denken. Als Vorgegebenheit ist das Unbedingte: Selbstsein, also Sein. Das bloß Gedachte kann nicht „selbst" sein. Ein sicheres Zeichen dafür ist, daß es auf dieser Ebene nie zu einem Selbstsein im Sinne des Selbstbezuges kommen kann. Man kann sich dies auch so klar machen: Eine bloße Vorstellung, sagen wir ein Traum, etwa von einer Begegnung mit einem Menschen unterscheidet sich fundamental von einer wirklichen Begegnung mit diesem Menschen, und zwar einfach dadurch, daß im ersten Fall mein Gegenüber nur „für mich" vorhanden ist, im zweiten Fall aber auch „für sich". D.h. in diesem Fall ist die Begegnung auch für ihn eine solche, wie sie für mich eine ist. Die Einschränkung im ersten Fall gilt auch für kollektive Vorstellungen, und überhaupt für *nur* Gedachtes. Davon bleibt unbetroffen, daß diese Vorstellungswelt innere Konsequenzen und Notwendigkeitsstrukturen haben kann, wie dies in der Mathematik ganz klar ist. Auch beim Schachspiel habe ich von den Spielregeln ausgehend eine ganze Welt an Möglichkeiten mit strengem Konsequenzcharakter vor mir, die ich nach und nach entdecken kann. Aber diese Art Vorgegebenheit hat kein Selbstsein. Sie ist als nur gedachte Welt immer in diese Klammer des Nicht-Seienden gesetzt. Das Unbedingte ist jedoch striktes Selbstsein. Es ist aus sich und für sich. Es ist insofern „Reflexion in sich" (Hegel). Nur im Sein ist Selbstbezug möglich. Nur Seiendes kann insofern aus sich und in sich sein. Für Parmenides ebenso wie für Fichte ist das absolute Sein deshalb Denken und Reflexion. Die gängige Kritik am OGB ist die, daß gesagt wird: Der Gedanke des Unbedingten ist nur ein Gedanke, und dies gilt auch dann, wenn ich das Unbedingte als seiend denke. Doch diese Kritik übersieht, daß die Aussage, etwas sei „nur" ein

Gedanke, eine Voraussetzung hat, nämlich die, daß ich einen sinnvollen Unterschied machen kann zwischen nur Gedachtem und Wirklichem. Das aber zeigt, daß ich mich niemals nur in Gedanken bewege. Wenn ich mich aber in der Letzteinsicht auf ein Unbedingtes in jeder Hinsicht beziehe, so kann ich dieses nicht zugleich unter die Bedingung stellen, es sei „nur" ein Gedanke. Die Unbedingtheit erfordert es, über den Bereich des bloß Gedachten hinauszugehen hinein in den Bereich des Seins, der überhaupt erst Selbstsein und wahre Unbedingtheit zuläßt. Denn Selbstsein, Fürsichsein ist nur im Sein möglich.

(11) Die Methode der Retorsion ist reflexiv und zwingt zur Reflexion. Nur in dieser Reflexion bin ich bei mir und auch beim Unbedingten. In diesem Zusammenhang ist auf einen häufigen Einwand gegen Reflexionsargumente, also Argumente, die auf Selbstbezüglichkeit zielen und sie in Anspruch nehmen, einzugehen. Führt die Selbstbezüglichkeit des Denkens nicht zu Antinomien? Hierzu ist folgendes zu sagen: Nur die negative Selbstbezüglichkeit, also ihr Ausschluß, führt dazu. Dies gilt von der berühmten wahrheitstheoretischen Antinomie: „Ich sage (mit diesem Satz) die Unwahrheit" („ich sage die Wahrheit" macht kein Problem) wie von der mengentheoretischen Antinomie, die aus dem Begriff der „Menge aller Mengen, die sich *nicht* selbst als Element enthalten", folgt, wie auch von der semantischen Antinomie, die sich ergibt, wenn man zwischen „autologischen" Wörtern, die sich selbst zu bezeichnen in der Lage sind (wie „dreisilbig"), und „heterologischen", die dies nicht sind (wie „zweisilbig"), unterscheidet und dann fragt, ob der Begriff „heterologisch" autologisch oder heterologisch sei. Immer ist es nur der *negative* Selbstbezug, der in die Antinomie führt, nicht der affirmative. Den Selbstbezug überhaupt zu verbieten, um solche Antinomien zu vermeiden, heißt das Kind mit dem Bade ausschütten und führt selbst in den Widerspruch. Denn die Vorschrift: Keine Aussage darf auf sich selbst angewendet werden, reproduziert ihn nur. Wie ist es nämlich mit dieser Vorschrift selbst? Wenn sie ihrem Inhalt gemäß nicht auf sich angewendet werden darf, dann ist sie auf sich selbst anzuwenden, und wenn dies geschieht, widerspricht dies dem Verbot der Selbstanwendung. Der Selbstbezug ist also nicht zu vermeiden und nicht auszuschließen, denn die reflexive Struktur ist für unseren Geist elementar. Die Unterscheidung von Objekt- und Metasprache oder die Typentheorie Russells haben durchaus ihre eingeschränkte Berechtigung. Sie aber unter dem Verbot des Selbstbezuges zu universalisieren ist widersprüchlich (vgl. Várdy). Freilich ist Selbstbezüglichkeit nur schwer direkt darzustellen. Denn wie soll man es gedanklich abbilden, daß etwas sich selbst gegenüber, also zu sich ein anderes *und* mit sich eins ist, und dies nicht mehr nach verschiedenen Rücksichten, sondern in *einem* Sinn. Doch ist dieses Unvermögen der objektivierenden Denkbarkeit kein hinreichender Grund, den Selbstbezug überhaupt zu leugnen. Denn dies führt, wie wir sahen, in den Widerspruch. Vielmehr kann nur gesagt werden, daß der

Selbstbezug zwar gegeben ist, sich aber nur indirekt aufweisen läßt. Fichte hat in verschiedenen Anläufen versucht, den Selbstbezug des Ich in direkter Rekonstruktion begreiflich zu machen, kam aber damit stets in Schwierigkeiten (vgl. Henrich 1967). Denn weder ist er als nachgeordneter Denkvollzug (als Re-flexion) noch als Akt der Selbstobjektivierung vollständig zu erfassen. Doch diese Ergebnisse waren für Fichte schließlich nur der Beweis, daß das, was unseren Selbstbezug im Innersten ausmacht und ihn mit dem Letzten und Unbedingten verbindet, sich einem vergegenständlichenden Denken entzieht.

183   (12) Unser Geist hat also elementar selbstbezügliche Struktur. Sie zu leugnen wäre widersprüchlich. Gleiches gilt vom Beisichsein als der Gewißheit des Seins und des unbedingten Seins. Objektiviere ich diese Gewißheiten, kann ich mich von ihnen distanzieren und sie bezweifeln. In jener (elementaren) Reflexion ist dies unmöglich. Im Bei-mir-Sein bin ich beim Sein, weil eben dieses Beisichsein der Vollzug des Seins ist. Hier und erst hier bin ich von meinem Sein und vom Sein überhaupt nicht mehr getrennt und nicht trennbar. Dieses mein Sein, dieser (Selbst-)Vollzug, ist aber getragen vom absoluten Selbstvollzug und geschieht gleichsam in dessen „Raum". Doch als Selbstvollzug ist dieser „Raum" sein eigener Vollzug, der Vollzug seines (unendlichen) Seins. Der Ort, an dem ich dies erfasse, ist der Ort meiner Reflexion, meines Bei-mir-seins. Von dieser Sicht her wird nochmals verständlich, warum für Augustinus das die Vernunft Bindende auch „ist", so wie meine Vernunftreflexion die Existenz in sich schließt. Und es wird ebenso verständlich, warum nach Descartes die Selbstgewißheit sogleich auch der Schlüssel für die Gewißheit vom (Selbst-)Sein Gottes ist. Es zeigt sich noch ein Weiteres, nämlich daß jene zur Reflexion zwingende (retorsive oder transzendentale) Methode im Aufweis des Unbedingten diesem nicht äußerlich ist und sein kann. Das Beisichsein der Reflexion und nur dieses erschließt das unbedingte Beisichsein, und dieses zeigt sich mir in jenem und zeigt sich meinem Beimirsein als absolutes Beisichsein. Der Appell: „Erkenne dich selbst", oder das Augustinische oder Fichtesche „Gehe in dich!" führt genau zum Punkt des Beisichseins, wo dem Erkennen das Absolute als Bei-sich- und Durch-sich-Sein aufgeht. Und eben hier geht es auf, und nicht über das Objektive und Objektivierbare, weil es selbst kein Objekt ist. Daß wir „in Gott leben, uns bewegen und sind", kann so erst verständlich werden. Doch ist diese Gewißheit immer nur indirekt gegeben, und zwar sowohl die letzte Gewißheit des Seins wie auch die des absoluten Seins. Hier erweist die retorsive (indirekte) Methode nochmals ihre Angemessenheit an die Sache. Mein eigener Selbstvollzug als Schlüssel zur Unbedingtheit und mit dieser im unlöslichen Zusammenhang stehend ist wie diese nicht vollkommen objektivierbar. Warum? Weil das Unbedingte es nicht ist.

d. Der Aspekt der Undenkbarkeit im Denken des Unbedingten

(1) Die besondere Weise der „Gegebenheit" des Unbedingten, nämlich 184
seine den geistigen Vollzug begleitende und nur indirekt aus ihm zu erhe-
bende Mit-Gegebenheit, folgt auch aus dem Begriff des Unbedingten
selbst. Denn das Unbedingte, Unbegrenzte, kann ich mir nicht objektivierend gegenüberstellen. Es würde distanziert und wäre nicht mehr umfassend, sondern auf das Gegenüber- und Objektsein eingeschränkt. Seine
zulässige „Objektivierung" kann immer nur die nachträgliche Thematisie-
rung eines letztlich unthematisch Gegebenen (Karl Rahner), d.h. immer
schon Vorausgesetzten, meine geistigen Vollzüge im voraus Umfassenden
und insofern denkend niemals ganz Einholbaren sein. Diesen unthema-
tischen Charakter hat in gewisser Weise auch das Ich. Denn dieses läßt sich
nicht vollständig objektivieren. Wenn ich von meinem „Ich" spreche, dann
habe *ich* davon gesprochen. Das Ich weist also eine Affinität zum Unbedingten auf. Sie beruht darauf, daß das Ich nur aus seiner Gründung im
Unbedingten zu begreifen ist. Freiheit beinhaltet Unbedingtheit, und zwar
schon insofern, als sie (im Kern) nicht zurückführbar ist auf endliche
Determinanten. Ein solches Freisein ist nur aus dem Bezug zum Unbedingten heraus möglich und denkbar, eine solche Anfänglichkeit nur in der
Ermächtigung durch die absolute Anfänglichkeit überhaupt zu denken. Es
ist dies die Einsicht (des Augustinus und der Mystiker), daß sich das Göttliche im Ich zeigt als dessen tiefster Grund und innerste Quelle.
(2) Man kann allgemeinen sagen: Das Unbedingte ist überhaupt nur 185
indirekt aufweisbar, auch und gerade wenn die Bezogenheit darauf als
Konstitutivum erscheint. Daß meine Freiheitsakte nicht einfach auf äußere
Determinanten zurückzuführen sind, wird mir indirekt aufgezeigt (etwa
dadurch, daß mir klar gemacht wird: andernfalls gäbe es keine Verantwortung und ich könnte überhaupt nicht erkennen usw.). Auch der Aufweis
der (schwer faßbaren) Eigenständigkeit eines jedweden Seienden gegenüber anderen Seienden (das Argument ist: sonst gäbe es überhaupt kein
eigenständiges Wirken in der Welt usw.) oder des Notwendigkeits- und
Unbedingtheitsaspektes am kontingenten Sein (sonst könnte ich es nicht
identifizieren, wenn ich es aber identifizieren kann, dann auch in seiner
Notwendigkeit, die es hat, wenn es „ist"), geschieht immer mittels indirekter Beweise. Der indirekte Beweis ist dabei kein Notbehelf, sondern ist
dort, wo es um Letztbegründung geht, der einzig mögliche und damit in
sich selbst konsistente. So begannen wir mit dem Erweis, daß der direkte,
axiomatische Beweis (mit seinen immer weiteren Voraussetzungen) nicht
verabsolutiert werden kann. In einem indirekten Beweis konnte somit die
Überlegenheit des indirekten über den direkten in der Frage der Letztbegründung erwiesen werden (vgl. Hösle 1987, 251).

186 (1) Der Anselmsche Beweis kann also akzeptiert werden, wenn man ihn
entsprechend auslegt. Die skizzenhafte Durchführung im Proslogion
macht ihn angreifbar für jene Kritik, die sagt, daß der Gottesbegriff hier
nur als begriffliches Konstrukt eingeführt sei. Doch dies dürfte an der
Intention Anselms vorbeigehen. Zudem gibt der vieldeutige Begriff des
„maius "(das Größere) zu Mißverständnissen Anlaß. Er besagt hier die
Einfügung des Relativen in den weiteren Zusammenhang, die letztlich den
Schritt zum nicht mehr Relativen, zum Absoluten, von dem alles Relative
abhängt, notwendig macht. Für Anselm hat dieses nicht mehr übersteig-
bare „maius" als „melius" (das Bessere) auch sogleich werthaften Charakter
(Proslogion Kap 3). Es ist das reine Aus-sich-selbst-Sein, das „summum
omnium solum existens per se ipsum" (Kap 5).

187 (2) Zwar ist nach Anselm „Gott" der notwendige und unübersteigbar
höchste Gedanke, doch weiß er zugleich um die Unbegreiflichkeit dieses
so gedachten Gottes. Im Kapitel 15 des Proslogion heißt es (Anrede an
Gott): „non solum es quo maius cogitari nequit, sed es quiddam maius
quam cogitari possit. Quoniam namque valet cogitari esse aliquid hui-
usmodi (du bist nicht nur der, über den hinaus Größeres nicht gedacht
werden kann, sondern auch etwas Größeres als gedacht werden kann, weil
nämlich etwas derartiges gedacht werden kann)". Das Denken kann und
muß in bezug auf das Höchste nochmals seine eigene Begrenztheit erkennen. Dies ist der Platonische Gedanke des „epékeina tes usias" (jenseits des
Seins) des Höchsten. Dieses ist als das nicht mehr Begreifbare zu begreifen. Wichtig ist aber, daß dies für Anselm eine Präzisierung, nicht eine
Aufhebung des Gottesgedankens ist, denn die Selbstbeschränkung des
Denkens ist durch ein Denken, nämlich das Denken Gottes gefordert. In
direktem Zugriff ist das göttlich Unbedingte nie zu fassen, aber vorausgesetzt ist es immer, und dies kann erkannt werden.

188 (3) Interpretationen des OGB, die in etwa der hier vorgelegten entspre-
chen, finden sich, außer bei einigen Klassikern (besonders den Deutschen
Idealisten), heute zwar nicht bei vielen, aber mittlerweile doch bei einer
Gruppe von Autoren. Auf V. Hösle habe ich bereits Bezug genommen
(Hösle 1987). Der Konzeption von S.L. Frank liegt ein entsprechendes
Verständnis des OGB zugrunde (Frank), ebenso der von B. Weissmahr
(Weissmahr 1983, speziell zum OGB: 94ff, dort wird von der Frage
ausgegangen: woher haben wir überhaupt den Begriff des Absoluten?) wie
auch der von J. Splett (Splett 1973, 63-70; hier wird die formal-theoreti-
sche Argumentation anhand des NWP mit dem material-praktischen Sinn-
Anspruch des Menschen verbunden). Auch der Descartes-Interpretation
von H. Schöndorf ist ein solches Verständnis zu entnehmen (Schöndorf
1989). Wie der Anselmische Beweis von Fichte her rekonstruiert werden
kann, zeigt A. Schurr (Schurr). J. Seifert wird dem OGB ebenfalls in seiner

metaphysischen Bedeutung gerecht und versucht ihn auf phänomenologischem Weg im Sinne einer unmittelbaren Wesenseinsicht zu erschließen (Seifert). Der Sache nach (wenn auch nicht unter diesem Namen) ist das Argument bei K. Rahner zu finden (Rahner 1976, 37-78). Zum OGB im deutschen Idealismus sei auf meinen Aufsatz verwiesen (Schmidt 2000 a).

(4) Wenn der ontologische Gottesbeweis (OGB) aus der Einheit von 189 Denken und Sein folgt, dann ist sogleich klar, daß er mit den anderen besprochenen Gottesbeweisen, dem alethologischen (AlGB) und kosmologischen (KGB) in enger Verbindung steht. Auch der axiologische GB (AxGB) stellt letztlich nur eine weitere Variante dar. Der KGB bewegt sich vor allem auf der Objektseite des Verhältnisses von Denken und Sein. Doch es zeigt sich, daß sein Begriff des Unbedingten (ueS) schon die Orientierung vorgibt für das Begreifen des Endlichen (eS), von dem die Argumentation dann den Ausgang nimmt. Zudem kann in ihm das höchste Sein nur als Grund des Subjektseins verstanden werden. Der AlGB hat die ganze Subjekt-Objekt-Einheit im Vollzug der Wahrheit zum Thema. Das Unbedingte ist, wie er zeigt, letzter objektiver und subjektiver Horizont als absolutes Subjekt-Objektsein. Der OGB beginnt beim Denken. Doch er ist nur tragfähig, wenn das Denken aus seiner prinzipiellen Beziehungseinheit mit dem Sein begriffen wird. Die Gottesbeweise richten sich somit alle auf den letzten Grund der Subjekt-Objekt-Einheit, wobei der gewählte Akzent der Argumentation einmal das Objekt (KGB), das andere Mal das Subjekt-Objekt (AlGB), das dritte Mal das Subjekt (OGB) ist, und der AxGB bei dem praktisch werthaften Aspekt des geistigen Vollzuges jener Subjekt-Objekt-Vollzüge ansetzt.

(5) Schon beim KGB wurde darauf hingewiesen, daß das von ihm er- 190 reichte ueS nicht ein bloßes Objekt sein kann. Als solches stünde es dem erkennenden Subjekt gegenüber und wäre insofern immer ein Relatives und Eingeschränktes. Es muß also, wenn es denn wirklich ueS ist, ein das Subjekt und Objekt Umgreifendes sein. Eben dies gilt auch für die anderen Beweise und natürlich auch für den OGB, bei dem ohnehin die Basis das Denken, der Subjektvollzug, ist. Die Frage, wie dieser Subjektvollzug genauer zu begreifen ist, gilt dann auch für die anderen GBe. Das Unendliche ist nämlich mit dem Subjektvollzug vereinbar nur, wenn dieser als im Unendlichen begründet gedacht werden kann. Andernfalls wäre das zerstört, was begründet werden soll. Dies führt zu den Schluß, daß die Bezugnahme auf das Unendliche den Freiheitsvollzug als solchen konstituieren muß. Damit stellt sich das Begründungsproblem auf einer Ebene, die erst der axiologische Gottesbeweis (AxGB) zufriedenstellend löst. Der Vorblick auf ein Hauptargument dieses Beweises soll kurz erläutern, was gemeint ist. Das Problem besteht darin, daß die Freiheit so begründet werden muß, daß sie nicht zugleich zerstört wird. Dazu ist das Begründende so zu denken, daß es die Freiheit in ihre eigene Möglichkeit setzt. Es muß sie zu ihrer Selbstsetzung bringen. Dies kann nur durch einen An-

spruch an sie geschehen, durch eine Aufforderung, nämlich dazu, Freiheit zu sein. Es muß sich hier um einen unbedingten Anspruch handeln, denn nur ein solcher ist Ausdruck der höchsten Notwendigkeit. Die Erfahrung eben dieses unbedingten Anspruchs durch das unbedingt Gute ist die Basis des AxGB. Von daher sind die bisherigen Beweise neu zu interpretieren. Die Notwendigkeit, von der in ihnen gesprochen wurde, muß einerseits eine solche sein, von der wir uns nicht mehr distanzieren können, die unsere Freiheit also bis ins Innerste bestimmt. Anderseits ist diese innerste Bestimmung nur denkbar, wenn sie identisch ist mit dem unbedingten Anspruch des Guten und Sinnvollen, der sich an Freiheit richtet und diese konstituiert. Nur im Hinblick auf eine so gedachte Notwendigkeit ist die Abhängigkeit unseres Ich-Vollzuges ohne Widerspruch konzipierbar. Die Gebundenheit, die sich durch den unbedingten Anspruch des Sollens ergibt, ist die einzige, welche Freiheit nicht aufhebt, sondern begründet. Ohne Freiheit aber ist auch der Erkenntnisakt nicht denkbar und überhaupt keiner der geistigen Vollzüge. Die Abhängigkeit, von welcher der KGB ausging, muß also dementsprechend tiefer verstanden und um den Aspekt des Guten bereichert werden. Ebenso ist die Notwendigkeit der Letzteinsicht des OGB in diesem Sinne zu explizieren, nämlich daß sie als Notwendigkeit des Guten deutlich wird. Andernfalls wäre sie Zwang und würde der Freiheit widersprechen. Entziehen kann sich das Subjekt dieser Notwendigkeit nicht. Es kann sich von ihr nicht distanzieren und sich ihr nicht gegenüberstellen, sondern muß sich aus der Einheit mit ihr begreifen. Das aber ist nur denkbar, wenn jenes Notwendige (das Gute) die der Freiheit eigentümliche Beziehung auf es stiftet, einräumt, gewährt, wobei diese Gewährung des Freiraumes zum Selbstsein der Freiheit zugleich strikteste Abhängigkeit besagen muß, allerdings nicht eine deterministische, sondern eine solche vom Guten und Seinsollenden.

5. Reflexion des „Nichts" - eine Variante des OGB

191   Im folgenden lege ich eine Variante des OGB vor, in der dem Begriff des „Nichts" eine Schlüsselrolle zukommt. Ich möchte damit einen Traditionsstrang des abendländischen Denkens zur Sprache bringen wie auch klären helfen, auf den heutzutage oft so pauschal zurückgegriffen wird, der mir aber in seiner Eigenart höchst ergiebig erscheint (vgl. Schmidt 2001 a).

a. Wenn nichts war, wäre nie etwas - der dritte Weg des Thomas

192   Von den fünf Gottesbeweisen des Thomas von Aquin aus der Summa theologiae (Sth I, q 2, a 3 resp) operiert der „dritte Weg" mit den Begriffen des „Möglichen und Notwendigen" (sumpta ex possibili et necessa-

rio"): „Wir finden nämlich unter den Dingen solche, welche die Möglichkeit haben, zu sein und nicht zu sein, da sich einiges findet (quaedam
inveniantur), das entsteht und vergeht und infolgedessen die Möglichkeit
hat, zu sein und nicht zu sein (et per consequens possibilia esse et non
esse)". Das „possibile" wird also eingeführt unter Verweis auf die Erfah-
rungsgegebenheit dessen, was entsteht und vergeht, d.h. was so verfaßt ist,
daß es nicht immer schon, und zwar von sich, seinem Wesen her, existiert.
„Es ist aber unmöglich, daß alles von dieser Art sei, weil das, was möglicherweise nicht ist, auch einmal nicht ist (impossibile est autem omnia
quae sunt talia esse: quia quod possibile est non esse, quandoque non est)".
Das Argument besagt: Es kann nicht alles insgesamt von dieser Art sein,
denn dann müßte das „omnia" ein „possibile" sein, d.h. ein Entstandenes
oder wieder Vergehendes. Wenn dem so wäre, müßte einmal überhaupt
nichts gewesen sein. Das Nachfolgende macht deutlich, daß mit dem
„quandoque" zunächst die Vergangenheit gemeint ist: „Wenn also alles die
Möglichkeit hat, nicht zu sein, dann war hinsichtlich der Dinge auch
einmal nichts. Wenn dies aber wahr ist, dann wäre auch jetzt nichts, weil
das, was nicht ist, nur anfängt zu sein durch das, was ist. Wenn also (einmal) nichts Seiendes war, dann war es auch unmöglich, daß etwas zu sein
anfing, und so wäre nun nichts: was offenbar falsch ist (Si igitur omnia
sunt possibilia non esse, aliquando nihil fuit in rebus. Sed si hoc est verum,
etiam nunc nihil esset: quia quod non est, non incipit esse nisi per aliquid,
quod est; si igitur nihil fuit ens, impossibile fuit quod aliquid inciperet
esse, et sic modo nihil esset: quod patet esse falsum)".
Die weitere Argumentation ist folgender Gedankengang: Wenn also nicht 193
alles insgesamt ein „possible", ein Entstandenes, sein kann, da sonst einmal
nichts gewesen sein müßte und aus nichts niemals etwas hätte entstehen
können, so ist das „ens" nicht schlechthin ein „possible". Es muß ein
Seiendes geben, das nicht bloß möglich, sondern notwendig ist, d.h. ein
solches, das nicht wiederum entstanden, sondern das immer ist. Dieses
„necessarium" könnte zunächst ein solches sein, das den „Grund seiner
Notwendigkeit von woandersher (aliunde) hat", also das nicht aus sich
selbst notwendig ist. Doch ein solches muß letztlich gründen im „per se
necessarium", in dem also, was den Grund seiner Notwendigkeit in sich
selbst hat, weil es ganz aus sich und ganz von sich her ist. Dies aber nennen alle Gott. Es ist bei dieser Darlegung darauf zu achten, daß Thomas
hier einen zweistufigen Begriff der Notwendigkeit verwendet. Den der
ersten Stufe gewinnt er aus der Unmöglichkeit, daß alles Seiende ein in der
Zeit Entstandenes und insofern nur Mögliches sein kann. Es muß immerhin etwas Ewiges geben. Doch dieses Ewige muß nicht schon das Absolute
sein, das ganz aus sich und so erst das wahrhaft Notwendige ist, also das
Notwendige zweiter Stufe. Entsprechend wird auch ein zweistufiger Begriff der Möglichkeit gebraucht, einmal der des möglich Seienden, der aus
dem Verlauf des Entstehens und Vergehens gewonnen wird. Der Begriff

des Möglichen zweiter Stufe ist dann derjenige, welcher einfachhin Abhängigkeit besagt und auch für ein ewiges Sein gilt, das selbst noch abhängig ist (also für ein abhängiges und insofern nur mögliches notwendiges Sein). Der Begriff des Notwendigen erster Stufe, das den Grund seiner Notwendigkeit noch „aliunde" hat, muß sich demnach einstellen, da die Negation des Entstandenseins in der Zeit, also des Möglichen erster Stufe, zunächst nur ein Immer-schon-Seiendes ergibt, etwa ein ewig bestehendes Weltganzes. Nun ist dies genau die Lehre des Aristoteles, nach dem der bewegte Kosmos ewig, wenn auch vom unbewegten Beweger wesenhaft unterschieden ist. Thomas trägt dieser aristotelischen Lehre dadurch Rechnung, daß nach ihm zwar (gemäß den quinque viae) das Gründen der Welt in Gott, nicht aber ihr zeitlicher Anfang philosophisch beweisbar ist, vielmehr ein solcher Anfang nur geglaubt werden kann (Sth I, q 46 a 2).

b. Absolutes Nichts und notwendiges Sein

194 Wie beiläufig heißt es: wenn einmal nichts war, wäre auch jetzt nichts. Aber eine solche „Selbstverständlichkeit" ist spekulativ von hoher Brisanz. Sie wird von Thomas offensichtlich als Schlüsselargument verwendet und ist deswegen einer näheren Betrachtung wert. Wenn einmal Nichts war, dann wäre immer Nichts. Wenn nichts ist, dann ist Sein unmöglich. Dies ist eine keineswegs belanglose Einsicht. Sie bedeutet nämlich, daß Sein und Nichts nicht einfach faktisch verschiedene Zustände sind. Vielmehr besagt sie: mit dem Nichts ist das Sein nicht nur faktisch unvereinbar, sondern das Nichts schließt das Sein notwendig aus. Wenn einmal nichts ist, dann ist Sein unmöglich. Das aber heißt: der Zustand des Nichts ist kein „possibile", ist nicht kontingent. Falls er besteht („Bestehen" soll die hier eher mißverständliche Rede vom „Sein" des Nichts ersetzen), ist er kein bedingtes Faktum, sondern ist notwendig. Als bedingt könnte sein Bestehen nicht ohne ein anderes ihn Bedingendes gedacht werden. Dieses andere wäre aber als Nicht-Nichts nur das Sein. Doch dieses ist mit dem Bestehen des Nichts für immer ausgeschlossen. Das Nichts macht somit jede Bedingung außerhalb seiner unmöglich. Es ist selbst schlechthin unbedingt. Damit zeigt sich etwas Überraschendes. Der Zustand des Nichts hat die Qualität des Absoluten. Er ist, wenn er besteht, unbedingt und absolut. Er ist rein aus sich und vollkommen unabhängig. Wenn er ist, ist er notwendig. Wenn er allerdings nicht ist, ist er notwendig nicht, eben weil er wesenhaft unbedingt, also nicht kontingent ist. Wenn also nicht nichts ist, dann ist dieses Nichts unmöglich. Dann aber, so ist die Konsequenz, ist Sein notwendig. Aus dem faktischen Nichtbestehen des Nichts-Zustandes folgt also die wesenhafte Notwendigkeit des Seins. Sein ist (im ganzen oder im Wesen) nicht kontingent, sondern notwendig, reines Aussichsein und absolut.

Im Blick auf die Formulierungen des „dritten Weges" könnte eingewendet
werden, das Argument des Thomas besage nur: wenn einmal nichts war,
kann niemals etwas sein. Könnte aber das Sein nicht als ganzes in das
Nichts übergehen? Dazu ist folgendes zu sagen: Wenn in bezug auf das
„Woher" nur die Modalaussage der Notwendigkeit angemessen ist (Sein
kann nicht aus dem Nichts kommen, steht also wesenhaft in sich), dann ist
Sein seinem Ursprung nach notwendig, und diese Notwendigkeit ist nicht
teilbar. Wenn Sein im Ursprung notwendig ist, ist es wesenhaft notwendig. Wäre sein Wesen bedingt, dann eben als ganzes. Sein stellt sich somit
wesenhaft als notwendiges dar. Wenn ich es (es selbst, sein Sein oder in
seinem Sein) erfasse, dann auch in seiner vollen Notwendigkeit. Diese
kann ihm nicht erst von außerhalb zukommen. Denn „außer" ihm ist nur
das Nichts. Das Sein erfassen heißt also seine Notwendigkeit erfassen,
denn sein Sein eben ist seine Notwendigkeit. Die von Thomas gleichsam
nach einer Seite, nämlich im Blick auf das zeitliche Woher des Seienden
erfaßte Notwendigkeit besagt Notwendigkeit schlechthin. Zu fragen ist
nun, wie sich dieses erschlossene absolute Sein zu der stets bedingten und
kontingenten Wirklichkeit unserer Erfahrung verhält. Die Antwort, wie
immer sie im einzelnen ausfällt, kann nur lauten: Diese kontingente Wirklichkeit ist nicht das wahre Sein, das Sein aus sich selbst, sondern gründet
als wesentlich abhängiges im absoluten Sein, dem Sein aus sich.
Aber ist es nicht unsinnig, vom „Nichts" zu reden? Schon Gorgias
argumentierte: das Nichts denken heißt immerhin etwas denken, und
insofern ist der Gedanke des Nichts widersprüchlich (B 3 [67]). Doch
dieser Einwand trifft die obige Argumentation nicht. Wenn wir nämlich
davon ausgehen, daß es sinnvoll ist, zwischen Denken und Denkinhalt
(Noesis und Noema) zu unterscheiden, dann wird schnell klar: am Denkinhalt des Nichts ist kein Widerspruch auszumachen. Warum soll ich nicht
einen Zustand denken können, in dem es nichts gibt? Oder, moderner gesprochen, einen Zustand, im Blick auf den alle assertorischen objektsprachlichen Aussagen falsch sind außer der einen, die diesen Zustand aussagt? Es
ist dies eine widerspruchslos zu denkende „mögliche Welt". Aber damit
nicht genug. Ein solcher Zustand wäre sogar der denkbar einfachste. Denn
im Sein ist Komplexität möglich. Absolutes und Kontingentes können zu-
sammenbestehen. Im Nichts dagegen ist keine Differenzierung möglich:
Wenn nichts ist, dann besteht nur das reine Nichts und nur dieses. Läßt
man sich also von Sophismen nicht beirren, dann spricht der Gedanke des
Thomas, daß es bei vorausgesetztem vollkommenen Nichts immer bei
diesem zu bleiben habe und es niemals zum Sein kommen könne, eine
schwer abweisbare Einsicht aus. Immerhin steht der Ausschluß des Nichts
mit Parmenides eindrucksvoll am Anfang der abendländischen Philosophiegeschichte (wenn er auch nur gültig ist in bezug auf das absolute,
nicht in bezug auf das relative Nichts).

197 Bei Leibniz heißt es:"Wir wissen ferner durch eine einfache, anschauliche
Erkenntnis, daß das bloße Nichts kein wirkliches Wesen hervorbringen
kann. Daraus folgt mit mathematischer Evidenz, daß von aller Ewigkeit
her etwas dagewesen ist, weil alles, was einen Anfang hat, durch irgendetwas erzeugt worden sein muß" (Nouv. ess. IV, 10, 3; ähnlich: J. Locke,
Conc. Hum. Underst. IV 10, 3 u. 8). So stellt Leibniz denn auch die
berühmte Frage: „warum ist überhaupt etwas und nicht vielmehr nichts.
Denn das Nichts ist einfacher und leichter als irgendetwas (pourquoi il y a
plus tôt quelque chose que rien. Car le rien est plus simple e plus facile,
que quelque chose)" (Principes de la nature e de la grace § 7). In dieser
Frage drückt sich das Staunen darüber aus, daß es überhaupt etwas gibt.
Mit dem Staunen beginnt nach Platon und Aristoteles die Philosophie, und
es führt sie beide zum Erfassen der „Usia", des wesenhaften Seins. Parme-
nides verband seine Einsicht in das Sein mit dem strikten Ausschluß des
Nichts, dachte allerdings dieses Sein ohne jeden Schatten des Nichts
(Platon und Aristoteles schlagen mit ihrer Differenzierung des Seins andere
Wege ein). Bei Leibniz führt das Staunen über das Sein sofort zur Erkenntnis seiner inneren Notwendigkeit und des göttlichen Wesens (a.a.O. § 8).
Staunen, Erfassen des Seins, des faktischen und des notwendigen, scheint
ein einziger Erkenntnisakt zu sein, den die Metaphysik lediglich zu entfalten hat. Bei Parmenides finden wir das Staunen so ausgesprochen, daß die
Einsicht in das Sein als Ergriffenheit durch eine göttliche Offenbarung
beschrieben wird (B 1,1ff). Dieses Staunen darüber, daß etwas ist, darf
sich der Mensch nicht nehmen lassen. Leibniz fügt lediglich den Gedanken
hinzu: der Zustand des Nichts wäre einfacher. Damit wird das sich im
Staunen reflektierende *Unselbstverständliche* des Seins bewußt, zugleich
jedoch (und nachdrücklicher über den Gedanken des Nichts) die Notwendigkeit und höchste *Selbstverständlichkeit* des Seins (mit Thomas: sein „per
se notum", Sth I, q 2 a 1), wodurch eine begriffliche Spannung entsteht,
die jedoch keinen Widerspruch ergibt, sondern im Begriff des Seins als der
„absolute(n) Selbsthaftigkeit" (Splett, 1973, 70) und somit Freiheit ihre
einsichtige Auflösung findet.

198 Doch bleibt bei Leibniz eine gewisse Ambivalenz in seiner Auslegung der
Einsicht, daß aus Nichts nichts wird. Denn die oben angeführte Stelle aus
den „Vernunftprinzipien" steht im unmittelbaren Zusammenhang mit der
Lehre, „daß nichts ohne zureichenden Grund geschieht" (§ 7), die bei
Leibniz bekanntlich zu seinem Determinismus führt. Aber die angeführte
Einsicht über die Unmöglichkeit des Nichts ist der Sache nach unabhängig
von ihrer deterministischen Auslegung, auch wenn Leibniz selbst zu einer
solchen neigte. Friedrich Heinrich Jacobi sieht in jenem Grundsatz, daß
aus Nichts nichts wird, zusammen mit dem entsprechenden Prinzip, daß
Sein nicht zu Nichts werden kann, das Zentrum der Lehre des Spinoza

und seines Determinismus: „Was die Philosophie des Spinoza von jeder anderen unterscheidet, was ihre Seele ausmacht, liegt in der äußersten Strenge, womit der bekannte Grundsatz: gigni de nihilo nihil, in nihilum nil potest reverti, darin festgehalten und ausgeführt ist. Wenn er allen Anfang irgendeiner Handlung geleugnet, und das System der Endursachen [d.h. die Teleologie] als die größte Verrückung des menschlichen Verstandes angesehen hat; so geschah es nur zufolge dieses Grundsatzes" (Jacobi Werke IV, 1, 125f). So ist denn der Spinozismus nach Jacobi „Atheismus" (216) ebenso wie er „fatalistisch" ist (221). Jacobi deutet jenen Grundsatz (in Bezug auf Spinoza wohl mit Recht) deterministisch, eine Deutung, die es schon in der Antike gab (vgl. z. B. Lukrez de rer. nat. I, 156 f und den dortigen Kontext).

Schelling hat den Gedanken in seiner ursprünglichen Tiefe gefaßt und 199 formuliert. In seiner Nachlaßschrift von 1804 „System der gesamten Philosophie" (SW VI, 131ff) legt er zunächst dar, daß jede Erkenntnis eine letzte Einheit von Subjekt und Objekt voraussetzt, die nur im Absoluten, in Gott, erfüllt ist. Es ist dies das „Licht", das die Erkenntnis ermöglicht. Und dann heißt es: „Jenes absolute Licht, die Idee Gottes, schlägt gleichsam ein in die Vernunft, und leuchtet in ihr fort als eine ewige Affirmation von Erkenntnis. Kraft dieser Affirmation, die das Wesen unserer Seele ist, erkennen wir, daß das Nichtseyn ewig unmöglich und niemals zu erkennen noch zu begreifen ist, und jene letzte Frage des am Abgrund der Unendlichkeit schwindelnden Verstandes, die Frage: warum ist nicht nichts, warum ist etwas überhaupt? - diese Frage ist auf ewig verdrungen durch die Erkenntnis, daß das Seyn notwendig ist, d.h. durch jene absolute Affirmation des Seyns in der Erkenntnis. Die absolute Position der Idee Gottes ist in der Tat nichts anderes als die absolute Negation des Nichts, und so gewiß die Vernunft ewig das Nichts negiert, und das Nichts nichts ist, so gewiß affirmiert sie das All, und so ewig ist Gott" (155). Schelling verbindet hier die Grundidee des Parmenides mit der Leibnizschen Frage (ohne sich auf beide ausdrücklich zu beziehen) für die Darlegung der Wirklichkeit Gottes. Gott ist dabei als absolutes Sein auch die Ermöglichung der subjektiven Vollzüge, besonders des Erkenntnisvollzuges. Die Kantische und Fichtesche Wende zur Transzendentalphilosophie wird von Schelling zwar nicht zurückgenommen, aber er sieht sie nur gewahrt in einer modifizierten Wiederaufnahme der klassischen Metaphysik, weil nur das wahrhaft Absolute den Erkenntnis- und Ichvollzug begründen kann. In den „Aphorismen zur Einleitung in die Naturphilosophie" (1806) schreibt er: „Auf die Frage, die der am Abgrund der Unendlichkeit schwindelnde Verstand aufwirft: Warum ist nicht nichts, warum ist überhaupt etwas? ist nicht das Etwas, sondern nur das All oder Gott die vollgültige Antwort" (SW VII, 174). In unseren Tagen ist die Leibniz-/Schellingsche Frage durch Heidegger von neuem in die Diskussion gekommen, der sie im Zusammenhang der Reflexion auf die in „Angst" und „Langeweile" hervorbrechende Unselbstverständlichkeit des Seins aufwirft (Gesamtausgabe 9, 122). B. Welte baute diese Heideggerschen Gedanken über das Nichts zu einem Weg der Gotteserkenntnis aus (Welte, 1978, 49ff).

d. Der Blick auf den bekannten ontologischen Gottesbeweis

200 Der oben dargestellte Gedankengang wirft auf den ontologischen Gottesbeweis ein neues Licht. Denn es läßt sich nun zeigen, in welcher Interpretation dieser Beweis auf keinen Fall und in welcher er durchaus schlüssig ist. Das „id quo maius cogitari nequit" aus dem Proslogionbeweis des Anselm (Proslogion 2/3) ist das, was in sich so ist, daß über es hinaus größeres nicht gedacht werden kann, das schlechthin Absolute also, und die Frage ist die (und über sie wird mit dem Toren diskutiert), ob dieses „id quo" existiert oder ein bloßer Gedanke ist.
Grundsätzlich, und noch unabhängig von der Pointe, auf die es in unserem Zusammenhang ankommt, ist für das adäquate Verständnis des Argumentes folgendes zu bedenken: Das „id quo maius cogitari nequit" darf nicht als ein willkürlich zu bildender Begriff genommen werden, wie etwa der eines „geflügelten Pferdes", den ich bilden kann oder auch nicht, um anschließend zu fragen, ob dieser Begriff auf eine Wirklichkeit referiert. Mit der Intention Anselms ist diese Interpretation nicht vereinbar, denn der Gottesbegriff wird von ihm mit einem „cogitari nequit" (oder „non potest") ohne hypothetische Annahmen eingeführt. D.h. es geht um ein Nicht-anders-Können des Denkens. Jenes „id quo" ist der willkürlichen Begriffsbildung entzogen. Denn es soll genau dasjenige sein, über welches das Denken sich schlechthin nicht mehr hinwegsetzen kann. Und nach Anselm findet sich ein solches im Denken: eben dasjenige, über welches das Denken denkend nicht mehr hinauskommt. Dieses ist, indem es selbst gedacht wird, der Gottesgedanke. Daß dem Denken ein solches Nicht-anders-Können eignet (welches natürlich zugleich ein Können ist, nämlich das Denkenkönnen des Unübersteigbaren), hat Anselm nicht ausgeführt. Er geht aber offensichtlich davon aus. Die Alternative wäre die, daß er auch jenes Nichtkönnen als bloße Annahme einführen wollte (es gilt, etwas zu denken, von dem ich zugleich annehme, daß es nicht zu überschreiten ist). Natürlich könnte dann mit gleichem Recht von der Überschreitbarkeit alles Denkbaren ausgegangen werden. Ein Schließen aus solchen willkürlich (entgegen-)gesetzten Prämissen käme aber nie zu einem Beweis, wie ihn Anselm intendiert.

201 Die gewöhnliche Interpretation des Anselmschen Beweises, auf der dann auch die übliche Kritik an ihm beruht, ist die: Das Absolute denken, also dasjenige, was sich vollkommen genügt, vollkommen in sich steht, heißt bereits, es als seiend denken, da es nicht durch Bedingungen außerhalb seiner erst zur Realität gebracht werden muß, sondern die Bedingungen

seines Realseins in seiner Verfaßtheit, seinem Wesen, schon besitzt. Aber gilt eben dies nicht auch vom Nichts? Das Nichts ist absolut und ohne äußere Bedingungen. Es hängt nur an sich und genügt sich selbst. Wenn es besteht, dann mit absoluter und ewiger Notwendigkeit. Seinen Begriff denken müßte also bedeuten: diese seine Notwendigkeit sowie die Notwendigkeit seines Bestehens mitdenken. Nach der üblichen Interpretation müßte der Anselmische Beweis der Existenz des absoluten Seins also auch für das Bestehen des absoluten Nichts zu führen sein. Das aber läßt ihn (wie gesagt: nach seinem üblichen Verständnis) ein für alle Mal als verfehlt deutlich werden. Denn wenn aus dem bloßen Begriff des Absoluten dessen tatsächliches Bestehen zu beweisen wäre, so bliebe immer noch unentschieden, welches Absolute bewiesen worden sei: das vollkommene Sein oder das vollkommene Nichts.

Rein begrifflich ist also nicht zu entscheiden, ob der Begriff des absoluten Seins oder des absoluten Nichts als Tatsache besteht. Doch ist zu einer Entscheidung leicht zu gelangen, wenn die Erfahrung einbezogen wird. Geht man nämlich davon aus, daß etwas existiert, so ist klar, daß nicht Nichts ist. Weil das Nichts aber von seinem Begriffsinhalt her ein Absolutes und Notwendiges, nicht ein bloß Mögliches und Bedingtes, ist mit seinem Nichtbestehen auch sogleich seine Unmöglichkeit erwiesen. Daß das Nichts unmöglich ist, heißt aber: Sein ist notwendig. Mit der Einsicht in das Nichtbestehen des Nichts ist also umgehend die Erkenntnis gegeben, daß das Sein im Wesen Notwendigkeit besagt, also reines Aussichselbstsein, vollkommene Selbstgenügsamkeit und Unbedingtheit, denn nur so kann die Notwendigkeit des Seins denkend festgehalten werden. Bela Weissmahr faßt diesen Zusammenhang in die klaren Worte: „Es ist vollkommen falsch zu meinen, das absolute Nichts könnte eine bloße Möglichkeit sein. Wäre nämlich das absolute Nichts wirklich möglich, dann wäre es notwendig. Oder anders gesagt: Das absolute Nichts kann nur dann möglich sein, wenn es notwendig ist (d.h. wenn es unbedingt notwendig ist), daß es überhaupt nichts gibt [...]. Wäre aber das absolute Nichts notwendig, dann könnte es überhaupt nichts geben. Atqui falsum consequens, ergo et antecedens" (Weissmahr 1990, 470). Unverzichtbarer Angelpunkt ist also die Gewißheit des Seins (nach Weissmahr: das „atqui falsum), die sich bereits aus der Selbstgewißheit des Ich ergibt. Ohne die Einbeziehung der Erfahrung des Seins kann also ein Gottesbeweis schlechthin nicht gelingen. Hierin hat die seit Thomas kanonische Kritik an Anselms Argument, verstanden als Schluß aus bloßen Begriffen, zweifellos recht. Thomas rekurriert in seinen eigenen Beweisen bekanntlich auf die Sinneserfahrung. Man kann aber auch beim Denken ansetzen, allerdings nur, wenn es als realer Vollzug genommen wird. Der Denkvollzug ist nicht Nichts. Denke ich das Nichts mit dem Bewußtsein, daß ich faktisch denke, so kann ich daraus die Unmöglichkeit des Nichts und die Notwendigkeit des Seins folgern. Beziehe ich diese Reflexion auf den Denkvollzug in den „Begriff" ein, kann ich auch davon sprechen, daß aus dem „Begriff" des Nichts die Notwendigkeit des Seins zu erschließen ist. Diese Bedeutung des „Begriffs" macht nach Schelling das „transzendentale Denken" aus, „indem es des Begriffs als Akts sich bewußt wird, zum Begriff des Begriffs sich erhebt" (SW III, 345). Oder Hegel: „Ich *habe* wohl Begriffe, d.h. bestimmte Begriffe; aber Ich ist der reine Begriff selbst, der als Begriff zum *Dasein* gekommen ist" (TW 6, 253). Versteht man unter apriorischer Gewißheit eben diese reflexive Selbstgewißheit eines (wenn auch inhaltlich noch nicht weiter bestimmten, aber jedenfalls) realen geistigen Vollzuges, gibt es keinen Hinderungsgrund, von einem „apriorischen Gottesbeweis" zu sprechen, und man kann dann auch (aber auch nur dann) den „ontologischen Gottesbeweises" einen begrifflich apriorischen nennen.

203   Aufschlußreich ist es, wie Schelling in seiner Spätphilosophie mit diesem Beweis umgeht. Deswegen sei auf ihn noch ein Blick geworfen. Der Ansatz in seiner frühen Schrift „Vom Ich als Prinzip der Philosophie oder über das Unbedingte im menschlichen Wissen" (1795, SW I, 149ff) liest sich wie ein ontologischer Gottesbeweis, freilich bei genauerem Hinsehen schon als ein solcher, der nicht vom abstrakten Begriff, sondern vom „Realität" enthaltenden „Wissen" ausgeht (§ 1), welches so entfaltet wird: „Wenn wir nur überhaupt etwas wissen, so müssen wir auch Eines wenigstens wissen, zu dem wir nicht wieder durch ein anderes Wissen gelangen, und das selbst den Realgrund alles unseres Wissens enthält". Dieses Eine „muß also gedacht werden, nur weil es ist, und es muß sein, nicht weil irgendetwas anderes, sondern weil es selbst gedacht wird". Denn „das Absolute kann nur durchs Absolute gegeben werden" (ebd.). Klar ist die Struktur des ontologischen Gottesbeweises in Schellings Phase der Identitätsphilosophie zu finden, etwa im „System der gesamten Philosophie" (1804): „Das Absolute ist dasjenige, welches unmittelbar durch seine Idee auch ist, oder es ist dasjenige, zu dessen Idee es gehört, zu sein" (SW VI, 149, ähnlich: 150, 157, 159). In seiner Spätphilosophie nimmt Schelling allerdings dezidiert gegen den ontologischen Gottesbeweis Stellung (SW XIII, 156ff). Der Gottesgedanke ist zwar der Gipfel der „begrifflichen", „negativen Philosophie", doch kann diese das „Sein" nicht erreichen. Das „Sein" kann nur hingenommen werden. Es ist das, „vor dem das Denken verstummt" (161). Von hier nimmt die „positive Philosophie" ihren Ausgang, mit dem Ziel, in diesem vorgegebenen Sein Gott zu erkennen. Die Vernunft „setzt es [das Seiende] doch nur in der Absicht, das, was außer und über der Vernunft ist, wieder zum Inhalte der Vernunft zu machen: dies wird es eben, indem es a posteriori Gott ist (als Gott erkannt wird)" (170), doch nur, weil Gott darin „sich erkennbar macht" und mittels dieser „Offenbarung" als der „absolute Geist" (174) gewußt wird. So gelingt Schelling in seiner späten Kritik am ontologischen Beweis im Grunde dessen Präzisierung (und auch die Präzisierung seiner eigenen früheren

Auffassung), da deutlich wird, daß der niemals abzuweisende Begriff des Unbedingten und Absoluten, also Gottes, dem Denken nur im Zusammenhang der Hinnahme dessen, was „ist", zur Wahrheit wird.

e. Die vielfache Bedeutung des „Nichts"

Nach Aristoteles wird das Sein in „vielfacher Weise" ausgesagt (Met. 1026 204 a 33). Gleiches sagt er vom „nichts" (Met. 1067 b 25). Dies sollten wir beherzigen. Denn bisher war vom „Nichts" nur in einem bestimmten Sinn die Rede. Aber in der Sprache und in der Geschichte des Denkens findet sich manche davon abweichende Bedeutung. Freilich hängen die verschiedenen Bedeutungen auch zusammen, so daß man durchaus erwägen könnte, die „Ontologie" durch eine „Meontologie" (von „μὴ ὄν", nichts) zu ergänzen. Bausteine dazu möchte ich im folgenden liefern, indem ich wichtige Bedeutungsnuancen zusammenstelle und sie mit Beispielen aus der Geschichte versehe (vgl. Kobusch; und Riesenhuber 1973).

(1) *Das absolute Nichts*: Gemeint ist die für unsere Untersuchung ent- 205 scheidende Bedeutung des „Nichts" als Abwesenheit von allem Sein, als absolutes Nichts. Formal ist diese Bedeutung nicht widersprüchlich und auch als tatsächlicher Zustand ist dieses Nichts, sieht man nur auf den Bedeutungsgehalt, hypothetisch möglich. Da es aber nicht besteht, ist es nicht nur faktisch, sondern prinzipiell unmöglich.

(2) *Das Nichts des Absoluten*. Das absolute Sein unterscheidet sich von 206 allem endlichen Seienden so radikal, daß es als dessen Jenseits angesehen werden muß. Diese Andersheit wird schon bei Parmenides deutlich. Platon bestimmt die den Bereich des wahrhaft Seienden und Ideellen abschließende Idee des Guten als „jenseits des Seins" (Politeia 509 b), in gewisser Weise also als Nichts. Plotin beschreibt mit diesen Worten Platons die höchste Hypostase, das „Hen" (En V 4, 1,10), und wendet auch den Begriff des Nichts auf sie an: „Das Eine ist alles und doch kein einziges, denn der Ursprung von allem ist nicht alles, sondern alles ist aus ihm [...] Nun, eben deshalb, weil nichts in ihm war, kann alles aus ihm kommen; gerade damit das Seiende existieren könne, ist Jener [sic!] selbst nicht Seiendes (οὐκ ὄν), ist aber dessen Erzeuger [...] Da Jenes von vollkommener Reife ist (es sucht ja nichts, hat nichts und bedarf nichts), so ist es gleichsam übergeflossen, und seine Überfülle hat ein anderes hervorgebracht" (En V 2, 1,1ff; vgl. VI 9, 3,38ff). Das Christentum konnte hier anschließen. Dionysius Areopagita lehrt die mystische Erhebung zu dem, was „über allem Sein und aller Erkenntnis ist (ὑπὲρ πᾶσαν οὐσίαν καὶ γνῶσιν)" (PG III, 997). Ähnlich spricht Eckhart: „Gott ist Nichts", und er präzisiert gleich: „nicht so, daß er ohne Sein wäre: er ist (vielmehr) weder dies noch das, was man auszusagen vermag - er ist Sein über allen Sein" (DP, 407).

(3) *Das Nichts als Nichtigkeit des Endlichen*. Nach Parmenides ist die Welt 207

des Werdens und Vergehens Schein und Trug. Bei Plotin ist vor allem die Materie das „μὴ ὄν" (III 6, 7,11ff) (freilich in einem völlig anderen Sinne als das Hen) und alles, was mit Materie behaftet ist. Beim Christen Eckhart klingt dies so: „Alle Kreaturen sind ein reines Nichts". Auch hier ist die Erklärung wichtig: „Alle Kreaturen haben kein Sein, denn ihr Sein hängt an der Gegenwart Gottes. Kehrte sich Gott nur einen Augenblick von allen Kreaturen ab, so würden sie zunichte" (DP, 171).

208 (4) *Das Nichts als Moment des Endlichen und seiner Erkenntnis.* Die Reduktion des Seins auf das reine Sein durch Parmenides stieß bald auf Widerspruch. Denn auch das uns vor Augen liegende Wirkliche ist und hat seine Eigenständigkeit. Schon Demokrit pluralisiert das unveränderliche Sein zu den vielen Atomen. Sie bewegen sich im „Leeren" („κενόν", A 49) und können aufgrund dieses Nichtseins Kombinationen eingehen. Platon wendet sich im „Sophistes" (236 d ff) gegen den Ausschluß des Nichts durch Parmenides. Denn ohne das „Nicht", das „ἕτερον", d.h. das andere oder Verschiedene, kann man nichts Konkretes erkennen. „Es ist also notwendig das Nichtseiende, sowohl bei der Bewegung, als auch in Beziehung auf alle Begriffe. Denn in allen ruft die Natur des Verschiedenen das Verschiedene gegenüber dem Seienden hervor und macht jedes zu einem Nichtseienden" (256 d/e). Aristoteles setzt diese Linie fort und betont die vielfältige Bedeutung des Nichts: „vom Nichtsein wird in vielfacher Weise gesprochen (τὸ μὴ ὂν λέγεται πλεοναχῶς)" (Met. 1067 b 25). Er unterscheidet eine dreifache Bedeutung, (1) eine kategoriale (was so zu verstehen wäre: nicht Mensch, nicht Großes usw., nach den einzelnen Kategorien), (2) eine falsitative (die Falschheit der Aussage betreffend), und (3) eine potentielle (das Potentielle als das Noch-nicht ausdrückend)(Met. 1089 a 25ff). Hier könnte das im Mittelalter diskutierte „Fiktive" noch angefügt werden (vgl. Kobusch, 814)

209 (5) *Das Nichts des Denkens und der Freiheit.* Die Möglichkeit, sich von jedem gegebenen Inhalt nochmals zu distanzieren und sich in sich selbst zurückzuziehen, macht die eigentümliche Selbständigkeit des Denkens aus, in der es, wie schon Parmenides sah, dem Absoluten verwandt ist. Hieran knüpft sich in der Neuzeit der Gedanke der Freiheit. Hegel: „Im Denken bin ich frei, weil ich nicht in einem Anderen bin, sondern schlechthin bei mir selbst bleibe" (TW 3, 156). Die spezifische Bestimmung dieses losgelösten Denkens in seiner allgemeinen Bestimmbarkeit und Noch-nicht-Bestimmtheit nennt Hegel „reines Sein" oder auch „Nichts" (TW 5, 82f). „Die Höchste Form des Nichts für sich wäre die Freiheit, aber sie ist die Negativität, insofern sie sich zur höchsten Intensität in sich vertieft und selbst, und zwar absolute, Affirmation ist" (TW 8, 187). Dieses freie Insichstehen ist „Reflexion". Sie ist „die Bewegung von Nichts zu Nichts und dadurch zu sich selbst zurück" (TW 6, 24, auch: 81, 148f, 150, 219f). Sie konkretisiert sich in bestimmten Begriffen, wie „Etwas" und „Anderes", „Einheit" und Unterschied", „Substanz" und „Akzidenz" u.a. In ihnen

bewegt sich das Denken, und zugleich stellt sich in ihnen die Wirklichkeit dar. Dabei sind die Bestimmungen dieses kategorialen Systems der „Logik" auch je neue Weisen der Einheit von Sein und Nichts (TW 5, 86).

(6) *Das moralische Nichts.* Freiheit ist ambivalent. Sie muß sich selbst und ihrer Bestimmung gerecht werden. Sie kann sich aber auch verfehlen. Schon nach Plotins System muß sich die Seele nach dem wahren Seienden ausrichten. Bindet sie sich an die Materie, das „me on", so wird sie selbst nichtig. Das Christentum kann hier anknüpfen. Nach Augustinus sündigt der Mensch dadurch, daß er sich von Gott abwendet und so ins Nichtige fällt: „und es ist manifest, weil die Sünde nichts ist und weil die Menschen nichts werden, wenn sie sündigen (et manifestum est, quia peccatum nihil est, et nihil fiunt homines cum peccant" (in Joh. I,13).

(7) *Das nihilistische Nichts.* Jacobi wirft Fichte vor, mit seiner Philosophie des absoluten Ich, das alles setze und aus dem alles abzuleiten sei, in einen „Nihilismus" zu verfallen (dieser Begriff taucht hier das erste Mal auf) (Werke III, 44), und stellt ihm seine eigene Philosophie des „Nicht-Wissens" gegenüber (ebd.), die sich vor der Unergründlichkeit des schon immer vorgegebenen Gottes bescheidet (ebd. 48 und passim). Nach Schopenhauer ist die Welt in ihrem Wesen blinder, sinnloser Wille und verdient nur das Nein: „Vor uns bleibt allerdings nur das Nichts" (Die Welt als Wille und Vorstellung I, § 71). Bei Nietzsche spricht sich dieses Weltverständnis so aus: „Denken wir diesen Gedanken in seiner furchtbarsten Form: das Dasein, so wie es ist, ohne Sinn und Ziel, aber unvermeidlich wiederkehrend, ohne ein Finale ins Nichts: ,die ewige Wiederkehr'. Das ist die extremste Form des Nihilismus: Das Nichts (das ,Sinnlose') ewig!" (StA 12, 213).

(8) *Das Schöpfungs-Nichts.* Die Schöpfung der Welt durch Gott, mit der die Bibel beginnt (Gen 1), wird in einem ihrer spätesten (griechischen) Bücher als Schöpfung aus dem Nichts (nicht aus Seiendem, οὐκ ἐξ ὄντων) präzisiert (2 Makk 7, 28). Dies ist dann die klassische Lehre der drei großen monotheistischen Religionen geworden. Diese theologische Lehre ist aber auch philosophisch von Belang. Denn sie besagt, daß die Welt von Gott radikal abhängig, zugleich aber selbständig ist. Gott ist nicht an irgendwelchen zeitlichen, räumlichen oder wirkursächlichen „Rändern" der Welt ein für ihren Bestand notwendiges „Anschlußstück". So gedacht würde Gott verendlicht. Die Welt ist vielmehr in ihre Selbständigkeit entlassen, gleichsam „ins Nichts" gestellt. Sie ist „sich selbst" gegeben, allerdings: „gegeben". Nur eine solche geschöpfliche „Unendlichkeit" wird der wahren Unendlichkeit Gottes gerecht, und nur von ihr her können etwa die evolutive Eigendynamik der Welt mit ihrer prinzipiellen Abhängigkeit von Gott, aber auch die geschöpfliche Freiheit mit der göttlichen Gnade zusammengedacht werden.

210

211

212

213 „Warum ist überhaupt etwas, und nicht vielmehr nichts?" Diese Frage bringt ein Staunen zum Ausdruck, das sich der Mensch nicht nehmen lassen darf, will er nicht seine Würde als geistiges Wesen aufs Spiel setzen. Es ist das Staunen darüber, daß es etwas „gibt", und über die eigene Fähigkeit, dieses „Ist" als solches erfassen zu können. Doch diese staunende Frage nach dem Grund des Seins enthält auch den Gedanken des Nichts. Wäre er unsinnig, verlöre auch jene Frage und mit ihr jenes Staunen seinen Sinn. Doch der Gedanke des Nichts ist sinnvoll, weil über ihn das Unselbstverständliche, aber auch das sich von selbst Verstehende des Seins erfaßt werden kann und zugleich gewiß wird: daß sich beides nicht im Widerspruch aufhebt. Denn die Notwendigkeit des Seins ist nicht Zwang und Fremdbestimmung. Dies wäre Abhängigkeit, denn auch eine Abhängigkeit vom eigenen Inneren ist eine Form der Äußerlichkeit und Kontingenz. Die Notwendigkeit des Seins ist vielmehr reines Selbstsein (wenn man so will: reine Entschiedenheit), und es muß sich hier (allerdings nur hier!) die Notwendigkeit als Freiheit enthüllen. Dies scheint mir der festzuhaltende Sinn des Überganges von der „Notwendigkeit" zur „Freiheit" zu sein, den Hegel im Übergang von der Wesens- zur Begriffslogik entwickelt. „Im *Begriffe* hat sich daher das Reich der *Freiheit* eröffnet" (TW 6, 251; vgl. TW 8, 303-307). Mit der üblichen marxistischen Lesart (und ihren deterministischen Konnotationen), daß nach Hegel die Freiheit die Einsicht in die Notwendigkeit sei, hat dies nichts zu tun. Das Sein gründet in Freiheit und ist selbst im Wesen Freiheit. Und wenn das Erstaunen über das Sein dessen Unselbstverständlichkeit und Unableitbarkeit reflektiert, dann reflektiert es auch die Freiheit, die es in seinem Wesen ist.

214 J. Splett sieht in der Frage „Warum das alles?" die „darin einbeschlossene(n) Sinnfrage" (Splett 1973, 65). Denn eine Antwort auf ihr Warum kann nur in einem Sein gefunden werden, das vollkommen fraglos, weil ganz um seiner selbst willen ist. Dies ist Platons Gedanke der alles begründenden Idee des Guten. Christliches Denken und eine von dort inspirierte Philosophie hat in jenem „Anfang des Alls" (Politeia 511 b) den Gott der Bibel wiedererkannt, dessen „Sein aus sich" und „um seiner selbst willen" absolute Spontaneität und Freiheit ist. Die Notwendigkeit dieses Gottes bleibt im Geheimnis seiner Freiheit begründet. Hier liegt folgendes sachliche Recht im Vorbehalt des Thomas gegenüber dem Anselmischen Beweis (wie er ihn versteht): Auch wenn wir wissen, daß in Gott „Wesen" und „Sein" unlösbar eins sind (Sth I, q 2 a 1 resp), können wir doch nicht (in einem aristotelisch optimalen Schluß etwa aus ersten Einsichten) Gottes Existenz aus seinem Wesen ableiten und somit „begreifen". Seine Existenz ist von uns hinzunehmen. Sie gründet allein in seiner Freiheit, wenn diese auch für uns den Horizont letzter und unübersteigbarer Notwendigkeit ausmacht.

Gott aber gewährt uns die Teilnahme an seiner Freiheit. Wir sollen ein- 215
stimmen in sein Ja, indem wir Ja sagen zu uns und zu ihm. Als Schöpfer
gibt Gott damit dem Nichts in neuer Weise Raum. Denn vom Endlichen
her kann „Nein" gesagt werden. Zwar ist diese Möglichkeit eigentlich eine
Unmöglichkeit, denn sie führt zur Selbstzerstörung des Geschöpfes. Doch
soll das Geschöpf sich selbst vollziehen, und so kann es auch prinzipiell
„Nein" sagen, wie es klassisch in Goethes Faust heißt: „Ich bin der Geist,
der stets verneint!/ Und das mit Recht; denn alles, was entsteht,/ Ist wert,
daß es zugrunde geht;/ Drum besser wär's, daß nichts entstünde./ So ist
denn alles, was ihr Sünde,/ Zerstörung, kurz das Böse nennt,/ Mein eigentliches Element" (Vers 1338ff). Später sagt Mephisto: „Ich liebte mir dafür
das Ewig-Leere" (11603). Der mit sich zerfallene Faust verbündet sich mit
diesem Nein, denn es ist auch sein eigenes (vgl. 1660ff; 1678ff; vor allem:
1765-1775). Warum dieses Nein? Motiv zu diesem prinzipiellen „Nein"
von seiten des Geschöpfes dürfte das Ressentiment sein, der Groll darüber,
eben der zu sein, der man ist und als den man sich stets hinzunehmen hat.
Nach J. Splett ist dies die Quelle der Sünde: „ein tiefsitzendes Ressentiment gegenüber dem Schöpfer - in der Weigerung sich selbst zu akzeptieren" (Splett, 1990, 98f). Bei Faust tritt das deutlich hervor (vgl. die obigen
Stellen): Wenn ich nicht bekomme, was ich will, soll lieber alles in Trüm-
mer gehen. Doch mit der Aufgabe, sich selbst anzunehmen und zu übernehmen, läßt Gott das Geschöpf nicht allein. Gott macht vielmehr das geschöpfliche Ja zu seiner eigenen Sache, bis dahin, daß er sich im geschöpf-
lichen Ja offenbart, also ganz er selbst ist. Denn „in ihm ist das Ja" (2 Kor
1,20; vgl. Splett 1964), auch unter der Bedingung des Kreuzes (d.h. unter
allen Bedingungen), das ewige Ja zum Sein im ewigen Ausschluß des
Nichts.

IV. DER AXIOLOGISCHE GOTTESBEWEIS

Im Griechischen heißt „axios" „wertvoll", „schätzenswert". Der axiologi- 216
sche Gottesbeweis (AxGB) setzt also beim Bewerten an, bzw. bei dem
Aspekt an den Dingen und Handlungen, den wir mit Wertbegriffen (gut,
gesollt u.ä.) beschreiben.

1. Von den „qinque viae" des *Thomas* ist es der *vierte Weg*. Dessen Argu- 217
mentation kommt aus der platonischen Tradition, greift aber unmittelbar
auf Aristoteles zurück und läuft so: (a) Das „Wahre", „Gute", „Seiende"
sind Begriffe, die auf ein Höchstes in ihrer Art zielen, ein Absolutum, das
die innere Maßgabe für das konkrete Zusprechen derartiger Begriffsinhalte
ist. (b) Dieses Höchste ist zugleich die Ursache des (in verschiedenem
Grade) Seienden, Wahren, Guten, worauf sich unser konkretes Urteilen
bezieht. (c) Es muß also ein höchstes Gutes, Wahres, Seiendes geben. -

Das innere Maximum, das zugleich reale Ursache ist, wird am Verhältnis des (verschieden) Warmen zum Feuer (dem Wärmsten) erläutert. Aristoteles urteilt (gemäß dem Beispiel vom Feuer): „Den höchsten Grad von Wahrheit hat also dasjenige, welches für das Spätere Ursache der Wahrheit ist" (Met. II, 1, 993 b).

„Der vierte Weg ist von den Graden her genommen (ex gradibus), die sich in den Dingen finden. (a) Es findet sich nämlich bei den Dingen etwas mehr und weniger Gutes, Wahres und Edles (bonum et verum et nobile), und so von anderem dieser Art. Mehr und weniger wird aber von verschiedenen (Dingen) ausgesagt, sofern sie sich in verschiedener Weise einem annähern, das am meisten (d.h. im höchsten Grad) ist, wie z.B. dasjenige mehr warm ist, was dem am meisten Warmen näher kommt. Also gibt es etwas, was am wahrsten, besten und edelsten ist und infolgedessen am meisten seiend, wie es in Metaphysik II heißt. (b) Was aber so beschaffen genannt wird, daß ihm am meisten eine Eigenschaft in einer Gattung zukommt, ist die Ursache von allen (Dingen mit dieser Eigenschaft), die zu dieser Gattung gehören, wie z.B. das Feuer, das am meisten warm ist, die Ursache von allen warmen (Dingen) ist, wie in demselben (Met.) Buch gesagt wird. (c) Also gibt es etwas, was von allen Seienden die Ursache des Seins, der Gutheit und jeder anderen Vollkommenheit ist (aliquid quod omnibus entibus est causa esse, et bonitatis, et cuiuslibet perfectionis). Und dies nennen wir Gott" (Sth I, q 2 a 3 resp).

218 Bemerkungen dazu: Das für uns verwirrende Beispiel ist aus der Vier-Elemente-Lehre genommen. In der sublunaren Welt sind die Elemente (Feuer, Wasser, Luft, Erde) weitgehend gemischt vorhanden, bilden aber in ihrer reinen Form die Maßgabe und Ursache für ihr konkretes Vorkommen in abgestufter Deutlichkeit. Für das Weitere hat aber das Feuerbeispiel keine Erklärungskraft mehr. Denn die Begriffe des Wahren, Guten, Seienden sind ins Unendliche steigerbar. Man kann ein absolut Seiendes, Wahres, Gutes denken (reine Vollkommenheit, perfectio pura). Diese höchsten Begriffe müssen dann miteinander identifizierbar sein (Das höchste Seiende ist auch das höchste Wahre usw.). Diese Einheit zeigt die innere Verbundenheit, ja Umfangsgleichheit dieser Begriffe (es sind die Transzendentalien: ens, bonum, verum, unum). Andere Begriffe sind nicht verabsolutierbar (Feuer, rot, Baum usw. bezeichnen eine jeweils gemischte oder unvollendete Vollkommenheit: perfectio mixta oder incompleta). Die Bezugnahme auf ein höchstes Seiendes hatten wir in KGB, die Ausrichtung auf eine höchste Wahrheit im AlGB. Der AxGB entfaltet den Bezug zum höchsten Guten. Zum Verständnis der Argumentation von Thomas kann der Blick in die Geschichte helfen.

219 2. Zu *Platon* und zunächst zur geistigen Situation seiner Zeit: In den politischen wie geistigen Umbrüchen im Zuge des peloponnesischen Krieges waren traditionelle Werte ins Wanken geraten. In der Demokratie

hatte zudem derjenige Erfolg, der reden und andere von seiner Auffassung überzeugen konnte. Die Sophisten entsprachen dem wachsenden Bedürfnis nach Überlegenheit durch Wissen und Redekunst. Sie lehrten (gegen Geld) Bildung und Argumentationskunst und stellten damit ein Instrument zur Verfügung, das zu beliebigen Zwecken eingesetzt werden konnte. Durch ihre kritisch destruktiven Lehren verstärkten sie das Gefühl vom Verlust allgemeiner Verbindlichkeiten. So vertraten sie etwa die Auffassung: Die bisher geltenden Normen hätten ihre Geltung nicht „physei" (von Natur), sondern nur „thesei" (als von Menschen gesetzte). Auf Grund ihrer Bildung konnten sie auf die Vielfalt der Traditionen und Wertvorstellungen der Völker verweisen und legten diese Tatsache im Sinne ihres Relativismus aus. Worauf es allein ankomme, so ihre Lehre, sei dies, die selbstgesetzten Ziele kraftvoll durchzusetzen. Dazu aber müsse man von ihnen, den Sophisten, lernen. Protagoras: „Über jede Sache gibt es zwei entgegengesetzte Meinungen" (B 6a). Es komme somit nur auf das rhetorisch argumentative Geschick an,"die schwächere Meinung zur stärkeren zu machen" (B 6b).

Sokrates (Platon) diskutiert mit den Sophisten, z.B. mit Thrasymachos in 220 Politeia I, oder mit Kallikles im Dialog: Gorgias. Das Ideal des Tyrannen, des großen erfolgreichen Egoisten, das jene beiden vertreten, wird von Platon scharfsinnig destruiert (Politeia IX, vgl. auch den 7. Brief, wo der Herrscher von Syrakus das negative Beispiel ist). Der Tyrann, der alle beherrscht und zu seinen Diensten zwingt, kann keine Freunde haben, denn dann müßte er andere als gleichrangig anerkennen, wozu er nicht fähig ist. So ist er nur von Schmeichlern umgeben und von Menschen, denen er nicht trauen kann. Einsam und immer in Ängsten ist er auch im eigensten Haus, in seiner Seele, nicht Herr. Ständig läuft er seinen Begierden nach und ist ihr Sklave. Wer dies erkennt, wird vernünftiger Weise von einem solchen Ideal Abstand nehmen. D.h. unter dem Guten einfach das zu verstehen, was man jeweils für gut hält, ist offensichtlich Unsinn. Wird doch jeder zugeben, daß man sich darin auch täuschen kann. Das aber bedeutet: es geht um Objektivität und Wahrheit. Dann aber ist es auch angebracht, danach zu fragen, wie denn der Mensch verfaßt ist und in welchen unaufhebbaren Kontexten er steht, um das für ihn wahrhaft Gute herauszufinden.

Die Frage nach dem Guten führt also in einen Zusammenhang konsti- 221 tutiver und zugleich normierender Strukturen, im Blick auf die sich unsere Wertungen rechtfertigen müssen. Platon nennt sie „Ideen". Hier muß es einen letzten Rechtfertigungsgrund geben. Ansonsten würde alles Gute nur unter weiteren Bedingungen gut sein. Dann aber könnten wir nirgends von einem wahrhaft (und im Grunde) Guten sprechen. Das aber widerspricht schon unserer Frage nach dem Guten, vor allem aber der Erfahrung des unbedingt fordernden Guten. Den letzten Rechtfertigungsgrund des Guten nennt Platon „Idee des Guten". Sie ist der unseren Wertungen Einheit gebende und den Kosmos tragende ideelle Grund. Auf sie beziehen wir uns, wenn wir etwas für gut halten und dieses Urteil im Guten auch begründet sein lassen. Würde das Gute, so kann man Platon verstehen, in bloßer Faktizität begründet (z.B. in faktischen Bedürfnissen), wäre das Werturteil ein deskriptives Urteil. Es wäre in ein Urteil über das, was lediglich *ist,* zu übersetzen und würde damit aufgelöst (es ergäbe sich, modern gesprochen, der „naturalistische Fehlschluß", der vom faktischen „ist" auf ein „soll sein" schließt). Platon hat erkannt, daß das Gute nur aus dem Zusammenhang des Guten begründet werden kann und daß dieser Zusammenhang Absolutheit einschließt, da er nicht immer nur von anderem her, sondern letztlich in sich selbst gut sein und somit in dem durch sich selbst Guten gründen muß. Rechtfertigender Grund für das Gute kann das in sich selbst Gute aber nur dann sein, wenn es nicht lediglich eine Setzung (nicht nur „thesei"), sondern von sich selbst her (also „physei") das ist, was es ist. Als bloße Setzung wäre es bedingt und relativ. Von sich selbst her gut aber ist es als das, was es selbst „ist", d.h. aus dem eigenen Sein heraus ist. Das Gute als letzt-begründendes Gutes kann vom Sein nicht gelöst werden. Da nun das letztlich und unbedingt Gute in keiner Weise mehr unter Bedingungen gestellt werden kann, muß es auch eine entsprechende ontologische Verfassung haben. Wäre es in seinem Sein bedingt, dann wäre es nur ein Faktor in einem weiteren Zusammenhang und müßte aus sein Gutsein mit diesen Bedingungen teilen. Unbedingt gut ist es nur als unbedingt Seiendes. Nach Platon ist deshalb die Idee des Guten das schlechthin Voraussetzungslose, das „ἀνυπόθετον" (Politeia 511b). Als solches ist das Gut-Seiende die absolute Vorgegebenheit überhaupt und der „Anfang des Alls" (ebd.).

222 Dieses Gute müssen nach der Politeia die leitenden Staatsmänner erkennen, um ihre Funktion zu erfüllen (505 e - 506 b). Die Gesprächspartner des Sokrates möchten nun Näheres über dieses Gute erfahren. Doch Sokrates will sich nicht weiter direkt über das Gute äußern, sondern zieht die Gleichnisrede vor. Er will nur von einem „Sprößling (ἔκγονος)" des Guten sprechen (506 e). Dieser ist die Sonne, in der sich das Gute als in einem „Ebenbild" (ἀνάλογον) darstellt (508 c). Wie in der sichtbaren Welt von der Sonne das Licht ausgeht, worin wir alles erkennen können, so geht in der geistigen Welt von der Idee des Guten jenes höhere Licht aus, in welchem wir zu geistigen Erkenntnissen gelangen (507 d ff). Wie aber die Sonne die Dinge nicht nur bescheint, sondern ihnen auch Wachstum und Leben verleiht, so ist die Idee des Guten auch Grund der geistigen Erkenntnisobjekte (509 b). Wie die Sonne der Ermöglichungsgrund unseres sinnlichen Sehens, aber auch der sichtbaren Dinge ist, so ist die Idee des Guten der Ermöglichungsgrund des geistigen Erfassens wie auch der geistigen Wirklichkeiten. Weder ist die Sonne ein eigentliches sinnliches Objekt (man kann nicht in sie hineinschauen), noch ist die Idee des Guten ein direkter Gegenstand. Ihre nur indirekte Erkennbarkeit spricht

Sokrates so aus: „Doch ist das Gute nicht das Sein, sondern ragt an Würde und Kraft noch über das Sein hinaus (ἐπέκεινα τῆς οὐσίας)" (509 b). Platon verbindet in diesem Gleichnis die sinnliche und die übersinnliche Welt. Die übersinnliche Welt stellt sich in der sinnlichen dar, und die Ursprungsidee des Guten gibt sich in der sinnlichen Welt als Sonne ein Abbild ihrer selbst, durch das sie gleichnishaft erkannt werden kann. Dieses gleichnishafte, indirekte Erkennen ist der höchsten Idee allein angemessen. Sie kann nicht zum Objekt gemacht werden. Denn sie ist zugleich der mediale Grund des Erkennens. Als höchste und umfassende Idee steht sie über Subjekt und Objekt, bzw. auf beiden Seiten. Die gleichnishafte Annäherung an die Idee des höchsten Guten ist also in dessen Verfassung begründet und damit spekulativ gerechtfertigt. Daß die Idee des Guten auch die Ausrichtung des Subjektes auf sie ermöglicht und ihm damit innerlich ist, so wie die Sonne die Sehkraft verleiht, beweist die Immanenz jener höchsten Transzendenz im Subjekt. Goethe hat diesen Zusammenhang in Anlehnung an Platons Gleichnisrede (vermittelt durch Plotin) so ausgedrückt: „Wär' nicht das Auge sonnenhaft, / Die Sonne könnt' es nie erblicken; / Läg' nicht in uns des Gottes eigne Kraft, / Wie könnt' uns Göttliches entzücken?" (Zahme Xenien III; HA I, 367).

Im sogenannten Liniengleichnis (Politeia 509 c ff) veranschaulicht Platon den Unterschied der sinnlichen und geistigen Welt mit zwei Strecken auf einer Linie. Beide sind nochmals unterteilt. Der Seite des Geistigen gehören in deren erstem Abschnitt geistige Gebilde an wie die der Mathematik, die noch an Voraussetzungen gebunden sind, im zweiten Abschnitt die eigentlichen Ideen, die nur durch sich zu begründen sind und deren abschließende Zusammenfassung die Idee des Guten ist:

„Unter dem zweiten Abschnitt des Denkbaren meine ich das, was der Verstand selbst erfaßt mit der Kraft der Dialektik. Hierbei betrachtet er die Voraussetzungen nicht als unbedingt Erstes und Oberstes, sondern in Wahrheit als bloße Voraussetzungen, gleichsam als Stufen und Ausgangspunkte, damit er bis zum Voraussetzungslosen (ἀνυπόθετον) vordringend an den wirklichen Anfang des Alls (τοῦ παντὸς ἀρχή) gelange, und wenn er ihn erfaßt hat, an alles sich halte, was mit ihm in Zusammenhang steht, und wieder zum Ende herabsteige, ohne irgendwie das sinnlich Wahrnehmbare dabei mit zu verwenden, sondern nur die Ideen selbst nach ihrem eigenen inneren Zusammenhang, und mit Ideen auch abschließe" (511 b/c). „In dem Bereich des Erkennbaren zeigt sich zuletzt und schwer zu erfassen die Idee des Guten; hat sie sich aber einmal gezeigt, so muß man folgern, daß sie für alles die Ursache alles Rechten und Schönen ist, da sie im Bereich des Sichtbaren das Licht und dessen Herrn (die Sonne) erzeugt, im Bereich des Denkbaren aber selbst als Herrscherin waltend uns zu Wahrheit und Vernunft verhilft. Daher muß also diese Idee erkannt haben, wer einsichtig handeln will, sei es in persönlichen oder in öffentlichen Angelegenheiten" (517 b/c).

224 Ein Beispiel für die über jede Faktizität hinausgehende Perspektive des
Guten ist im „Symposion" (dessen Thema der Eros ist) die Erwiderung
des Sokrates auf Aristophanes. Dieser begründet den Eros mit dem Mythos
vom geteilten Menschen (189 c ff): Der Mensch war ursprünglich eine
Ganzheit. Von den Göttern wurde er geteilt. Nun sucht jedes Teil nach
seiner Ergänzung, und dieses Suchen ist die Liebe. Sokrates dagegen bestimmt den Eros als Ausrichtung auf das Gute. (Er berichtet, daß die Prie-
sterin Diotima ihn belehrt hat) Diotima: „Es geht nun zwar die Rede, daß
diejenigen lieben, die ihre andere Hälfte suchen. Ich aber behaupte, daß die
Liebe weder auf die Hälfte geht noch auf das Ganze, wenn es nicht eben
auch, mein Freund, ein Gutes ist. Sind doch die Menschen bereit, sogar
ihre eigenen Füße und Hände sich abschneiden zu lassen, wenn diese ihre
eigenen Gliedmaßen ihnen schädlich zu sein scheinen, denn niemand hängt
am Eigenen, wenn es nicht das Gute ist, das ihm zu eigen ist, wobei das
Schlechte ihm fremd ist. Denn die Menschen lieben nichts anderes als das
Gute. Oder bist zu anderer Meinung?" Sokrates: „Gott bewahre!" (205 d
f). Ein faktisches Streben begründet das Gute also noch nicht. Vielmehr
muß dieses Streben selbst unter der Perspektive des Guten beurteilt und als
gut erkannt werden (und zusammen mit dieser Präzisierung hätte dann
auch Aristophanes etwas Zutreffendes erfaßt). Freundschaft ist nicht deshalb gut, weil der Mensch ein soziales Wesen ist, sondern in seiner Soziali-
tät zeigt sich dem Menschen das Gute, nämlich dasjenige, worin ein gutes
Leben besteht. Deshalb kann niemandem nur am faktischen Leben und
seiner Verlängerung gelegen sein, sondern nur, wenn es auch als gut erkennbar ist (Gorgias 511 c - 512 b). Die Ausrichtung auf das Gute ist eine
Affirmation dessen, was prinzipiell zu affirmieren ist. Man kann fragen: Ist
es gut, zu leben? Die Antwort kann nicht in dem Hinweis darauf bestehen,
daß ich eben lebe und faktisch leben will (manche wollen es nicht). Wenn
es gut ist, zu leben, dann deshalb, weil dieses Leben als werthaft erkannt
ist, ihm also eine Zustimmung entspricht, die nicht im Faktum des Lebens
oder des Lebensbedürfnisses begründet ist, sondern darin, daß dieses
Leben sein soll. Es soll sein, weil es gut ist und weil es in dem schlechthin
Guten gründet, welches seinerseits im Leben, der Liebe, der Freundschaft
erscheint und all dies zu etwas Gutem macht.

225 3. *Aristoteles* arbeitet in der Nikomachischen Ethik (NE) das dem jeweiligen Streben zugeordnete Gute heraus: „Das Gute ist das Ziel, zu dem alles
strebt" (NE I,1). Ziel ist ein Lebensvollzug, der in sich seine Erfüllung
hat, die Eudaimonia, das Glück. Der glücken wollende Vollzug hat seine
Norm in sich selbst: „ψυχῆς ἐνέργεια κατ᾽ ἀρετήν" (der Vollzug der
Seele nach ihrer maßgebenden Möglichkeit). Für den Menschen ist dies
das Leben „κατὰ λόγον" (nach der Vernunft) (I, 6). Mit dem Logos ist
(wie bei Platon) die Wahrheitsfrage verbunden. Der Lebensvollzug ist so
zu gestalten, daß er „der Natur entspricht" (I, 9), weshalb zwischen dem

scheinbar Guten und dem wirklich Guten unterschieden werden muß (III, 6). Die „Einsicht" soll das Leben leiten. Dieses wird zum „guten Leben", wenn es sich erfüllt im gemeinsamen Leben der Polis. Doch ist die höchste Fähigkeit der Seele die, in sich den „Nous", die „betrachtende" Vernunft, zum Vollzug kommen zu lassen. Dies gelingt dem Weisen. „Von der Betrachtung läßt sich behaupten, daß sie um ihrer selbst willen geliebt wird. Sie bietet uns außer dem Betrachten nichts" (X, 7). In ihr erfüllt sich aber gerade das für das Gute typische Umseinerselbstwillen. Solches Leben ist Teilnahme am Leben des Göttlichen, das in ständiger geistiger Tätigkeit besteht (eben im höchsten Um-seiner-selbst-willen-Sein) (ebd.). Der Mensch ist dazu fähig, „sofern er etwas Göttliches in sich hat" (ebd.). Hier ist die Brücke von der NE zur „Metaphysik" zu schlagen und zu deren Lehre vom höchsten (bewegenden) Ziel, das als göttliches Leben reines Umseinerselbstwillen ist und dadurch den Kosmos bewegt (Met. XII, 7).

4. Nach *Plotin* ist das höchste Gut das „Hen", das Eine, das auch das   226
„Gute" genannt wird. Es entläßt aus sich die Hypostasen des „nous" und der „psyche", in welcher dann der Kosmos mit der Materie begründet ist. Wir Menschen finden uns zwar in der materiellen Welt vor, haben aber einen Bezug zu jenem Höchsten und können und sollen uns darauf ausrichten, um so unserem Sein gerecht zu werden (En V 1; VI 9).

5. Von *Augustinus* sei ein Text zitiert, der für sich spricht: „Wozu immer   227
mehr und mehr Güter nennen? [...] Denn von all diesen Gütern, die ich genannt habe oder die sonst noch gesehen und gedacht werden, würden wir nicht, wenn wir richtig urteilen, das eine besser nennen als das andere, wenn uns nicht der Begriff des Guten selbst eingeprägt wäre, nach welchem wir etwas für gut befinden und eines dem anderen vorziehen (nisi esset nobis impressa notio ipsius boni secundum quod et probaremus aliquid et aliud alii praeponeremus). So müssen wir Gott lieben, nicht wie dieses und jenes Gut, sondern wie das Gute an sich (sed ipsum bonum). Denn wir müssen ein Gut der Seele suchen, das sie nicht urteilend überfliegt, sondern dem sie liebend anhängt (quaerendum enim bonum animae, non cui supervolitet iudicando, sed cui haereat amando). Und was ist dies anderes als Gott? Nicht eine gute Seele, ein guter Engel oder ein guter Himmel, sondern das gute Gute (sed bonum bonum)" (de trin. VIII, 3.4).

6. *Boethius*, Kanzler Theoderichs, wurde verdächtigt, mit Ostrom zu kol-   228
laborieren (vielleicht wegen seiner antiarianischen Gotteslehre, mit der er sich den arianischen Goten verdächtig machen mußte), ins Gefängnis geworfen, gefoltert und 524 hingerichtet. Im Gefängnis schreibt Boethius „de consolatione philosophiae" (vom Trost der Philosophie). In dieser Schrift ist vom höchsten Gut die Rede. Denn dieses ist für den Verzweifelnden der wahre Halt: Es gibt ein höchstes Gut, das letztlich birgt und

Halt gibt. Zwar kann man (mit Epikur) fragen: „Si quidem deus est, unde mala?" (Wenn es Gott gibt, woher kommen die Übel?). Aber entscheidend ist die Frage: „Bona vero unde, si non est?" (woher das Gute, wenn er(Gott) nicht ist?) (cons. I, 4p, 100f). Ohne Gott hätte das Gute in unserer Erfahrung kein Fundament. Doch in unserer Erfahrung und unserem Bewerten (z.B. im Ethischen) ist es unzweifelhaft gegeben. Boethius entwickelt (als Christ!) eine platonisch plotinische Lehre vom höchsten Gut, mit teilweise aristotelischen Elementen. Danach ist das höchste Gut absolute Vollkommenheit. Es ist vollkommene Seligkeit und als „perfectum bonum (vollkommen Gutes)" „omnium fons bonorum (Quelle aller Güter) (III, 10 p, 4ff, 36). Es ist „id, quo melius nihil est (das, über das hinaus es nichts Besseres gibt)" (ebd. 26) (vgl. Anselm Proslogion Kap 3). Es ist sich selbst genügend, einmalig und Ursprung von allem. Für Boethius steht fest, daß nur ein so gedachtes Gutes letzter persönlicher Halt und letzter Rechtfertigungsgrund des Guten sein kann.

229 7. *Anselm* entwickelt in seinem „Monologion" (Kap 1-3) einen Gottesbeweis aus dem Guten, der ganz in der beschriebenen Tradition steht. Zunächst einmal scheinen wir mit dem Prädikat „gut" sehr Verschiedenes, ja Gegensätzliches zu bezeichnen. So ist etwa ein Pferd das eine Mal gut, wenn es langsam ist, das andere Mal, wenn es schnell ist. Doch es zeigt sich ein einheitlicher Gesichtspunkt: der Nutzen. Das Pferd wird verschieden bewertet je nachdem, ob es als Ackergaul oder als Rennpferd verwendet wird. Die „utilitas" ist aber nicht der höchste Gesichtspunkt (sie führt immer zu weiteren Wozu-Fragen). Höher ist das „honestum", das Gute in sich. Wenn wir nun einen Grund suchen für die einheitliche Bewertung (denn alles wird in den Zusammenhang des Guten gestellt), so kann dies nur der einheitgebende Maßstab des „summum bonum" sein. Das „summe bonum" ist „per se bonum" (durch sich gut). Es ist Eines und als solches durch sich selbst, „et ipsum unum est per se ipsum".

230 8. Nach *Thomas* wird die universal ausgerichtete Dynamik des menschlichen Willens erst vom höchsten Gut her verständlich. Der Wille ist geistig, denn er bezieht sich, durch die Erkenntnis vermittelt, auf das Gute. Das einzelne Gute aber hat seine Gutheit durch das „universale bonum", das deswegen auch den Willen letztlich attrahiert. Gott als dieses „universale bonum" ist Ursprung des Willens. Er ist freilich auch die einzige „causa" des Willens, die diesen in seiner Freiheit beläßt. „nihil aliud potest esse voluntatis causa, nisi ipse deus, qui est universale bonum" (nichts anderes kann Ursache des Willens sein als Gott, der das universale Gut ist) (Sth II/I, q 9, a 6 resp), und (ebd.) „omne enim aliud bonum per participationem dicitur, et est quoddam particulare bonum; particularis autem causa non dat inclinationem universalem" (alles andere ist gut durch Teilhabe und ist ein partikuläres Gut; eine partikuläre Ursache gewährt aber

keine universale Ausrichtung). Gott ist in seiner Unendlichkeit das entschränkende, frei machende Gute, das zugleich alles andere in seinem (relativen) Gutsein begründet und erkennen läßt (vgl. Riesenhuber 1971).

9. Nach *Kant* ist Gott von der theoretischen Vernunft nicht erkennbar. 231 Doch gibt es einen Zugang zu ihm über die praktische Vernunft. Denn die Moral verpflichtet dazu, das höchste Gut anzustreben, das darin besteht, daß der des Glückes Würdige auch tatsächlich glücklich wird. „Denn der Glückseligkeit bedürftig, ihrer auch würdig, dennoch aber derselben nicht teilhaftig zu sein, kann mit dem vollkommenen Wollen eines vernünftigen Wesens, welches zugleich alle Gewalt hätte, wenn wir uns auch nur ein solches zum Versuche denken, gar nicht zusammen bestehen" (KpV A 199). Dieses vernünftige Wollen muß auch unser moralisches Handeln leiten. Freilich geht die Erreichung dieses Zieles über unsere Kräfte hinaus. Doch darf das Ziel nicht einfach unerreichbar sein, sonst wäre es sinnlos und auch nicht anstrebbar, was doch die Moral von uns fordert. Diese „Antinomie der praktischen Vernunft" (KpV A 204f) kann nur durch die Annahme einer moralischen und zugleich allmächtigen Vernunft garantiert werden, und das ist Gott. Gott muß also vernünftigerweise von der Moral postuliert werden (KpV A 223ff).

10. Nach *Fichte* ist der Gottesgedanke und der Gottesglaube ebenfalls eine 232 Folge der praktischen Gewißheit des unbedingt Guten. Allerdings ergibt sich für ihn dieser Zusammenhang nicht erst über die Vereinigung von Tugend und Glücksstreben, sondern sehr viel direkter. Die Stimme des Gewissens ist für ihn die Stimme eines ewigen göttlichen Willens. Denn nur so ist die Unbedingtheit der moralischen Forderung angemessen zu denken und festzuhalten. Mit dem Sich-Einlassen auf diese Stimme wird allerdings dann auch unser menschliches Streben erfüllt. Überhaupt bekommt erst dann unsere Welt Realität und löst sich nicht auf in Zweifel oder in ein theoretisches Wissen, das nirgends zu einem letzten Halt kommt, wie er dies in seiner Schrift „Die Bestimmung des Menschen" (1800) darlegt. Daraus einige Passagen:
„Es gibt nur Einen Punkt, auf welchen ich unablässig alles mein Nachdenken zu richten habe: was ich tun solle, und wie ich dieses Gebotene am zweckmäßigsten ausführen könne. Auf mein Tun muß alles mein Denken sich beziehen, muß sich als wenn auch entferntes Mittel für diesen Zweck betrachten lassen; außerdem ist es ein leeres zweckloses Spiel, ist Kraft- und Zeit-Verschwendung, und Verbildung eines edlen Vermögens, das mir zu einer ganz andern Absicht gegeben ist" (Fichte 1800, 96f). „Jene Stimme in meinem Innern, der ich glaube, und um deren willen ich alles andere glaube, was ich glaube, gebietet mir nicht, überhaupt zu tun [...]. Sie, diese Stimme meines Gewissens, gebietet mir in jeder besondern Lage meines Daseins, was ich bestimmt in dieser Lage zu tun, was ich in ihr zu

meiden habe: sie begleitet mich, wenn ich nur aufmerksam auf sie höre, durch alle Begebenheiten meines Lebens, und sie versagt mir nie ihre Belehrung, wo ich zu handeln habe. Sie begründet unmittelbar Überzeugung, und reißt unwiderstehlich meinen Beifall hin: es ist mir unmöglich, gegen sie zu streiten" (ebd. 97f). „Dieser Wille verbindet mich mit sich selbst; derselbe verbindet mich mit allen endlichen Wesen meinesgleichen, und ist der allgemeine Vermittler zwischen uns allen [...]. Die Stimme des Gewissens, die jedem seine besondere Pflicht auflegt, ist der Strahl, an welchem wir aus dem Unendlichen ausgehen, und als einzelne, und besondere Wesen hingestellt werden; sie zieht die Grenzen unserer Persönlichkeit; sie also ist unser wahrer Urbestandteil, der Grund und der Stoff alles Lebens, welches wir leben. Die absolute Freiheit des Willens, die wir gleichfalls aus dem Unendlichen mit herabnehmen in die Welt der Zeit, ist das Prinzip dieses unseres Lebens" (ebd. 139f). „Jener ewige Wille ist also allerdings Weltschöpfer, so wie er es allein sein kann, und wie es allein einer Schöpfung bedarf [...] Es ist sein Licht, durch welches wir das Licht, und alles, was in diesem Lichte uns erscheint, erblicken [...] Wir sind in seiner Hand, und bleiben in derselben, und niemand kann uns daraus reißen. Wir sind ewig, weil Er es ist. Erhabener lebendiger Wille, den kein Name nennt, und kein Begriff umfaßt, wohl darf ich mein Gemüt zu dir erheben; denn du und ich sind nicht getrennt. Deine Stimme ertönt in mir, die meinige tönt in dir wieder; und alle meine Gedanken, wenn sie nur wahr und gut sind, sind in dir gedacht. - In dir, dem Unbegreiflichen, werde ich mir selbst, und wird mir die Welt vollkommen begreiflich, alle Rätsel meines Daseins werden gelöst, und die vollendetste Harmonie entsteht in meinem Geiste" (ebd. 143f).

233 11. Auch für *Schelling* ist Gewissen und Religiosität unlösbar miteinander verbunden, wie die folgenden beiden Texte zeigen (Schelling versteht das Wort „religio" nach der Herkunft von „religare": zurück- oder festbinden):

„Religiosität [...] Wir verstehen darunter nicht, was ein krankhaftes Zeitalter so nennt, müßiges Brüten, andächtelndes Ahnden, oder Fühlenwollen des Göttlichen. Denn Gott ist in uns die klare Erkenntnis oder das geistige Licht selber, in welchem erst alles andere klar wird, weit entfernt, daß es selbst unklar sein sollte; und in wem diese Erkenntnis ist, den läßt sie wahrlich nicht müßig sein oder feiern. Sie ist, wo sie ist, etwas viel Substantielleres, als unsere Empfindungsphilosophen meinen. Wir verstehen Religiosität in der ursprünglichen, praktischen Bedeutung des Worts. Sie ist Gewissenhaftigkeit, oder daß man handle, wie man weiß, und nicht dem Licht der Erkenntnis in seinem Tun widerspreche. Einen Menschen, dem dies nicht auf eine menschliche, physische oder psychologische, sondern auf eine göttliche Weise unmöglich ist, nennt man religiös, gewissenhaft im höchsten Sinne des Worts. Derjenige ist nicht gewissenhaft, der sich im vorkommenden Fall noch erst das Pflichtgebot vorhalten muß, um sich durch Achtung für dasselbe zum Rechttun zu entscheiden. Schon der Wortbedeutung nach läßt Religiosität keine Wahl zwischen Entgegengesetzten zu, kein aequilibrium arbitrii (die Pest aller Moral), sondern nur die höchste Entschiedenheit für das Rechte, ohne alle Wahl" (Philosophische Untersuchungen über das Wesen der menschlichen Freiheit, 1809, SW I/7, 392). „Wir haben in uns einen einzigen offnen Punkt, durch den der Himmel hereinscheint. Dieser ist unser Herz oder, richtiger zu reden, unser Gewissen. Wir finden in diesem ein Gesetz und eine Bestimmung, die nicht von dieser Welt sein kann, mit der sie vielmehr gewöhnlich im Kampf ist, und so dient es uns zu dem Unterpfand einer höheren Welt, und erhebt den, der ihm folgen gelernt hat, zu dem trostreichen Gedanken der Unsterblichkeit" (Über den Zusammenhang der Natur mit der Geisterwelt, 1810, SW I/ 9, 17).

12. Nach *John Henry Newman* ist das Gewissen der überzeugendste Hin- 234 weis auf Gott. Der folgende Text ist genommen aus: „An Essay in Aid of a Grammer of Assent (1870), deutsch: Entwurf einer Zustimmungslehre, Mainz 1961:
„Das Gewissen aber ruht nicht in sich selbst, sondern langt in vager Weise vor zu etwas jenseits seiner selbst und erkennt undeutlich eine Billigung seiner Entscheidungen, die höher ist als es selbst und bewiesen ist in jenem scharfen Sinn für Verpflichtung und Verantwortung, der sie trägt. Daher kommt es, daß wir gewohnt sind, vom Gewissen zu sprechen als von einer Stimme - ein Ausdruck, den auf den Sinn für das Schöne anzuwenden uns niemals einfallen würde. Und überdies ist es eine Stimme oder das Echo einer Stimme, herrisch und nötigend wie kein anderer Befehl im ganzen Bereich unserer Erfahrung" (75) „Wenn wir, wie es ja der Fall ist, uns verantwortlich fühlen, beschämt sind, erschreckt sind bei einer Verfehlung gegen die Stimme des Gewissens, so schließt das ein, daß hier Einer ist, dem wir verantwortlich sind; vor dem wir beschämt sind; dessen Ansprüche auf uns wir fürchten. [...] Wenn die Ursachen dieser Gemütsbewegungen nicht dieser sichtbaren Welt angehören, so muß der Gegenstand, auf den seine Wahrnehmung gerichtet ist, übernatürlich und göttlich sein. So ist das Phänomen des Gewissens als das eines Befehls dazu geeignet, dem Geist das Bild eines höchsten Herrschers einzuprägen, eines Richters, heilig, gerecht, mächtig, allsehend, vergeltend. Es ist das schöpferische Prinzip der Religion, wie der Sinn für das Sittliche das Prinzip der Ethik ist" (77).

13. Ähnlich wie John Henry Newman, aber noch um einige wesentliche 235 Aspekte, wie den der zwischenmenschlichen Konsequenzen, bereichert, beschreibt *Klaus Riesenhuber* das Gewissen in seiner religiösen Dimension: „Der Mensch, der sich unter dem Anspruch des Sollens weiß, hat den

Eindruck des Durchschautseins und Bekanntseins, besonders nach einer Schuld. Er erfährt sich gleichsam im Raum eines unbestechlichen Blicks, dem er ausweichen, vor dem er fliehen oder sich verbergen will. Erst von diesem wissenden Blick auf ihn selbst her erkennt der Mensch voll sich selbst und weiß sich als den von dem Blick Verurteilten, weil Schuldigen, oder auch als den vom Blick Anerkannten und Gelobten, weil er den Anruf bejaht. Bekanntsein und Beanspruchtsein zeigen zusammen den personalen Charakter des Sollens. Zur Schulderfahrung scheint nicht nur zu gehören, daß der Mensch sich vor einer unbedingten Person (oft vermittelt durch die Schuld gegenüber einem Mitmenschen) schuldig weiß, sondern auch so etwas wie die Erfahrung des Verlassenseins und der Einsamkeit, des Abbruchs einer Kommunikation. So fühlt sich der Schuldige oft unter dem unmittelbaren Eindruck einer Schuld einerseits verschlossen und unfähig zu echtem zwischenmenschlichem Kontakt, andererseits stark auf zwischenmenschliche Bestätigung und Beziehung angewiesen. Er scheint durch den zwischenmenschlichen Kontakt das Ausbleiben eines grundlegenderen Kontakts und das Fehlen einer tieferen Bestätigung seines personalen Wertes überdecken oder ersetzen zu wollen. Umgekehrt kann sich die bereite Erfüllung des ethischen Anspruchs in Freude und innerer Sicherheit äußern, da man sich von der entscheidenden personalen Instanz angenommen und bestätigt fühlt" (Riesenhuber 1968, 65).

236   14. *Jörg Splett* zeigt, daß die unbedingte Bejahung des Menschen allein in dessen Bejahung durch den unbedingten Gott zu begründen ist:
„ein unbedingtes Ja zu einem anerkannt bedingten Menschen ist verantwortbar nur durch Berufung auf ein (unbedingtes) Ja zu ihm, das nicht von einem bedingten oder launischen endlichen Ich, sondern von einer absoluten Personal- und Freiheitswirklichkeit gesprochen ist. Das heißt, wenn ich zu einem Menschen nicht nach *seinem* Maß, sondern *unbedingt* soll verantwortbar Ja sagen können, dann muß mein Maß das unbedingte Ja Gottes zu ihm sein, aus dem er ist und sein soll, der er ist. Das Ja zu einem Menschen ist als unbedingtes ein Mitsprechen von Gottes Ja zu ihm. Und gehen wir noch einen Schritt weiter: Warum wird dieses Ja Gottes letztlich mitgesprochen? Wenn es zuletzt nur um des bejahten Menschen willen geschähe, wäre es wieder nur nach dessen Maß rechtfertigbar, also bedingt und endlich. Unbedingt geschieht das Mit-Ja nur, wenn Gottes Ja im Ja zu dem bejahenden Gott *selbst* mitgesagt wird. Wir haben damit ein für manchen Leser paradoxes Ergebnis erreicht: Wer von ewiger Liebe, von Heiligkeit und Göttlichkeit der Liebe, ja von Liebe zu Gott reden wollte, nur um seiner Faszination durch den anderen Menschen Worte zu leihen, mag psychologisch wie poetisch aufrichtig und im Recht sein; vor dem Urteil des Denkens und darum auf dem Prüfstein der Zeit entlarvt sich solches Reden als Selbstmißverständnis. Derart ungedeckter Unbedingtheits-Anspruch überfordert den Menschen, sobald der anfängliche

Zauber einer Verbindung verblaßt. Umgekehrt aber: im Ja zu Gott ja zu dem Ja zu sagen, mit dem er den Menschen bejaht, erreicht den anderen in seinem personalen Zentrum, zu dem weder Bedürfnis noch Laune noch eine Religion der Liebe als solcher gelangen" (Splett 1978, 30f).

15. Systematische Rekonstruktion des axiologischen Gottesbeweises

Im folgenden werde ich eine systematische Darstellung des AxGB vorlegen, in der ich die verschiedenen hier präsentierten Argumentationen aufgreife, aber auch auf weitere verweise.

a. Das absolut Gute als Grund der Zustimmung

1) Wahrheit und Gutheit -
(Sich-)Erkennen und (Sich-)Wollen, das absolut Gute

Der Mensch ist ein Wesen der Selbstgewißheit, des Selbstbezuges (Augustinus, Descartes). Dieser Selbstbezug ist vermittelt durch den Bezug auf anderes. Dies ist die Intentionalität geistiger Akte, der Subjekt-Objekt-Bezug. Der Selbstbezug ist in dieser Objektausrichtung indirekt mitgegeben. Auch die objektivierend thematische Beziehung auf das eigene Ich folgt dieser Struktur. Der Selbstbezug ist dabei indirekt in der Selbstobjektivierung mitgegeben.   237

Die Intentionalität ist Erkennen und Wollen. Der Selbstvollzug ist immer auch ein Sichselbstwollen, vermittelt über das Wollen von Objekten. Wie das (Sich-)Erkennen als lebendiger Vollzug ein (Sich-)Wollen ist, so ist auch das (Sich-)Wollen ein (Sich-)Erkennen. Das Wollen ist also kein bloß vitaler Akt, sondern enthält als Erkennen Annahmen, die wahr sein sollen. Das Wollen bezieht sich auf das zu Bejahende und Gute, aber als erkennendes Wollen will es sich auf das beziehen, was wirklich und wahrhaft gut und zu bejahen ist.   238

Ist aber die Wahrheit des Guten nicht nur die Wahrheit der Mittel, so daß die vorangestellte Maßgabe, die Zielsetzung, nicht wahrheitsfähig ist? Aber wie das Erkennen nicht irgendwo Halt machen kann, so auch nicht das erkennende Wollen. Auch die Zielvorgaben müssen der Reflexion wenigstes als wahrheitsfähige Überzeugungen vom Guten vor Augen stehen. Somit unterliegt nicht nur die Nützlichkeitsrelation dem Erkennen, sondern auch das, was als Maßgabe der Nützlichkeit gilt oder im Subjekt als faktisch geltend erfahren wird. Letztlich zustimmen kann ich der Maßgabe nur, wenn ich der Überzeugung bin, daß sie gut ist. Andernfalls wäre das Selbstsein nicht mehr reflexiv. Es wäre nicht mehr geistiges Beisichsein, sondern ein irrationaler Akt. Doch als solcher würde es sich widersprechen. Die Reflexion kann sich nicht als unhinterfragbares Faktum ver-   239 stehen. Wie sie davon ausgeht, daß sie sich selbst deutlich zu werden vermag und sich dabei dem Maßstab der Wahrheit unterstellt, so verlangt sie nach einem Rechtfertigungsgrund ihrer Zustimmung und kann dabei keinen anderen Maßstab voraussetzen als den des wahrhaft und einsichtig aus sich selbst Guten.

240 Wenn nun aber Bejahung und Selbstbejahung wahrheitsfähig sind und somit kein automatisch ablaufender Mechanismus, dann ist auch der Zweifel möglich, der Zweifel an der Gutheit der einzelnen Objekte wie meiner eigenen Gutheit. Umgekehrt läßt mich der Zweifel auf die Wahrheitsfähigkeit des Bejahens stoßen, indem er sie voraussetzt. Der (antike wie moderne) Skeptizismus bis hin zur Verzweiflung (Kierkegaard) ist also eine dem Geist spezifische Möglichkeit, an der er erkennbar wird. Sie ist dadurch provoziert, daß der Mensch die letzte rechtfertigende Grundlage seiner Zustimmung (zu sich selbst und zum anderen) nicht verfügend in den Griff bekommen, sondern ihrer allenfalls ansichtig werden kann, um sich ihr zu unterwerfen.

241 Freilich, eine Verneinung der Gutheit und Zustimmungswürdigkeit von allem und jedem gerät in eine ähnliche Aporie wie die Verneinung aller Wahrheit. Denn auf die Abwesenheit des Guten zu stoßen ist keine neutrale Tatsachenfeststellung. Liegt doch darin die Erkenntnis: Was hier fehlt, *sollte* da sein; es wäre *gut*, wenn es *nicht* fehlte. Doch dies impliziert eine Zustimmung, deren Maßstab nicht wieder Illusion sein kann. Ein totales Fehlen des Guten könnte nicht mehr erkannt und ausgesprochen werden. Intuitiv ist dies jedem sofort klar. Mangel oder Verlust des Guten zu erfahren ist ein Schmerz, aber nicht ein bloß physischer wie etwa Zahnweh, sondern ein leiblich-seelischer, resultierend aus einem geistigen Akt, einer Einsicht, die berechtigt sein will. Zu ihr aber gehört die auf Wahrheit ausgerichtete Zustimmung. Verzweiflung (das hat Kierkegaard in „Die Krankheit zum Tode" herausgearbeitet) ist ein geistiger Akt. Als dieser enthält sie Annahmen, die wahr zu sein beanspruchen und sich auf das Gelten von Werten stützen. Wäre dieses Gelten in jeder Hinsicht bodenlos, wo läge dann überhaupt das Problem? Es gäbe keinen Verlust in der Verlusterfahrung? Auch die Verzweiflung wäre Illusion. Aber könnte das nicht sogar die Lösung sein? Keine Verzweiflung mehr! Das wäre dann doch gut! Aber was heißt hier noch „gut"? Die Zustimmung bleibt also unhintergehbar und ist als geistige auf das wahrhaft Gute ausgerichtet. Aus ihr ist ebensowenig auszusteigen wie aus dem geistigen Selbstvollzug. Von ihm wurde oben gezeigt: er ist elementar ein elementar ein Sichwollen und als solcher der Ausgriff auf das Gute und dessen Wahrheit. Gutheit und Wahrheit sind zwei Seiten ein und desselben. Wie die Anerkennung fordernde Wahrheit nicht wertneutral sein kann, so muß das berechtigterweise Gute auf dem Boden der Wahrheit stehen. Der Vollzug des erkennenden Beisichseins ist ein Wollen, ein Bei-sich-sein-Wollen, ein Sein-Wollen bei der Wahrheit und zugleich bei ihr als beim Zielpunkt des Wollens, dem ge-

rechtfertigten, wahrhaften Guten, und so wie die letzte Rechtfertigung des Guten dessen unbedingte Geltung begründet, ebenso eröffnet die Wahrheit durch die Forderung unbedingter Anerkennung auch die in ihr enthaltene absolute Gutheit (vgl. oben Nr. 117).

Es bleibt noch der Einwand: Wenn nun dieser immer gegebene Ausgriff 242 auf das wahrhaft Gute stets eine Zustimmung enthält, und zwar eine, die im Prinzip vom Ich als rechtfertigbar angesehen wird, dann scheint die Zustimmung unvermeidlich zu sein. Geht das nicht aber gegen die Freiheit des Zustimmungsaktes? Herrscht also doch ein Automatismus vor? Aber der ist durch die Transzendenzfähigkeit des Geistes je schon überholt. Es bleibt nur eine Möglichkeit: Das letztlich Zustimmungswürdige ist ein unbedingt Gutes. Nur dieses zerstört die Freiheit nicht, sondern ermöglicht sie. Es entschränkt als das Grenzenlose den intentionalen Akt. Ich kann dann an allem einzelnen zweifeln, an allem, was mir als Wert vor Augen kommt, etwas auszusetzen haben, nur nicht zu Recht an dem, was mein Zweifeln überhaupt ermöglicht, an der letzten und unbedingten Wahrheit und Gutheit. Oder anders gesagt: Kritik, sei sie theoretisch oder praktisch, setzt einen Maßstab voraus. Ein endlicher Maßstab würde mich einschränken, festlegen, ein unendlicher löst mich aus jeder Festlegung und ermöglicht eine freie, abgewogene Zustimmung.

2) Der Ordnungsgedanke des Guten und das absolut Gute
(durch Platon inspiriert unter Aufnahme von Gedanken der Transzendentalpragmatik (Apel 1976, II, 359-435; Hösle 1994)

2a) Die Ordnung des Guten

Wenn der kognitiv affirmative (Selbst-)Bezug letztlich auf einen unbe- 243 dingten Maßstab zielt, könnte sich dann nicht der absolute Egoist selbst zu einem solchen erklären? Aber schon die Intentionalitätsstruktur sollte ihn warnen. Bedeutet sie doch, daß der Selbstbezug immer durch das andere, den Objektbereich, vermittelt ist (und auch die ausdrückliche Reflexion auf sich ist nur das Herausheben eines zunächst indirekten Ichbezuges, wobei sie sogar selbst noch von dieser Indirektheit geprägt ist, vgl. oben). Aber der Egoist erfährt den Widerspruch vielfältig. Beispiel: er sucht Anerkennung, doch kann er diese nur dann finden, wenn er Anerkennung gewährt, d.h. sich selbst zurücknimmt und andere ebenso gelten läßt. Sich aber als Teil erfahren und bejahen heißt: anderes mit-bejahen. Die Selbstbejahung ist somit nur als Mitbejahung von anderem möglich. Diese Mitbejahung führt in einen Vermittlungszusammenhang des Guten, der mit der Rechtfertigung der einzelnen Bejahung beginnt.

Schon die Ausrichtung auf Wahrheit ist im Prinzip kommunikativ. Denn 244 Wahrheit bedeutet Objektivität, zu der alle Einsichtigen gleichermaßen Zugang haben. Im Streben nach Erkenntnis der Wahrheit muß ich deshalb am Dialog interessiert sein, denn andere Subjekte bringen andere mir noch unbekannte Gesichtspunkte hinzu. Auch wenn ich allein nachdenke, führe ich ein (internalisiertes) Gespräch (Platon: Denken ist das „Gespräch der Seele mit sich selbst", Theaitetos 189 e). Ich habe damit im Prinzip auch andere Subjekte anerkannt, denn wenn ich mit jemandem rede, kann ich ihn nicht zugleich als verfügbares Objekt betrachten oder behandeln. Ich muß ihn vielmehr als freies, weil der Einsicht fähiges Wesen respektieren. Dieser Respekt und die Zustimmung, die darin enthalten ist, folgen aus der Selbstaffirmation in der Erkenntnis, die sich nur als kommunikative Mitbejahung angemessen explizieren läßt.

245 Die Mitbejahung kann aber nicht nur interpersonal verstanden werden. Sie wird sich vielmehr auch auf die Natur erstrecken müssen. Darauf weist schon der Leib und sein leiblich natürlicher Kontext hin. Sich als Teilsein bejahen heißt den Zusammenhang bejahen, dessen Teil man ist. Dies gilt auch für die Natur, den Kosmos. Gerade heute wird die Aporie deutlich, in die man gerät, wenn man die Natur nur als verfügbares Material betrachtet und ihr nicht auch eine gewisse Eigenwürde zuspricht (für die Kosmos-Frömmigkeit der Antike war dies selbstverständlich, und einem Schöpfungsglauben müßte dies eigentlich noch näher liegen). Die Ordnung, die sich damit ergeben hat, ist real, denn sie gehört zum Wesen des Menschen. Sie ist aber auch normativ. Man könnte sie mit Platon ideell nennen. Da dieses Ideelle aber die innere Struktur unserer konkreten Wirklichkeit ausmachen soll, wäre der aristotelische Gesichtspunkt der immanenten Präsenz des Ideellen im sinnlich Gegebenen hinzuzunehmen. Das Ideell Normative zu betonen ist hier insofern wichtig, als von ihm eine Aufforderung zum Handeln, zum Bejahen und Mit-Bejahen der Wirklichkeit ausgeht, die deren Gestaltung und Veränderung einschließt. Es kann also nicht um ein Gutheißen alles Faktischen gehen, das uns umgibt. Vielmehr kommt es darauf an, das der Wirklichkeit immanente Prinzip des Mit-Seins in unserem gemeinsamen Handeln angemessen zur Geltung zu bringen. Dies schließt z.B. Erziehung ein, Kritik an Zuständen und ihre Verbesserung, auch ein Vorgehen gegen faktische Bedrohungen (Krankheitserreger usw.). D.h. die normativ ideelle Struktur der Wirklichkeit verlangt von uns Kultur in allen Bereichen, auch, wie uns heute immer deutlicher bewußt wird, im Respekt vor der Natur.

2b) Die Ordnung des Guten und das absolut Gute

246 Ist diese Ordnung, wie sie sich ergeben hat, das unübersteigbar letzte Gute? Dazu fehlt ihr noch die Unbedingtheit schlechthin. Denn die betrachtete Ordnung bleibt ein Gefüge von Abhängigem und ist insofern nicht absolut. Vgl. den KGB: Das Verhältnis der gegenseitigen Andersheit des Endlichen ist nie das Verhältnis reinen Durchsichseins und bleibt insofern immer relativ und abhängig. Dies gilt auch für das Gefüge im

normativen Sinn, d.h. für die ideelle Ordnung. Auch die normativ-idelle Endlichkeit bleibt Endlichkeit und bedarf des Unendlichen. Nach Platon bedürfen die Ideen in ihrer wechselseitigen Abhängigkeit selbst nochmals einer letzten Begründung durch die „Idee des Guten", die den das „Wesen" oder das „Sein" („οὐσία") der Dinge repräsentierenden Ideen gegenüber transzendent ist. Sie ist somit „ἐπέκεινα τῆς οὐσίας, jenseits des Seins (oder Wesens)" (Politeia 509b). Da die Ideen aber die Struktur des Wirklichen bilden (denn dessen „Wahrheit" oder „Eigentlichkeit" liegt in ihnen), ist mit jener höchsten Idee auch die letzte Tiefe der Wirklichkeit ausgesprochen. Aristoteles bringt dies mit seiner Lehre vom „unbewegten Beweger" (der alles zum Guten hin attrahiert) zum Ausdruck, die biblische Tradition durch den göttlichen Schöpfer, der die Welt nicht als brutum factum erschafft, sondern als sinnhafte Realität, d.h. von ihm mit inneren Zielen und Normen ausgestattet. Auch für Platon ist die umfassende Ordnung nur unter Einbeziehung des Göttlichen vollständig gedacht. „Die Weisen aber behaupten, o Kallikles, daß auch Himmel und Erde, Götter und Menschen nur durch Gemeinschaft bestehen bleiben und durch Freundschaft und Schicklichkeit und Besonnenheit und Gerechtigkeit, und betrachten deshalb, o Freund, die Welt als ein Ganzes und Geordnetes, nicht als Verwirrung und Zügellosigkeit [...]; du aber glaubst, alles komme auf das Mehrhaben an" (Gorgias 507 e f). Wenn wir uns selbst und die Welt nicht als bloße Faktizität auffassen, sondern als inneren Normen versehen (man könnte sagen als Ideal-Realität), dann muß jenes Absolute, in welchem nach dem KGB alles Wirkliche gründet, auch die absolute Idealität oder Gutheit sein, und diese muß gegenüber allem Endlichen, um es wahrhaft begründen zu können, einschließlich aller dem Endlichen einwohnenden Ordnungsideen, nochmals transzendent sein.

Nur die absolute Gutheit kann das relativ Gute in seiner Gutheit begründen. Sie muß aber als absolute Gutheit auch ontologisch absolut sein. Als ontologisch Relatives wäre sie abhängig und würde auf einen weiteren Vermittlungszusammenhang auch des Guten verweisen. Denn wenn, wie wir sahen, das Ja zum abhängigen Guten sich auch auf seinen Abhängigkeitskontext erstrecken muß, weil es nur aus ihm und in ihm ist und gut ist, kann das absolute und vollkommen in sich stehende Gute ontologisch nicht mehr als abhängig gedacht werden. Nur das ontologisch Absolute ist also auch als Gutes absolut. Der hier erkennbare Bezug zum KGB zeigte sich an dessen Ende umgekehrt (Nr. 96 f): Das ontologische Aussichsein (das Ergebnis des KGB) ist letztes Um-seiner-selbst-willen (in Einheit der Effizienz- und Finalursächlichkeit). Im Absoluten fällt somit Sein und Gutheit zusammen. Die Aspekte fordern einander wie auch KGB und AxGB aufeinander verweisen und sich gegenseitig fordern.

b. Das absolut Gute als Grund des Gewissens

1) Das Woher des Gewissens

248 Das unbedingt Gute ist in unserer Erfahrung als Forderung des Gewissens präsent. Im Vorangehenden war es Grund unser Zustimmung. Seine Unbedingtheit meldet sich im Gewissen als unbedingtes Sollen, als Anspruch, dem nicht auszuweichen ist (Kantisch: es gebietet kategorisch, nicht hypothetisch). Ich erfahre mich im Gewissen angesprochen und herausgefordert. Ich kann mich gegen diesen Anspruch wehren, aber ich kann ihm nicht eigentlich entfliehen.

Wir beurteilen das eigene Handeln und das Handeln anderer, bzw. die diesem Handeln zugrunde liegende Absicht, nach einem Letztmaßstab. Wir sagen: Dies ist gut oder schlecht und zwar einfachhin, ohne einschränkend hinzuzufügen: für mich, für ihn, für seinen Gewinn, Nutzen, die Vermehrung der Lust usw. In unserem Handeln und in der Weise, wie wir uns selbst zu diesem Handeln bestimmen, wissen wir uns verantwortlich. Jede generelle Leugnung dieser Verantwortung müßten wir (ehrlichen Gewissens) als Ausrede empfinden.

249 Wollte ich z.B. sagen, dies gehe nur auf mein Überich zurück oder nur auf eine internalisierte Forderung der Gesellschaft, so hätte ich die Unbedingtheit des Anspruches aufgelöst. Ich kann aber (d.h. ich darf aber) diesen Anspruch nicht auf mich oder auf irgendeine Instanz der Welt, d.h. auf eine selbst nochmals abhängige und insofern hinterfragbare Größe zurückführen. Geboten wird hier unbedingt, und dieser Unbedingtheit muß ich entsprechen. Zunächst muß ich dieser Unbedingtheit handelnd entsprechen. Ich muß ihr aber auf einer zweiten Ebene auch denkend entsprechen, indem ich das Woher der Forderung so auffasse, daß deren Unbedingtheit gewahrt bleibt. Würde ich sie vollständig auf eine endliche Größe, etwa eine Konvention oder Konstruktion, zurückführen, von der ich mich dann distanzieren oder die ich in einen weiteren Zusammenhang einordnen und damit relativieren könnte, müßte die Unbedingtheit verschwinden. Gewahrt werden kann sie nur, wenn ich sie letztlich im unbedingt Guten gründen lasse, welches auch das ontologisch Unbedingte zu sein hat. Daß dieses Unbedingte der Freiheit nicht widerstreitet, belegt schon das Phänomen des Gewissensanspruches. Denn *sollen* kann ich nur, wenn ich nicht gezwungen bin. Um meine Freiheit weiß ich vielmehr erst in dieser Beanspruchung (Kant KpV A, 5 f; 82–87).

2) Das unbedingt Gute als fordernde und bergende Macht

250 Die unbedingte Forderung zu erfahren, bedeutet auch eine Bestätigung und Würdigung des Subjektes, an das sie gerichtet ist. Der Mensch fühlt sich gemeint, unbedingt gemeint. Dies gibt ihm gegenüber der Gesell-

schaft eine Sicherheit, die ihm sonst niemand verleihen kann. Man denke an Sokrates und an Menschen, die sich der herrschenden Meinung entgegengestellt haben. Sokrates drückt diese Sicherheit auch als Hoffnung auf die Unsterblichkeit aus (z.B. Apol 40 e - 41 d).

Bei Platon ist die Zustimmung zu sich selbst noch eher unproblematisch gedacht. Aber sie ist immerhin durch die Frage nach dem Guten mit der Wahrheitsfrage verknüpft. Diese Verknüpfung eröffnet in der Neuzeit und vor allem in der Moderne die Möglichkeit, an der Rechtfertigbarkeit der Zustimmung überhaupt zu zweifeln. Bin ich vielleicht so nichtig, daß ich zu mir einfach nicht ja sagen, zu mir nicht zustimmen kann? Gerade das Gewissen zeigt aber, daß in der unbedingten Anforderung auch eine Bestätigung meiner Person liegt. Und indem ich den anderen Menschen ernst nehme, und zwar als einen solchen, der ebenfalls unter dem Gewissensanspruch steht (zu stehen bestimmt ist), habe ich ihn ebenfalls als prinzipiell werthaft anzusehen. Hier verschränkt sich die Eigenwerterfahrung mit der Erfahrung vom Wert des anderen.

c. Der unbedingte Wert des Menschen und *das* Unbedingte

Das Gewissen vermittelt mir eine Eigenwerterfahrung, indem es mich 251 fordernd auf den Wert des anderen Menschen verweist. Da die Erfahrung vom Wert des anderen allenthalben eine Primärerfahrung ist, kann die Argumentation auch von dort ihren Ausgang nehmen.

Zunächst zum Phänomen: Der unbedingte Wert des Menschen zeigt sich zweifach, einmal als zu respektierende Eigensphäre. D.h. ich darf den Menschen nicht einfach zum Mittel machen, ihn nicht instrumentalisieren. Ich muß ihn vielmehr in seiner Selbstzweckhaftigkeit anerkennen (Kant: als „Zweck an sich"). Damit ist das Recht begründet (grundlegend dafür: die Menschenrechte). Aber der Andere läßt auch eine werthafte Tiefe erkennen, die dazu einlädt, auf ihn zuzugehen, sich für ihn zu interessieren, seinem Wert in seiner Fülle gerecht zu werden. Diese Hinwendung ist Liebe. Während das Recht des Anderen gleichsam vor seiner Eigensphäre zurückweichen läßt, besteht die Liebe in einem näheren Sicheinlassen auf ihn, um gleichsam seine Kostbarkeit möglichst auszuschöpfen. Recht und Liebe sind, jeweils eigens akzentuiert (als Minimum und Maximum), Weisen der Anerkennung der unbedingten Würde des Menschen. Nun läßt sich fragen: Woher hat der Mensch diesen ihm eigentümlichen Wert, der seine Würde ausmacht? Möglichkeiten der Antwort:

(1) *Der Wert ist ihm vom Mitmenschen verliehen worden.* Erhält er nicht 252 auch tatsächlich durch die soziale Anerkennung seinen Wert? Nun wird sich zwar der Mensch zweifellos seines Wertes dadurch bewußt, daß dieser ihm durch die soziale Anerkennung vermittelt wird. Aber wäre sein Wert allein durch diesen Vermittlungsakt konstituiert, hätte er seinen Wert von

Gnaden des Mitmenschen. Diese könnten im Prinzip die Gabe zurücknehmen. Das zeigt: Der Wert des Menschen muß seiner sozialen Anerkennung vorausgehen. Die Zustimmung zu ihm muß auf Wahrheit beruhen. Nur weil der Mensch schon wertvoll ist, ist seine Anerkennung in Recht und Liebe wahrhaft begründet.

(2) *Den Wert hat der Mensch durch die Gesellschaft bekommen, etwa durch entsprechende Gesetze.* Das aber läßt sich auf Punkt (1) reduzieren. Auch hier liegt nämlich, vermittelt durch Institutionen, eine Verleihung des Wertes durch andere Menschen vor. Oft aber muß die Gemeinschaft, und zwar auch in ihrer rechtlichen Verfassung, ermahnt werden, den Wert des Menschen anzuerkennen. Sollte es Kritik an Staat und Gesellschaft nicht mehr geben können? Konventionalistisch läßt sich der Wert des Menschen also nicht begründen.

(3) *Der Mensch hat vielleicht seinen Wert durch den eigenen Willensentschluß, durch die eigene Setzung, also dadurch, daß er kundgibt: Ich will bejaht werden!* Doch nicht sein faktischer Anspruch auf Anerkennung kann seinen Wert begründen. Nur dieser selbst kann seinerseits den Anspruch begründen. Die Würde ist vorgegeben, auch dem Menschen selbst. Zwar kann er in den Zustand geraten, daß er nicht mehr an sie glaubt. Dann ist er auf sie neu hinzuweisen. Er ist zu ermuntern, sie neu zu entdecken. Ansonsten wäre sein Entschluß zum eigenen Wert oder Unwert nicht kritisierbar. Außerdem: wie ist es mit Menschen, die noch nicht oder die nicht mehr diesen Willen äußern können? Hier wird deutlich: ich muß ihren Wert bereits voraussetzen und zwar als ihrem eigenen Anerkennungsakt vorausliegend.

253 Der Mensch muß demnach so verstanden werden, daß er seinen Wert schon mit seiner Existenz besitzt. Da nun aber seine Existenz eine abhängige ist, bedarf sie mit ihrem werthaften Charakter zusammen der Begründung. Das Woher der faktischen Existenz des Menschen muß letztlich auch das Woher ihres Wertes sein. Damit muß dieser Ursprung selbst als wertschöpferischer Ursprung gedacht werden. Er kann nicht nur in einem materiellen Prozeß bestehen. Denn ein solcher brächte nur neutrale Faktizität hervor. Der Ursprung des Menschen muß aus einem existenz- und wertbegründenden Ja verstanden werden. Die Zustimmung zum eigenen Wert wie zum Wert des anderen Menschen ist dann der Mitvollzug dieses begründenden Ja.

d. Sich bejahen als bejaht - das Urvertrauen

254 Aus diesem Zusammenhang der Eigenwerterfahrung im Gewissen und der Vermittlung dieser Erfahrung durch den Mitmenschen bekommt auch ein Gesichtspunkt Bedeutung, der von der Psychologie „Urvertrauen" genannt wird (psychologisch: Erikson, 62 ff; philosophisch-theologisch: Küng,

490ff; Pannenberg 1983, 217ff). Der Mensch gewinnt nämlich Selbstvertrauen und Vertrauen ins Leben und Dasein durch die Erfahrung der Zuwendung anderer Menschen zu ihm. Im Spiegel ihres Ja kann er sich selbst bejahen und Vertrauen fassen. Doch mit zunehmender Reife muß ihm deutlich werden, daß die Macht anderer Menschen, sein (Selbst-)Vertrauen zu sichern, begrenzt ist. Die Selbstbejahung muß, wenn sie denn abhängig bleibt und sich der einzelne seinen Eigenwert und sein Lebensvertrauen nicht schlechthin selbst garantieren kann, auf einer tieferen Grundlade aufruhen, und zwar auf einer solchen, die von keiner irdischen Macht mehr ersetzbar oder auch zerstörbar ist. Wird diese tiefere Ebene in einer entsprechenden geistigen Einstellung erreicht, dann können rückblickend die anderen Menschen immerhin als vermittelnde Repräsentanten dieses tieferen, metaphysischen Ja angesehen werden, auf das aber nun allein letztlich zu bauen ist.

Paul Tillich sagt: „Der Mut zum Sein ist der Mut sich anzunehmen als 255
angenommen" (Tillich 1968, 163). Für Tillich bricht die Frage nach einem letzten transzendenten Angenommensein vor allem dann auf, wenn der Mensch schuldig geworden ist. Die mitmenschliche Verzeihung genügt dann nicht mehr zur Bereinigung und zum Neuanfang (sie ist vielleicht auch, etwa durch den Tod des anderen, nicht mehr möglich). Hier gilt es für den Menschen, auf ein Angenommensein zu vertrauen, „trotz seiner Unannehmbarkeit" (163f). Diese Annahme kann aber nur von jener existenz- und wertbegründenden Instanz erwartet, bzw. erhofft werden. Das Verhältnis zu dieser unbedingten Instanz ist ein Vertrauensakt und es behält diesen Charakter in allen seinen Schattierungen. Zwar geht es dabei stets auch um das rechte Selbstverhältnis, aber wenn das Selbstverhältnis ein Akt der Freiheit ist, dann zeigt sich dieser nochmals im Wagnis des Vertrauens.

Nach Jean-Paul Sartre gilt die Alternative: Entweder Gott oder die Freiheit 256
(in seinem Drama: „Die Fliegen"). D.h. erst wenn der Mensch sich selbst das Höchste ist, kann es Freiheit geben. Nach dem bisher Gesagten ist es aber so, daß der Mensch seine Freiheit verliert, wenn es kein ihn überschreitendes Unbedingtes gibt. Abhängig ist er in jedem Fall, und das Unbedingte schlechthin ist er auch nicht. Wenn es ein solches überhaupt nicht gibt, dann regieren und herrschen nur die relativen Größen, Abhängigkeiten und Verflechtungen dieser Welt. Das Unbedingte allein kann dem Menschen eine gewisse, aber entscheidende Überlegenheit und damit seine Freiheit garantieren. Nur das in sich vollkommen Unbeschränkte kann eine relative, endliche Unbeschränktheit gewähren und begründen. Mit dem Bezug zu diesem Unbedingten, oder anders gesagt: mit der Präsenz dieses Unbedingten im eigenen Inneren, steht und fällt die Freiheit des Menschen (vgl. Krings, besonders 161 ff).

Da dieses Verhältnis zum Unbedingten aber keines der Verfügung ist (dies 257
würde dem Begriff des Unbedingten widersprechen), kann es nur das eines

Sichanvertrauens sein. Auch die vorangegangenen Überlegungen reden nicht einem Verfügen das Wort, sondern einem Vertrauen, das es als zum eigenen Leben gehörig zu entdecken und an das es sich anzuschließen gilt. Denn die Argumentation bezog sich auf eine zumindest ansatzweise immer schon vollzogene Praxis des Geistes, die für die Orientierung existentieller Entscheidung auszulegen war (Nr. 25 f). Nur im Mut zu dieser eigenen Praxis kann auch ihr Grund als ein tragender Grund erfaßt werden.

e. Die Einheit von Gewissensbindung und Vertrauen

258 Würde ich meinen Bezug zum „Ganzen" lediglich als Ausgeliefertsein an eine blinde Faktizität verstehen, wäre ich immerhin noch fähig, mir einen von ihr nicht erreichbaren Freiraum zu bewahren. Ich könnte (müßte) mir sagen: Zwar sind die mich umgebenden Mächte imstande, mich zu zermalmen, aber ich weiß darum und kann mich von ihnen distanzieren. Ich bleibe also in einem prinzipiellen Sinne der Überlegene, weil ich im Innersten nicht tangierbar bin. Die Konsequenz dieses Selbstverständnisses wäre aber, daß ich den Grund meiner unantastbaren Eigenständigkeit rein aus mir selbst schöpfen müßte. Ich müßte mich in einer letzten Selbstbegründung verstehen. Aber dies ist (wie wir verschiedentlich gesehen haben) nicht möglich, weil ich nicht das Absolute, sondern endlich bin. Mit dieser Einsicht werden mir dann auch wieder Zweifel kommen an meiner (heroischen) Eigenständigkeit, und erneut wird sich das Gefühl des restlosen Ausgeliefertseins einstellen. So müßte sich ein ständiges Schwanken ergeben im Gefühl des Besitzes und Verlustes der eigenen Freiheit. Meine Freiheit mir im Bewußtsein dauerhaft zu bewahren ist nur möglich, wenn ich ihre Eigenständigkeit mit ihrer Abhängigkeit zusammendenken kann und zwar so, daß die Abhängigkeit die Eigenständigkeit nicht schmälert, sondern begründend sichert. Eine solche Abhängigkeit zeigt sich im Gewissen. Über sie und in ihr weiß ich meine Freiheit zugleich gebunden und bewahrt, und das Bauen auf dieses Bewahrtwissen (meiner Freiheit und meiner Personalität) ist unbedingtes Vertrauen.

259 Umgekehrt kann ich nur jener Macht vollkommen vertrauen, von der ich mich auch letztlich gebunden weiß. Nur sie kann mich umfassend bergen. Würde sie mich nicht im Innersten binden, könnte ich mich von ihr distanzieren. Ich könnte, ja müßte sie relativieren und einordnen und wäre damit ganz außerstande, sie als letzte mich tragende Macht anzuerkennen. Auf eine solche beziehe ich mich erst dann, wenn ich mich von ihr in keiner Weise distanzieren, mich ihr nicht mehr entziehen kann und es auch nicht will, weil ich weiß, daß ich es nicht soll. Einer geringeren als dieser Macht könnte ich niemals umfassend vertrauen. Nur auf sie hin kann ich mich radikal „verlassen" (in der doppelten Bedeutung des Wortes) ohne Angst haben zu müssen, mich zu verlieren. Denn ich unterwerfe mich ihr

(ohne den Rest einer Distanzierungsmöglichkeit und -Notwendigkeit) ohne mich preiszugeben oder einer Entfremdung anheimzufallen. Nur so kann ich die volle Geborgenheit erfahren, die meinem vollen Vertrauen entspricht. Religionsgeschichtlich zeigt sich diese Einheit der Erfahrung des Vertrauens und des Gebundenseins im AT: Der Gott, dem das vorbehaltlose Vertrauen gilt, ist auch der Gott der unbedingten Gebote. Der Gott des Schutzes und der Befreiung aus Ägypten ist auch der Gott der Gesetzgebung vom Sinai.

Das Bauen auf das Gute als letzte Macht stellt den Anschluß an die anderen Gottesbeweise her. Wenn das Gute nicht nur unser Wunsch oder unsere Konstruktion ist, dann ist es Gut-*Sein*, und als nicht relatives Sein ist es absolut. Das ueS des KGB zu sein ist also die notwendige Bedingung des wahrhaft Guten. D.h. wenn das Gute die Implikation (Folgerung) hätte, ein irgendwie Bedingtes zu sein, würde sie die Voraussetzung, die es als unbedingt Gutes enthält, zerstören. Wie der KGB auf den AxGB verwies und in ihm seine Erfüllung fand (weil das Unbedingte mit der Freiheit bestehen können und insofern nur als das sie Bindende gedacht werden kann), so verweist auch der AxGB auf den KGB zurück, da, wenn das unbedingt Gute nicht auch unbedingtes Sein wäre, es nur ein Relatives, und somit auch nur ein relativ Gutes sein könnte.

V. TELEOLOGIE UND SINNFRAGE

Zu den klassischen Gottesbeweisen gehört auch der teleologische (TelGB). Er besagt, ganz allgemein gesprochen, daß wir in der Welt zweckmäßige Strukturen antreffen, und daß diese letztlich nicht begreifbar sind ohne eine überweltliche geistige Ursache, die wir nur als Gott denken können. In den fünf Wegen des Thomas ist dieser Beweis der fünfte und letzte. Ich stelle ihn ebenfalls an den Schluß. Denn in seiner stark naturphilosophischen Ausprägung ist er uns heute nicht mehr leicht zugänglich und gilt häufig als überholt und einem überkommenen Weltbild verhaftet. Allerdings meine ich, daß man seinen Kerngehalt in einer auch heute überzeugenden Weise darlegen kann, freilich nicht in einer rein naturphilosophischen Perspektive. Im Hinblick auf eine heute akzeptable Gestalt des Beweises ist es unumgänglich, das Thema „Zweck" im Zusammenhang der Selbstzweckhaftigkeit des Menschen zu behandeln, d.h. unter Einbeziehung der Anthropologie und speziell der Sinn-Frage. Es ergibt sich dann eine Fundierung des Zweckbezuges, die ihn über seine regionalontologische Bedeutung erhebt und ihn mit dem Sein überhaupt verbindet. In dieser Perspektive kann der TelGB dann sogar als zusammenfassende Gestalt der Gottesbeweise betrachtet werden. Das erfordert allerdings, daß die anderen schon zur Kenntnis gebracht wurden, so daß man auf sie zurückblicken kann.

1. Der klassische teleologische Gottesbeweis

a. Stationen seiner Geschichte

262   1) Das *mythische Denken* ist ganz und gar teleologisch. Durch ein Handeln der Götter entsteht die Welt und ihre Ordnung, und alles Geschehen in ihr ist von einem solchen Handeln der Götter und vom Handlungszusammenhang zwischen ihnen und den Menschen durchzogen. Gegen diese Sicht wendet sich in Griechenland zunächst die vorsokratische Philosophie welche die Welt aus Stoffen erklärt. Diesbezüglich am radikalsten ateleologisch ist der Atomismus des Demokrit. Anaxagoras führt zwar in die stoffliche Welt den Geist, den Nous, als Gestalter ein. Jedoch wird dieser bei ihm nicht systembildend, so die Kritik von Sokrates und Platon.

263   2) Dieser Richtung, repräsentiert vor allem durch die Person des Anaxagoras, setzt *Sokrates* das „Erkenne dich selbst!" mit seinen ethischen Implikationen entgegen. Im „Phaidon" des *Platon* (97ff) berichtet Sokrates, wie das Suchen nach Gründen ihn zu den Schriften des Anaxagoras brachte, wie er dessen Antworten aber als unangemessen empfand. Es sei so, sagt er, wie wenn man die Frage, warum denn Sokrates hier im Gefängnis ausharre und nicht die Flucht ergreife, damit beantwortete, daß seine Muskeln und Beine die und die Stellung hätten. Die Frage nach dem Warum ist eigentlich die nach dem Ziel, dem Guten. Sie ist die übergeordnete, die mit der Frage nach den faktischen Bedingungen nicht verwechselt werden darf. In ihrer Perspektive muß auch der Gesamtkosmos betrachtet werden. Auch der Kosmos, in den der Mensch gehört und dessen Teil er ist, muß dann im ganzen als zweckvolles Gebilde angesehen werden und kann nur in einem Zwecke setzenden göttlichen Geist gründen, deswegen dann die für den Leser des Phaidon zunächst erstaunliche Kosmologie in diesem doch dem Sterben des Sokrates gewidmeten Dialog (Phaidon 108-113). Weit ausgeführt findet sich diese teleologische Kosmologie im „Timaios", wo die Welt in einer göttlichen Schöpfung begründet wird. Auch auf den „Philebos" ist zu verweisen (28 c-31b), und nach den „Nomoi" ist die Konzeption eines geordneten Staates nicht möglich ohne die Voraussetzung einer von den Göttern geordneten Welt (Nomoi X). Die Beantwortung der Frage nach dem Guten im Sinne objektiver (idealer) Normen erfordert nach Platon die weitere Frage nach der Funktion dieses Idealen für einen Kosmos, in dem das Gute real möglich und eine erfüllbare Aufgabe ist. Xenophon berichtet in seinen „Erinnerungen an Sokrates", daß dieser den Kosmos für ein von den Göttern geschaffenes Zweckgebilde hielt. „Sage mir, Euthydemos, so begann er (Sokrates), ist es dir schon mal eingefallen, darüber nachzudenken, mit welcher Fürsorge die Götter alles eingerichtet haben, dessen die Menschen bedürfen? Jener antwortete, beim Zeus, das habe ich noch nicht getan. Gewiß weißt du

doch, so fuhr er fort, daß wir vor allem das Licht benötigen, das uns die Götter gewähren [es folgen in 3-12 Hinweise auf Gestirne, Jahreszeiten, das Feuer, die Pflanzen und Tiere] Daß ich aber sicherlich die Wahrheit spreche, wirst auch du erkennen, wenn du nicht darauf wartest, die Götter in sichtbarer Gestalt erblicken zu können, sondern dich damit begnügst, ihre Werke anzuschauen und daraufhin die Götter anzubeten und zu verehren" (Memorabilien IV, 3, 3 u. 13).

3) *Aristoteles* lobt Anaxagoras, denn damit, daß er die „Vernunft (nous)" 264 zur „Ursache des Kosmos und der Ordnung" erklärte, „erschien er wie ein Nüchterner gegen Irredende" (Met. 984 b). Doch der Vorwurf folgt, daß er die Vernunft nur „verlegenheitsweise" heranziehe, wenn er mit den anderen Ursachen nicht durchkomme (985 a). Nach Aristoteles muß der Nous die systembildende Macht sein und damit auch die Teleologie. Hier folgt er ganz seinem Lehrer Platon. Sextus Empiricus (adv. Dogm. III, 20ff) berichtet von Aristoteles (wohl Bezug nehmend auf dessen verschollene Schrift „über die Philosophie"): „Aristoteles leitet den Gottesglauben bei den Menschen aus zwei Wurzeln ab, aus Vorgängen in der Seele und am Himmel. Die seelischen Vorgänge seien die im Schlaf, die Gottbegeisterung und Wahrsagegabe der Seele [...] Von daher also, sagt er, ist den Menschen die Existenz des Göttlichen aufgegangen, welches mit der Seele vergleichbar ist, wenn sie für sich ist und erfüllt ist mit höchster Weisheit. Aber dies zeigen auch die Vorgänge am Himmel. Denn wenn man geschaut hat, wie am Tage die Sonne kreist, wenn man bei Nacht die wunderbare Ordnung in der Bewegung der anderen Sterne beobachtet hat, so hat man noch immer in einem Gott den Quell dieser Bewegung und Ordnung gesucht. So also lehrt auch Aristoteles" (was die beiden Ausgangspunkte Seele und Himmel betrifft, so ist die Parallele zu Kants berühmtem Wort aus dem „Beschluß" der KpV auffällig). Cicero überliefert (wohl ebenfalls aus „über die Philosophie") von Aristoteles das Gleichnis: Wenn Menschen, die unter der Erde lebten, an die Oberfläche der Erde kämen und Erde, Meer, Sonne, ihre Schönheit und ihr Wirken erblickten und „wenn sie dies sähen, würden sie wahrhaftig glauben, daß göttliche Wesen existieren und daß diese gewaltigen Werke Schöpfungen göttlicher Wesen sind. Das also sagt Aristoteles" (de nat. deor. II, 95f). In „über den Himmel" schreibt Aristoteles lapidar: „Gott und die Natur machen nichts ohne Zweck" (271 a). Während Platon jedoch im Timaios den Demiurgen benötigt, um die Ideen in die Materie zu bringen und so den Kosmos zu gestalten, geht Aristoteles davon aus, daß die Natur immer schon ideell bestimmt ist, die Ideen also immer schon in den Dingen sind. Die vier Ursachen, Form-, Stoff-, Wirk- und Zielursache (Met. I, 3, 983a/b) sind Antworten auf vier Typen von Warum-Fragen (Phys. 198 a). Die Form, das Eidos, bezeichnet auch das Ziel, das Telos, und begründet das Verstehen. Dazu Spaemann: „Die Zweckursache hat den Primat in der Aristo-

telischen Lehre von den Ursachen. Sie allein kann die Warum-Frage befriedigend im Sinne des Verstehens lösen" (Spaemann 1981, 71). Die Ursachentypen schließen sich dabei keineswegs aus, sondern sind einander komplementär zugeordnet. So sind die natürlichen Vorgänge durch alle vier Ursachen konstituiert. Dieser Gesichtspunkt ist wichtig für heutige Diskussionen. Das Telos ersetzt nach Aristoteles nicht die Wirkursache, sondern ist nur eine Dimension im Verursachungsvorgang. Der Fehler etwa des Vitalismus von Hans Driesch war es, die Zweckursache zu einem Ersatz der Wirkursache zu machen.

265 Veränderung, Bewegung (kinesis) ist auf ein Ziel ausgerichtet. In Phys. 201 a 10f wird „kínesis" als „entelécheia" definiert, womit sie vom Telos her zu begreifen ist. Alles Entstehen überhaupt geht auf ein Ziel hin (Met. 1050 a). „Tyche", also Fügung oder auch Zufall, ist hingegen nur eine Ursache „per accidens" (Phys. 197a). Sie ist „unbestimmt" (ebd.). Der „Logos" bezieht sich stets auf das, was immer oder in der Mehrzahl der Fälle geschieht (ebd.). Das „Autómaton" (das ungeleitet Spontane) und die „Tyche" sind dem Nous und der Physis nachgeordnet (198a). Auf die ateleologische Sicht des Empedokles, nach dem z.B das Wetter oder auch die Zähne der Tiere Zufallsprodukte sind (Phys. 198b), erhebt Aristoteles vier Einwände: (1) Die Regelmäßigkeit der Naturverläufe wäre nicht erklärbar. Er bezieht sich dabei auf „alle naturhaften Ereignisse" (z.B das Wetter, aber auch auf Biologisches) (198 b f). (2) Die Zielgerichtetheit in der Natur muß in Entsprechung zum Handeln gesehen werden, und hier geht es um Zwecke (199 a). (3) Man redet von „Fehlern" (199 a/b), und dies ist nur von einer Zielbestimmung her zu erklären, und (4): Zielhafte Prozesse müssen nicht immer mit Bewußtsein geschehen. „Auch der erfahrene Handwerker muß nicht immer überlegen". Die Zwecktätigkeit der Natur muß also nicht mit Zweckbewußtsein erfolgen (199 b). Was die Gesamtnatur betrifft, so ist sie nach den Büchern der Physik nicht selbst noch einmal als zwecktätig zu verstehen, so daß alles Geschehen in ihr als zweckmäßig zu begreifen wäre. Doch steht diese Beschränkung in einer gewissen Spannung zu den aus „über den Himmel" und „über die Philosophie" zitierten Stellen (vgl. dazu: Wagner, 476ff). Als höchster Zweck, der aber außerhalb der stofflich bestimmten Natur steht, wirkt Gott als rein geistiger „unbewegter Beweger" (Met. 1072 b). Er bewegt „hos erómenon" (ebd.), wie ein Geliebtes, als höchster Attraktionspunkt und damit als höchste Finalursache. An diesem höchsten Ziel nimmt in der Natur jedes Wesen entsprechend seiner eigenen Möglichkeit teil (de anima 415 a/b; vgl. Platon, Symposion 208 a/b). Aristoteles macht damit deutlich, daß eine objektive Gutheit (die nicht wieder zu reduzieren ist auf ein Interesse, das ja nur selbst wieder von einer Gutheit lebt) nur möglich ist im Hinblick auf ein höchstes unabhängiges Umwillen (vgl. Spaemann 1981, 73). Die Wissenschaft erkennt diesen höchsten und letzten Zweck (Met. 982 b). Der Mensch ist zu seiner Erkenntnis durch die Theoria fähig

(NE X, 7 u. 8): Es ist das vollkommene Leben des unbewegten Bewegers im vollendet selbstbezüglichen und selbstzweckhaften Akt der „nóesis noéseos", das uns Menschen nur ansatzweise möglich ist (Met. 1072b).

4) Bei den *Stoikern* und ihrer immanentistischen Sicht (Gott und Natur werden gleichgesetzt) ist auch die Gesamtteleologie mit der Natur gegeben. Die Natur wird deshalb viel direkter als bei Aristoteles als in sich zweckmäßiges Gebilde angesehen. Nach Cicero lehrte Zenon: „Aber nun ist doch sicherlich von allen Dingen nichts besser, nichts vortrefflicher und nichts schöner als die Welt (mundus), und es gibt nicht nur nichts Besseres, sondern man kann sich nicht einmal etwas Besseres vorstellen. Und wenn es nichts Besseres gibt als Vernunft und Weisheit, so muß dies beides notwendigerweise in dem enthalten sein, was wir als das Beste anerkennen [...]. Könnte die Erde denn sonst zu einer bestimmten Zeit in Blüte stehen und dann wieder vor Kälte erstarren oder könnte man sonst, da sich so viele Dinge ihrer Natur gemäß in einer dauernden Umwandlung befinden, die höhere und die tiefere Bahn der Sonne zur Zeit der Sommer- und Wintersonnenwende feststellen oder könnten sonst die Gezeiten des Meeres und der Meerengen beim Aufgang und Untergang des Mondes in Bewegung geraten oder die Planeten, obwohl der ganze Himmel in sich nur eine einzige Drehung vollführt, trotzdem noch untereinander verschiedene Bahnen beibehalten? Diese Vorgänge könnten in einer solchen Harmonie aller Teile des Weltalls selbstverständlich nicht geschehen, wenn sie eben nicht durch einen einzigen göttlichen und ununterbrochen tätigen Geist in Gang gehalten würden [...]Daraus aber wird sich der Schluß ergeben, daß das Weltall Gott ist (esse mundum deum)" (de nat. deor. II, 18f, 21).

Von Cicero stammt das dieser Sicht gemäße Wort, die Welt in ihrer Ordnung aus Zufall zu erklären sei so wie zu sagen, die Annalen des Ennius könnten aus auf den Boden geschütteten Buchstaben zufällig entstehen (de nat. deor. II, 93). „Chrysipp bringt jedenfalls einen treffenden Vergleich: wie die Hülle für den Schild und die Scheide für das Schwert da sei, so sei mit Ausnahme des Weltalls auch alles andere für das andere geschaffen, wie die Erzeugnisse und Früchte der Erde für die Tiere, diese aber für den Menschen, wie das Pferd zum Reiten, das Rind zum Pflügen, der Hund zum Jagen und zum Wachen; der Mensch selbst aber ist dazu geboren, das Weltall zu betrachten und nachzuahmen" (de nat. deor. II, 37). Wie diese Sicht zu detaillierten Theodizeesystemen führt, dazu siehe unten. Die Epikureer knüpfen in Antithese zu den Stoikern und ihrer Universalteleologie an die ateleologische Sicht Demokrits an (z.B. Lukrez).

5) In der *Bibel* findet sich dieser Schluß von der Schönheit und Ordnung der Welt auf den Schöpfer z. B. im Buch der Weisheit (Weis 13, 1-9). Der Text wurde bereits im Zusammenhang der Geschichte des KGB herange-

zogen. Paulus diskutierte in Athen mit stoischen und epikureischen Philosophen (Apg. 17, 18). Philosophisch nimmt er Gedanken des Weisheitsbuches auf. So heißt es in Röm 1, 19ff: „Das Erkennbare (γνωστόν) an Gott ist ihnen deutlich (φανερόν). Gott hat es ihnen sichtbar gemacht (ἐφανέρωσεν). Denn sein Unschaubares (ἀόρατα) wird seit Erschaffung der Welt durch die Werke (Gottes) als ein Eingesehenes (νοούμενα) angeschaut (καθορᾶται) [durch noumenale, intellektuelle Anschauung, vermittelt freilich durch das Sichtbare], seine ewige Macht und Gottheit. Daher sind sie unentschuldbar. Denn sie haben Gott erkannt, ihn aber nicht als Gott geehrt und ihm nicht gedankt".

268 6) Von den *Kirchenvätern* wird diese teleologische Argumentation häufig aufgenommen. Nur einige Beispiele seien gegeben. *Minucius Felix* (um 200) in „Octavius": „Um so mehr scheinen mir Leute, die glauben können, daß dieser ganze kunstreiche Weltenbau nicht nach göttlichem Plan vollendet, sondern aus irgendwelchen planlos aneinanderhängenden Brokken zusammengeballt sei, weder Sinn noch Verstand, ja nicht einmal Augen im Kopf zu haben" (17, 3). Es wird auf die Gestirne, die Jahreszeiten, die Vegetation, auf die Tiere und schließlich auf den Menschen verwiesen (17 und18): „All diese Dinge aber setzen nicht nur für ihre Erschaffung, Bildung und Anordnung einen höchsten Baumeister und eine vollkommene Vernunft voraus; sie könnten auch, gäbe es keine höchste Kunst und Vernunft, nicht einmal gefühlt, erkannt und begriffen werden" (17, 6).

269 Bei *Laktanz* (um 300) heißt es in seinem „Auszug aus den göttlichen Unterweisungen" (Kap 1): „Am Dasein der göttlichen Vorsehung zweifelt niemand; über diese Frage herrscht bei fast allen Philosophen mit Ausnahme der Schule Epikurs nur *eine* Stimme und *eine* Überzeugung, daß nämlich die Welt ohne Gottes Schöpfermacht nicht hätte entstehen können und ohne Gottes Leitung nicht fortbestehen könnte [...] Wer könnte auch an der Vorsehung zweifeln beim Anblick einer solchen Anordnung und Einrichtung des Himmels und der Erde, daß alles zu wunderbarer Schönheit und Pracht, alles zum Nutzen und zur Annehmlichkeit der Menschen und der übrigen Geschöpfe aufs trefflichste zusammenstimmt? Was also mit Vernunft fortbesteht, kann nicht ohne Vernunft angefangen haben".

270 *Gregor von Nyssa* (4. Jh.) in seiner „Großen Katechese" (Vorwort): „Bei einer Unterredung mit einem Heiden wird es also gut sein, an ihn in erster Linie die Frage zu richten, ob er sich zum Glauben an ein göttliches Wesen bekenne oder ob er der Lehre der Atheisten beipflichte. Leugnet er nun etwa die Existenz eines göttlichen Wesens, so wird er aufgrund der weisen und kunstvollen Weltanordnung überzeugt, daß er annimmt, es gebe eine hierin sich offenbarende und über dem Universum stehende Macht".

271 *Augustinus* (Sermo 141, 2): „Frage die Welt, die Schönheit des Himmels, das Leuchten und die Ordnung der Gestirne, die Sonne des Tages und den

172

Mond, den Frost der Nacht, frage die Erde, fruchtbar an Bäumen und Pflanzen, bevölkert mit Tieren aller Art der Erde, geschmückt und ausgestattet für die Menschen, das Meer mit der Fülle der in ihm geborgenen Wesen, frage alles und sieh, ob nicht jedes in seinem Sinne und nach seiner Art dir antworten wird: Gott hat uns gemacht. Dies haben hochgesinnte Philosophen gefragt, und sie haben aus dem Kunstwerk der Welt den göttlichen Künstler erkannt".

7) Im Vergleich zu dieser Sprache ist die des *Thomas* in seinem „fünften 272 Weg" eher nüchtern: „Der fünfte Weg wird von der Lenkung der Dinge genommen. (a) Wir sehen nämlich, daß einige (Dinge), die des Denkens entbehren, nämlich die natürlichen Körper, wegen eines Zweckes tätig sind, was daraus deutlich wird, daß sie immer oder meistens auf dieselbe Weise tätig sind, um das zu erreichen, was (jeweils) das Beste ist. Daraus ist offenbar, daß sie nicht aus Zufall, sondern aus Absicht zu ihrem Ziel gelangen. (b) Diejenigen (Dinge) aber, die kein Denken haben, streben nicht zu ihrem Ziel, außer weil sie geleitet sind von einem Denkenden und vernünftig Erkennenden, wie der Pfeil vom Bogenschützen geleitet wird. (c) Also gibt es etwas vernünftig Erkennendes, von dem alle Naturdinge auf ein Ziel hin geordnet werden. Und dies nennen wir Gott" (Sth I, q 2 a 3 resp). Der Erklärung bedürftig ist also die Tatsache, daß Dinge ohne Bewußtsein auf Ziele hin wirken. Die Regelmäßigkeit und Gleichförmigkeit ist Hinweis auf dieses Wirken. Thomas hat dabei offenbar ganz allgemein Naturverläufe im Blick, also nicht nur Lebensprozesse. Für den Neuzeit würde man die beobachtete Regelmäßigkeit naturgesetzlich erklären. Hier gäbe es dann allerdings kein „meistens", sondern nur das „immer". Doch für Thomas ist, wie auch für Aristoteles, der den Zufall als Indiz der Irregularität ansieht, die Regelmäßigkeit, und zwar auch im Sinne der überwiegenden Häufigkeit, der Hinweis auf eine Zielgerichtetheit. In Scg 1, 42 wird die Zufälligkeit ausgeschlossen mit der Begründung: „da es ja immer oder doch meistens so ist". In Scg I, 13, wird der Beweis unter Bezugnahme auf die Vorlage bei Johannes Damascenus (um 700) mit der gleichen Begründung durch die Regelmäßigkeit der Naturverläufe vorgetragen (zur Vorlage: Arnou 58f). Die Verursachung allein ist also in dieser Sicht noch keine Garantie für Regelmäßigkeit. Denn auch der Zufall kann Ursache sein. Nach Thomas und Aristoteles bedarf gerade die Regelmäßigkeit einer Begründung (Spaemann 1981, 86f). Allerdings gibt es einen gravierenden Unterschied zwischen Thomas und Aristoteles. Für diesen sind die zielgerichteten Naturprozesse nicht notwendig von einem Bewußtsein gelenkt und bedürfen deshalb keiner Fundierung in einem höheren Bewußtsein. Nach Thomas können sie nicht gedacht werden ohne eine solche Fundierung, welche allein durch den Schöpfergott gegeben ist, der jene Vorgänge lenkt wie der Schütze den Pfeil. Die Zwecksetzung wird also aus der Welt hinaus verlagert. Zwar ist Thomas

noch guter Aristoteliker, so daß er die Immanenz der Zwecke in der Welt beibehält. Er fügt lediglich hinzu, daß sie vom transzendenten Schöpfer gesetzt und verursacht sein müssen.

273 8) *Kritik und Erneuerung der Teleologie in der Neuzeit:* Die Begründung der Naturzwecke durch den Schöpfer führte jedoch zu einer Zweckentleerung der Natur. Dies geschah im Nominalismus, der eine Erkenntnis der in den Dingen wirkenden Formen als immanenter Zwecke nicht mehr für möglich hielt. Man begnügte sich damit, daß Gott die Welt über die Wirkursachen nach seinen Zielen lenke, und konnte von daher vertreten, daß innerhalb der Welt nur derartige Ursachen anzutreffen seien. Diese Sicht kam dem neuen naturwissenschaftlichen Denken entgegen, das allein die Wirkursache für wissenschaftlich relevant hielt, um die Natur zu entschlüsseln und technisch über sie zu verfügen. Berühmt ist das Verdikt, das Francis Bacon (1561- 1626) über die „causa finalis" aussprach: Sie sei „wie eine Gott geweihte Jungfrau, die nichts gebiert (tanquam virgo Deo consecrata, nihil parit)" (de augmentis scientiarum III, 5). Zwar wurde die Teleologie der Natur in der Scholastik noch gelehrt. Aber sie trat in Konkurrenz mit den Naturgesetzen und geriet in die Gefahr, nur noch als asylum ignoranitae zu fungieren, d.h. als Hilfserklärung, wenn keine naturgesetzliche Erklärung zur Verfügung stand. So „erklärt" Suárez (1548 - 1617) das Aufsteigen des Wassers im Vakuum aus einer besonderen, nicht näher bestimmten Zweckursache (Disp. Metaph. XXXIII, s. 10, nr 10). Eine solche Vorgehensweise brachte die Teleologie in Mißkredit. *Descartes* sieht methodisch völlig von der Zielursache ab. Bei *Hobbes*, aber auch in der Metaphysik des *Spinoza* wird die Teleologie zugunsten des Strebens nach Selbsterhaltung ausgeschlossen. Spaemann spricht von einer „Inversion" der Teleologie (Spaemann 1981, 105f). D.h. die Selbsttranszendenz des Seienden auf einen zu erreichenden Zweck hin wird „zurückgebogen" auf das Seiende selbst, bei dem nur noch die Tendenz festzustellen ist, den gegenwärtigen Zustand zu erhalten. *Leibniz* allerdings sucht wieder den Anschluß an die klassische Teleologie zu gewinnen. Er ist bemüht, sie mit der naturgesetzlichen Sicht zu versöhnen. Nach dem Außenaspekt der Dinge soll die Naturgesetzlichkeit mit ihrer Mathematisierung gelten. Doch hat die Welt auch einen Innenaspekt, der durch die „Monaden" gegeben ist. Diese sind die atomaren reflexiven Zentren, aus denen die Welt besteht und in sich jeweils das ganze Universum in bestimmter Perspektive spiegelt. Gott als „Ur-Monade" hält die Monaden in einer „prästabilierten Harmonie", die zugleich ihre gesetzliche Außenansicht garantiert. In der Nachfolge von Leibniz kam deshalb die Teleologie wieder zu Ehren. Ihre Erneuerung verband sich mit dem „Deismus", etwa bei *Christian Wolff* (1679 - 1754) und seiner Schule. Gott wurde als Schöpfer einer zwar kausalmechanisch funktionierenden, aber als ganzer geplanten und (wie eine Uhr) zweckvoll gestalteten Welt angesehen.

Diesem Denken ist *Hermann Samuel Reimarus* (1694 - 1768) verpflichtet.
Sein Buch „Die vornehmsten Wahrheiten der natürlichen Religion" stellt
eine groß angelegte Lehre von Gott als dem Schöpfer dar. Das Argument
der Teleologie steht dabei im Mittelpunkt: Aus den vielen Zweckmäßig-
keiten in der Welt ist mit Notwendigkeit auf einen intelligenten Schöpfer
zu schließen. Im Tierreich sind dafür etwa die vielen „Fertigkeiten" ein
Beweis, „in welchen sich so viel Verstand, Einsicht, Kunst, Weisheit,
Absicht offenbaret, daß sie alles Vermögen der lebendigen und leblosen
Natur übersteigen, und niemanden, als dem einen unendlich weisen Werk-
meister der ganzen Natur, zugeschrieben werden können" (Reimarus,
Ende des Kap V). Insbesondere aber ist die Schöpfung auf den Menschen
ausgerichtet, deren Zweckmäßigkeit für ihn er erkennen kann: „Er wird
nun die allgemeine Einrichtung der Welt, die Naturkräfte und deren Regeln, den Erdboden und dessen Bequemlichkeiten, als Dinge ansehen, die
nach göttlicher Absicht auch ihm besonders zu Gute kommen sollen: da
die ewige Vorsehung auch auf ihn gedacht, und ihm in diesem prächtigen
Gebäude für die Lebendigen auch sein Dasein und Leben zu seinem Wohl
bestimmet hat" (VIII § 9). Die Zweckmäßigkeit der Welt und Natur wird
besonders in dem, sich an Leibniz anschließenden, Theodizeekapitel (IX)
verteidigt. *David Hume* stellt in seinem letzten Werk, den „Dialogen über
natürliche Religion" (1779, dt 1781) eine solche in der Welt erkennbare,
auf einen göttlichen Schöpfer verweisende Teleologie, wie Reimarus sie
vertritt (in der Position des Philo) radikal in Frage (Teil 2-8), indem auf
die zahlreichen Zweckwidrigkeiten in der Welt verwiesen wird.

9) Von *Kant* wird in seiner „Kritik der Urteilskraft" Reimarus gelobt
(KUK B 471) wegen der Ausführung dieses teleologischen Argumentes,
das Kant immer mit großem Respekt betrachtet hat. Dennoch vertritt er
im gleichen Buch mit Nachdruck, daß es als Beweis unzureichend ist. Zum
einen sind teleologische Strukturen nach Kant durch die Verstandeskatego-
rien nicht erkennbar, da uns diese nur einen mechanischen Zusammenhang
erschließen. Bei Naturzwecken aber ist es so, daß sich „wechselseitig als
Ursache und Wirkung verhalten" (B 289) als „organisiertes und sich selbst
organisierendes Wesen" (B 292). Diese für uns „unerforschliche" Eigenschaft hat „nichts Analogisches mit irgendeiner Kausalität, die wir kennen"
(B 293f). Denn auch die Kunstproduktion nur eine Analogie, welche
diese Struktur nicht völlig trifft (B 294). Auch Aristoteles hat die Kunstproduktion nur als eine gedankliche Annäherung an die Naturteleologie
angesehen: „wenn die Schiffsbaukunst in dem Holz läge, dann würde sie
ähnlich wie die Natur zu Werke gehen [...] Am deutlichsten wird das,
wenn ein Arzt seine Heilkunst auf sich selbst anwendet: so ähnlich geht
auch die Natur vor" (Phys. 199 b). Doch selbst wenn man von teleologischen Strukturen in der Natur ausgeht, kann sich nach Kant aus ihnen kein
göttlicher Welturheber demonstrieren lassen. Der Grund ist der, daß die in

der Natur antreffbaren Zwecke „empirisch bedingt" sind und als solche „nicht was schlechthin gut ist, enthalten können" (KUK B 408). D.h. ein Endzweck läßt sich aus der Natur nicht entnehmen, denn der führt über die Naturbetrachtung hinaus. Einen Endzweck haben wir allerdings in der durch den „guten Willen" bestimmten „Freiheit" (B 411 f). „Die moralischen Gesetze aber sind von der eigentümlichen Beschaffenheit, daß sie etwas als Zweck ohne Bedingung, mithin gerade so, wie der Begriff eines Endzwecks es bedarf, für die Vernunft vorschreiben" (B 423). Dieser „Endzweck" ist nur als moralisch geforderte Aufgabe zu verstehen, und deren Inhalt ist: „das höchste durch Freiheit mögliche Gut in der Welt" (ebd.). Dieses Gut gilt es, „soviel an uns ist" zu befördern, nämlich: „Glückseligkeit, unter der objektiven Bedingung der Einstimmung des Menschen mit dem Gesetze der Sittlichkeit, als der Würdigkeit, glückselig zu sein" (B 424). Doch dies zu garantieren geht über unsere Möglichkeiten hinaus. Wenn aber die Ausrichtung auf dieses Ziel nicht sinnlos sein soll, muß es auch erreichbar sein. Doch dies kann nur Gott garantieren. „Folglich müssen wir eine moralische Weltursache (einen Welturheber) annehmen, um uns gemäß dem moralischen Gesetze einen Endzweck vorzusetzen, und, soweit als das letztere notwendig ist, so weit (d. i. in demselben Grade und aus demselben Grunde) ist auch das erstere notwendig anzunehmen: nämlich es sei ein Gott" (B 424). Entsprechend seinen Darlegungen in der KpV über die Vernunftpostulate betont er auch in der KUK, daß auf diese Weise die Existenz Gottes „bloß für den praktischen Gebrauch unserer Vernunft hinreichend dargetan" sei (B 434). Doch knüpft Kant das Band zwischen Moral und Gottesglaube sehr eng, indem er darauf verweist, daß die Verneinung Gottes und somit die Auffassung von der Unerreichbarkeit, also der „Nichtigkeit" des Endzweckes die moralische Forderung, ihn anzustreben, unzulässig „schwächen" hieße (B 428 f; ähnlich KpV A 205).

276 10) Für *Fichte* ist diese moralische Aufgabe die eigentliche „Bestimmung des Menschen" (so seine Schrift von 1800). „Dieses ist der Zweck unseres irdischen Lebens, den uns die Vernunft aufstellt, und für dessen unfehlbare Erreichung sie bürgt" (Fichte 1800, 117). Zwar ist dies auch der „Punkt, an welchen das Bewußtsein aller Realität sich anknüpft" (90). Aber die Welt wird nicht in ihrer eigenen Teleologie gesehen, sondern im Blick auf den Menschen und den von ihm zu realisierenden Zweck. „Meine Welt ist - Objekt und Sphäre meiner Pflichten, und absolut nichts anderes" (100). Der „ewige Wille", der dem Mensch als absoluter Forderung begegnet, der ihn übersteigt, der aber auch sein eigener ihn tragender Grund ist, ist der einzige zulässige Gottesbegriff. „Alles unser Leben ist Sein Leben. Wir sind in seiner Hand, und bleiben in derselben, und niemand kann uns daraus reißen" (144), wie Fichte in Anspielung auf Joh 10, 28 sagt.

11) Für *Schelling* ist Fichtes Ansatz noch einseitig, weil allein vom Ich
ausgehend. Er ist zu ergänzen durch eine Philosophie der Natur, in der
sich ebenfalls das Absolute darstellt. Dabei läßt sich Schelling weitgehend
von der KUK inspirieren, deren „Tiefe", die „beinahe unergründlich
scheint", er schon in seiner Schrift von 1795 lobt (SW I/1, 232). In der
Schrift von 1797: „Ideen zu einer Philosophie der Natur" heißt es: „Fassen
wir endlich die Natur in Ein Ganzes zusammen, so stehen einander gegenüber *Mechanismus*, d.h. eine abwärts laufende Reihe von Ursachen und
Wirkungen, und *Zweckmäßigkeit*, d.h. Unabhängigkeit vom Mechanismus,
Gleichzeitigkeit von Ursachen und Wirkungen. Indem wir auch diese
beiden Extreme noch vereinigen, entsteht in uns die Idee von einer Zweckmäßigkeit *des Ganzen*, die Natur wird eine Kreislinie, die in sich selbst
zurückläuft, ein in sich selbst beschlossenes System ist. Die Reihe von
Ursachen und Wirkungen hört völlig auf und es entsteht eine wechselseitige Verknüpfung von *Mittel* und *Zweck*; das Einzelne konnte weder ohne
das Ganze, noch das Ganze ohne das Einzelne *wirklich* werden" (SW I/2,
54). „Die Philosophie ist Wissenschaft des Absoluten, aber wie das Absolute in seinem ewigen Handeln notwendig zwei Seiten, eine reale und eine
ideale, als eins begreift, so hat die Philosophie [...] notwendig sich nach
zwei Seiten zu teilen" (ebd. 66). Damit ist eine, der Philosophie des Geistes nach dem Muster Fichtes gegenüberstehende, eigenständige Philosophie der Natur konzipiert. Die Geistbegründung der Natur bedeutet, daß
sie als Organismus zu betrachten ist oder als „Weltseele" (so der Titel der
Schrift von 1798, auf die hin Goethe Schelling nach Jena holte). In der
Natur stellt sich das Absolute als „sich-selbst-Bejahen" dar. „Der Abdruck
dieses ewigen und unendlichen sich-selber-Wollens ist die Welt" (SW I/2,
362). Aus widerstreitenden Tendenzen, wie etwa durch „Schwere" und
„Licht", die sich in einer „Copula" verbinden, baut sich die Welt auf von
den niederen Stufen der Materie über das Leben bis zum Menschen. „Die
absolute Copula, jener beider Einheit und Mittelpunkt, kann sich selbst nur
in Einem finden, und sich nur von diesem Punkt aus, in wiederholter
Entfaltung, aufs Neue zu einer unendlichen Welt ausbreiten. Jenes Eine ist
der Mensch, in welchem das Band das Verbundene vollends durchbricht
und in seine ewige Freiheit heimkehrt" (ebd. 375). Hier hat die Naturphilosophie den Punkt erreicht, von dem aus dann, gleichursprünglich und
ohne Voraussetzung der Naturphilosophie, die Transzendentalphilosophie
vom Ich ausgehend entwickelt werden kann, wie Schelling dies im „System
des transzendentalen Idealismus" (1800) durchgeführt hat.

12) Wie Schellings System im ganzen teleologisch ist, so ist es auch das
Hegels. In seiner „Phänomenologie des Geistes" zeigt er, daß wir uns auf
allen Stufen unseres Bewußtseins innerhalb eines Selbstbezuges bewegen,
der uns über die verschiedenen Vergegenständlichungsversuche unseres
Bewußtseins hinaustreibt und sich als die Präsenz des Absoluten in ihm

erweist (vgl. Schmidt 1997a). Daß diese Präsenz bestimmend ist für die abstraktesten Ordnungsbegriffe unseres Denkens und ihrer Wechselbeziehung, dies zu zeigen unternimmt die „Wissenschaft der Logik" (vgl. Schmidt 1977; 2000 a): Der grundlegende Ordnungsbegriff, in den hinein sich die anderen (Sein, Wesen, Grund, Substanz u. a.) vermitteln, ist die „Idee", deren Charakteristikum wiederum der Selbstbezug ist. Er ist zunächst im Begriff des „Lebens" gegeben und differenziert sich sodann (im Sich-Erkennen und -Wollen) zu dem des „Wahren" und „Guten" und mündet in deren Einheit, die „absolute Idee", die logischer Ausdruck des Absoluten ist. Wichtig ist nun, daß diese Begriffe nicht nur subjektive Bedeutung haben, sondern daß sich in ihnen die Wirklichkeit selbst (ihr Ansich) darstellt (dies ist die Überwindung des Kantischen Dualismus). Sowohl die Sphäre des Geistes, des subjektiv individuellen, wie des objektiv sozialen (d.h. rechtlichen und geschichtlichen), aber auch der Natur ist mit diesen Kategorien, deren höchster Maßstab die „absolute Idee" ist, zu erfassen und zu erschließen. Was die Natur betrifft, so ist völlig klar, daß der Mechanismus nur eine Oberflächenperspektive sein kann, da er als Kategorie nicht ausreicht. Die tiefergehenden Kategorien sind die des Zwecks und des Lebens, die deswegen in der Natur zum Tragen kommen müssen. D.h. der Selbstbezug, von dem her ich die Natur betrachte, muß in ihr auch zur Erscheinung kommen. Ist doch die „absolute Idee" nicht nur subjektiver Maßstab, sondern auch objektiver Grund der Natur. D.h. die Natur ist als Bereich des vorgegeben Objektiven eine Weise der Erscheinung und (Selbst-)Darstellung des Absoluten (vgl. Enz §§ 574ff). „Die Natur ist *an sich* ein lebendiges Ganzes; die Bewegung durch ihren Stufengang ist näher dies, daß die Idee sich als das *setze*, was sie *an sich* ist; oder was dasselbe ist, daß sie aus ihrer Unmittelbarkeit und Äußerlichkeit, welche der *Tod* ist, *in sich* gehe, um zunächst als *Lebendiges* zu sein, aber ferner auch diese Bestimmtheit, in welcher sie nur Leben ist, aufhebe und sich zur Existenz des Geistes hervorbringe, der die Wahrheit und der Endzweck der Natur und die wahre Wirklichkeit der Idee ist" (Enz § 251).

279 13) *Goethe* war mit Kant den Teleologien der Wolff-Schule gegenüber kritisch eingestellt, zeigte sich aber aufgeschlossen für Schellings und Hegels Sicht der Natur. Seine eigene Position formuliert er so: „Den teleologischen Beweis vom Dasein Gottes hat die kritische Vernunft beseitigt; wir lassen es uns gefallen. Was aber nicht als Beweis gilt, soll uns als Gefühl gelten, und wir rufen daher von der Brontotheologie [Donner-Theologie] bis zur Niphotheologie [Schnee-Theologie] alle dergleichen fromme Bemühungen wieder heran. Sollten wir im Blitz, Donner und Sturm nicht die Nähe einer übergewaltigen Macht, in Blütenduft und lauem Luftsäuseln nicht ein liebevoll sich annäherndes Wesen empfinden dürfen?" (Maximen und Reflexionen 9; HA 12, 365f).

14) Nach *Schopenhauer* ist das eigentliche „An sich" der Welt der Wille als   280
das Objektive im Verhältnis zu den subjektiven Vorstellungen ist („Die
Welt als Wille und Vorstellung"). Damit scheint auf den ersten Blick sein
System radikal teleologisch zu sein. Allerdings ist der Wille blind und auf
reine Selbsterhaltung aus. Spaemann sieht deshalb bei ihm (wie schon bei
Hobbes und Spinoza) eine „invertierte Selbsterhaltungsteleologie" gegeben
(Spaemann 1981, 193). Der auf sich bezogene Wille ist zudem nicht
einheitlich einer, sondern vielfältig und antagonistisch und bringt so die
Konflikte mit all dem Schmerz und Leid unseres physischen und psy-
chischen Lebens hervor. Die Lösung Schopenhauers ist die asketische Verneinung des Willens.

15) *Nietzsche* wendet sich gegen die Ablösung der Teleologie durch die   281
„Selbsterhaltung". „Vor allem will etwas Lebendiges seine Kraft *auslassen* -
Leben selbst ist Wille zur Macht -: die Selbsterhaltung ist nur eine der
indirekten und häufigsten *Folgen* davon, - Kurz, hier wie überall, Vorsicht
vor überflüssigen *teleologischen* Prinzipien! - wie ein solches der Selbst-
erhaltungstrieb ist (man denke an die Inkonsequenz Spinozas -)" (Jenseits
von Gut und Böse, Nr. 13). Auch die Begriffe der Physik sind Interpretationen: „Es dämmert jetzt vielleicht in fünf, sechs Köpfen, daß Physik auch
nur eine Welt-Auslegung und -Zurechtlegung (nach uns! mit Verlaub
gesagt) und *nicht* eine Welterklärung ist" (ebd. Nr 14). Doch in einem
anderen Punkt hat Schopenhauer recht: „Indem wir die christliche Interpretation dergestalt von uns stoßen und ihren ‚Sinn' wie eine Falschmünze-
rei verurteilen, kommt nun sofort auf eine furchtbare Weise die *Schopen-
hauersche* Frage zu uns: *hat denn das Dasein überhaupt einen Sinn?*" (Die
fröhliche Wissenschaft, Nr 357). Wie Schopenhauer verneint Nietzsche
diese Frage. Die Wirklichkeit ist radikal ateleologisch. Nietzsches Lösung
ist die Lehre vom Übermenschen, der einer sinn- und zwecklosen Welt
ohne Transzendenz einen Sinn vorgibt, nämlich im Akt der Bejahung des
Sinnlosen.

b. Wiedergewinnung der Aussagekraft des teleologischen Gottesbeweises

1) Ist ein ateleologisches Denken durchzuhalten?

Im Zuge der modernen Naturwissenschaften wurde eine teleologische   282
Sicht der Natur und der Wirklichkeit überhaupt mehr und mehr aufgegeben. Darwin schloß aus seinem System teleologische Erklärungen entschieden aus. Zwar spricht auch er von „Anpassung", „Tauglichkeit" oder
„Nützlichkeit" und verwendet damit teleologische Begriffe. Doch ist diese
Redeweise „uneigentlich", denn sie hat immer nur im Rückblick Sinn, da
sie sich nur auf das Ergebnis bezieht, auf das, was im Naturgeschehen

„übrigblieb". In der Natur ist eben das ein oder andere erhalten geblieben, während anderes verschwand. Das Erhaltengebliebene nennen wird dann das Erfolgreiche und Überlebenstüchtige, ohne dem doch eine Zweckausrichtung zugrunde zu legen. Wie in den Naturwissenschaften sonst so ist in der Biologie allein das kausalanalytische, deterministisch orientierte Denken und Forschen maßgebend. Der sogenannte „Vitalismus" von Hans Driesch (1867-1941), der von einer „Entelechie" als Kausalursache im Lebendigen ausging, blieb Episode. Zwar ist für den Biologen eine teleologische Sprache kaum zu umgehen. Aber sie ist für ihn eine vorläufige und „uneigentliche". Von John Haldane stammt das Wort: „Die Teleologie ist für den Biologen wie eine Mätresse: Er kann nicht ohne sie leben, aber er will nicht mit ihr in der Öffentlichkeit gesehen werden" (nach Spaemann 1981, 218). Die Lösung dieses Dilemmas ist für den heutigen Biologen der 1958 von C. S. Pittendrigh geprägte Begriff der „Teleonomie" (vgl. Ritter HWPh zu diesem Stichwort). Er bezeichnet eine scheinbar teleologische Struktur, die ganz und restlos (wenn auch nicht de facto, so doch im Prinzip) in kausalanalanalytische, mechanische Vorgänge übersetzt werden kann.

283 Doch auch ein radikal ateleologisches Denken kommt in Probleme. Läßt sich mit ihm am Begriff der Wirkursache überhaupt noch festhalten? Geschichtlich war es so, daß zunächst die Zielursache verworfen wurde, dann aber auch die Wirkursache in Zweifel geriet. Dies ist durchaus verständlich. Denn der Begriff des Wirkens läßt sich nicht denken, ohne einen gewissen Eigenstand vorauszusetzen, aus dem heraus das Wirken geschieht, und dieser impliziert Selbstsein und damit einen gewissen Selbstbezug. Etwas muß sich, wenn auch nur latent, zu sich verhalten können, wenn es wirken soll. Wird dies geleugnet oder versucht man, das Eigenwirken dadurch zum Verschwinden zu bringen, daß man es jeweils auf anderes zurückführt und so ins Unabsehbare zurückverlagert, dann hat man eine Welt vor sich gebracht, die ohne jedes eigene Wirken ist. Denn wenn sie nicht im einzelnen wirkt, wie sollte sie im ganzen wirken können? Wenn dies letztere aber festzuhalten bleibt, muß auch dem einzelnen Geschehen eine gewisse Eigenwirksamkeit zugebilligt werden, und zwar nicht nur im Sinne einer facon de parler. Es sei denn, wir hielten überhaupt jedes Eigensein der Dinge nur für subjektive Konstruktion, was nicht gerade plausibel ist. Besitzen die Dinge jedoch in ihrem Auftreten auch ihr Eigensein, dann müssen sie aus sich ein eigenes Wirken entfalten können, wie wir es durch den Handlungszusammenhang, in dem wir mit ihnen stehen, ständig erfahren. Die naturgesetzliche Beschreibung bringt dieses Wirken nicht zum Verschwinden, sondern setzt es voraus.

284 Doch stellt das Eigenwirken ein spekulatives Problem dar. Denn es kann nicht als bloße Weiterleitung einer äußeren Verursachung verstanden werden, sondern nur so, daß es aus einem (gewissen) Selbstsein hervorgeht. Das Wirkende wirkt „selbst", und d.h. dann: es ist in gewisser Weise

sich selbst voraus und vorweg. Bei sich ist es, wenn es auf sich hin ist, wenn es sich, seine eigene Verwirklichung, zum Ziel hat, d.h. wenn sein agierendes Prius auch sein angezieltes Posterius, sein Voraus (ante seipsum) auch sein Vorweg (post seipsum) ist. Wirken ist immer auch Eigenwirken und ist dies nur, sofern ihm eine teleologische Struktur zu Grunde liegt. Aus sich kann etwas nur wirken, wenn es für sich und auf sich hin ist und zu sein vermag. Nur so vollzieht es sich, ist Selbstsein und Selbstvollzug. Das aber bedeutet: Die Welt kann als Wirkzusammenhang nicht vollkommen ateleologisch gedacht werden kann. Für Kant ist, wie wir sahen, die Teleologie ein für den Verstand nicht zu bewältigendes Problem, da Ursache und Folge in ihr sich umkehren. In der KpV spricht Kant zwar von einer „übersinnlichen Kausalität", nämlich der aus Freiheit, lehnt es aber ab, sie zu einem Erkenntnisgegenstand zu machen. Denn die „Vernunft" müßte „zeigen wollen, wie das logische Verhältnis des Grundes und der Folge bei einer anderen Art der Anschauung, als die sinnliche ist, synthetisch gebraucht werden könnte, d.h. wie *causa noumenon* möglich sei; welches sie gar nicht leisten kann" (KpV A 85). Erkennbar ist nach ihm Kausalität nur als sinnliche Folge, und die ist zeitlich linear (auch wenn sie wie in der „Wechselwirkung" in Simultaneität übersetzt werden kann). Die Frage ist jedoch, ob sich dann überhaupt der Begriff des Wirkens festhalten läßt. Denn dieser ist nicht ohne dasjenige zu denken, was Kant als unerkennbar ausschließt, nämlich das Wirken in Sinne des Aussich-selbst-Wirkens und somit des Sich-vorweg-Seins. Hegel sieht in der kantischen eine Scheinlösung, das die spekulative Problem nur verschiebt. Nach ihm muß das Wirken so gedacht werden, daß die Reflexivität nicht äußerlich zu seinem Begriff hinzukommt wie bei dem einer Kausalität aus Freiheit, sondern schon immer in ihm mitgedacht ist, so wie das Selbstsein im Sein auch immer schon mitgedacht ist. Hegel kann dann sagen: „Die für sich seiende Substanz aber ist die Ursache" (TW 6, 222). Erinnert sei auch an den angeführten Text Schellings aus den „Ideen" (SW I/2, 54) (Nr. 277). Eigenwirksamkeit muß also das Moment der Teleologie bereits in sich haben. Wenn das so ist, dann haben wir die Welt so zu denken, daß ihr Wirkzusammenhang nicht a-teleologisch ist. Teleologische Strukturen sind in ihr dann keine Fremdkörper, sondern das In-Erscheinung-Treten dessen, was die Welt innerlich und von ihrem Wesen her ist, nämlich Selbstsein. Freilich darf niemals vergessen werden: Das Selbstsein der Welt ist nicht das absolute Sein. Ihr Sein ist sich immer auch äußerlich und bleibt deswegen prinzipiell abhängig (vgl. den KGB). Doch auf Grund dieser Verfaßtheit ist mit ihrem Sein eine Abstufung des Sich-äußerlich-bzw. Sich-innerlich-Seins vereinbar, und in eben dieser Gradualität tritt uns die Welt auch vor Augen.

Solange das ateleologische Denken regional, bzw. methodisch beschränkt 285 wird, ist nichts dagegen einzuwenden. Wird es aber universalisiert, nämlich auf die Gesamtwirklichkeit angewandt, dann muß es in Probleme geraten, neben den eben angeführten einer allgemeinen Ontologie auch in das folgende: Der Mensch kann sich selbst nicht mehr angemessen begreifen, wenn er das Erkennen der Wirklichkeit an einer teleologiefreien Ontologie orientiert. Denn die Teleologie gehört zum Elementarsten unserer Selbst- und Welterkenntnis (dazu: Spaemann 1994). Wir verstehen uns als Wesen, für die etwas gut ist und die in dieser Weise auf sich bezogen sind. Wir verstehen uns als Selbstbezug. Nur in dieser Perspektive können wir Wesen unseresgleichen identifizieren, aber auch Lebewesen von Unbelebtem unterscheiden. Wenn wir einen Fisch im Netz zappeln sehen, dann unterscheiden wir diese Bewegung von der eines im Wind flatternden Tuches. Wir verstehen sofort, der Fisch ist „auf etwas aus", das Tuch nicht. Auch wenn wir die Vorgänge in unserer Welt, die Vorgänge im Lebewesen wie in uns selbst kausalanalytisch beschreiben und auf immer längere Determinationsketten zurückführen können, wissen wir doch, daß dies nicht die ganze Wahrheit ist. Es gibt den Bereich des Selbstbezuges, den wir zunächst bei uns erfahren und den wir - in Abstufungen - auch in der Welt wahrnehmen. Freilich, diese Wahrnehmung ist immer eine Art von „Unterstellung", d.h. ein praktischer Akt. Nur wenn ich den Selbstbezug anerkenne, ist er für mich auch als solcher erkennbar. Verlege ich mich auf die möglichst präzise Objektivierung, dann hat das kausalanalytische Denken den Vorrang, und es ist ihm nirgendwo eine Grenze gesetzt. Es stößt nicht von selbst auf die Dimension des Teleologischen. Auf sie zu stoßen ist ein Akt praktischer Erkenntnis. Die Frage ist nur: Ist diese praktische Erkenntnis eine Fiktion? Ist sie ein Anthropomorphismus? Doch die Konsequenz davon wäre, daß der Mensch sich selbst zum Anthropomorphismus werden müßte. Er wäre sich selbst ein teleologisches Mißverständnis. Doch dies ist widersprüchlich. Denn auch die kritischen Fragen stellt der Mensch nach sich selbst, also unter Voraussetzung des Selbstbezuges. Wenn der Selbstbezug also etwas Elementares ist, so daß wir sagen müssen: diese Art von praktischer (Selbst-) Erkenntnis eröffnet uns eine Dimension der Wirklichkeit, und diese Dimension ist der Wirklichkeit nicht etwas Äußerliches, dann muß das Sein der Welt unter Einschluß dieser Dimension gedacht werden. Die Innerlichkeit des Selbstbezuges ist dann der Welt selbst eigentümlich. Sie ist deren zunächst latente, aber nichtsdestoweniger wesentliche Innenseite, in der sich ihre Selbständigkeit manifestiert. Vom praktischen Selbstverständnis des Menschen ausgehend gelangen wir so zum gleichen Ergebnis wie über die Analyse des Wirkens. Für Aristoteles ist Sein Selbständigkeit und Selbstsein, das freilich dem Lebendigen in höherem Maße zukommt als dem Nichtlebendigen. Deswegen ist für Aristoteles der Begriff „Substanz" am Lebendigen abgelesen. Wenn Sein primär Eigenständigkeit, Selbstsein, ist, dann hat der Selbstbezug mehr Sein, mehr Selbstbesitz als das von außen determinierte Sein. Doch der Selbstbezug des in der Welt antreffbaren Wirklichen ist immer auch ein abhängiger. Denn der Selbstbezug bedeutet Zukunftsorientierung. Der Determinismus ist vergangenheitsorientiert. Das Telos aber stellt ein Verhältnis zur Zukunft dar. Doch die Zukunft ist noch nicht. Wird dieses Zukunftsverhältnis nicht wieder in eine aus der Vergangenheit kommende Festlegung umgewandelt, dann zeigt sich gerade im selbständigen Sein eine Abhängigkeit von dem, was „nicht ist". Die Zukunft des Wirklichen ist das auf es Zukommende. Etwas „kommt auf es zu", was es nicht schon ist. D.h. ihm wird etwas gegeben. Doch diese Gabe ist keine äußerliche Hinzufügung, sondern Gabe zum Selbstsein, und das Zukunftsverhältnis ist ja der Vollzug seines Selbstseins. Besonders deutlich wird dies an der höchsten Form der Selbständigkeit in dieser Welt, an der Freiheit. Sie ist dort antreffbar, wo das Ich sich als Aufgabe erfährt, über sich hinaus soll, d.h. unter einem Anspruch steht, und zwar unter einem unbedingten. Diese Aufgabe ist aber zugleich Gabe zum Selbstsein. Wenn nun die Welt in diesem Selbstsein ihr Selbstsein manifestiert, dann manifestiert sie in ihm auch ihre eigene wesentliche Abhängigkeit. Sprachlich liegt dies beschlossen in dem Ausdruck, daß die Welt „sich gegeben ist", also Gabe ist, aber Gabe zum Selbstsein.

Innerhalb des Selbstbezuges ist kein eigentlicher Anfangspunkt zu denken   286 (denn was „sich" gegeben wird, „ist" schon in gewisser Weise). Dies gilt auch hinsichtlich der Welt als ganzer, deren Teil wir sind. Ist die Welt wesentlich Selbstsein, dann ist sie sich „vorweg". Sie ist insofern das, als was sie erst allmählich erscheint. Einerseits kann dieses Neue, das Kommende, nicht aus dem Vergangenen abgeleitet werden, sonst gäbe es die echte Zukunft nicht, und an ihr hängt der Selbstbezug. Andererseits kann das kausalanalytische Denken das auftretende Neue durchaus deterministisch zurückverfolgen. An einen Anfang aber, aus dem alles weitere abzuleiten wäre, vermag dieses Suchen nie zu gelangen, einfach deswegen nicht, weil der Anfang immer schon „mehr" ist, sich selbst schon vorweg ist, das spätere ihn aber rückwirkend neu konstituiert. Die Welt stellt sich immer neu dar. Den Anfang als Antezedens-Bedingungen zu denken, aus denen nach festliegenden Gesetzen alles Spätere herzuleiten wäre, ist nur eine Abstraktion, nie die ganze Wahrheit. Die volle Objektivierung kann nicht gelingen. Denn sie wird immer vom Subjekt vorgenommen, das der ganzen Objektivierung immer schon „vorweg" ist.

Trotzdem müssen sich teleologisches und kausalanalytisches Denken nicht   287 in die Quere kommen. Das kausalanalytische bleibt eine unabsehbare Aufgabe, die nirgendwo ans Ende kommt. Verabsolutiert werden darf es aber nicht. Geschieht dies, kommt es zu dem Widerspruch, daß das Subjekt auch sich selbst objektivieren müßte. Bleibt aber über das Subjekt ein eigener Zugang zur Wirklichkeit der Welt möglich, dann muß diese so verfaßt sein, daß das Subjektsein ihre eigene innere Möglichkeit ist. Die Welt ist darauf angelegt, ihr Selbstsein zu manifestieren, also tatsächlich das zu sein, was sie ist. Sie manifestiert dies dort, wo sie auf sich zurückblickt und sich erfaßt. Dieser Punkt ist allerdings nur der praktischen

Erkenntnis zugänglich. Dies ist die Einsicht Kants, und auch wenn man seinen Ausführungen zur Teleologie nicht in allen Punkten zustimmt, kann man an dieser Einsicht festhalten. Schon an den Einzelgebilden ist aus bloßer Deskription keine Teleologie zu erweisen. Sie scheint sogar der kategorialen Verstandesbestimmung zu widersprechen. Doch haben wir es „unentbehrlich nötig, der Natur den Begriff einer Absicht unterzulegen, wenn wir ihr auch nur in ihren organisierten Produkten durch fortgesetzte Beobachtung nachforschen wollen" (KUK B 334). Erst recht ist die Frage nach einem „Endzweck" nur in bezug auf die Freiheit des Menschen zu lösen (ebd. § 85, 86). Das Praktische, also das freiheitsbestimmte Handeln ist der Zugang zum Teleologischen. Dies ist nicht anders bei Fichte, Schelling und Hegel. Nur von der Freiheit her kann und muß man auch wieder (mit Spaemann) der Natur eine gewisse eigene Teleologie zuschreiben. Diese geistige Perspektive, also die des erkennenden und wollenden Selbstseins, ist dann aber auch der Schlüssel zu einer Ontologie überhaupt. Sein ist wesentlich Selbstein, und wir können es nur aus dieser Perspektive des Geistes als solches denken und angemessen in seinen Erscheinungen explizieren.

2) Das „anthropische Prinzip"

288 Eine auf den Menschen bezogene teleologische Verfassung des Kosmos wird in der heutigen Naturphilosophie unter dem Begriff „anthropisches Prinzip" diskutiert. Es bedeutet, daß die physischen Bedingungen des Kosmos genau so sind, daß Leben, wie wir es von uns kennen, entstehen konnte (schwaches anthropisches Prinzip) oder geradezu entstehen mußte (starkes anthropisches Prinzip). Es scheint in den physikalischen Grundbedingungen eine „Feinabstimmung" (englisch: fine-tunig) vorhanden zu sein, welche eine derartige Entwicklung ermöglicht. Wären jene Grundbedingungen auch nur um weniges verändert, dann wäre dieser Kosmos, der uns Menschen enthält, nicht möglich. Einige Beispiele (ausführlich: Leslie, 25-65): (1) Wäre die Anfangsdichte des Universums kurz nach dem Urknall um ein weniges stärker gewesen, wäre das Universum rasch wieder zusammengestürzt, so daß sich keine Sterne (und natürlich auch keine Planeten) hätten bilden können. Bei schwächerer Dichte hätte eine zu rasche Expansion des Universums ebenfalls die Bildung von Sternen und Galaxien verhindert. (2) Wäre die schwache Kernkraft nur etwas stärker, hätte sich in der Frühphase des Universums nur Wasserstoff, aber kein Helium gebildet. Es hätten keine Sterne mit langer Brenndauer entstehen können, die, wie unsere Sonne, Leben ermöglichten. Wäre sie etwas schwächer, wären keine Protonen und Neutronen entstanden. (3) Wäre die starke Kernkraft etwas variiert, gäbe es kein stabiles Element Kohlenstoff, das die Grundlage alles Lebens ist (4) Wäre die Gravitation schwächer, hätte es nicht zur Zusammenballung von Materie und somit nicht zu

Sternen und Planeten kommen können, wäre sie stärker, würden die Sterne sich zu nahe kommen und dadurch die Entwicklung von Leben auf einem Planeten verhindern (5) Wäre die elektromagnetische Kraft etwas stärker, käme es nicht zu Super-Nova Explosionen, bei denen unter anderem die für das Leben grundlegenden Elemente freigesetzt werden. Wäre diese Kraft schwächer, hätten die Sterne eine zu kurze Lebensdauer, so daß sich kein Leben auf einem ihrer Planeten hätte entwickeln können (6) Wäre das Gewichtsverhältnis zwischen Neutron und Proton nur etwas anders, käme es nicht zu Atomen und somit nicht zu organischen Verbindungen. Man kennt inzwischen Dutzende solcher Feinabstimmungen, ohne die es 289 unseren Kosmos nicht geben könnte. Es sieht so aus, als ob unser Kosmos genau die Ausgangsbedingungen erhalten hat, die zur Entwicklung von Leben und Geist führten, und somit teleologisch verfaßt ist. Doch gibt es auch Einwände gegen eine solche Deutung (siehe dazu: Erbrich, 194): 1.) Könnte man nicht annehmen, diese Ausgangsbedingungen seien Zufall? Freilich ist diese Auffassung nur plausibel, wenn man eine entsprechend große Anzahl von spontanen „Versuchen" annimmt. Dies scheint möglich, indem man davon ausgeht, daß unser Universum aus einem in ständiger Quantenfluktuation befindlichen Urvakuum hervorging, aus dem sich ständig neue Universen bildeten, unzählig viele (kurzlebige, langlebige, mit ganz verschiedenen Kombinationen von Kräfteverhältnissen, Natur-konstanten und Eigenschaften von Elementarteilchen), wobei sich einmal auch unser Universum gebildet hat, das die Verfassung zu einer Weiter-entwicklung hatte, die zu unserem Kosmos führte. 2.) Man kann darauf setzen, einmal im Rahmen einer verallgemeinerten Theorie der Physik (TOE, d.h. Theory of erverything), jene Ausgangspunkte ableiten zu können, d. h. daß die für unseren Kosmos konstitutiven Konstanten, die sich aus den ersten Symmetriebrechungen in seiner Entwicklung ergeben haben, genau so sein müssen, wie sie sind. Doch kann eine solche Theorie eine Letzterklärung unseres Kosmos sein? Dazu Erbrich: „Auch eine TOE muß, wie jede andere Theorie, von Annahmen ausgehen, die selber nicht wieder ableitbar sind (Axiome). Die Frage nach Auswahl und Begründung gerade dieser Axiome kehrt wieder. Aber selbst wenn wir eines Tages auch darauf eine Antwort fänden, hätten wir erst die Möglichkeit der einzig möglichen Welt in Händen und wüßten noch immer nicht, warum dieses Mögliche denn wirklich ist. Die Kontingenz läßt sich nicht austreiben, und die Frage nach Gott würde wiederkehren" (Erbrich, 194). D.h. eine TOE müßte im strengen Sinne vollkommen reflexiv und sich selbst begründend sein, und es ist die Frage, ob eine mathematische Theorie dies leisten kann. Nach Gödel kann es eine solche sich vollkommen selbst begründende mathematische Theorie nicht geben. Sie müßte gleichsam übermathema-tisch sein, wäre dann aber nicht mehr so, wie man sie anzielt, nämlich deduktiver Art. Zudem bliebe die Frage nach der Existenz eines solchen einzig möglichen Kosmos zu lösen. Würde seine Begründung in der Form einer vollkommenen Selbstbegründung gedacht, dann müßte er als das schlechthin Absolute gedacht werden, das er aber auf Grund seiner vielfältigen äußeren Relationen nicht ist und sein kann (vgl. den KGB).

Das der Naturwissenschaft entnommene anthropische Prinzip dürfte also allein nicht imstande sein, eine teleologische Verfassung unserer Welt zu garantieren. Es kann sie allerdings nahelegen, und es kann sie flankierend bestätigen, wenn sie auf anderer Grundlage gesichert ist. Eine solche ist jedoch erst in einer allgemeinen Ontologie zu finden, die ihren Angelpunkt im Selbstverständnis des Menschen hat, der sich nur als Selbstzweck im Hinblick auf eine unbedingte Bestimmung zum Guten angemessen begreifen kann und von dieser Selbstzweckhaftigkeit auch den ihn ermöglichenden Kosmos und dessen Sein und Selbstein zu begreifen angewiesen ist.

3) Der teleologische und die übrigen Gottesbeweise

290 Von Kant ist zu lernen, daß der Begriff der Teleologie aus einem praktischen Verständnis kommt, genauer gesagt aus dem Sich-Verstehen des Menschen als eines theoretisch-praktischen Selbstvollzuges. Vom Idealismus wäre zu lernen, daß dieses Selbstverständnis der Schlüssel ist für das Begreifen der Welt und des Seins als Selbst-Seins. Der argumentative Schluß auf das absolute Sein folgt einmal der Struktur des KGB: abhängiges Selbstsein gründet im absoluten Selbstsein, zum anderen dem AxGB: die Selbstzweckhaftigkeit, die der Mensch bei sich erfaßt, muß ihren letzten Grund in einem absoluten Selbstzweck oder unendlichen Guten haben, dem die Welt als Ermöglichung endlicher Selbstzwecke und das endliche Gute entstammen.

291 Im Rahmen einer teleologischen Ontologie findet zudem ein Problem seine Lösung, das der KGB übrig ließ (Nr. 86). Denn nur als Selbstsein gedacht konnte dem endlichen Sein der innere Maßstab eines letztlich in sich gründenden Seins entnommen werden. Doch dieser Gedanke verlangt nach einer entsprechenden Ontologie des Selbstseins, die damals vorausgesetzt wurde, für die aber erst die Überlegungen zur Teleologie die entscheidende Begründung liefern. Denn das Sein als Selbstsein begreifen heißt ihm eine gewisse Selbstbezogenheit zuschreiben. Dies ist möglich, wenn der Schlüssel zu diesem Begreifen das Selbstsein des Menschen ist, und Sein überhaupt nicht anders gedacht werden kann denn als ein Bei-sichsein, als eine Re-flexion, freilich in verschiedenen Graden. Daraus folgt dann, daß Sein nicht einfach wertneutral ist, sondern daß ihm bereits qua Sein der Gesichtspunkt des Guten zukommt. Hier ergibt sich der Anschluß an die antik mittelalterliche Lehre von den Transzendentalien als den metaphysischen Grundbestimmungen des Seins: der Einheit, Wahrheit und Gutheit (unum, verum, bonum). Der AlGB hatte Wahrheit und Einheit zum Thema, wobei die Wahrheit als Gedanke des Seins die Perspektive des OGB bestimmte. Das Sein als Gutheit machte die Basis des

AxGB aus. Den Anschluß zum TelGB bildete dort vor allem das Argument der Mitbejahung, das einen Kosmos vor den Blick kommen läßt, der in sich zu bejahen ist, nach den verschiedenen Stufen des Insichseins, die in ihm anzutreffen sind. Dieses Insichsein zeigte sich im Rahmen des TelGB als dem Sein überhaupt eigen, wofür der Erkenntnisschlüssel das Selbstverständnis des Menschen als Vollzug seines Selbstzweckes war.

Die Frage nach dem Zweck wird seit dem 19. Jahrhundert immer häufiger 292 als Frage nach dem „Sinn" gestellt. Der Mensch fragt nach dem Sinn seines Daseins und in dieser Vermittlung nach dem Sinn des Seins im Ganzen. Diese moderne Fragerichtung entspricht somit genau der methodisch als unumgänglich aufgezeigten Erschließung der Zweckstrukturen des Seins über das Selbstverständnis des Menschen. Das Thema „Sinn" wird heute zwar meistens nicht im Rahmen einer allgemeinen Teleologie, sondern von seiner existentiellen Bedeutung her behandelt. Dem soll im folgenden Rechnung getragen werden. Doch wird sich zeigen, daß die Sinn-Frage über die Gottesthematik auch wieder eine allgemeine Teleologie in die Diskussion bringt und sich damit als alte Fragestellung in neuem Gewand entpuppt. Doch lohnt es sich, die traditionelle Frage in dieser modernen Gestalt von neuem aufzunehmen, einmal weil sie unserem heutigen Denken als solche näher steht, und zweitens weil der Sinn-Begriff sich als ungemein ergiebiger Begriff der Philosophie erweist, so daß durch ihn geleitet sogar der Blick auf eine philosophische Gesamtsicht gewagt werden kann, die auch über die Gotteslehre im engeren Sinn hinausgeht.

2. Der Zweck des Menschen - die Sinnfrage

a. Fragen nach dem „Sinn"

Wenn wir Auskunft geben sollen über die Bedeutung des Wortes „Sinn", 293 dann werden wir zur Erläuterung auf Fragen wie diese verweisen: Was ist der Sinn eines bestimmten Zeichens, eines Wortes, eines Satzes oder einer Handlung? Welchen Sinn hat dieser Druckknopf an der Maschine oder auch diese Gestalt im Zusammenhang eines Gemäldes oder diese Metapher in einem Gedicht? Aber auch: Was hat mein Freund im Sinn? Hat er einen Sinn für Familie? Es werden uns allerdings auch Fragen einfallen, die eine letzte existentielle Tiefe berühren, wie etwa: Was ist der Sinn meines Lebens, der Sinn des Daseins? Was hat Gott mit mir im Sinn? Sie zeigen, daß der Sinnbegriff bei aller Vielschichtigkeit eine Dynamik zu letzter Radikalität enthält, wobei diese in ihm beschlossen liegt, so daß sie gleichsam nur darauf wartet, aufgegriffen zu werden. Es ist ähnlich wie mit dem Begriff „Grund". Zwar fragen wir meist in abgesteckten Grenzen nach Gründen oder Ursachen und sind mit Antworten zufrieden, die innerhalb dieser Bereiche liegen. Aber die Kinder machen es uns vor, daß man immer weiter nach dem „Warum" fragen kann. Und diese unabschließbare Kinderfrage ist nichts anderes als der Ausdruck für die erwachende Fähigkeit des Geistes, über alle Begrenzungen hinaus zu streben. Ein solches radikales Suchen und Fragen legt uns auch der Begriff „Sinn" nahe. Er enthält eine Dynamik, die aufs Ganze geht. Und sind wir einmal auf sie gestoßen, ist sie nur schwer abzuweisen (vgl. Schmidt 1975; 1999).

b. Etymologie, Sprachgebrauch und Begriffsgeschichte

294 „Sinn" hängt mit dem Verbum „sinnen" zusammen, und dieses leitet sich her vom althochdeutschen „sinnan", das ursprünglich „reisen" bedeutete (davon kommt „senden", also zum Reisen veranlassen, sowie „Gesinde", ursprünglich die Reisebegleitung), dann aber auch „streben", „begehren", „achthaben auf", also ein inneres Aussein auf etwas. Von daher kommt unser Verbum: „sinnen" (transitiv: auf etwas sinnen, aber auch intransitiv: sinnen, nachdenken) und „(sich) besinnen". Von dieser Grundbedeutung einer intentional ausgerichteten Bewegung stammen die uns bekannten Bedeutungsvarianten des Substantivs: (1) Bewegungsrichtung (Uhrzeigersinn, Richtungssinn), (2) Disposition zur inneren Ausrichtung (die Sinne, also Geschmackssinn, Tastsinn, Gesichtssinn usw., oder wenn wir sagen: er hat einen Sinn für Kunst), (3) der intendierte Gehalt (der Sinn einer Handlung, ihr Ziel). Und weil die intentionale Bewegung vom Zielgehalt her verstehbar wird, ist Sinn dann auch (4) der Inhalt einer sprachlichen Äußerung (Sinn des Wortes, des Textes). Schließlich ergibt sich aus der Zuordnung zum Strebe- und Willensvollzug, daß Sinn (5) die Bedeutung des Werthaften und Zustimmungswürdigen, auch des Maßgebenden (des normativ Ideellen: es soll sein) annimmt (dies ist sinnvoll, ist gut).

295 Werfen wir einen Blick auf die Begriffsgeschichte und beginnen wir bei der schönen Literatur: Um die Wende zum 19. Jahrhundert läßt Goethe seinen Faust (Vers 1224ff) den Beginn des Johannesevangeliums statt wie gewöhnlich mit „im Anfang war das Wort" mit „im Anfang war der Sinn" übersetzen. Doch Faust zögert, weil ihm darin der Aspekt des Schaffens zu fehlen scheint, und tauscht „Sinn" gegen „Kraft" ein. Schließlich formuliert er: „Im Anfang war die Tat". Im Begriff der Tat ist aber, gegenüber dem der bloßen Kraft, der Sinnaspekt wieder aufgenommen: Die handelnde Realisierung von Sinn ist das (göttlich) Ursprüngliche und für den Menschen Maßgebende. Etwa zur gleichen Zeit entwickelt Johann Gottlieb Fichte seine Philosophie der Tat, die er im sittlich geforderten Selbstvollzug des Menschen erfüllt sieht. In dieser „Tathandlung", wie Fichte sagt, liegt die „Bestimmung des Menschen" (so der Titel der Schrift von 1800) oder, wie es später (und vielleicht erstmals) heißt, „Der Sinn seines Daseins" (SW XI, 23). In der Folgezeit wird, „Sinn" ähnlich wie „Wert" oder „Bedeutung", als Begriff einer Gesamtorientierung des Lebens ge-

braucht, z.b. bei Ludwig Feuerbach (in weltzugewandtem Optimismus) oder bei Arthur Schopenhauer (in weltverneinendem Pessimismus). Friedrich Nietzsche stellt mit diesem Wort seine erschütternde Grundfrage: „Hat denn das Dasein überhaupt einen Sinn? - jene Frage, die ein paar Jahrhunderte brauchen wird, um auch nur vollständig und in alle ihre Tiefe hinein gehört zu werden" (Werke II, 228). Ausgehend von ihm führt die Linie bis zum Existentialismus eines Albert Camus mit seiner Frage: „Leben ohne Sinn?" (Camus 1959, 13). Parallel zu dieser Entwicklung gewinnt im späteren 19. Jahrhundert der Sinnbegriff in den Geisteswissenschaften grundlegende Bedeutung. „Sinn" meint hier das, was es in Texten, Überlieferungen, geschichtlichen Situationen zu „verstehen" gilt (so W. Dilthey). In dieser Tradition steht die heutige Hermeneutik (H.G. Gadamer). In der modernen Sprachphilosophie besagt „Sinn" in etwa: Gehalt sprachlicher Gebilde (G. Frege, L. Wittgenstein). Max Weber führte den Begriff „Sinn" in die Soziologie ein, die nach ihm ein deutendes Verstehen menschlichen Handelns ist, insofern das von einem intendierten Sinn geleitete individuelle Handeln in vielfältiger Weise mit dem Handeln anderer Individuen interagiert und auf diese Weise soziale Gebilde wie etwa Institutionen entstehen (modifiziert aufgenommen und weitergeführt von A. Schütz, N. Luhmann). In der Psychologie wies V. Frankl dem Sinnbegriff eine zentrale Bedeutung zu und verwendete ihn als Ausdruck für die geistig motivierende Wertorientierung des Menschen, wobei Frankl die Psychologie aus der Enge eines freudianisch geprägten Menschenbildes bloßer Triebverhaftung befreien wollte. In der Theologie erhob ihn Paul Tillich zum Schlüsselbegriff einer Systematisierung der Wissenschaften, wobei die Religion die Ausrichtung auf „unbedingten Sinn" ausmacht (Tillich 1962, 44). Wolfhart Pannenberg verwendet ihn (von Dilthey herkommend) für die Darstellung einer Geschichtstheologie, in welcher der Sinn der Ereignisse und des menschlichen Lebens sich durch den Blick auf das Ende der Geschichte erhellt. Angesichts des recht späten Einzuges des Sinnbegriffs in die philosophische Sprache ist allerdings zu bedenken, daß mit ihm ein sehr traditioneller Inhalt gemeint ist, freilich neu ausgesprochen und mit neuen Akzenten versehen. H. Kuhn schreibt dazu: „die moderne Frage nach dem ‚Sinn' - ein Wort, das erst durch Nietzsche seine uns geläufige Bedeutungsschwere gewonnen hat - ist im Grunde die Frage nach dem Guten, formuliert im Zustand ontologischer Ratlosigkeit" (Kuhn, 672).

c. Bestandteile des Sinnbegriffs und seine Definition

Wenn wir uns auf die mit dem Sinnbegriff gegebene Thematik und die 296 radikale Frage nach dem Sinn näher einlassen wollen, müssen wir uns zunächst einen Sinnbegriff erarbeiten, um zu klären, in welchem Umkreis seiner Verwendung wir uns zu bewegen gedenken. Dabei wird sich zeigen, daß die verschiedenen Elemente des normalen, aber auch des wissenschaftlichen Sprachgebrauchs nicht weit voneinander entfernt sind, sondern sogar innerlich zusammengehören. Deshalb ist es naheliegend, den Versuch zu unternehmen, die einzelnen Bedeutungselemente systematisch zu entfalten und als einheitlichen Begriff darzustellen. Bei diesem Unternehmen soll uns die Überzeugung leiten, daß die anfangs genannte Tendenz zum Prinzipiellen und Umfassenden in der Verwendung des Sinnbegriffes latent enthalten ist und ihm nicht etwa durch irgendein existentielles Bedürfnis nur äußerlich „angehängt" wird. Dies ist freilich eine Vorentscheidung, und sie bedeutet, daß sich nicht alle Verwendungsweisen des Sinnbegriffes in der wissenschaftlichen Literatur mit der unseren decken werden. Dafür nur zwei Beispiele: Bei dem Soziologen N. Luhmann heißt es: „Festzuhalten ist, daß der Sinnbegriff die Ordnungsform menschlichen Erlebens bezeichnet [...] Es gibt demnach, diesen Sprachgebrauch unterstellt, kein sinnloses Erleben" (Luhmann 1971, 31f). Und nach Ludwig Wittgenstein „zeigt" der Satz einer sprachlichen Aussage seinen Sinn, indem er „zeigt, wie es sich verhält, wenn er wahr ist" (Tractatus, 4.022). In beiden Sinnverständnissen sind Aspekte ausgeklammert, die für eine existentiell bedeutsame Thematik unverzichtbar sind. Denn wir können sehr wohl etwas erleben (sinnvoll erfassen), das uns sinnlos verkommt, und können darüber sinnvolle Sätze bilden. Wir brauchen uns also auf derartige Beschränkungen, die für einen speziellen wissenschaftlichen Gebrauch zweckmäßig sein mögen, nicht festzulegen. Die Aspekte des Sinnbegriffes sind folgende:

297 (1) *Gehalt als Zusammenhang*: Sinn besagt zunächst irgendeinen Gehalt, der in sich einen Zusammenhang darstellt. Zusammenhang aber bedeutet zumindest dies, daß es sich um eine Struktur, ein Gefüge handelt, also (ganz allgemein) um eine Vielheit, die in einer Einheit zusammengefaßt ist. Damit enthält der Sinnbegriff den der Relation, des Bezuges. Was wir auch immer mit dem Begriff „Sinn" verbinden, ob nun einen Satz, ein Geschehen, ein Kunstwerk, eine Maschine, einen Organismus usw., es ist immer die Verbindung von Elementen, d.h. ein relationales Gebilde, ein Gefüge.

298 (2) *Stimmigkeitsgehalt*: Sinn besagt jedoch nicht irgendeinen Zusammenhang, nicht einen, der wie ein zufälliges Konglomerat zu begreifen wäre. Vielmehr muß es ein stimmiger Zusammenhang sein, in dem die Elemente zusammenpassen, sich als Teile in ein Ganzes fügen. Nur in einer gewissen Ordnung des Zusammenhanges können wir einen Gehalt überhaupt erfassen. Das reine Chaos ist unerkennbar. Dieser Tatbestand wird vom Sinnbegriff herausgehoben und mit Nachdruck versehen. Erst dann sprechen wir von einem Sinngebilde, wenn wir eine Stimmigkeit wahrnehmen. Zwar können wir auch einen Steinhaufen nur erfassen, wenn er uns in einer gewissen Anordnung gegeben ist. Aber ein eigentliches Sinngebilde

190

würden wir dieses Aggregat noch nicht nennen. Das läge erst dann vor, wenn die Steine nach einsehbarem Plan einander zugeordnet wären, so daß sie zueinander passen, wie etwa die Bauteile in einem Haus oder die Glieder in einem Organismus oder die Worte in einem Satz. Mit dem Aspekt der Stimmigkeit ist auch auf eine Maßgabe Bezug genommen. Je mehr Stimmigkeit, desto mehr und desto reicherer Sinn ist gegeben. Auch das Normative, das im Sinnbegriff liegt, ist bereits mit angesprochen.

(3) *Theoretischer Stimmigkeitsgehalt*: Sinn ist zunächst einmal ein „Gehalt", 299 auf den wir unsere Aufmerksamkeit lenken können: der Sinn einer Intention, also das, worüber wir sprechen, was wir thematisieren, geistig entwerfen oder als Vorgegebenheit auffassen und ins Verstehen heben können. Sinn ist somit das, was wir „im Sinn" haben. Mit dieser Formulierung und ihrem doppelten Sinnbegriff, nach der Objekt- und Subjektseite, wird ein Zusammenhang deutlich, den uns der Sinnbegriff vorzeichnet. Denn einen Inhalt haben wir in unserem Geist nur dann, wenn wir ihn „haben", d.h. aufnehmen und vollziehen. Ein Objekt ist uns nur als Subjekt-Objekt-Einheit gegeben, ein Gegenstand nur, wenn er uns „entgegen steht", nämlich unserem Ich. Das Wort Gehalt deutet dies an, denn wir können in ihm das „Halten" mithören. Ein Gehalt muß, um für uns ein solcher zu sein, von uns „gehalten", „er-faßt" werden. Es ist also der Vollzug darin, das Praktische darin enthalten, aber eben dieses Praktische als ein nicht blinder, sondern sehender Vollzug, also im Sinne des Kognitiven. Das Ursprungswort ist immerhin ein Verbum (sinnan), das in unserer Sprache als „sinnen" und „besinnen" weiterlebt. Dies hat Bedeutung für die weitere Explikation. Denn das Wort „Gehalt" sagt etwas über die interne Struktur dessen, worüber es spricht. Der Gehalt ist in sich ein „Halten", bei dem etwas von etwas anderem gehalten wird, so daß die Elemente konstituierend aufeinander bezogen sind. Ein Gehalt ist also nicht nur im Blick auf ein Subjekt, sondern auch in sich selbst ein „Verhalt" oder „Sachverhalt". Wir erfassen in ihm, daß etwas so und so ist, weil es sich so „verhält", d.h. weil hier ein Verhältnis waltet. Und erst wenn sich uns eine Gegebenheit als ein „Verhalt", und so in einer gewissen Komplexität darstellt, und zwar als Zusammenhang nach innen, aber auch nach außen in den Beziehungen zu anderen Verhalten und Sachverhalten unserer Welt, ist uns ein Etwas als Teil unserer Gegenstandswelt überhaupt identifizierbar.

(4) *Praktischer Stimmigkeitsgehalt*: Das Erkennen ist dann ein Mit- und 300 Nachvollzug dieser Stimmigkeit. Sie wird bei einem beiläufig gehörten Satz weniger intensiv sein als beim Vernehmen eines Wortes in einem ernsten Gespräch oder beim Betrachten eines Kunstwerkes. Ein Lebewesen gar erfassen wir nur dann wirklich, wenn wir es als einen eigenständigen Lebensvollzug „anerkennen". Dies gilt natürlich besonders im Blick auf den Menschen. Er ist in besonderer Weise ein eigenständiger Lebensvollzug. Ihn als solchen erkennen heißt deshalb auch: ihn als solchen anerkennen. Aber diese Anerkennung ist nur in einem empathischen Mitleben mit

ihm möglich. Wir erfassen ihn nur, wenn wir ihm die Fähigkeit zu typisch menschlichen Vollzügen unterstellen, also intuitiv „wissen", was in ihm geschieht. Die mit dem Erfassen der Stimmigkeit gegebene Zustimmung kann ganz beiläufig sein, aber sie fehlt nie ganz. Denn das Sinngebilde ist immer der intentionale Gehalt eines geistigen Vollzuges, der sich vollziehen will, wenn er sich vollzieht, und der dies in der Ausrichtung auf den jeweiligen Sinngehalt tut. Auch wenn dieser Gehalt in etwas besteht, das man ablehnt, ist diese Ablehnung von einer Zustimmung getragen, ohne die jener negative Bezug nicht denkbar wäre. Es deutet sich hier ein Zusammenhang eigener Art an. Es ist der Zusammenhang, der in der Bezugnahme auf den rechtfertigenden Maßstab des Vollzuges liegt, d.h. der Zusammenhang der Begründung im Blick auf die Gutheit und Zustimmungswürdigkeit des intendierten Gehaltes. Ein Sinn-Gehalt kann aber nur gegeben sein, wenn wir uns ihm öffnen. Erst dann ist er verstehbar (theoretisch erfaßbar). Dieses Sichöffnen ist jedoch ein freier Akt, auch wenn uns dies im Alltag selten bewußt wird. Wegzudenken ist die Freiheit nie, jedenfalls nicht ganz. Sonst wäre unser Erkennen eher der Abbildung auf einer Fotoplatte vergleichbar. Doch ein solcher Abbildungsvorgang weiß nicht um sich. Und eben dieses Sichwissen, das Beisichsein, ist der unableitbare Selbstvollzug des Ich, der unsere Persönlichkeit ausmacht. Deswegen hat der Sinn mit Besinnung, Selbstbesinnung, bei Besinnung sein, zu tun. Vollzüge dieser Art „geschehen" nicht einfach. Wir müssen sie realisieren und dies wollen. Je nach dem Wert des Sinngehaltes, den wir vor uns haben, spüren wir jeweils schwächer oder stärker, daß unsere Freiheit angesprochen ist. So verlangt ein Kunstwerk von uns, daß wir uns darauf einlassen, ein ernsthaft an mich gerichtetes Wort, daß wir es zu hören bereit sind, ein Menschenleben, daß wir es respektieren und, wenn es bedroht ist, ihm unsere Hilfe zukommen lassen. Wird dieser wahrgenommene Sinn von uns nicht in dieser Weise theoretisch-praktisch „realisiert", dann „haben" wir ihn nicht wirklich. D.h. der Sinn-Vollzug ist nur als freier Selbstvollzug des Geistes möglich. Schon der Vollzug ganz allgemein bedeutet: Praxis. In ihr steckt immer auch ein Willensmoment. Ich muß den Vollzug mit seinem Gehalt vollziehen wollen. Dies kann nicht aufgezwungen werden. Schon für das Erkennen muß ich die Augen öffnen. Mitvollzug der Stimmigkeit ist Zustimmung. Insofern enthält der Sinn das Zustimmungselement, manchmal ganz beiläufig (wie in jedem Erkenntnisakt), manchmal stärker wie im Vollzug ausdrücklicher Zustimmung und manchmal als Ziel des Vollzugs, als Realisierungsziel. Ich will dieses Ziel verwirklichen. Sinn als konstitutiv für die Praxis bestimmt dann auch das Handeln selbst als Ziel. D.h. ich mache mir einen Sinn zu eigen, realisiere einen Sinn, den ich im Auge habe, bin mit diesem Ziel, mit diesem Sinn identifiziert. Ich vollziehe mich (verwirkliche mich) im Blick auf den Sinn, auf meinen Sinn. Dabei wirkt das Ziel normativ. Das Handeln ist nur erfolgreich, wenn sein Sinn realisiert wird. Sinn wird damit auch zum Begriff des jeweils Maßgebenden für das Handeln und das Leben. Man kann in diesem Zusammenhang durchaus an Platons Ideen denken. Denn diese sind die sinngebenden Normen des Handelns, und sie sind es, weil sie zugleich die sinngebenden Konstituentien der Welt sind.

(5) *Der mehrdimensionale Kontext des Sinn-Gehaltes*: Sinn stellt sich dar als 301 Zusammenhang eines Gehaltes. Dieser ist zunächst ein innerer. Er muß eine Stimmigkeit in sich besitzen. Aber sein Zusammenhang weist auch über das einzelne Sinngebilde hinaus, dem dieser weitere Kontext nicht äußerlich, sondern, wenn auch in abgestufter Weise, durchaus wesentlich ist, so daß es nicht ohne ihn gedacht werden kann. Dabei gibt es verschiedene Ebenen des Zusammenhanges: etwa den des Subjekt-Objekt-Verhältnisses, sodann die Sprache und ihren Zusammenhang, der die Bedeutung des jeweiligen Sinngehaltes mitbestimmt. Die Sprache ist es schließlich, die es vermag, die Wirklichkeit präsent zu machen. Mit diesem Bezug zur Wirklichkeit rückt die Wahrheitsthematik in den Blick als besonderer Übereinstimmungszusammenhang. Dieser Zusammenhang ist verschieden, je nachdem ob es z.B. Konstrukte der Begriffswelt, empirische Gegebenheiten oder metaphysische Tiefenstrukturen der Wirklichkeit sind, auf die sich der wahrheitsfähige und Wahrheit beanspruchende Ausdruck bezieht. Der Zusammenhang ist auch insofern verschieden, als sich in ihm eine besondere wissenschaftliche Sicht manifestiert (eine natur- oder geisteswissenschaftlich geschichtliche) oder ein Akt der Kommunikation mit seinen spezifischen Sinngestalten personaler Interaktion. Dies alles sei hier ohne Vollständigkeit der Aufzählung nur angedeutet, um auf die Vieldimensionalität der Sinnzusammenhänge wenigstens hinzuweisen. Ebenso verweist der Zustimmungsaspekt in vielfältige weitere Zusammenhänge. Sie werden weiter unten genauer entfaltet.

(6) *Der reflexive Letztmaßstab des Sinnes*: Der Zustimmungsaspekt hat ein 302 Charakteristikum, auf das eigens hingewiesen werden muß, nämlich das der Begründung und Letztbegründung. Wenn ich der Überzeugung bin, dies oder jenes sei wirklich sinnvoll und gut, dann gehe ich von einer letzten Berechtigung dieses Urteils aus. Damit ist vereinbar, daß die vielfältigen Zusammenhänge des Sinngehaltes eine gewisse Unbestimmtheit und Überholbarkeit seiner Kontexte behalten. Dennoch ist dem Sinngehalt der Bezug zu einem letzten Zusammenhang eigen, der die Zustimmung als im Grunde berechtigt erscheinen läßt. Dies bedeutet nicht, daß diese Berechtigung in allen Schritten aufweisbar ist, aber sie wird immerhin antizipiert. Ich halte dies oder jenes für sinnvoll und gut, weil ich der Überzeugung bin, daß dieses Urteil letztlich berechtigt ist, daß es einen letzten rechtfertigenden Grund dafür gibt. Im Sinnvollzug ist ein Ja enthalten, das sich von der Intention her nicht nur auf Vorläufiges bezieht. Es antizipiert eine letzte Begründung. Insofern gilt, was Max Müller sagt: „Die Sinnfrage ist die totale, universale und radikale quaestio juris schlechthin" (Müller 1980, 52). Wo aber habe ich ein Kriterium für die Berechtigung dieser aufs

Letzte gehenden Zustimmung? Bei allem Abwägen und allen sachlichen Überlegungen ist es die Übereinstimmung mit mir selbst, die mir das entscheidende Urteil erlaubt. Die Stimmigkeit des Sinngehaltes wird von mir erfaßt in der Stimmigkeit, die mich mit mir selbst übereinstimmen läßt. Wir wissen, daß wir mit uns selbst übereinstimmen wollen und sollen. Eben deswegen besinnen wir uns. Sich besinnen heißt: bei sich sein wollen, weil dies eben sinnvoll ist. Der Sinnvollzug der (Selbst-)Besinnung bedarf keiner weiteren Begründung. Das Beisichsein ist die Weise, wie die letzte Rechtfertigung im Bewußtsein gegeben oder antizipiert ist. Von jemandem, der etwas Falsches und Sinnwidriges tut, sagen wir deshalb, er sei nicht recht bei sich, nicht recht bei Besinnung. Sinn erfassen heißt, sich be-sinnen und bei sich sein. Das Wort, dem Sokrates folgt, „Erkenne dich selbst!", ist als Aufforderung zu einem solchen Sich-Besinnen gemeint. Es könnte auch lauten: „Komme zu Dir!" „Sei du selbst, und sei ein Selbst!" „Sei mit dir in Übereinstimmung!" „Laß nicht zu, daß du in Widersprüche auseinanderfällst, so daß es schwer wird, zu dir „du" zu sagen, weil du dich selbst verloren hast!" Der letzten Stimmigkeit der Selbstbesinnung entspricht der letztbegründete Sinn. Aber ist der Mensch zu dieser Selbstbesinnung im Hinblick auf eine letzte Stimmigkeit fähig? Es gibt eine ganz einfache Erfahrung, in der sich diese letzte Stimmigkeit des Sinnes dem Menschen geradezu aufdrängt, und das ist die Erfahrung des Gewissens. Hier ist der Mensch, ob er will oder nicht, mit einer Stimmigkeit konfrontiert, der er sich nur um den Preis der Selbstaufgabe und Selbstzerstörung verweigern kann. In dieser Erfahrung wird deutlich, daß wir auf einen letzten Maßstab des Wahren und Guten und d.h. des Sinnes verwiesen sind. Er kommt überall dort zum Tragen, wo wir uns gewissenhaft zu fragen haben, ob etwas wirklich und wahrhaft gut und sinnvoll ist.

303 Werden die angeführten Aspekte zusammengefaßt, so ist Sinn zu definieren als: *„theoretisch-praktischer, mehrdimensional kontextueller und reflexiv letztbegründbarer Stimmigkeitsgehalt"*

d. Sinn und Glück

304 Zweifellos hat der Sinnbegriff eine große Nähe zum Begriff des Glücks. Während aber für den Sinnbegriff die objektiv-inhaltliche Stimmigkeit unverzichtbar ist, steht beim Glück der subjektive Zustand des Erlebens im Vordergrund. Zwar hat das Glück seine objektiven Komponenten. Dies liegt schon sprachlich im Glück als Glücken oder Gelingen. Die Frage ist allerdings: was ist der Maßstab des Glücks? Und hier neigen die Antworten immer wieder dazu, das entscheidende Kriterium darin zu sehen, daß ich von meinem subjektiven Standpunkt aus etwas als stimmig erlebe. Damit tritt aber der objektive Stimmigkeitsgesichtspunkt in den Hinter-

grund. Nun hat die klassische Tradition des Eudaimonismus (εὐδαιμονία = Glück) stets den objektiven Gesichtspunkt betont (so Aristoteles und Thomas von Aquin). Doch es ist ihr nicht gelungen, die subjektivistische Interpretation ganz auszuschließen. Durch diesen Mangel blieb das Glück nie eindeutig unterscheidbar von der Lust, und es ist die Lehre des Hedonismus (ἡδονή = Lust), die daraus die Konsequenz zog und sagte: Das einzige klar angebbare Kriterium des Glücks ist die Erfahrung des Glückszustandes, und das ist das Angenehme. Alles Handeln, jeder Vollzug muß danach beurteilt werden, ob er mir Lust verschafft. Doch dies ist völlig einseitig. Denn es wird nicht berücksichtigt, daß es uns keineswegs immer und um jeden Preis auf körperliches Wohlbefinden ankommt, sondern weit eher auf ein objektiv Gutes, auf die Erfahrung von etwas, dem wir von Herzen zustimmen können, auf einen wahrhaften Grund also, uns zu freuen, und d.h. auf ein Sinnvolles, das uns glücklich macht. Das Stimmigkeitserleben ist nicht das Entscheidende, sondern die Stimmigkeit, die erlebt wird, d.h. der sachliche Grund für das Erleben. Das Stimmigkeitserleben kann nicht isoliert werden, sondern muß intentional bleiben. Ich möchte dies, statt durch Erklärungen, mit einigen Zitaten erläutern: 305
„Nicht das ist gut, was glückselig macht; sondern nur das macht glückselig, was gut ist" (Fichte, SW VI, 299).
In Goethes „Wilhelm Meisters Wanderjahre" wird erzählt, wie Montan seinen Freund in das Bergwerkrevier geleitet, „überall begrüßt von einem derben ‚Glück auf!', welches sie heiter zurückgaben. ‚Ich möchte wohl', sagte Montan, ‚ihnen manchmal zurufen: ‚Sinn auf!', denn Sinn ist mehr als Glück'" (Kap 9, HA, 8, 263).
„Alles Gelingen ernstlicher Bemühung, alles Lieben und Geliebtwerden, aller Anteil an menschlicher Größe, alle Hingebung an ideelle Ziele oder großes Geschehen zeigt dieselbe eindeutige Richtung der Abhängigkeit: es ist nicht sinnvoll, weil es beglückt, sondern es beglückt, weil es sinnvoll ist" (Hartmann, 265).
„[...]ich persönlich glaube gar nicht daran, daß der Mensch wirklich im Grunde darauf aus ist, glücklich zu sein; vielmehr will mir scheinen, was der Mensch wirklich will, ist, einen Grund zum Glücklichsein zu haben. Hat er nämlich einen solchen Grund, dann stellt sich das Glück von selbst ein" (Frankl, 108).
„In Wirklichkeit ist nämlich den Menschen Sinn wichtiger als subjektives Wohlbefinden. Wenn man uns einen Menschen zeigte, der narkotisiert auf dem Operationstisch liegt und den man mittels kleiner Drähten im Gehirn in eine ständige Euphorie versetzt, und wenn man uns fragte, ob wir mit diesem Menschen tauschen wollten, so würden wir wohl alle lieber weiter einen langweiligen Vortrag über uns ergehen lassen als uns auf diese Weise glücklich machen lassen wollen" (Spaemann 1973, 5).
Der Sinn ist in diesen Zitaten Garant eines gültigen Grundes zum Glücklichsein. Das aber verweist nochmals auf die objektive Seite im Sinngesche-

hen. Für deren Bedeutung möge ein Autor sprechen, der diesbezüglich als unverdächtiger Zeuge gelten kann, nämlich T. W. Adorno: „Unweigerlich fast gesellt ihr (der Frage nach dem Sinn des Lebens) sich die Antwort, der Sinn des Lebens sei der, den der Fragende ihm gibt [...]. Die Antwort ist falsch. Der Begriff des Sinns involviert Objektivität jenseits allen Machens; als gemachter ist er bereits Fiktion, verdoppelt das [...] Subjekt und betrügt es um das, was er zu gewähren scheint. Metaphysik handelt von einem Objektiven, ohne doch von der subjektiven Seite sich dispensieren zu dürfen" (Adorno 1966, 369).

e. Die Radikalität der Sinnfrage

306 Auf den verschiedenen Ebenen stellt sich die Frage nach dem Zusammenhang des Sinnes, etwa auf der Ebene der sprachlichen Bedeutung nach dem eines Wortes innerhalb des Satzes, des Textes überhaupt. Die existentielle Sinnfrage ist besonders auf den Aspekt der Zustimmung bezogen: Ist der Sinn, der kognitive Gehalt so, daß ich ihm zustimmen kann, daß ich ihn vollziehen kann, ihn mir aneignen kann (so daß er gleichsam der meine ist)? Eins mit mir ist der Sinn besonders im Handeln. Denn hier ist der Sinn in meinen Vollzug und Selbstvollzug aufgenommen, bzw. dieser ist erst von ihm her ein sinnhafter Akt. Wenn wir diesen Vollzugsaspekt in größerer Weite betrachten, so ist eigentlich unser Leben als das Insgesamt unserer Vollzüge zu verstehen und dieses Leben sinnvoll durch den Sinn, den wir in ihm vollziehen. Wir können also der Frage nachgehen: Ist mein Vollzug, meine Praxis, mein Handeln, aus dem mein Leben besteht, sinnvoll? So gesehen geht es nicht um die Erkenntnis eines Sinnes, von dem ich noch getrennt wäre, sondern es geht um den Sinn, den ich vollziehe, lebe und erlebe. Wir wollen deshalb zur Verdeutlichung der Radikalisierungstendenz der Sinnfrage beim Handlungssinn ansetzen.

1) Extrinsischer Sinn: Sinn „im Hinblick auf" (funktionaler Sinn)

307 Sinn ist, wie wir sahen, ein „Gehalt", der Zustimmung verdient, und der sich darin erfüllt, daß ihm theoretisch-praktisch entsprochen wird. Erst diese handelnde Realisierung, sein Vollzug also, gibt dem Sinn jene Vollgestalt, auf welche sich die Intention letztlich ausrichtet, und macht ihn zu einem gelebten, lebendigen Sinn. Ohne solche vom Zustimmungsgehalt geforderte Realisierung bliebe der Sinn bruchstückhaft. Geleitet von der Frage, wo wir konkret mit Sinn zu tun haben, und zwar mit lebendigem, vollzogenem Sinn und insofern Lebenssinn, fallen uns vielleicht jene Vollzüge zunächst ins Auge, die deutlich ein „Wozu" erkennen lassen. Ich tue etwas. Was ist der Sinn? Dasjenige, was ich durch den Vollzug realisiere.

Ein einfaches Beispiel: Ich fahre mit der Straßenbahn zur Arbeitsstelle. Dies ist ein sinnvolles Tun. Welchen Sinn realisiere ich hier? Eben den, zum Arbeitsplatz zu gelangen und dort arbeiten zu können. Arbeiten ist hier der Zustimmungsgehalt, und im Hinblick auf diesen Sinn ist auch die Straßenbahnfahrt sinnvoll.

Natürlich kann ich weiterfragen: und die Arbeit? Worin liegt ihr Sinn? Vielleicht im Geldverdienen. Und dieses? Vielleicht darin, meine Familie zu ernähren. Kann ich auch hier noch weiterfragen? Nichts hindert mich daran. Wir sahen ja, daß die Tendenz, immer weiterzugehen, der Sinnfrage eigentümlich ist. Nur, es wird auch rasch klar, daß ich mit diesem Fragen den zu realisierenden Sinn immer weiter hinausschiebe, bis er mir gänzlich zu entschwinden droht. Es sei denn, ich hätte eine Sinnrealisierung im Auge, die sich nicht mehr durch ein weiteres Wozu bestimmt. Erkläre ich aber die Funktionalität zum Wesen der Sinnrealisierung überhaupt, dann *muß* mir jeder Sinn entschwinden.

Die Gefahr besteht, daß der funktionale Sinnbegriff als der allein mögliche angesehen wird. Dem kommt eine geistige Haltung entgegen, die M. Horkheimer „instrumentelle Vernunft" genannt hat (Horkheimer 1964). Sie bewertet alles Handeln, jeden Sinnvollzug nach dem Vermögen, etwas herzustellen, etwas zu machen. Dieses Denken entspricht unserem durch die Technik geprägten Zeitalter. Handeln wird als „Mittel zu" betrachtet und ausschließlich nach seinem Mittelwert eingeschätzt. Dieser Wert ist um so größer, je mehr Möglichkeit, je mehr Macht er verschafft. Doch die Frage stellt sich: Möglichkeit wozu? Macht wozu? Die Antwort lautet dann: mehr Möglichkeiten, mehr Macht zu gewinnen? Aber dies ist ein offensichtlicher Widerspruch. Denn ohne ein Wozu, das nicht mehr auf ein anderes Wozu verweist, hebt sich der Sinn des „Mittels" und damit der Sinn selbst auf. Ist es nicht eine Ungereimtheit, sich nur um die „Lebensmittel" zu kümmern, aber nicht mehr zu wissen, was das Leben selbst ist? (vgl. Pieper 1964, 82).

2) Intrinsischer Sinn: Sinn „in sich" (Selbstsinn)

Damit ist die Aufmerksamkeit auf die wesentliche Frage gelenkt: es geht 308 um das Leben selbst. Sinn kann es nur geben, wenn es auch den in sich sinnvollen Lebensvollzug gibt. Eine bloß funktionale Sinnbegründung hebt sich auf. Das Leben selbst muß als sinnvoll deutlich werden. Nun ist das Leben in der Tat Selbstvollzug. Es stellt sich zwar in vielen Zweck-Mittel-Funktionen dar. Doch diese ergeben nur deshalb „Sinn", weil sie einem Leben dienen, welches durch diese Funktionen sich selbst vollzieht und in dieser wesentlichen Hinsicht eben nicht mehr als funktional zu betrachten ist. Zwar reicht für uns, die wir nach dem Sinn des Lebens fragen können, der bloße Verweis auf das faktische Leben nicht aus. Aber eines ist uns vielleicht schon klar geworden, daß es darauf ankommt, „Leben" richtig aufzufassen. Verstehen wir es überhaupt, wenn wir es nur funktional betrachten? Leben ist Selbstvollzug. Auch unser Denken ist dies. Reflexion bedeutet ja, daß wir auf uns selbst zurückkommen und damit den Selbstvollzug unseres Lebens aktualisieren können. Unser Denken, das so sehr in technischem Denken aufzugehen scheint, ist als Reflexion wesentlich Selbstvollzug und damit Leben.

Diese Überlegungen sollen unsere Aufmerksamkeit schärfen für Erfahrungen, in denen das Leben deutlich als Selbstsinn erscheint. Denn ohne so in Erscheinung zu treten, würde es sich gleichsam verflüchtigen. Wir müßten uns dann eher als Apparate und könnten uns nicht mehr als Lebewesen verstehen. Aber dies wäre natürlich ein Widerspruch. Denn die Reflexion auf diese „Wahrheit" bliebe immer ein Lebensvollzug. Doch reicht der Nachweis dieses Widerspruches wohl noch nicht aus, um uns vom Selbstsinn unseres Lebens zu überzeugen. Immerhin sollten wir sensibel geworden sein für eventuelle Erfahrungen, die das Leben als Selbstsinn deutlich werden lassen.

In der Tat gibt es eine Menge solcher Erfahrungen: Das Zusammensein mit Menschen, die wir lieben. Jemandem etwas Gutes tun, ihm helfen oder einfach ein freundliches Wort sagen. Das Erleben schöner Natur, ein Kunstwerk betrachten, Musik hören, spielen, Sport treiben und körperlich arbeiten und in beidem den eigenen Körper erleben, tanzen, reflektieren, sich philosophische Fragen stellen, eine Wahrheit erkennen, einen Gottesdienst mitfeiern, beten. Alle diese Vollzüge, die in unserem Leben in verschiedenem Maße Bedeutung haben, können wir nur gewaltsam rein funktional verstehen. Sie haben auch funktionale Aspekte. Aber sie darauf festlegen hieße sie zum Verschwinden bringen. Im Leben kommt Selbstsinn zur Erscheinung und läßt das Leben als Selbstsinn erscheinen. Doch ist damit die Frage nach dem Sinn des Lebens schon beantwortet?

3) Der Sinn in sich und seine Universaltendenz

309 Eine Verabsolutierung von funktionalem Sinn ist, wie wir sahen, nicht möglich. Denn wir können immer weiterfragen, und dies führt dann ins Leere. Ist damit die typische Radikalität der Sinnthematik, ihr Ausgriff aufs Ganze, widersprüchlich? Soweit müssen wir nicht gehen. Aber eines ist klar: Wenn die Radikalität des Fragens nur an den funktionalen Sinn geknüpft wäre, müßte sie sich aufheben. Doch wie ist es mit Erfahrungen, die, wie oben beschrieben, ihren Sinn in sich selbst tragen (Selbstsinnerfahrungen)? Läßt sich an sie die radikale und aufs Ganze gehende Sinnfrage knüpfen, ohne daß sich ihr Sinn wiederum auflöste? Nun steht die einzelne Selbstsinnerfahrung zunächst in sich, im Unterschied zu funktionalem Sinnerleben, das von weiterem Sinn abhängig ist. Aber auch sie

weist über sich hinaus. Denn sie ist eingebettet in einen Lebenskontext. Sie greift auf diesen Kontext über und wirft auf ihn ihr Licht. Es scheint bei ihr so zu sein, daß dieser weitere Zusammenhang seinen Sinn von der einzelnen Erfahrung erhält und nicht wie beim funktionalen Sinn die einzelne Erfahrung ihren Sinn erst vom Zusammenhang.

So werden Erfahrungen der Liebe und der Gemeinschaft sich auswirken auf das weitere Leben. Sie motivieren zum tätigen Einsatz für andere und können der täglichen Arbeit neuen Sinn verleihen. Die Begegnung mit Kunstwerken vermag dem Menschen eine tiefere Dimension des Lebens zu erschließen und wird auch manche trübe Stunde der Langeweile und der Lustlosigkeit vergessen lassen. Die Erinnerung an ein schönes Naturerleben hellt den grauen Alltag auf. Und wenn dem Menschen Augenblicke religiöser Ergriffenheit vergönnt sind, dann ändert sich sein Blick auf die Welt überhaupt. Damit ist deutlich: Selbstsinnerfahrungen bleiben, freilich nach dem Grad ihrer Intensität, in ihrer Bedeutung nicht auf den kleinen Bereich ihres jeweiligen Vorkommens beschränkt, sondern treten mit dem übrigen Leben in Berührung, bestimmen es in gewisser Weise, indem sie Vergangenheit und Zukunft in neuem Licht erscheinen lassen. Es scheint, daß die Selbstsinnerfahrungen in eine Tiefe reichen, wo das Leben eine Einheit bildet, wo alles mit allem zusammenhängt. Eine tiefe Zustimmungserfahrung stellt dann auch eine neue Zustimmung zum Leben als ganzem dar.

Nietzsche hat diese Ausweitungs- und Einschlußtendenz in der ihm eigenen Rigorosität so ausgesprochen: „Gesetzt wir sagen ja zu einem einzigen Augenblick, so haben wir damit nicht nur zu uns selbst, sondern zu allem Dasein Ja gesagt. Denn es steht nichts für sich, weder in uns selbst noch in den Dingen [...] und alle Ewigkeit war in diesem einzigen Augenblick unseres Jasagens gutgeheißen, erlöst, gerechtfertigt und bejaht" (Werke III, 893). In ähnlicher Weise spricht Dostojewski in den „Dämonen" einmal von einem partikularen und zugleich universalen Zustimmungserlebnis. Kirillow hat ein sonnendurchflutetes Herbstblatt gesehen: „Keine Allegorie. Einfach ein Blatt. Nur ein Blatt. Ein Blatt ist gut. Alles ist gut. - Alles? - Alles!" (II, 1,5).

Doch auch negative Erfahrungen haben diese Macht, das Leben als ganzes 310 zu erfassen. Sinnwidrigkeiten können schon Erlebtes verdüstern. Wenn wir nachträglich erfahren, daß uns ein guter Freund, als wir ihm vertrauten und dabei glücklich waren, auf gemeine Weise hinterging, werden wir uns kaum damit trösten können, daß wir damals immerhin glücklich waren. So etwas klingt verzweifelt und ist nicht glaubwürdig. Auch kann ein schöner Erholungsurlaub angesichts einer bedrohlichen Zukunft seine „Stimmigkeit" verlieren und sich stark eintrüben. Negative Erfahrungen können sogar zu der Frage Anlaß geben: Hat denn alles überhaupt einen Sinn? Auch religiöse Überzeugungen geraten dabei manchmal ins Wanken. Denn ihnen scheinen solche ebenfalls aufs Ganze gehenden Negativ-Erfah-

rungen direkt zu widersprechen. Dies kann in furchtbarer Grundsätzlich-
keit geschehen. Dostojewski läßt in den „Brüdern Karamassow" Iwan ein
vehementes Nein aussprechen, das auch religiösen Menschen nicht fremd
ist: „Die höchste Harmonie lehne ich gänzlich ab. Nicht wert ist sie auch
nur eines einzigen Tränleins auch nur jenes gepeinigten Kindes, das sich
mit seiner kleinen Faust an die Brust schlug und zum lieben Gott betete"
(I,5.4).

311 Dies zeigt: die Sinnerfahrungen, ob nun als positive oder negative, d.h. als
Erfahrungen von Sinn oder von seiner Abwesenheit, beziehen sich tenden-
ziell auf das Leben überhaupt. Sie bringen das Leben als ganzes vor den
Blick und machen deutlich, daß in ihnen das Leben überhaupt auf dem
Spiel steht. Können wir dem Leben unsere Zustimmung geben oder nicht?
Das ist die Frage, und es ist eine Frage an unsere Freiheit. Sinn als Zu-
stimmungsgeschehen ist durch Freiheit konstituiert, und je abgründiger
die Erfahrung ist, desto radikaler ist unsere Freiheit gefordert.
Wie aber sollen wir über das ganze Lebens entscheiden? Dies hieße doch,
alle seine Erfahrungen zu überschauen. Nun könnten wir vielleicht die
Hoffnung hegen, unser individuelles Leben bei seinem Abschluß zusam-
menfassend in den Blick zu bekommen. Aber machen wir den Sinn unseres
persönlichen Lebens nicht auch abhängig davon, wie es mit der Menschheit weitergeht, wie unsere Kinder und Nachkommen leben werden? In
dieser Perspektive ist es sofort klar, daß wir das Leben nicht im ganzen
überblicken können. Die Geschichte bleibt unabgeschlossen. Und doch,
trotz dieser Unabgeschlossenheit stellen uns gewisse tiefgreifende Sinnerfahrungen vor die Entscheidung, uns für oder gegen einen Sinn des
Lebens auszusprechen. Der Kompromiß, das Leben sei halt mal so und
mal so, ist deshalb keine Antwort, weil sich sofort die Frage nach der
Gewichtung der Seiten stellt, und diese Gewichtung enthält dann die
Grundoption. Wir sind also zum Nachdenken gezwungen. Der Verzicht
darauf hieße, die eigene Entscheidung zufälligen Einflüssen zu überlassen.
Aber das würde dann bedeuten, sich von der eigenen Freiheit zu ver-
abschieden.

4) Die Suche nach letzten sinnstiftenden Mächten

312 Mit der Universaltendenz der Erfahrungen von Selbstsinn (bzw. seiner
Abwesenheit) ist auch unsere Freiheit zu einer entsprechend grundsätzlichen Entscheidung aufgerufen. Soll sie nicht irrational ausfallen, womit sie
sich als Freiheit aufgeben würde, muß dasjenige im Blick sein, was wir mit
M. Müller die Antwort auf die letzte Rechtfertigungsfrage nennen können.
D.h. wenn wir für den Sinn optieren, so ist dies zugleich die Entscheidung
für einen letzten Rechtfertigungsgrund, einen das Leben als ganzes tragenden Sinngrund. Gegen den Sinn optieren hieße, das definitive Fehlen eines

solchen Sinngrundes anzunehmen. Ein solcher Sinngrund scheint aber eigentümlich ungreifbar zu sein. Diese Ungreifbarkeit scheint auf den ersten Blick unserer Freiheit zu korrespondieren. Denn diese darf durch nichts von vornherein festgelegt sein. Sie muß vielmehr ihre Festlegungen selbst treffen. Können, ja müssen wir nicht über jenen letzten Rechtfertigungsgrund frei bestimmen? Etwa so: Zunächst sprechen wir uns in Freiheit für ihn aus und heben ihn dann aus seiner Ungreifbarkeit heraus, indem wir ihn genauer bestimmen. Erst so scheint unser Leben Sinn zu bekommen, nämlich von einer klar erfaßbaren, sinnstiftenden Macht her, die sich uns aufdrängt oder die wir selbst festlegen.

Wir könnten gleichsam induktiv vorgehen und uns an Beispielen orientieren. Was könnte zu einer solchen letzten sinnstiftenden Macht erhoben werden? Was könnte einen absoluten Sinngrund und eine ihm entsprechende letzte Rechtfertigung darstellen? Wird die Frage so gestellt, dann zeichnet sie bereits einen Maßstab vor. Es müßte nämlich ein Sinngrund sein, der keiner weiteren Rechtfertigung und Begründung mehr bedarf oder überhaupt deren fähig ist. Was könnte von uns in dieser Weise zu einer letzten sinnstiftenden Macht erhoben werden? Wohlgemerkt, es geht nicht um sinnstiftende Inhalte überhaupt, sondern um solche, die durch sich allein jeden Sinn legitimieren und jede Erfahrung erst mit Sinn erfüllen sollen. Wäre es nicht z.B. möglich, den eigenen (wirtschaftlichen, politischen oder sonstigen) Erfolg zu einer solchen sinnstiftenden Größe zu erheben? Oder die Macht und den Einfluß? Doch die Festlegung auf derartige Sinngrößen liefe auf einen radikalen Egoismus hinaus, und der ist einfach widersprüchlich. Denn die anderen Menschen könnten dann nur als Mittel betrachtet werden. Es gäbe keine wirkliche Gemeinschaft mehr. Freundschaft setzt Gleichrangigkeit und gegenseitige Anerkennung voraus. Der Egoist hätte seinen Lebenssinn um den Preis vollkommener Einsamkeit erkauft. Im Griff nach dem besten Platz unter den Menschen hätte er sich von ihnen isoliert. Nimmt man vom radikalen Egoismus Abstand, könnte die Gemeinschaft für die sinnstiftende Größe gehalten werden. Aber welche? Die Familie? Doch auch sie ist eingebettet in einen menschlichen Lebenszusammenhang, dem gegenüber sie sich nur mit äußerster Gewaltsamkeit zum alleinigen maßgebenden Wert machen ließe. Und das Volk? Mit einem solchen Kollektivegoismus haben wir schlechte Erfahrungen gemacht. Und die Menschheit? Doch was ist mit ihr gemeint? Ist eine zukünftige Menschheit gemeint, vielleicht eine klassenlose Wohlstandsgesellschaft als Endpunkt der Geschichte? Das mag ein ehrenwertes Ziel sein. Doch wir müssen bedenken, worum es hier geht. Es geht um die Frage nach einer bestimmten sinnstiftenden Größe, die den letzten Rechtfertigungsgrund aller Sinnvollzüge abgeben könnte. Im Blick auf eine so projektierte letzte Menschheitszukunft hieße dies, daß wir jetzt Lebenden nur als Mittel für jene ferne Zukunft taugten, womit auch ein entsprechendes politisches Handeln gerechtfertigt werden könnte. Es wird sofort klar, daß auf diesem Wege der Selbstwert des Menschen geleugnet wird und die Erhebung künftiger Generationen zum allein bestimmenden Selbstwert willkürlich ist.

314 Wir kommen zum Ergebnis, daß der letzte rechtfertigende Sinngrund keine einzelne Größe dieser Welt sein kann. Der Sinn scheint sich in jedem Fall auf mehrere Größen zu verteilen. Aber genau diese Einsicht muß die Frage nach einem Einheit gebenden Rechtfertigungsgrund erneut auslösen. Von einem systematischen Denken ist dieses induktiv erreichte Ergebnis von vornherein, also apriori klar. Denn alles, was sich irgendwie noch in einen weiteren Zusammenhang einordnen läßt, ist insofern relativ und bedingt, und kann von daher die gesuchte letzte und unbedingte Rechtfertigung nicht abgeben. Doch sollte uns der Durchgang durch die Beispiele phänomenologisch klar machen, was apriori einsichtig ist, also in einer Art Erlebnisprobe (Nehmen wir einmal an, es hinge alles an....). Damit aber keine Mißverständnisse entstehen: Die genannten Beispiele sind durchaus Bereiche der Sinnerfahrung, der Erfahrung auch von letztlich gerechtfertigtem Sinn (Gemeinschaft, Einsatz für die Familie usw.). Aber sie sind nicht und können nicht sein der letzte Rechtfertigungsgrund von dem in ihnen sich zeigenden Sinn, weil ihre partikuläre Erscheinungsgestalt dann verabsolutiert würde, indem alles andere auf sie auszurichten wäre und damit gerade ihre eigentümliche Sinngestalt verschwände. Und wie ist es mit der Summe jener partikulären Sinnerfüllungen? Könnte sie nicht jener gesuchte letzte Rechtfertigungsgrund sein? Wir können nun für die Beantwortung dieser Frage zunächst auf einer Ebene der Vorstellung und des Erlebens argumentieren. Man stelle sich nur vor, alle die genannten Ziele wären erreicht und miteinander ausgeglichen. Wäre dies eine Garantie für die Beantwortung unserer Sinnfrage? Könnte nicht alles dennoch als hohl empfunden werden? Das aber heißt: Der letzte rechtfertigende Sinngrund ergibt sich eben nicht aus der Summe all jener Sinnerfahrungen. Worin besteht er dann? Ist er nicht überhaupt ungreifbar, wenn er weder mit einem einzelnen noch auch mit der Summe aller möglichen menschlichen Sinnvollzüge zu identifizieren ist?

315 Der Sinngrund, wenn er sich von allem Partikulären unterscheidet, scheint eigentümlich ungreifbar zu werden. Denn auch die Summe aller endlichen Erfahrungen kann ihn nicht gewährleisten. Dahin führen auch apriorische Überlegungen. Die Summe alles Bedingten konstituiert noch kein Unbedingtes. Doch liegt der gesuchte Sinn dann nicht jenseits unserer Erfahrung? Aber gibt es ihn dann überhaupt jenseits aller Greifbar- und Begreifbarkeit? Das Gefühl, daß er sich uns vollkommen entzieht und zu nichts wird, macht das Bestreben verständlich, ihn als feste Größe zu fixieren. Müßten wir ihn nicht irgendwo dingfest machen können, wenn es ihn überhaupt geben soll? Doch dieses Unternehmen, ihn irgendwo zu einer verfügbaren und kontrollierbaren Größe unserer Welt zu machen, mißlingt. Und wenn die Freiheit sich in solchen Festlegungen erschöpft, wird

auch sie fragwürdig. So kommen wir zu einem Ergebnis, daß sich unsere Frage nach dem Sinn nochmals zu einer letzten Radikalität zuspitzt. Vielleicht ist es eben doch nichts mit jenem Sinngrund, und auch unsere Freiheit kann ihn nicht retten, sondern ist selbst mit ihm verloren?

f. Nihilismus - Möglichkeit und Unmöglichkeit

Dies ist die These des Nihilismus. Nietzsche sah in ihm die latente, aber immer unwiderstehlicher hervortretende Infragestellung unseres gesamten abendländischen Wert- und Sinnverständnisses. „Der Nihilismus als psychologischer Zustand wird eintreten müssen, erstens, wenn wir einen ‚Sinn' in allem Geschehen gesucht haben, der nicht darinnen ist" (Werke III, 676). Definiert wird er von ihm als „die radikale Ablehnung von Wert, Sinn, Wünschbarkeit" (Werke, III, 881). Und er kommt unaufhaltsam: „Der Nihilismus steht vor der Tür: woher kommt uns dieser unheimlichste aller Gäste?" (ebd., Anspielung auf den „steinernen Gast" aus „Don Givoanni"). Er ist unausweichlich, wenn die Fundierung von Wert und Sinn in einem letzten vorgegebenen Sinngrund (Metaphysik, Religion) wegfällt. Nietzsche warnt vor der Illusion, die moralischen Werte könnten als reine Festlegungen des Menschen ihre alte Kraft behalten: „Man glaubt mit einem Moralismus ohne religiösen Hintergrund auszukommen: aber damit ist der Weg zum Nihilismus notwendig" (ebd.). „Der ganze Idealismus der bisherigen Menschheit ist im Begriff, in Nihilismus umzuschlagen - in den Glauben an die absolute Wertlosigkeit, d.h. Sinnlosigkeit" (III, 896). Es ist kein Zufall, daß in den Augen Nietzsches auch die Freiheit des Willens hinfällig wird (I, 461).

Kann man sich mit dem Nihilismus vernünftig auseinandersetzen? Oder bleibt nur die Gegenwehr des bloßen Festhaltens am Sinn? Doch eben dieses fundamentalistische Beharren hat Nietzsche als latent nihilistisch entlarvt. Denn ein blindes, sich der vernünftigen Auseinandersetzung verschließendes Festhalten glaubt selbst nicht an seine Rechtfertigbarkeit. Aber die vernünftige Auseinandersetzung mit dem Nihilismus muß keineswegs aussichtslos sein. Dies möchte ich im folgenden zeigen.

Ist die Verneinung von allem Sinn eine vollziehbare Position? Die Frage muß negiert werden. Dazu sei ein Autor zitiert, der sicher nicht im Verdacht naiver Sinngläubigkeit steht, nämlich Albert Camus: „Sobald man behauptet, alles sei ohne Sinn, sagt man schon etwas aus, das einen Sinn hat" (Camus 1994, 92). Man wird vielleicht erwidern, dies zeige lediglich, daß wir ohne einen gewissen Restbestand an Sinn nicht auskämen, aber ein das Leben tragender Sinn sei damit noch lange nicht erwiesen. Das ist richtig. Doch wir sind einen Schritt weitergekommen, wenn wir uns klarmachen, daß auch die Negation von Sinn gewisse Sinnvollzüge voraussetzt. Und dies kann ein Leitfaden sein, ganz allgemein auf Sinnvoraussetzungen zu achten, die im Eifer des Gefechtes zugunsten der Annahme einer totalen Sinnlosigkeit vergessen oder ausgeblendet wurden. Auch dem ehrlichen Nihilisten geht es z.b. um die Wahrheit, und diese zu erkennen ist für ihn sinnvoll. Nietzsche hat selbstkritisch eingeräumt, daß „wir Erkennenden von heute, wir Gottlosen und Antimetaphysiker, auch *unser* Feuer noch von dem Brande nehmen, den ein jahrtausende alter Glaube entzündet hat, jener Christen-Glaube, der auch der Glaube Platos war, daß Gott die Wahrheit ist, daß die Wahrheit göttlich ist" (Werke II, 208). Nietzsche weist einen ähnlichen Selbstwiderspruch auch dem nach, der alles verachtet, sogar sich selbst. Denn: „Wer sich selbst verachtet, achtet sich doch immer noch dabei als Verächter" (Werke II, 627). Nach Hölderlin ist sogar die Erfahrung der Harmonie schlechthin (das ist bei ihm die Schönheit) die tiefere Voraussetzung des Zweifels an ihrem Vorhandensein. Im „Hyperion" heißt es: „Der Mensch [...], der nicht wenigstens im Leben Einmal volle lautre Schönheit in sich fühlte [...], der nie erfuhr, wie nur in Stunden der Begeisterung alles innigst übereinstimmt, der Mensch wird nicht einmal ein philosophischer Zweifler werden, sein Geist ist nicht einmal zum Niederreißen gemacht, geschweige denn zum Aufbaun. Denn glaubt es mir, der Zweifler findet darum nur in allem, was gedacht wird, Widerspruch und Mangel, weil er die Harmonie der mangellosen Schönheit kennt, die nie gedacht wird" (Hölderlin, Werke I, 367).

318 Nehmen wir diese kritische Frage nach den Sinnvoraussetzungen der Sinnverneinung als Leitfaden einer Hermeneutik unseres Lebens, so werden wir in vieler Hinsicht fündig. Wer an seinem Leben verzweifelt, weil er keine Anerkennung findet, der muß um den Wert von Anerkennung wissen und sie erfahren haben. Wer an Kränkung leidet, muß ein gewisses Selbstwertgefühl besitzen. Wer Liebe vermißt, in dessen Leben muß sie einmal eine Rolle gespielt haben. Bedauern und traurig sein kann nur, wer zu lieben und zu bejahen imstande ist. Erkläre ich auch diese jeweils vorausgesetzten Vollzüge für sinnlos, so habe ich mir die Basis für die Kritik und die Negation entzogen. Es käme zu einer Verzweiflung ohne Verzweiflung. Zwar kann ich auf der Bezweifelbarkeit der Voraussetzungen bestehen, doch dann gilt in der Tat der Einwand Camus. Denn eine wirklich jeden Sinn verneinende Haltung hebt sich schlicht auf. Diese grundsätzliche Reflexion kann dazu ermutigen, die vielfältig vorausgesetzten Sinnerfahrungen ernst zu nehmen und sie nicht sogleich mit dem Verdacht genereller Täuschung zu belegen, vielmehr sich von ihnen den Hinweis auf einen immer gegenwärtigen Sinnhintergrund geben zu lassen, der in vielfältiger Weise im Leben hervortritt und der auch dann anwesend ist, wenn jeder Sinn bedroht scheint.

319 Wenn irgendwo, dann ist hier der wahre Ort der Freiheit zu suchen, nicht in willkürlichen und unbegründeten Sinnsetzungen, sondern in diesem Zurückkommenmüssen auf sich selbst, in diesem Aufgefordertsein, sich auf sich zu besinnen, sein geistiges Tun in die Stimmigkeit eines Selbstvoll-

zuges zu bringen. So gesehen ist dann auch klar, daß Sinn nicht objektiv wie eine Tatsache dieser Welt bewiesen werden kann. Aber diese „Unbeweisbarkeit" stellt ihn nicht in unser Belieben, sondern ist der Ausdruck dafür, daß er nur als Re-flexion, als Zurückbeugung auf sich, und d.h. als ein sich selbst übernehmender und ergreifender Freiheitsvollzug erfaßbar ist. Deswegen ist Philosophie immer als Aufforderung zur Reflexion verstanden worden, vom „Erkenne dich selbst!" des Sokrates (Platon, Phaidros 229 e) über das „Geh in dich!" des Augustinus (de vera religione, 202) zu dem ähnlichen Aufruf Fichtes (SW I, 422).

Nach W. Weischedel ist weder Nihilismus noch unbedingter Sinn erweisbar. Der Philosoph habe dies anzuerkennen und müsse sich in der Schwebe zwischen diesen Auffassungen halten, ohne für eine zu optieren: Das Philosophieren „darf sich in keinerlei dogmatische Position flüchten, weder im positiven noch im negativen Sinne. Eben in der Schwebe zwischen den beiden extremen Möglichkeiten eines unbedingten Sinnes und einer absoluten Sinnlosigkeit wird es wahrhaft zu sich selbst gebracht. Die Möglichkeit eines solchen Schwebens liegt eben im Fragen. Darum verharrt der Philosoph im Fragen und legt sich auf keine Antwort fest" (Weischedel II, 178). Diesem Fragen geht ein „Grundentschluß" voraus. „Er erwächst aus der Freiheit". „Freiheit freilich und damit nicht Notwendigkeit bleibt immer das Charakteristische des Ursprungs des Grundentschlusses des Philosophen" (ebd. 181). Er verlöre sie, wenn er sich einer Option zuwenden und sie übernehmen würde. Zwar wäre dies auch ein Akt der Freiheit, aber zugleich ihre Aufhebung. Nur in der Nichtfestlegung bleibe die Freiheit sie selbst. Zunächst wäre gegen Weischedel kritisch einzuwenden, daß Ablehnung und Annahme von Sinn keine gleichwertigen Möglichkeiten sind. Eine eingehendere Reflexion zeigt, daß wir aus einer Sinnoption leben, daß diese aber immer eine Anfrage an unsere Freiheit ist. Weischedel hat also nur insofern recht, als Sinn immer mit Freiheit zu tun hat und auf sie bezogen ist. Jedoch ist diese Freiheit nicht so zu verstehen, daß ihr zwei gleich gut begründbare, bzw. in gleicher Weise unbegründbare Optionen vor Augen stehen. Sieht man die Wahl so, dann ist Weischedel recht zu geben, daß die Wahl der einen von ihnen die Freiheit aufhebt, aber nicht weil diese sich dann bindet, sondern weil sie überhaupt keine Freiheit war. Denn Freiheit muß sich nach Gründen entscheiden, sonst ist sie Willkür und eine solche ist außenbestimmt. Wahre Freiheit ist begründete Freiheit. Die bloße Schwebe, die reine Enthaltung, macht da keine Ausnahme. Als völlig unbegründete wäre sie genauso außenbestimmt wie die anderen Optionen. Allerdings will Weischedel für die Schwebe geltend machen, daß sie wohl begründet ist, nämlich in der universalen Fraglichkeit und der Berechtigung des Zweifels. Hier wäre allerdings mit Hegel zu fragen, ob diese Position denn keinem Zweifel mehr unterliegt: „wenn die Besorgnis, in Irrtum zu geraten, ein Mißtrauen in die Wissenschaft setzt, [...] so ist nicht abzusehen, warum nicht umgekehrt ein Mißtrauen in dies Mißtrauen gesetzt und besorgt werden soll, daß diese Furcht zu irren schon der Irrtum selbst ist" (PG, 69). So ganz kann das Mißtrauen aber auch bei Weischedel nicht alles beherrschen, denn wenn der Zweifel begründet sein soll, so ist es also sinnvoll, nach Gründen zu fragen, sinnvoll, nach der Wahrheit zu forschen. Um die Voraussetzung dieser Sinnvollzüge kommt auch er nicht herum. Er nimmt sie im Gegenteil in hohem Maße in Anspruch. Er spricht davon, daß jener Grundentschluß zur Schwebe „eine Forderung an den Menschen" ist (Weischedel II, 181). Damit folgt Weischedel aber einer Sinnlogik, nämlich der des Fragens nach Wahrheit und Sinn, das nicht willkürlich ist, sondern unter einem Anspruch, ja einem unbedingten Anspruch steht. Doch eben dies ist ein, ja es ist sogar *der* Sinnanspruch schlechthin. Freiheit erfaßt in sich den Maßstab des Unbedingten, der ihr als Forderung begegnet. Dies ist die grundlegende Sinnerfahrung. Von ihr aus sind jene Optionen zwischen Sinn und Sinnlosigkeit nicht gleichwertig, sondern von der Freiheit schon entschieden, wenn sie sich denn selbst ernst nimmt.

g. Gott, transzendenter und immanenter Sinngrund der Freiheit

321 Die Frage nach dem Sinn führt uns zum Gottesgedanken. Das Fragen nach dem Warum kommt hier und erst hier zur Ruhe. Es ist beantwortet mit dem, was keine Frage mehr zuläßt, weil es jede weitere erübrigt und sie beantwortet mit dem, was schlechthin fraglos ist, weil es in sich sinnvoll und gut ist, einfachhin und vollkommen. Dieses letzte Umseinerselbstwillen ist das ganz Unabhängige. Denn jede Abhängigkeit würde es in ein Gefüge stellen, das mit dem Sein auch den Sinn wieder als bedingt erkennen ließe. Nur das reine Aussichsein ist vollkommener Sinn, vollkommener Sinnvollzug. Dies aber ist der ewige Gott, und gerade seine Unabhängigkeit ist es, die ihn nicht von uns entfernt, sondern in unsere Nähe bringt. Denn sein absolutes und in sich gründendes Ja trägt alle Bejahung wie auch die Bejahbarkeit von uns allen. Ohne diesen Grund hinge jegliches „Ja" in der Luft. Es hätte kein Fundament und wäre unserem Belieben überlassen. Halt bekommt es zusammen mit dem Fragen nach Sinn erst dort, wo nichts mehr in Frage zu stellen ist, wo das erreicht ist, was unter keinen Bedingungen mehr steht: das „id quo maius cogitari nequit". Aber ist der Mensch nicht eigentlich unbescheiden, wenn er erst mit diesem Höchsten zufrieden gibt? Doch Bescheidenheit ist nicht am Platz, wo es um die Anerkennung unserer Unendlichkeit geht, der Offenheit für das Unendliche und unübersteigbar Höchste. Denn erst *durch* diese Offenheit kann sich der Mensch dem unendlichen Gott unterordnen und zur wahren Bescheidenheit finden. Ohne jene Offenheit verschließt er sich, macht sich selbst zum Absoluten und verfällt der heillosesten Unbescheidenheit.

Absolute Zustimmung verdient nur das, was jene Offenheit unseres Geistes allein auszufüllen vermag, das absolut Gute, weil nur in ihm der Grund gegeben ist für all unsere berechtigten Zustimmungen. Von dort erhält das bedingt Gute seinen Wert und hängt nicht mehr „in der Luft", sondern hat eine verläßliche tragende Basis, indem es am tiefsten göttlichen Sinn und Sein partizipiert. Dieses erscheint seinerseits in allem endlich Guten und Sinnvollen. Besonders deutlich wird dies am Menschen. Dieser ist zwar nicht das unbedingt Gute, doch darf und soll er unbedingt bejaht werden und sich selbst in dieser Tiefe bejahen, weil in ihm das unbedingt Gute in besonderer Weise anwesend und transparent ist, biblisch gesprochen, weil er als „Bild Gottes" dessen Versichtbarung ist.

Das Gute fordert. Das Jasagensollen steht nicht in unserem Belieben. Es ist 322 Forderung und zugleich Einladung, ja zu sagen zu dem, was der Zustimmung würdig ist und so einzustimmen in das göttliche Ja. Auf diesem göttlichen Ja ruht der Sinn, der Sinn des Lebens und des ganzen Daseins. Gott ist der Sinngrund von allem Sinn, und in gewisser Weise ist er der eigentliche und letzte Sinn überhaupt. Sollen wir dies sagen dürfen, müssen wir allerdings unsere obige Definition, die an der menschlichen Sinnerfahrung orientiert war, präzisieren. Gott ist dann derjenige Zustimmungsgehalt, der vollkommen in sich selbst gerechtfertigt ist. In einen Kontext ist er nicht einzufügen, weil er jeden Sinnkontext erst begründet. Insofern ist er kontextlos, oder, wenn man so sagen will, sein eigener Kontext als reiner Selbstbezug. Erst aufgrund dieser Kontextlosigkeit ist er unbedingt und kann der Grund alles Bedingungsgefüges und jeden Sinnkontextes sein.

Gott ist der wahre Sinngrund allen Daseins. Seine Vollkommenheit und 323 Absolutheit verbietet es, ihn zu einer Größe dieser Welt zu machen. Er ist der Welt transzendent. Die Ungreifbarkeit des Sinngrundes, auf die wir stießen und die ihn ins Nichts zu verflüchtigen drohte, sie ist nur der Ausdruck der unvergleichlichen Wirklichkeit Gottes und seiner Transzendenz. Durch seine radikale Andersheit vermag er uns nahe zu sein, näher als es ein Bestandteil der Welt je sein könnte. Von dieser Präsenz Gottes her dürfen wir unsere Freiheit verstehen. Denn unsere Abhängigkeit von ihm ist die einzige, die unsere Freiheit nicht aufhebt, sondern ermöglicht. Gott schränkt unsere Freiheit nicht ein. Er entschränkt sie, indem er sie begründet. Ihm angehören als dem Sinngrund unserer Freiheit heißt bei uns selbst sein, frei sein. „Zur Freiheit seid ihr berufen!" sagt uns Paulus (Gal 5,13), und Augustinus betet zu Gott mit den Worten: „Du aber warst mir noch innerer als mein Innerstes und höher als mein Höchstes" (Confessiones III, 6,11).

324 Der Sinn-Begriff erwies sich durch das Gewicht, das er in der neueren
Philosophie bekommen hat, als geeignet, den klassisch metaphysischen
Begriff des „Telos" oder „Zweckes" von der Anthropologie ausgehend mit
neuem Leben zu erfüllen und so auch den traditionellen TelGB auf einer
die moderne existentielle Thematik einbeziehenden Ebene neu zu formulieren. Es zeigte sich dabei, daß der Sinn-Begriff von seiner vieldimensionalen
Bedeutung her sich in besonderer Weise als zusammenfassender philosophischer Terminus eignet, der auf die verschiedenen Aspekte philosophischer Themen hinzuweisen und sogar deren mögliche Ordnung vorzu-
zeichnen vermag. Deswegen soll in Orientierung an diesem Begriff der
freilich nur eine Skizze bleibende Entwurf einer philosophischen Systematik vorgelegt werden, und zwar derjenigen, die den bisherigen Ausführungen zugrunde lag und oder in ihnen zum Vorschein kam.

a. Sinn als Sinnlichkeit - in ihren Grundformen: Raum und Zeit

325 Das Subjekt ist nach außen gerichtet und wendet sich von dorther auf sich
zurück. Darin zeigt sich seine Endlichkeit. Wir sind nicht einfachhin bei
uns, sondern nur vermittelt durch das Außen. Dieses Außen ist zunächst
der *Raum*: das Miteinander des Auseinander. Indem der Raum diese
gleichberechtigte Andersheit ist, ist in ihm bereits die Symmetrie der
Endlichen (ihr gleichrangiges Gegenüber) fundiert (während die Zeit
asymmetrische Andersheit ist). Von der Zeit her ist der Raum die gleichzeitige Andersheit. Doch ist er in die Zeit nicht zu übersetzen oder aufzulösen. Denn diese ist als das Nacheinander gerade nicht das gleichzeitige
Auseinander. Über die Gleichzeitigkeit sind Raum und Zeit verbunden.
Denn der Raum ist nur von der Zeit her zu erfassen. Er ist das, *worin* sich
das Nacheinander vollziehen kann als Bewegung, die räumlich und zeitlich
ist. Dem Nacheinander des Diskreten ist also der Raum als das gleichzeitige Diskrete immer vorgegeben. Doch ist er nicht als vollständig und
abgeschlossen zu denken in dieser Vorgegebenheit (als simultane Unendlichkeit seines Auseinander), sondern nur als unvollendet und immer
nur der Bewegung vorgegeben als jenes Miteinander, in dem sich ihr
Nacheinander vollzieht. Ich muß den Raum als potentiell denken (als
aktuale Unendlichkeit würde ich ihn als vollendete Endlichkeit denken
müssen) ohne ihn auf das zeitliche Nacheinander zu reduzieren.
Auch in der *Zeit* erfährt das Subjekt seine Endlichkeit. Es erfährt sich als
Nacheinander, von sich entfernt in Vergangenheit und Zukunft und nur
im verschwindenden Punkt der Gegenwart wirklich. Doch in der Vermittlung der Zeit- mit der Raumerfahrung erfaßt das Subjekt das Bleiben des
Außen in der räumlichen Gleichzeitigkeit als die Voraussetzung des Nach-

einander. Mein Mir-Äußerlich-Sein ist räumlich und zeitlich. Im Raum habe ich bereits anfänglich das Andere meiner selbst als Außen in Symmetrie zu mir, während es in der Zeit entweder nicht mehr oder noch nicht ist und so auch nur meine Erinnerung oder Erwartung sein könnte. Wie Zeit nicht ohne Raum ist, so ist auch das subjektive Innen nicht ohne das objektive Außen und umgekehrt. Das Auseinander nur in der Zeit bestehen zu lassen verleitet zu der Ansicht, es entstamme ganz der Subjektleistung (als Pro- und Retrospektive). Der Raum aber ist das immer vorgegebene und mit dem Subjekt gleichzeitige (und in die Gleichzeitigkeit sich erstreckende) Auseinander. Innen- und Außenperspektive sind in der Erfahrung des Außersichseins vermittelt.

b. Sinn als Sinnliches - der Leib und die Dinge

Eine nächste Stufe der Subjekt-Objekt-Erfahrung ist die Vielfalt des Außen. Sie ist eine Konkretisierung dieses Außen als Auseinander, das eben nicht nur Gleichförmigkeit besagen kann. Nur als solche wäre sie nicht erfahrbar. Das Außen wird zudem in einer Widerständigkeit erfahren. Das Widerständige des Außen zeigt dessen eigene Wirklichkeit an, die auf mich wirkt, und auf die ich wirke. Sie wirkt auf mich, insofern ich selbst mir äußerlich bin, d.h. sie wirkt auf mich als Leib, und ich wirke durch den Leib auf sie ein. Dieses Außen im Gegeneinander eines Wirkzusammenhangs und der gewissen Eigenständigkeit der Beteiligten ist Materialität. Mein Wirken erfahre ich als Teil eines weiteren, allgemeinen Wirkzusammenhanges. Wirken kann es freilich nur geben, wenn seine Verläufe von Regelmäßigkeit geprägt sind. Sonst könnte ich nie mit einer bestimmten Wirkung rechnen und würde auch keine erfahren, weil sie mir nicht als Wirkung erkennbar wäre.

c. Sinn als reflexiv erfaßbarer Intentions- und Seinsgehalt

Der Wendung nach außen entspricht die nach innen. Je mehr die eine, desto mehr ist auch die andere entwickelt. D.h. je eigenständiger ich mich weiß, so deutlicher ist mir auch das Andere ein eigenständiges Gegenüber. Habe ich nur Vorstellungsgehalte, so bin ich noch nicht voll bei mir. Erst wenn ich das Außen auch als etwas in sich selbst begreife, als etwas für sich selbst anzusehen vermag, erfasse ich auch mich in meinem Für-mich-Sein und umgekehrt. Die volle Reflexion auf mich erfüllt sich im Geist, der ich von anfang an tendenziell bin. In ihm erst gelange ich auf die Ebene der Erfassung des Seins, der Wahrheit, des Objektiven. Das Erfassen des Anderen und meiner selbst entstammt also einer entsprechend höheren Reflexionsbewegung, die im Sein als Selbstsein angelegt ist und in seinen ausgeprägteren Gestalten deutlicher hervortritt. Ich komme auf mich zurück, erfasse mich reflexiv als mich selbst und bin so mehr und eigentlicher ich selbst. In einer entsprechenden Bewegung begreife ich auch das andere als es selbst. Reflexives Erfassen ist durch das „als" gekennzeichnet, in welchem das Selbstein mit- und nachvollzogen wird und sich vollzieht und so die (Selbst-)Erkenntnis des Einzelnen, aber auch des Zusammenhanges, in dem es steht und ohne den es als Endliches weder ist noch zu begreifen ist. Ich erfasse Einzelnes und Allgemeines in Einem (mich „als" mich, etwas „als" Baum usw.).

d. Sinn als Erfüllung des Bei-sich- und Beim-Andern-Seins

328 Mein Eigensein erfasse ich in dem Maße, als ich das Anderssein als Eigensein erfasse. Ich komme vom Anderen auf mich selbst zurück. Meine Reflexion geht also den Weg zum Anderen und zu mir zurück und von mir wieder zum Anderen. Damit ist ein Maßstab des Andersseins gegeben. Das wirklich Andere muß in einer mir gleichrangigen Andersheit mein Gegenüber sein. Ohne ein solches Gegenüber und seinen Maßstab könnte ich Anderes nicht wirklich von mir absetzen (es bliebe meine Vorstellung). Auch könnte ich mich von ihm nicht so absetzen, daß ich wahrhaft bei mir wäre. Für das Mich-Erfassen muß mir ein Gegenüber gegeben sein, das ich als die gleiche Reflexion auf sich erfasse, wie ich sie auf mich vollziehe, und damit als ein Selbstsein wie ich es bin. Erst in dem Raum, der sich mir durch dieses Gegenüber eröffnet, kann ich auch die Dinge der Welt in ihrer relativen Eigenständigkeit mir gegenüber erkennen. Ermöglicht ist dieser Raum des Eigenseins der Seienden durch den Bezug zu einem gleichrangigen Gegenüber, welches für mich erkennbar so ist, wie ich für es ein Selbstsein bin. Insofern mein Nach-außen-gerichtet-Sein eine gewisse Priorität hat, da ich als endliches Wesen erst zu mir *komme*, kann ich nur im Hinblick auf den so Anderen zu meinem Selbstsein gelangen. Auf den Anderen blickend sehe ich in seinem Blick mich, komme mit seinem Blick auf mich selbst zurück, wobei der Blick des Anderen auf mich nicht nur der Reflektor meines Blickes auf ihn ist. Vielmehr ist es sein Selbstblick, in welchem ich mich erblicke. Diese wechselseitige Re-flexion ist die Grundlage der Kommunkation, die sich als gemeinsames Erkennen unser selbst und unserer Welt vollzieht. In einer solchen, aber internalisierten und in mir vollzogenen Reflexion besteht dann mein Nachdenken. Hier tausche ich Argumente aus, mache mir selbst Einwände und argumentiere.

e. Sinn als gemeinsam erfahrene sinnliche Welt: die Natur

In diesem von der Kommunkation eröffneten Raum erfassen wir die Natur 329
in ihrem Eigensein. Der Maßstab der Eigenständigkeit ist die geistige
Individualität. Aber in Analogie zu ihr sind uns auch die Wirklichkeiten
der äußeren Natur, die Gegenstände und die Lebewesen in abgestufter
Rangfolge als eigenständige Wirklichkeiten erkennbar und bewußt. Wir
haben gesehen, daß wir diese unsere Welt auch als regelhaften Wirkungszusammenhang begreifen müssen. Von der Interpersonalität her ist dies
besonders leicht einsichtig zu machen, denn kommunizieren können wir
nur über eine Außenwelt, die ein geregelter Wirkungszusammenhang ist.
Die Begrifflichkeit, in der sich uns diese Regelhaftigkeit der Naturverläufe
und ihrer Wirkzusammenhänge erschließt, ist die Sprache idealer Gleichförmigkeit, also die der Mathematik. In ihr läßt sich die reale Gleichförmigkeit erfassen. Sie ist deshalb die wissenschaftliche Sprache von der
Natur, und umgekehrt zeigt die Natur, in dieser Sprache erfaßt, ihre Idealität, zeigt, was sie selbst ist, und stellt sich als erstaunliches Ordnungs-
gefüge dar. Daß die Regelhaftigkeit der Natur mehr ist als nur Gleichförmigkeit des Nacheinander-Geschehens, nämlich Wirkzusammenhang,
das freilich ist der bloßen Phänomenalität nicht zu entnehmen. Das ist uns
nur über die Eigenerfahrung des Wirkens in den Wirkzusammenhängen
unserer Welt zu begreifen möglich. Diese Eigenwirkung gibt uns Auf-
schluß über das Wirken der Welt und in ihr. Denn unser eigenes an uns
selbst erfahrbares Wirken ist nur denkbar in einem Zusammenhang des
Wirkens dieser Welt.

f. Sinn als Sinnraum unserer Welt und als deren Transzendenz

Die Natur muß im einzelnen und ganzen ein gewisses (wenn auch nicht 330
absolutes) Eigensein, muß also Eigen-Wirklichkeit und -Wirksamkeit,
besitzen. Sie entwickelt sich und stellt immer deutlicher dar, was sie ist,
nämlich Selbstein, bis sie sich im Menschen erfaßt und zeigt, was sie ist.
Die Welt ist so gesehen teleologisch verfaßt und kann als Sinn-Gebilde
angesehen werden. In ihrem Selbstsein ist sie sich immer schon vorweg
und jeweils „mehr" als sie faktisch ist. Deswegen ist der Gedanke einer rein
deterministischen Welt, die von festen Ausgangsbedingungen in ihrem
Verlauf bestimmt ist, eine bloße Abstraktion, die das philosophische Denken korrigieren muß. Denn Selbstsein und Sich-vorweg-Sein läßt sich so
gerade nicht denken. Die deterministischen Verläufe behalten ihre Bedeutung und zwar vom Wirkzusammenhang her, bilden aber eine Oberflächendimension, die um die Struktur des Selbstseins ergänzt werden muß.
Diese kann nicht geleugnet werden, da ich sonst auch die Freiheit leugnen
müßte. Die Welt als Aussichsein, so könnte man sagen, stellt sich in ihrem

Wirkzusammenhang jeden Augenblick als ganze dar. Dort aber, wo sie wahres Selbstsein ist, reicht sie gleichsam immer in ihren (zeitlos stets gegebenen) Anfang hinein. Die Philosophie ist auf diesen Gedanken mehrfach gekommen, daß nämlich die Freiheit in einer zwar mit der Welt verbundenen, aber auch, was deren Geschehensfolge betrifft, außer ihr liegenden Anfänglichkeit gründet (Platon: Phaidros 245 c ff; 249 b; Politeia 616 b ff; Kant: Religion 25 f; KpV A, 174 - 179; Schelling: Freiheit SW I/7, 383 - 389; Schopenhauer: Die Welt als Wille und Vorstellung § 55; Über die Freiheit des Willens, Schluß und höhere Ansicht). Das Problem von Freiheit und Determination, denen beiden Rechnung zu tragen ist, dürfte wohl erst in dieser Tiefe einer teleologischen Verfaßtheit der Welt zu lösen sein.

Immer bleibt jedoch zu bedenken, daß die Welt endlich ist, auch in ihrem Selbstsein. Denn Selbstsein und Endlichkeit schließen sich nicht aus. Würden sie sich ausschließen, könnte nicht von endlichem *Sein* gesprochen werden, da Sein immer auch Selbstsein bedeutet. Das diesem Sein eigentümliche Vorweg ist nicht vollständig und allein aus ihm zu erklären, sondern kommt ihm zu, ist ihm gegeben, ist Gabe zum Selbstsein. So gerät das endliche Sein nicht in die Aporie, als ganzes immer schon vorhanden sein zu müssen, etwa als Programm, womit man nur in die verschärfte Aporie geriete, die der vergebliche Versuch zeigt, einen solchen Anfang auch nur denken zu können. Mit der Endlichkeit ihres Selbstseins weist die Welt vielmehr in einem radikalen Sinn über sich hinaus auf eine Transzendenz, auf ein vollkommenes und absolutes Selbst- und Aussichsein, dem sie sich verdankt, - das Argument der Gottesbeweise.

g. Denken in der Sinn-Logik

331 Dies ist die Sinnordnung, in der wir leben und denken, in welcher der nach außen gerichtete Sinn der Sinnlichkeit mit dem Sich-Besinnen der Reflexion in die verschiedenen Sinn-Dimensionen sich vermittelt, in eine Sinnordnung, nach der wir uns richten müssen, da sie für uns ideell normativen Charakter hat, wie Platon schon in seiner Weise erkannt hat. Denn der Sinnvollzug als endlicher und unendlicher, in der eigentümlichen theoretisch-praktischen Verschränkung , ist die uns leitende Reflexion, die Idee, das Apriori unseres geistigen Lebens (so Platon und Hegel). Es ist der Sinn, die Sinnordnung, in der wir uns bewegen, der Kosmos in seiner antik christlichen Bedeutung als Sinnstruktur und in der Sinneinheit des Wahren und Guten. Der Begriff Sinn entspricht somit dem der „Idee" und dem des „Seins" und läßt uns diese neu verstehen.

Zweiter Teil:
Gottes Insichsein und sein Verhältnis zur Welt

I. ZUR PERSONALITÄT DES ABSOLUTEN

1. Der Anschluß dieser Thematik an das Bisherige

Die Verknüpfung mit dem Bisherigen läßt sich am AxGB verdeutlichen. 332
Wenn das Absolute sich im Anspruch (Gewissen) zeigt, dann kann es nicht
schlechthin apersonal sein. Das Woher des Anspruchs muß ansprechen
können. Anknüpfen läßt sich auch an den OGB. Denn dort war das Absolute als der den Ichvollzug (und zwar im Kern seiner Selbständigkeit)
konstituierende Grund und insofern als absoluter Selbstbezug oder absolute Reflexion (entsprechend dem antiken Nous) bestimmt und ausgelegt
worden. Mein Ich-Grund muß ich-haft sein. Sonst könnte er mich nicht
verpflichten und mich als das Ich, das ich bin, nicht begründen. Beides
hängt freilich zusammen. Die Begründung ist zugleich Aufforderung, denn
sie kann nicht determinierend sein, sondern muß spezifisch freiheitsbe-
gründend sein. Würde das Absolute völlig apersonal als eine neutrale,
naturhafte, bloß faktische Macht gedacht, so könnte, ja müßte sich das Ich
von ihm denkend distanzieren. Die Macht des Absoluten hätte an der
Selbstgewißheit des Ich ihre Grenze. Ich könnte mich in den nur mir
gehörenden Innenbereich meines Selbstvollzuges zurückziehen und mich
darin als vom Absoluten nicht tangiert und tangierbar begreifen. Ich
könnte, ja müßte mich ihm als (in diesem Punkt) überlegen begreifen,
unbeschadet seiner faktischen Übergewalt und meiner Ohnmacht. Denn
wenn ich danach frage, wo meine Freiheit als Freiheit nochmals gebunden
ist, könnte das Absolute gerade nicht die Antwort sein. Durch ein noch so
übermächtiges neutrales Sein kann ich mich nie *als* Freiheit gebunden
wissen. Im Umkehrschluß heißt dies: Wenn ich mich *als* Freiheit begründet und abhängig weiß, kann der vorausgesetzte Grund nicht ohne Freiheit, nicht apersonal sein. Die Alternative ist also die: Entweder entziehe
ich einen bestimmten Bereich in mir der Begründung durch das Absolute,
nämlich den meiner nur mir zugänglichen Freiheit, wodurch sich dann in
der Konsequenz der Begriff des Absoluten auflösen müßte, oder ich denke
eine meiner Freiheit allein adäquate Begründung durch das Absolute,
welches dann aber selbst als Freiheit gedacht werden muß. Der naheliegende Einwand gegen eine solche Auffassung ist der der Projektion: Ist der
Gedanke der Freiheit und Personalität des Absoluten nicht eine Über-
tragung menschlicher und endlicher Vorstellungen in einen Bereich, in
dem alle Grenzen aufgehoben sind und damit auch unsere Begriffe von

Person, Freiheit, Denken, Geist unangemessen werden? Wie im folgenden gezeigt werden soll, spiegelt die Geschichte des Denkens genau diese Problematik wieder. Sie gibt aber auch Hinweise zur Lösung. Dabei muß allerdings auch näher auf den religiösen und theologischen Begriff des Personalen eingegangen werden, da er in der Geschichte der Philosophie immer wieder ein sowohl kritisch als auch zustimmend aufgenommener Bezugspunkt war.

2. Zur Begriffsgeschichte von „Person"

333 (Genauere Ausführung und Belege in „Person" in: Ritter HWPh 7; Spaemann 1996, 30ff). „Persona" (griechisch: πρόσωπον) ist zunächst in der Theatersprache heimisch. Der erste Beleg findet sich bei Plautus (um 200 v.Chr.) Das Wort bedeutet hier: Maske, Rolle. Diese Verwendung führt zu der weiteren Bedeutung im Sinne der „Rolle", die jemand in seinem sozialen Leben innehat. In der alexandrinischen und römischen Grammatiklehre werden die „drei Personen" der Rede unterschieden (1., 2., 3. Person, im Plural oder Singular). Diese Differenzierung machte den Begriff für die Identifikation des Individuums in der Gerichtssprache geeignet. In der Rechtswissenschaft der römischen Kaiserzeit werden dann mit Hilfe des Person-Begriffes allgemeine Unterschiede benannt, etwa zwischen Personen- und Sachenrecht oder zwischen „personae sui iuris" (Personen eigenen Rechtes: Freie) und „personae alieno juri subjectae" (Personen, die fremdem Recht unterstellt sind: Sklaven). Noch aber hat die Rechtssprache keinen Begriff dafür, daß die Person als solche (unabhängig von sozialem Stand, Eigentum oder sonstigen Umständen) Rechtssubjekt ist. Dieser Schritt wird erst in der Barockscholastik gemacht im Zuge der Diskussion um die Rechtsstellung der Indianer. Für die Wesensbestimmung von „Person" wurde die spätantike Definition durch den Christen Boethius einflußreich: „persona est individua substantia rationalis naturae (Person ist eine individuelle Substanz mit rationaler Natur)". Die personale Individualität wird hier mit Hilfe aristotelischer Begriffe formuliert. Aber die Bedeutung der geistigen Individualität, die diese Begriffsbestimmung veranlaßte (im Vergleich zum Übergewicht des Allgemeinen im griechischen Denken), kommt aus dem Christentum.

3. Der Streit um die Personalität des Absoluten

a. Klassische Antike: der Streit um die Geistigkeit des Höchsten

334 Schon der Begriffsgeschichte ist zu entnehmen, daß der Begriff „persona" oder „prosopon" in der klassischen Antike eine viel zu untergeordnete

Rolle spielte, als daß er für die philosophische Bestimmung des Göttlichen in Frage kommen konnte. Doch was die uns interessierende systematische Frage betrifft, so gab es über sie in der Antike durchaus ein lebendiges Bewußtsein. Jedoch stand im Mittelpunkt nicht der Begriff „Person", sondern „Geist" (νοῦς).

Wir haben bereits auf Xenophanes (6. Jh. v. Chr.) verwiesen. Seine Kritik 335 am religiösen Anthropomorphismus ist verbunden mit einer Reinigung und Vergeistigung des Gottesgedankens. Von dem einen höchsten Gott heißt es: „Als ganzer sieht er, als ganzer versteht er (νοεῖ), als ganzer hört er" (B 24). Zwar werden hier noch Ausdrücke für Sinneswahrnehmungen verwendet. Doch da dieser Gott nicht mit einem bestimmten Organ, sondern „als ganzer" sieht oder hört, ist eine übersinnliche, rein geistige Erkenntnis gemeint. So heißt es denn auch: „ohne Anstrengung des Geistes (νόου) lenkt er alles mit seinem Bewußtsein (φρενί)" (B 25). Gott ist wesentlich Geist (νοῦς). Dies wird für die weitere Lehre von Gott oder von der höchsten und wahren Wirklichkeit bestimmend.

Nach Parmenides ist das allein zu denkende reine und absolute Sein zugleich Denken: „Denn dasselbe ist Denken (νοεῖν) und Sein (εἶναι)" (B 3). Auch wenn Parmenides diese Einheit nicht Gott nennt, stellt er seine Lehre als religiöse Offenbarung dar, die ihm zuteil wurde (B 1).

Anaxagoras läßt den Kosmos und seine Vielgestaltigkeit im Geist (νοῦς) begründet sein: „Der Geist ist ein Unendliches und Selbstmächtiges, und er ist mit keinem Ding vermischt [...]; er besitzt von jedem Ding jede Erkenntnis und hat die größte Kraft [...]; auch über die gesamte Wirbelbewegung hat der Geist die Herrschaft [...]. Und wie alles werden sollte, und wie alles war, und wie es jetzt ist, das alles ordnete der Geist, auch die Bewegung, die jetzt die Sterne und Sonne und Mond vollführen" (B 12). Anaxagoras nennt den Geist nie Gott, vielleicht um religiöse Mißverständnisse zu vermeiden, denen er ohnehin ausgesetzt war (432 v. Chr. wurde er der Gottlosigkeit, der Asebie, angeklagt), entwickelt aber der Sache nach einen philosophischen Gottesbegriff.

Platon lehrt ebenfalls, daß der Nous weltbegründendes Prinzip sei, al- 336 lerdings ist er für ihn nicht nur faktisches, sondern vor allem normatives Ordnungsprinzip. Der Geist ist das den Menschen normativ Leitende und ist insofern göttlich. Gegen das Wort des Protagoras: „der Mensch ist das Maß aller Dinge", heißt es bei Platon: „Gott ist das Maß aller Dinge" (Nomoi 716 c). Die alles leitende Vernunft (oder die Vernunft besitzende Seele) kann deshalb auch mit Gott identifiziert werden (897 b). Zwar scheint die „Idee des Guten" noch über alle Erkennbarkeit und damit auch über den Nous hinauszureichen (Politeia 506-509). Doch ist sie nach dem Liniengleichnis auch wieder die Erfüllung des Nous (511), denn um die Erkenntnis des Guten geht es schließlich. „(Fremder:) Aber wie, beim Zeus! Sollen wir uns leichthin überreden lassen, daß in der Tat Bewegung und Leben und Seele und Vernunft dem wahrhaft Seienden gar nicht eigne? Daß es weder lebe noch denke, sondern hehr und heilig der Vernunft entbehrend unbeweglich stehe? (Theaitetos:) Eine arge Behauptung, o Fremdling, würden wir da einräumen" (Sophistes 248 e f). Doch zeigt sich in der Bestimmung des Höchsten eine Spannung, die auf Plotin voraus weist.

337 Die Gotteslehre des Aristotes wurde bereits dargestellt (Nr. 35 f, 225, 264 f). Für ihn ist das Höchste und Letzte reines Denken, reflexiver Nous, „νόησις νοήσεως (Denken des Denkens). Es gibt allerdings ein Fragment, in dem Aristoteles, wohl im Geiste seines Lehrers Platon, die Übersteigbarkeit des Nous erwägt, indem er sagt, „daß der Gott (ὁ θεός) Geist (νοῦς) oder noch über dem Geist ist (ἐπέκεινα τι τοῦ νοῦ)" (Simplicius, de caelo 485, 19-22). Plotin spricht sich dagegen aus, den Nous, den Geist, das Höchste zu nennen. Sein Argument ist dies: Wenn das Höchste reine Einheit sein soll, kann der Nous nicht diese Stelle einnehmen, da er als Relation von Denken und Gedachtem verstanden werden muß und insofern wesentlich, und zwar auch in der Selbstreflexion noch, Zweiheit ist. „Und wenn der Geist sowohl das Denkende wie selber das Gedachte ist, so ist er zwiefältig und nicht einfältig, also nicht das Eine" (En VI 9, 2; ebenso: V 4, 2; V 1, 4). „Die Zweiheit ist erst das Zweite, sie kommt von dem Einen her" (V 1, 5). „Der Urgrund aller Dinge (ἡ πάντων ἀρχή) muß einfach sein" (VI 9, 5). Das Eine ist „kein Denken, sonst wäre Andersheit in ihm" (VI 9, 6). Deshalb wendet sich Plotin gegen Aristoteles und dessen Lehre vom höchsten reflexiven Nous: „Aristoteles nennt [...] das Erste abgetrennt und geistig, wenn er aber behauptet, daß es selbst sich selbst denke, so macht er es wiederum nicht zum Ersten" (V 1, 9). Das Eine muß also dem Nous vorgeordnet sein als dessen tieferer Ursprung. Denn Zweiheit ist nach Plotin prinzipiell ein Mangel, und ein Mangelhaftes kann nicht das Höchste und der allgemeine Ursprung sein. Damit ist ein Streit vorgezeichnet, der bis heute anhält. Einerseits scheint das Höchste, Göttliche nur als geistig begreifbar zu sein. Aber ist Geist nicht doch ein Begriff aus unserem menschlichen und d.h. begrenzten Horizont? Ist er somit nicht ein Begriff der Endlichkeit? Muß er nicht überstiegen werden, so daß jenes Höchste und Göttliche als nicht-geistig und deshalb auch als nicht-personal zu denken ist?

b. Der christliche Gottesbegriff und die Dreifaltigkeitslehre

1) Die Bibel

338 Im Alten Testament (AT) wird Gott erfahren als einer, der den Menschen anspricht und fordert. So wird Abraham von Gott angesprochen (Gen 12 ff). In dieser Anrede liegt auch eine Erwählung. Wenn sich der Angesprochene auf die Forderung einläßt, darf er des Wohlwollens und des Schutzes

dieses Gottes sicher sein. Angesprochenwerden und Erwählung gilt dann auch für das ganze Volk, die Sippe und Nachkommenschaft Abrahams. So wird das Volk von Gott geleitet. Er führt es aus der Knechtschaft in Ägypten heraus und gibt ihm am Sinai das Gesetz. Sittlicher und religiöser Gehorsam sind eine Einheit. Den Willen Gottes zu befolgen heißt, seiner Erwählung zu entsprechen und sich damit auch seinem Schutz zu unterstellen. Das ist der Gedanke des „Bundes", den Gott mit seinem Volk schließt. Jene Gebote sind keine Willkürgebote. Sie sprechen aus, was gut ist für dieses Volk und darüber hinaus auch für die Menschheit. Denn Gott, der schlechthin Gute, sagt hier, was schlechthin gut und gesollt ist. Das Gesetz vom Sinai spricht denn auch in seinem Kerngehalt, den zehn Geboten, das allgemeingültig Gute für alle Menschen aus. In diesem Bewußtsein redet Moses vor dem Volk über dieses Gesetz: „Denn das wird in den Augen der Völker, die von all diesen Gesetzen hören, eure Weisheit und Klugheit ausmachen. Sie werden sagen: Wahrhaft ein weises und kluges Volk ist diese große Nation! Denn wo gibt es ein so großes Volk, das Götter hat, die ihm so nahe sind wie Jahwe unser Gott uns, sooft wir zu ihm rufen? Und wo gibt es ein so großes Volk, das so vollkommene Bestimmungen und Rechtssatzungen hat wie dieses ganze Gesetz, das ich euch heute vorlege?" (Dt 4, 6 ff). Schon zu Abraham sprach Gott: „In dir sollen gesegnet sein alle Völker der Erde" (Gen 12, 3).

In dieser Tradition steht die Botschaft des Neuen Testamentes (NT). Jesus verkündet den Willen eines gnädigen, sich den Menschen zuwendenden Gottes. Er verkündet die nahegekommene „Herrschaft Gottes" (Mk 1, 15). Auf diesen Gott gilt es sich einzustellen, seiner Zuwendung sich „glaubend" zu öffnen, d.h. sich zu „bekehren" (ebd.), also zu ihm hin umzukehren. Es ist Gott an den Menschen gelegen, denen er sich zuwendet, an jedem einzelnen. Dadurch haben sie ihre Würde. So wendet sich Jesus gerade auch den sonst Ausgegrenzten zu. Er gilt als „Freund der Sünder und Zöllner" (Mt 11, 19) (Zöllner galten als Ausbeuter oder Kollaborateure mit Rom). Er nimmt die Frauen ernst (Joh 4) und schützt sie vor einer rigoristischen Gesetzesauslegung (Joh 8, 1ff; Luk 7, 36 ff). Er wendet sich gegen eine nach dem Gesetz von seiten des Mannes relativ leicht mögliche Ehescheidung und verweist zur Begründung auf einen ursprünglicheren göttlichen Willen, der sein Fundament in der Schöpfungsordnung hat. Der Mensch sei als Mann und Frau geschaffen und die Ehe könne als seinsmäßige Einheit („ein Fleisch sein", Gen 2, 24) nicht einfach zur Disposition stehen (Mt 19, 3 ff). Jesus will das Gesetz nicht „aufheben", sondern es „erfüllen" (Mt 5, 17). So schöpft er in seinen berühmten Antithesen der Bergpredigt („ich aber sage euch") stets aus dem AT, etwa in der Forderung, daß nicht erst der Mord, sondern schon der Zorn und die Beschimpfung Sünde sei (Mt 5, 21 ff; vgl. Lev 19, 17), nicht erst der Ehebruch, sondern schon das Begehren danach (Mt 5, 27 f; vgl. Dt 5, 21). Sogar für die Feindesliebe (Mt 5, 44) kann sich Jesus auf

339

die Überlieferung stützen (Spr 25, 21; Ex 23, 4 f), wie sich auch das Grundgebot der Nächstenliebe, das die zweite Tafel der zehn Gebote (die Gebote 4-10) zusammenfaßt (Mt 22, 39; Röm 13, 9f), im „Gesetz" findet (Lev 19, 18) und nicht nur auf den Volksgenossen, sondern auch auf den „Fremden" bezogen wird (Lev 19, 34). Jesus kritisiert ein äußerliches Gesetzesverständnis und eine dementsprechende Praxis, indem er auf einen tieferen Willen Gottes verweist, der über den zahllosen Gesetzesbestimmungen als der eigentliche und wahre gelten müsse. Zugänglich ist dem Menschen dieser Wille, wenn er sich dem Gott öffnet, der sich dem Menschen in Gnade zuwendet. Eben darin zeigt Gott, was ihm die Menschen bedeuten, und setzt den Maßstab für deren Umgang miteinander. Die Menschen sollen sich zu Gott wenden und mit ihm zusammen wieder zum Mitmenschen. Sie sollen einstimmen in die versöhnende Liebe des Vaters, der den Sohn wieder aufnimmt (Luk 15, 11-32) und dem Verlorenen nachgeht (Luk 15, 4-7). „Seid barmherzig, wie euer Vater barmherzig ist" (Luk 6, 36).

340 Jesus ist ganz auf diesen kommenden Gott ausgerichtet. Er verkündet seine väterliche Güte und mahnt, sich ihr zu öffnen und ihr gemäß zu leben. Dabei stellt er nicht sich selbst in den Mittelpunkt. Im Gegenteil, er verweist von sich weg auf Gott hin. Bei den Synoptikern (Mt, Mk, Luk) wird dies daran erkennbar, daß der Hauptinhalt der Verkündigung Jesu der kommende Gott, die nahe „Herrschaft Gottes" ist. Bei Johannes, wo Jesus auch von seiner eigenen Bedeutung in der ersten Person spricht (z.B. Joh 14, 6: „ich bin der Weg, die Wahrheit und das Leben"), wird zugleich klar gemacht, daß diese Bedeutung Jesu nur die Widerspiegelung seiner radikalen Hinwendung zu Gott als seinem Vater ist: „Ich suche nicht meinen Willen, sondern den Willen dessen, der mich gesandt hat" (Joh 5,30; 7, 16. 28; 8, 28 u.a.). Seine Zuhörer aber spürten, daß eben dieses Selbstverständnis die Einheit mit diesem Gott zur Konsequenz hatte und machten es ihm zum Vorwurf, „weil er Gott seinen Vater nannte und sich so Gott gleich stellte" (Joh 5, 18). Gott Vater zu nennen, war nach dem AT nicht verboten (Jes 63, 16; 64, 7). Aber man wurde gewahr, daß im Auftreten Jesu ein Anspruch auf eine unvergleichlich radikalere Einheit mit Gott lag, auch wenn diese Einheit eine Konsequenz der völligen Offenheit Jesu für den Willen Gottes war. Gott wurde in diesem Menschen durch dessen vollkommene Ausrichtung auf ihn präsent. So sind dann auch Aussagen Jesu zu verstehen wie die: „Ich und der Vater sind eins" (Joh 10, 30), oder: „Wer mich sieht, sieht den Vater" (Joh 14, 9). Jesus hatte ganz offensichtlich ein einzigartiges Verhältnis zu Gott als seinem Vater. Dann war er aber auch in einzigartiger Weise Sohn dieses Vaters: „Alles ist mir von meinem Vater übergeben. Niemand kennt den Sohn, nur der Vater, und niemand den Vater, nur der Sohn und wem es der Sohn offenbaren will" (Luk 10, 22). In diesem intimen Verhältnis von Vater und Sohn macht sich Gott den Menschen sichtbar.

Der Wille Gottes bestand darin, daß er den Menschen nahe kommen und nahe sein wollte. Dies war Jesu Botschaft. Und im Erleben dieses Jesus und seiner Verkündigung konnte deutlich werden, daß es Gottes Wille war, eben in diesem Menschen Jesus den Menschen nahe zu sein. Dieser beginnende Glaube an Jesus mußte aber durch die Krise seines Kreuzestodes gehen. Die Erfahrung seiner Auferstehung bedeutete dann: Dieser Jesus ist verschwunden, aber in die Einheit mit Gott hinein, die in seinem Auftreten bereits erfahrbar wurde. Er lebt, so wie Gott lebt, und er lebt in der Einheit mit Gott. Im Licht dieser Botschaft von Ostern wurde Jesus als die große Tat Gottes angesehen. Gott wollte den Menschen nahekommen und bei ihnen sein als Mensch, aber dies nicht in der Allgemeinheit des Menschseins überhaupt, sondern konkret in einem einzelnen, in *diesem* Menschen Jesus. Seinen Willen hat Gott also noch mehr als in Geboten in der Menschlichkeit eines Menschen kundgegeben. *Dieser* Mensch, sein Verhalten und seine Worte überhaupt als Mensch, ist seitdem Maßstab unserer Ausrichtung auf den Willen Gottes, denn Gott hat seinen Willen hier manifestiert. Gott hat aber vor allem seine eigene Nähe zu uns manifestiert. Er hat sich vollkommen ausgesprochen in diesem Menschen. Wäre dies wiederholbar, entfiele die Konkretheit, und Gott wäre lediglich in verschiedenen Gestalten gleichmäßig offenbar, jedoch in keiner ganz als er selbst. Eben dieses aber sagt der Glaube an Jesus Christus: daß Gott sich vorbehaltlos und ganz geoffenbart hat in letzter Konkretheit und damit in der Unüberholbarkeit und Einmaligkeit, im Leben im Verhalten, in Kreuz und Auferstehung dieses Menschen. Wenn aber Gott sich in diesem Jesu so vollkommen offenbart hat, dann gehört er in das Wesen Gottes. Denn volle Offenbarung heißt, daß Gott sich uns zeigt, wie er ist, und zwar wie er in seinem ewigen Wesen ist. D.h. Jesus gehört von nun an in die Definition des ewigen Gottes.

Dies zu erkennen ist den Menschen aber nur durch Gott und im Licht 341 Gottes möglich. Dieses Licht ist die Gabe des „Geistes", den Jesus angekündigt hat: „er wird euch alles lehren und euch an alles erinnern, was ich euch gesagt habe" (Joh 14, 26) und: „er wird mich verherrlichen, weil er von dem Meinigen nehmen und es euch verkündigen wird" (Joh 16, 14). Ohne diesen Geist können wir nicht zu Gott gelangen oder seine Offenbarung in Jesus wirklich verstehen. D.h. der Geist gehört zu dieser Offenbarung. Die Offenbarung Gottes besteht also darin, daß Gott, der Vater, sich uns in Jesus, seinem Sohn, zeigt durch den Geist, der uns zu Sohn und Vater leitet und uns deren Einheit vor Augen stellt. Aber der Geist verbindet auch Vater und Sohn selbst. Bei der Taufe Jesu im Jordan heißt es, daß „der Geist" auf Jesus herabkam und daß die Stimme des Vaters spricht: „Du bist mein geliebter Sohn" (Luk 3, 21). Erfüllt von diesem Geist spricht Jesus zu den Menschen (Luk 4, 18 ff), und in diesem Geist wendet er sich betend an den Vater (Luk 10, 21). Der Geist verbindet Vater und Sohn und erleuchtet unser Inneres, um uns zu Vater und Sohn zu führen und uns an ihrem Leben teilnehmen zu lassen. Gott offenbart sich also in dieser Dreifaltigkeit von Vater, Sohn und Geist. Wenn sich Gott aber in dieser Beziehungseinheit so offenbart, daß er uns nicht nur ein Maske seiner selbst vor Augen stellt, hinter der er als ein ganz anderer immer noch verborgen ist, wenn er sich also im strikten Sinne *selbst* zeigt und offenbart, dann ist er auch in seinem ewigen Wesen diese Einheit von Vater und Sohn im heiligen Geist. Gott ist also in seinem ewigen Wesen personal, aber nicht *eine* Person, sondern personaler Austausch. Das Wort „Gott ist Liebe" (1 Joh 4, 8. 16) ist von daher zu verstehen. Gott ist Liebe nicht insofern zuzuschreiben, als er liebt, je nachdem er ein Geschöpf vor sich hat, auf das sich seine Liebe richten kann, sondern insofern er in sich selbst, in seinem ewigen göttlichen Leben, Liebe ist. Unsere Bestimmung als Menschen ist es, an diesem Leben teilzunehmen.

2) Dogmatische Entwicklung

342 Für das junge Christentum galt es, diesen Glauben festzuhalten und ihn in der hochentwickelten Kultur des Hellenismus zu vertreten. Er mußte deshalb auch rational durchdrungen und entfaltet werden. Das ist dem Gottesgedanken gemäß, der allen Menschen zugänglich sein muß, wobei die Ebene der Allgemeingültigkeit jeder Wahrheit gerade die der Vernunft ist. So bemühte sich die christliche Theologie, mit Hilfe der antiken Philosophie diesen ihren Gottesbegriff näher zu begreifen und zu explizieren, um ihn verständlich zu machen und selbst besser zu verstehen.
Auf den Konzilien von Nizäa (325) und Konstantinopel (381) wurde dieser Glaube formuliert: Gott als Vater und Sohn ist: „Gott von Gott, Licht vom Lichte, wahrer Gott vom wahren Gott" (DH 125), und der Heilige Geist ist der, „der aus dem Vater (und dem Sohn) hervorgeht, der mit dem Vater und dem Sohn angebetet und verherrlicht wird" (DH 150) (der Zusatz: ‚und dem Sohn', das sogenannte. ‚filioque' kam später durch die Westkirche hinein und ist zwischen West- und Ostkirche umstritten). Es war aber nicht ganz leicht, mit Hilfe des antiken Denkens diesen Gottesbegriff zu formulieren. Es mußte einerseits die Einheit Gottes festgehalten und anderseits von der Verschiedenheit in ihm gesprochen werden. Denn wenn sich der eine Gott als Vater, Sohn und Geist, offenbart, dann muß er auch in sich selbst so gedacht werden. Tertullian (im lateinischen Westen) begann, von den drei göttlichen „Personen" zu sprechen (adv. prax. 6; 8; 18). Im griechischen Osten wurde dem Begriff „πρόσωπον (prósopon)", weil er in seiner Bedeutung „Antlitz" die Wendung nach außen hervorhebt, der Begriff „ὑπόστασις (hypóstasis)" vorgezogen, der das In-sich-selbst-Sein betont. Doch war die Verwendung dieses Begriffs nicht unumstritten. In Nizäa wurde er noch zurückgewiesen (DH 126). Der Grund war naheliegend. Die „Hypostasen" der entwickeltsten phi-

losophischen Gotteslehre, nämlich der neuplatonischen, (Eines, Geist, Seele) boten zwar einen Anknüpfungspunkt, brachten aber eine Unterordnung zum Ausdruck. Gegenüber den Arianern, die eine solche Unterordnung des Sohnes unter den Vater vertraten, mußte die Kirche die Gleichrangigkeit der göttlichen Personen betonen. Die Verwendung von „Hypostase" konnte also nur mit einer Modifizierung der philosophisch anerkannten Bedeutung einhergehen. So kam man zu der Formulierung von der *einen* „οὐσία (Usia, Wesen, Sein)" Gottes in *drei* gleichrangigen „Hypostasen". Wie aber konstituierten sich die Hypostasen? Durch die Beziehung zueinander ist ihre Verschiedenheit gestiftet. Der Vater ist nur Vater in Beziehung auf den Sohn und umgekehrt. Die Selbständigkeiten in Gott sind also durch ihre Relationen gekennzeichnet. So sagt Gregor von Nazianz:. „Vater ist weder ein Name der Wesenheit (οὐσία) noch der Tätigkeit (ἐνέργεια), sondern ein Name der Beziehung (σχέσις), der anzeigt, wie sich der Vater zum Sohn und der Sohn zum Vater verhält" (Gregor von Nazianz, Oratio 29, 16; vgl. 31, 9). Ähnlich sein Zeitgenosse Basilius (ep. 38, 7), aber auch schon Origines (de princ. I, 2, 10) und Athanasius (contra Arian. I, 26-28; II, 59ff). Die Selbständigkeit der Personen und ihre Verschiedenheit sind also durch ihre Beziehungen konstituiert. Es zeigt sich damit innerhalb der Dreifaltigkeitslehre, daß Person und personale Selbständigkeit unlöslich an die Beziehung geknüpft ist. Dies sollte weitreichende Folgen haben, Folgen, die erst viel später ihre ganze Tragweite entfalteten. Begrifflich wurde im lateinisch sprechenden Westen „usia" mit „substantia", und „hypóstasis" mit „persona" wiedergegeben, und so kam es zu der klassichen Formel: „(credimus) hanc trinitatem personis distinctam, substantiam unam (wir glauben an diese Dreifaltigkeit, die in den Personen unterschieden und der Substanz nach eine ist)" (DH 188, Toledo 400). Der Begriff der „Relation" würde später ebenfalls offiziell aufgenommen, nämlich auf dem Konzil von Florenz (1442): Von Gott und seinen Eigenschaften gilt: „omniaque sunt unum, ubi non obviat relationis oppositio (alles ist eines, wo nicht der Gegensatz der Beziehung entgegensteht)" (DH 1330).

3) Die Trinitätslehre des Augustinus

Die für die westliche Theologie und Philosophie einflußreichste Trinitätslehre wurde die von Augustinus. Im Bemühen, die Lehre vom dreifaltigen Gott verständlich zu machen (wenn auch nicht erschöpfend zu begreifen), knüpft Augustinus an die biblische Lehre vom Menschen als Bild Gottes an (Gen 1,26). Gott zeigt sich in seinem Abbild. Aus diesem Bild muß Gott also auch erkannt werden können. „Auch schuf er (Gott) den Menschen nach seinem Bild und Gleichnis im Geist: dort ist nämlich das Bild Gottes; deshalb kann der Geist selbst nicht begriffen werden, außer von ihm selbst her, (nämlich dort) wo er Bild Gottes ist (Fecit et hominem ad imaginem et similitudinem suam in mente: ibi est enim imago Dei; ideo mens ipsa non potest comprehendi nec a seipsa, ubi est imago dei)" (de symbolo I, 2, PL 40, 628). Nun ist aber der Geist des Menschen durch eine differenzierte Struktur gekennzeichnet. Wenn Gott sich in dieser abzubilden vermag, muß er sie selbst besitzen. Der Geist ist zunächst grundsätzliches Beisichsein. Dies nennt Augustinus in Anlehnung an den platonischen Begriff „Anamnesis": „Memoria", „Erinnerung". Gemeint ist nicht die Erinnerung an irgendwelche Einzelheiten, sondern die selbst-bezügliche Verfaßtheit des Geistes, die ihm die Rückkehr zu sich ermöglicht. Diese Rückkehrbewegung zu sich ist durch zwei Momente gekennzeichnet, einmal durch die „intelligentia", die (Selbst-)Erkenntnis, in welcher sich der Geist sich gegenüberstellt, um sodann in der Affirmation dieses Gegenübers, in der „voluntas", dem Willen, über diese Trennung hinweg sich mit sich zu verbinden. Diese dreifache Struktur stellt Augustinus auch in etwas abweichenden Begriffen vor. So steht für das ursprüngliche Beisichsein z.B. einfach „esse", „Sein" oder „mens", Geist. Für das Erkennen „nosse" oder „notitia" und für die Affirmation „velle" oder auch „amor". „Ich möchte, daß die Menschen folgende drei in sich dächten [...]: das Sein (esse), das Erkennen (nosse) und das Wollen (velle). Denn ich bin (sum), ich weiß (scio) und ich will (volo). Ich *bin* der Erkennende, Wollende, und *erkenne*, daß ich bin und will, und *will* sein und erkennen. Wie untrennbar das Leben (vita) in diesen drei demnach ist! Ein Leben, eine Erkenntnis, eine Wesenheit (una vita, una mens, una essentia), wie überhaupt die Unterscheidung nicht zu trennen vermag (inseparabilis distinctio) und dennoch Unterscheidung ist (tamen distinctio)" (confess. 13, 11). Der menschliche Geist hat und ist ein grundsätzliches Selbstverhältnis, kognitiv und affirmativ. Auch sein Verhältnis zu anderem ist davon bestimmt, bzw. dadurch ermöglicht. Denn ich verhalte „mich" zu anderem. Doch die Aktualisierung dieses Selbstbezuges ist nur möglich, wenn der Geist auch schon anfänglich bei sich ist.

344 „Der Geist erkenne sich also selbst und suche sich nicht wie einen Abwesenden, sondern lenke die Aufmerksamkeit seines Willens, die über andere Dinge hinschweifte, auf sich selbst und denke sich selbst. So wird er sehen, daß er niemals sich nicht liebte, niemals sich nicht kannte" (de trin. X, 8. 11). Die Selbsterkenntnis ist für den Menschen ein Prozeß. Sie ist nicht ein Zustand, sondern eine Bewegung, zu der er aufgerufen ist. Für diesen Aufruf steht die Forderung: „Erkenne dich selbst" der sokratisch platonischen Philosophie. Das Noch-Nicht der Aktualisierung des Geistes muß sich also in ihm verbinden mit der Vorgegebenheit dessen, was zu aktualisieren ist. „Wenn man aber dem Geist sagt: Erkenne dich selbst! So erkennt er sich eben in dem Augenblick, in dem er das Wort ‚dich selbst' versteht. Er erkennt sich aus keinem anderen Grunde als deshalb, weil er sich gegenwärtig ist. Wenn er aber dieses Wort nicht versteht, dann wird

er auch nicht nach diesem Gebot handeln. Das also zu tun wird ihm geboten, was er eben tut, wenn er das Gebot selbst versteht" (de trin. X, 9.12). Die Aktualisierung macht aber deutlich, daß die Einheit mit sich nur über die Differenz zu sich zu gewinnen ist. In der Selbsterkenntnis ist sich das Subjekt Gegenstand, steht sich gegenüber. Insofern diese Gegenüberstellung aus einer Aktivität des Subjektes hervorgeht, ist das Gegenüber, in dem es sich sieht, sein „Sprößling (proles)" oder „Wort (verbum)". Insofern das Subjekt nun in diesem von ihm erzeugten Gegenüber sich findet, sich bejaht und liebt, gelangt es, vermittelt durch die Trennung, zu einer tieferen Einheit mit sich selbst. Die Identifikation kann aber nur bei Gleichrangigkeit gelingen. Ohne sie ergäbe sich kein echtes Bild der Trinität. „So besteht nun in gewisser Weise ein Bild der Dreieinigkeit (imago trinitatis): der Geist selbst (mens), seine Kenntnis (notitia), die sein Sprößling (proles) und das Wort (verbum) von ihm selbst ist, und die Liebe (amor) als Drittes. Diese drei sind eins (unum) und eine Substanz (substantia). Der Sprößling ist nicht geringer, wenn nur der Geist sich so erkennt, wie er ist, und die Liebe ist nicht geringer, wenn er nur so sich liebt, wie es seinem Kennen und Sein entspricht" (de trin. IX, 12. 18). Schließlich verwendet Augustinus auch jene Dreiheit der Begriffe, die dann die bekannteste wurde: „memoria", „intelligentia" und „voluntas" (de trin. X, 11. 18). Der Mensch ist mit dieser geistigen Struktur und Verfassung Bild (imago) Gottes. Deshalb ist er aufnahmefähig für Gott und kann sich von ihm einen Begriff machen. Andernfalls wäre dies nicht möglich: „Eben dadurch ist er ja Bild Gottes (imago eius), daß er aufnahmefähig ist für Gott (eius capax) und seiner teilhaftig (particeps) werden kann. Einen so hohen Wert kann er nur dadurch, daß er sein Bild ist, verwirklichen. Siehe da, der Geist erinnert sich seiner, erkennt sich, liebt sich (meminit sui, intellegit se, diligit se). Wenn wir das verstehen, sehen wir eine Dreiheit (trinitatem), noch nicht Gott, aber doch schon Gottes Bild (imaginem Dei)" (de trin. XIV, 8. 11).

Es verwundert nicht, daß diese hochentwickelte Dreifaltigkeitslehre von 345 großem Einfluß, für die westliche Theologie sogar bestimmend wurde. Augustinus selbst hatte sich über die spekulative Tragweite der von ihm vorgelegten Lehre noch eher vorsichtig geäußert. Sie sei ein „Bild" für Gott, ohne eine Erkenntnis Gottes in strengem Sinne sein zu wollen. Denn weil wir Gott im Bild erkennen, so heißt dies auch, daß wir ihn nur wie im „Spiegel" und als „Rätsel" erkennen, wie es unter Verwendung von 1 Kor 13, 12 heißt (de trin. XV, 23. 44). Doch in der Gedankenführung lag ein so hohes Maß an Konsequenz, daß man sie als eine Ableitung aus Vernunftgründen verstehen konnte. Anselm hat sie so verstanden. In seinem „Monologion" will er dem Glauben die Gestalt einer „rationis necessitas (Notwendigkeit der Vernunft)" geben (Prolog) und ihn „sola ratione (nur auf Grund der Vernunft)" darlegen (Kap 1). Dementsprechend entwickelt er nach den Gedankengängen des Augustinus die Dreifaltigkeitslehre (Kap

28-67). Hiergegen wurde um die Mitte des 12. Jahrhunderts von Gilbert de la Porrée eingewandt, mit der Vernunft sei nur die Einheit Gottes zu erkennen. Seine Dreipersönlichkeit sei nur durch den Glauben zugänglich (vgl. Pannenberg Sy Th I, 307, 312f). Thomas von Aquin versucht, beide Auffassungen zu vermitteln. In der Gedankeführung der Sth folgt er Augustinus und Anselm. Nach dem Beweis des Daseins Gottes wird aus dessen Immaterialität und Geistigkeit sein Wissen gefolgert (scientia, intellectus) (Sth I, q 14 a 1). Damit ist dann auch der Wille gegeben: „voluntas enim intellectum consequitur (der Wille folgt dem Intellekt nach)" (q 19 a 1 resp). D.h. die trinitarische Differenzierung Gottes ergibt sich aus der Natur Gottes in ihrer Einheit von Intellekt und Wille (q 27 a 1-5). Doch können wir die Dreifaltigkeit Gottes letztlich nur durch die „auctoritas" der Schrift und der Lehre der Kirche erkennen, denn das für uns Erkennbare ist nicht „univoce" auf Gott zu übertragen (q 32 a 1 resp und ad 2) (vgl. Pannenberg Sy Th I, 313 f).

346 Augustinus hatte für die Dreifaltigkeitslehre, an der sich die Kirche und die Kultur des Westens orientierte, die entscheidenden Weichen gestellt. Sie prägte den Gottesbegriff. Ihre Gefahr lag darin, daß im Grunde nur von einem einzigen Subjekt die Rede zu sein schien, das sich in die internen Akte des Gedächtnisses, der Erkenntnis und des Willens differenzierte. Der Glaube schien sich auf *eine* göttliche Person zu richten. Daß es in dieser noch Differenzierungen gab, war von jener Lehre her zwar plausibel. Daß aber diese Differenzierungen Personen zu nennen seien, galt als hinzunehmendes Geheimnis des Glaubens, welches für den Gottesbegriff keine Relevanz zu haben schien. Der ursprüngliche Glaube an ein Zu- und Miteinander der göttlichen Personen, wie er dem biblischen Befund entspricht, trat in den Hintergrund. So fand denn auch die Vernunfttheologie der Aufklärung, der Deismus, der ohne Umschweife von Gott als der einen überweltlichen Person sprach, in diesem Punkt keinen großen Widerstand. Vielmehr war seine Lehre von der Theologie geradezu vorbereitet. In der Dogmatik F. Schleiermachers, „Der christliche Glaube", bildet die Dreifaltigkeitslehre nur das Schlußkapitel (§§ 170-172), wohl aus Pietät vor der Tradition noch angefügt, aber ohne theologisch systembildende Funktion. Die Vorstellung von der einen göttlichen Person über der Welt prägt auch heute noch weitgehend das christliche Bewußtsein, obwohl sie streng genommen eine Irrlehre ist, denn der christliche Glaube ist der an den „einen Gott in drei Personen". Die Vorstellung vom *einen* göttlichen Subjekt bildet auch den Hintergrund für die neuzeitliche Kritik an der Personalität Gottes von seiten der Philosophie. Ist Person nicht ein Begriff der Endlichkeit? Ist die Vorstellung von Gott als Person dann nicht eine Projektion des Menschen? So argumentierten Fichte und Feuerbach.

347 Die Ostkirche ist diesen Weg nicht gegangen. Sie hat nie die Augustinische Lehre übernommen. Blickt man auf die wegweisenden Dogmatiken der Ostkirche, etwa „die Große Katechese" des Gregor von Nyssa oder,

um die Mitte des 8. Jh., „die genaue Darlegung des orthodoxen Glaubens" von Johannes von Damaskus, wird der Unterschied deutlich. Nach einer kurzen Begründung des Glaubens an den einen Gott beginnen diese Schriften sogleich mit der Lehre von den drei göttlichen Hypostasen: dem „Vater" als göttlichem Ursprung, dem Hervorgang des Sohnes aus ihm als seine Äußerung, sein „Wort", und dem Hervorgang des die Wahrheit dieses Wortes offenbarenden „Geistes" aus dem Vater. Obwohl auch hier die antike Geistlehre als Hintergrund zu erkennen ist, behalten die Personen in der theologischen Darlegung, wie dann vor allem auch in der liturgischen Sprache und in der Vorstellungswelt des Glaubens, eine größere Selbständigkeit und gelten jedenfalls nicht als Momente der einen göttlichen Subjektivität. In der neueren sowohl katholischen als auch evangelischen Theologie hat sich inzwischen ein Wandel vollzogen zu einer Theologie, in der die Dreifaltigkeitslehre von vornherein systembildend ist. Ich nenne als prominente Beispiele W. Pannenberg, E. Jüngel, H. U. von Balthasar und G. Greshake (K. Rahner bleibt in diesem Punkt eher traditionell). Doch darf bei dem Übergewicht Augustins nicht übersehen werden, daß es schon früher hin und wieder andere theologische Ansätze gab, auf die heute gern zurückgegriffen wird. Ich stelle im folgenden nur den wichtigsten dar.

4) Die Trinitätslehre des Richard von St. Victor

Eine Alternative zu Augustinus stellt die Trinitätslehre des Richard von St. 348 Victor dar (Prior der Zisterzienserabtei St. Victoir in Paris, gest. 1173). Sie ist sachlich von großem Gewicht, war aber nur von beschränktem Einfluß. Sein Werk „de Trinitate" (PL 196, 888-992; deutsch: Die Dreieinigkeit, Einsiedeln 1980) besteht aus sechs Büchern. Das erste und zweite Buch handelt von der einen göttlichen „Substanz" und den daraus folgenden „Eigenschaften" Gottes. Was später über die Dreifaltigkeit gesagt wird, steht also deutlich unter diesem Vorzeichen und ist nicht gegen die Lehre von der Einheit Gottes gerichtet, sondern will nur deren adäquate Auslegung und nähere Bestimmung als denkbar höchster und intensivster Liebes- und damit Einheitsvollzug sein. Das dritte Buch handelt von der Dreifaltigkeit. Ging es Augustinus vorwiegend darum, Gott als „Geist" auszulegen, gemäß dem Wort: „Gott ist Geist" (Joh 4, 24), so stützt sich Richard vor allem auf das Wort: „Gott ist Liebe" (1 Joh 4, 8. 16). Er beginnt (III, 2) mit der Feststellung, daß Liebe die Unterschiedenheit voraussetzt und sich auf den jeweils Anderen bezieht. Er nimmt dabei ein Wort des Papstes Gregors des Großen auf, das so lautet: „Zur Liebe gehören mindestens zwei. Man sagt nicht im eigentlichen Sinne (proprie), daß jemand Liebe (caritas) zu sich selbst habe. Um Liebe (caritas) zu sein, bezieht sich die (wählende) Liebe (dilectio) auf den anderen (in alterum tendit)" (PL 76, 1139). So erst ist sie nach Richard Ausdruck der Vollkommenheit: „Wir sagten oben, daß in Gott, dem höchsten Gut und schlechthin Vollkommenen, die ganze Fülle der Gutheit und die Vollkommenheit sich findet. Wo aber die Fülle der Güte ist, dort kann wahre und höchste Liebe nicht fehlen. Denn nichts ist besser, nichts vollkommener als die Liebe. Von niemandem aber wird gesagt, er besitze die vollkommene Liebe, wenn er bloß sich selber privat als diesen Vereinzelten liebt. Es muß also die Liebe (amor) sich zum anderen hin wenden, um selbstlose, eigentliche Liebe (caritas) zu sein. Wo es also keine Mehrzahl von Personen gibt, kann auch keinesfalls eigentliche Liebe sein" (III, 2). „Die Vollendung einer Person erfordert die Gemeinschaft einer andern Person. Und das Herrlichste, Großartigste sahen wir, ist: nichts haben zu wollen, was man nicht mitteilt. Deshalb wollte die höchst gütige Person einen Gefährten (consors) ihrer Maiestät nicht entbehren. Was sie aber mit ihrem allmächtigen Willen wollte, das mußte durchaus auch sein. Und was sie einmal mit ihrem unveränderlichen Willen wollte, das wollte sie immer. So mußte die ewige Person eine gleichewige haben; keine konnte der anderen vorweg existieren, keine im nachhinein folgen. In der ewig-unveränderlichen Gottheit kann nichts als veraltet abtreten, nichts als neu auftreten. So müssen die göttlichen Personen in jeder Hinsicht gleichewig sein" (III, 6).

349 Die vollkommene Gleichrangigkeit der Personen in Gott ist für den Liebesaustausch konstitutiv. Denn wenn die eine Person ihre ganze Gottheit an die andere gibt, muß diese die Gabe empfangen können. D.h. sie muß der ganzen Gottheit fähig und somit Gott gleich und selbst Gott sein. So ist gewährleistet, daß die Liebe, von der die Rede ist, auf der Ebene Gottes bleibt und nicht etwa von der Ausrichtung auf Geschöpfe, wie wir es sind, abhängig ist. „Das Gesetz der vollen gegenseitigen Liebe erfordert also, daß jeder vom anderen voll geliebt werde und folglich [...] auch jeder der vollen Liebe würdig sei. Wo aber jeder in gleicherweise (aeque) geliebt werden soll, muß jeder gleich (aeque) vollkommen sein. Beide müssen also gleich mächtig, gleich weise, gleich gut und gleich selig sein. So fordert die Fülle der Liebe in den sich gegenseitig Liebenden völlig gleiche Vollkommenheit" (III, 7).

Zur vollkommenen Liebe gehört aber auch das Weitergeben der Liebe. D.h. zu ihr gehört, daß dem „Dritten" in ihr Raum gegeben wird. Erst in diesem Mit-lieben-Wollen erfüllt sich die Liebe als reine Selbstlosigkeit und reines Schenken. D.h. die Liebe bleibt nicht auf das Ich-Du beschränkt und nicht darin eingeschlossen. Sie wird selbst gegönnt und mitgeteilt. „Wenn einer einem andern Liebe schenkt, wenn ein Einsamer einen Einsamen liebt, dann ist zwar Liebe vorhanden, aber die Mitliebe (condilectio) fehlt. Wenn zwei sich gegenseitig lieben, einander ihr Herz in hohem Sehnen schenken, und der Liebesstrom von diesem zu jenem, von jenem zu diesem fließt und so auf das Gegenüber gerichtet ist, dann ist zwar auf beiden Seiten Liebe da, aber die Mitliebe fehlt. Von Mitliebe kann erst dann gesprochen werden, wenn von beiden ein Dritter einträchtig geliebt, in Gemeinsamkeit liebend umfangen wird und die Neigung der beiden in der Flamme der Liebe zum Dritten ununterschieden zusammenschlägt" (III, 19).

Richard geht hier von einer Phänomenologie der Liebe aus und begreift 350 über sie ihre Wesensstruktur, die eine Vollkommenheit ist, eine „perfectio pura", d.h. eine solche, die sich ins Unendliche steigern läßt. Wenn die Liebe sich aber nicht in der Zweisamkeit, sondern in der Öffnung auf den „Dritten" hin erfüllt, dann muß dies auch von der vollkommenen Liebe in Gott gelten. So ist dann die göttliche Liebe wiederum Urbild unserer Liebe, und wir als Menschen sind in unserem Lieben „imagines", seine Abbilder, als die er uns geschaffen hat. Der „Dritte" im göttlichen Urbild dieser Liebe muß freilich mit den anderen Personen gleichrangig und selbst Gott sein. Denn in Gott kann es keine Unterschiede in Unterordnung geben. Alles in ihm ist Selbstbezug und gleichrangig. Das ist die Voraussetzung aus dem ersten Buch. Andernfalls wäre Gott sich äußerlich. Der „Dritte", der Geist, ist also die dritte göttliche Person. Mit ihr erfüllt sich das Selbstsein Gottes, seine Beziehungseinheit, und zwar in einem Einheits- und Liebesvollzug, der die Differenz nicht nur zuläßt, sondern einschließt und als ihn bedingend sich voraussetzt. J. Splett sieht das, „worum es geht" in Richards Lehre von der personalen Dreiheit darin, „daß ein jeder mit dem anderen dem Dritten gut ist, jeder sich sein Du von ihm zuführen läßt und gleichermaßen ihn als sein Du sich vom anderen - um schließlich auf diese Weise selber vom einen dem anderen zugeführt zu werden" (Splett 1990, 68).

In vierten Buch zieht Richard aus dieser Trinitätslehre Konsequenzen für 351 den Personbegriff. Die Standarddefinition von „Person" war die des Boethius: „persona est individua substantia rationalis naturae (Person ist die individuelle Substanz einer geistigen Natur)". Boethius hatte sie für die Christologie entwickelt, wo es auf die Einmaligkeit der Person ankam. Doch erwies sich ihre Anwendung auf die Trinitätslehre als schwierig. Denn erstens war der Begriff Substanz für den einen Gott reserviert, und zweitens kam in dieser Definition nicht das Relationale zum Ausdruck, durch welches das Personsein in Gott konstituiert ist. Richard geht einen anderen Weg. Er faßt Person nicht als „substantia", sondern als „existentia", wobei es ihm auf die beiden Bestandteile dieses Wortes, das „ex (aus)" und das „sistere (stehen)" ankommt. Mit „existentia" ist also eine Selbständigkeit gemeint, die relational ist, d.h. ein Standfinden, das sich einem „von woher" verdankt. Richard gibt folgende Erklärung: „quid est enim existere, nisi ex aliquo sistere, hoc est substantialiter ex aliquo esse (was ist Existieren anderes als von einem (anderen) her Standfinden, dies ist: substantiell von einem (anderen) her sein)" (IV, 12). So sind die Personen der Trinität zu denken, da sie ihren Eigenstand als Personen durch die Beziehung zu den anderen Personen haben. Wenn aber in dieser Weise das tiefste Wesen von Person zu begreifen ist und wir als Gottes Ebenbilder nach seinem Urbild unsere Personalität haben, dann müssen wir diese dementsprechend auffassen, und d.h. nicht in erster Linie als individuelle Selbständigkeit und Substantialität, die erst in nachgeordneter Weise (akzidentell) in Relationen steht (nach Aristoteles gehören die Relationen zu den Akzidentien der Substanz, nicht zu ihrem Wesen), sondern so, daß unsere Personalität in ihrem Kern durch Beziehung konstituiert ist. Richards Persondefinition weist weit voraus auf die Interpersonalphilosophie des 19. und 20. Jahrhunderts. Dabei ist es nicht unwichtig zu sehen, daß die erste Konzeption eines solchen strikt relationalen Personbegriffes in der christlichen Gotteslehre entwickelt wurde, um dann von dort auf die Personalität allgemein übertragen zu werden, wobei in der späteren Interpersonalphilosophie dieser theologische Ursprung meist nicht mehr bekannt war (vgl. Pannenberg „Person" im RGG).

c. Diskussion der Personalität des Absoluten in der Neuzeit

1) Spinoza

352 In der Neuzeit wird die Lehre von der Personalität Gottes mehrfach in einflußreicher Weise bestritten, so etwa von Spinoza. Für ihn ist Gott die eine unendliche Substanz, die sich uns in den zwei Attributen des „Denkens" und der „Ausdehnung" darstellt, also in Geist und Materie. Was bei Descartes unterschieden und nicht mehr zusammengeführt wird, die „res cogitans (das denkende Seiende)" und die „res extensa (das ausgedehnte Seiende)" verbindet Spinoza durch die Zuordnung zur einen Substanz. Die beiden Attribute (es gibt unendlich viele, doch erkennen wir nur die beiden) zeigen sich uns in den verschiedenen „Modi" ihrer Konkretisierungen. Sie machen unsere (geistige und sinnliche) Welt aus. Die grundlegenden Modi der Ausdehnung sind „Bewegung" und „Ruhe", die des Denkens „Verstand" und „Wille". Da die unendliche Substanz Gottes radikal über ihren Erscheinungsweisen steht, kann ihr für uns unbekanntes Insichsein auch nicht auf eines der Attribute und erst recht nicht auf bestimmte Modi festgelegt werden. So ergibt sich für Spinoza konsequent, „daß zu Gottes Natur weder Verstand noch Wille gehört (ad Dei naturam neque intellectum, neque voluntatem pertinere)" (Ethik I, prop. 17 schol.).

2) Fichte

353 J. G. Fichte skizziert in seiner Schrift „Über den Grund unseres Glaubens an eine göttliche Weltregierung" (1798) auf wenigen Seiten seine Religionsphilosophie. Der sittliche Anspruch, unter dem der Mensch steht, das

„Sollen", läßt ihn einer „übersinnlichen Welt" gewiß werden. Sie bietet ihm die Gewähr, daß sein sittliches Handeln zum Ziel führt, auch wenn dieser Erfolg empirisch genommen fraglich erscheint, denn jene Welt ist die eigentliche und wahre, das Reich des Intelligiblen. Fichte nennt sie „moralische Weltordnung". „Dies ist der wahre Glaube; diese moralische Ordnung ist das *Göttliche*, das wir annehmen" (SW V, 185). In diesem Zusammenhang übt Fichte Kritik an traditionellen religiösen Vorstellungen wie der von Gott als Person. „Was nennt ihr denn nun Persönlichkeit und Bewußtsein? doch wohl dasjenige, was ihr in euch selbst gefunden, an euch selbst kennen gelernt, und mit diesem Namen bezeichnet habt? Daß ihr aber dieses ohne Beschränkung und Endlichkeit schlechterdings nicht denkt, noch denken könnt, kann euch die geringste Aufmerksamkeit auf eure Construction dieses Begriffs lehren. Ihr macht sonach dieses Wesen [Gott] durch die Beilegung dieses Prädikats [der Person] zu einem Endlichen, zu einem Wesen eures Gleichen, und ihr habt nicht, wie ihr wolltet, Gott gedacht, sondern nur euch selbst im Denken vervielfältigt" (187). Fichte scheint hier ein Vorläufer der Projektionstheorie Feuerbachs zu sein. Doch steht er eher in der Tradition des Xenophanes. Denn es geht ihm um eine Reinigung und Erneuerung des religiösen Glaubens. Angelpunkt ist für ihn die Erfahrung reiner Unbedingtheit im sittlichen Anspruch. Dieser ist alles andere als ein bloßes Ideal, vielmehr die unmittelbare Präsenz des eigentlichen und wahren Seins. Da dieses jedoch in reiner Unbedingtheit besteht und nur dem Akt sittlicher Freiheit zugänglich ist, kann es in keiner Weise mehr vergegenständlicht werden. Unsere religiösen Vorstellungen aber tendieren dazu, dies dennoch zu tun. Deshalb argumentiert Fichte gegen sie, da durch sie die rein innerliche Präsenz des Unbedingten und mit ihr dieses selbst aus unserem geistigen Leben zu entschwinden droht. Trotz der durchaus religiösen Intention dieser Schrift, löste sie den sogenannten „Atheismusstreit" aus, in dessen Folge Fichte die Universität von Jena verlassen mußte.

3) Hegel

Hegel hingegen läßt in seiner Religionsphilosophie die Anwendung des 354 Personbegriffs auf Gott zu, und zwar im Rahmen der Dreifaltigkeitslehre, die er in ihrem spekulativen Potential erkennt und gegen die (auch theologische) Kritik der Aufklärung verteidigt. Ähnlich wie Richard von St. Victor (der Hegel allerdings nicht bekannt war) sieht er in dieser christlichen Lehre einen Personbegriff verwendet, dessen allgemeine wie theologische Bedeutung Hegel so beschreibt:
Die „Persönlichkeit spricht aus, daß der Gegensatz *absolut* [...] zu nehmen sei, und gerade auf dieser Spitze hebt er sich selbst auf. Es ist der Charakter der Person, des Subjekts vielmehr, seine Isolierung, *Abgesondertheit aufzuheben*. Die Sittlichkeit, Liebe ist, seine Besonderheit, besondere Persön-

lichkeit aufzugeben, zur Allgemeinheit zu erweitern, - ebenso Familie, Freundschaft; da ist diese Identität eins mit dem anderen vorhanden. Indem ich recht handle gegen den anderen, betrachte ich ihn als identisch mit mir. In der Freundschaft, in der Liebe gebe ich meine abstrakte Persönlichkeit auf und gewinne sie dadurch als konkrete. Das Wahre der Persönlichkeit ist also eben dies, sie durch dies Versenken, Versenktsein in das Andere zu gewinnen" (TW 17, 233). „Wenn man sagt: ‚Gott ist die Liebe', so ist es sehr groß, wahrhaft gesagt; aber es wäre sinnlos, dies nur so einfach als einfache Bestimmung aufzufassen, ohne es zu analysieren, was die Liebe ist. Denn die Liebe ist ein Unterscheiden zweier, die doch füreinander schlechthin nicht unterschieden sind. Das Gefühl und Bewußtsein dieser Identität ist die Liebe, dieses, außer mir zu sein: ich habe mein Selbstbewußtsein nicht in mir, sondern im Anderen, aber dieses Andere [...] hat sein Selbstbewußtsein nur in mir, und beide sind nur dieses Bewußtsein ihres Außersichseins und ihrer Identität" (TW 17, 221 f).

Für Hegel ist also „Person" nicht einfach ein Begriff der Endlichkeit. Denn die Begrenztheit der Person wird durch sie selbst überschritten, wobei sich erst in diesem Überschritt das Personsein erfüllt. Wenn diese Transzendierung der Grenze für den Personbegriff essentiell ist, dann ist er auch auf Gott anzuwenden. Scholastisch gesprochen, „Person" ist dann eine „perfectio pura", also eine Bestimmung, die widerspruchfrei zu verabsolutieren ist (wie Sein, Gutheit, Wahrheit) und nicht eine „perfectio mixta", von der dies nicht gilt, weil sie an Endlichkeit gebunden ist. Als „nicht ausschließende Einzelheit" ist für Hegel „Persönlichkeit" die angemessene Bestimmung des höchsten logisch-metaphysischen „Begriffs": der „absoluten Idee" (TW 6, 549). Die Kritiker der Lehre von der Personalität Gottes fassen „Person" als perfectio mixta auf, woraus dann die Nichtanwendbarkeit auf Gott zwangsläufig folgt. Der Zusammenhang mit der Dreifaltigkeitslehre wird nicht mehr gesehen, da diese längst zugunsten der Vorstellung von Gott als singulärer Person aus dem Blick geraten ist. Hegel ist der erste, der auf den alten Zusammenhang wieder zurückgreift und seine Fruchtbarkeit für die Entfaltung eines allgemeinen Personbegriffs erkennt, dessen Bedeutung sich sowohl in der Gotteslehre wie in der Anthropologie zeigt.

4) Feuerbach

355 Ludwig Feuerbachs religionskritische Projektionstheorie ist gegen die Vorstellung von Gott als einzelnes transzendentes Subjekt gerichtet. Damit hat er sicherlich das verbreitete religiöse Bewußtsein getroffen. Spekulativ ist er freilich weit hinter Hegel zurückgefallen. Seine an Fichte erinnernde Kritik, die allerdings bei ihm auf eine Destruktion der Religion, bzw. auf deren Umdeutung in Anthropologie zielt, formuliert er in dem Aufsatz „Zur Kritik der ‚positiven Philosophie' (1838) so:

„Das Selbstbewußtsein einer wirklichen Persönlichkeit ist stets ein individuell bestimmtes und beschränktes, es ist der Akt, wodurch es sich von
einem anderen unterscheidet, sich gegen ein anderes abschließt und dadurch sich als sich selbst setzt. Das absolute Selbstbewußtsein ist ein non-
ens; man kann sich nichts dabei denken; denn was man dabei denken
könnte, das wäre die Begrenzung, die individuelle Bestimmtheit dieses
Bewußtseins, die aber durch das Prädikat ‚absolut‘ entfernt wird [...]. Der
Zusatz ‚absolut‘, wodurch ihr [der göttlichen Persönlichkeit] Selbstbewußtsein zu einem andern als das unsrige gemacht werden soll, drückt
daher kein ens, keine Realität, keinen bestimmten objektiven Begriff aus,
sondern ist eine bloße Einbildung, eine Vorspiegelung, durch die der
Spekulant sich in die Illusion versetzt, daß das Objekt seiner Spekulation
nicht sein eigenes Selbst, sondern ein anderes, das göttliche ist. Das speku-
lierende Subjekt verobjektiviert sich selbst" (Werke II, 190 f).

5) Schiller

Wie verbreitet die Vorstellung von Gott als *einer* Person war, zeigt sich 356
auch im Spiegel der Dichtung. In Schillers Gedicht „Die Freundschaft"
heißt es in der letzten Strophe:

> „Freundlos war der große Weltenmeister,
> Fühlte *Mangel* - darum schuf er Geister,
> Sel'ge Spiegel *seiner* Seligkeit! -
> Fand das höchste Wesen schon kein gleiches,
> Aus dem Kelch des ganzen Seelenreiches
> Schäumt *ihm* - die Unendlichkeit"

Schiller leitet hier die Schöpfung der Welt von dem Bestreben des einpers-
önlichen Gottes her, seine Einsamkeit zu überwinden und in der Schöpfung ein Gegenüber zu finden. Wie schön diese Dichtung auch ist. Sie ist
allenfalls deistisch. Christlich ist sie nicht. Nach dem christlichen Glauben
ist Gott schon in sich selbst vollkommener personaler Austausch. Gott
muß nicht außerhalb seiner ein Gegenüber suchen. Er „braucht" die Welt
nicht. Vielmehr ist die Welt sein reines Geschenk, aus Gnade geschaffen
mit dem Ziel, die Geschöpfe am göttlichen Leben teilnehmen zu lassen.
Das ist ihre Bestimmung. Nur scheinbar würde der Wert des Menschen
dadurch erhöht, daß Gott ihn benötigte. In Wahrheit würde der Mensch
zum Mittel der Selbstverwirklichung Gottes gemacht, zwar zu einem sehr
vornehmen, aber doch zu einem Mittel. Der Selbstzweck des Menschen ist
so nicht zu begründen. Wenn hingegen Gott den Menschen nicht nötig
hat, wenn er ihm rein „umsonst" die Existenz schenkt und gewährt, dann
schafft er ihn um seiner selbst willen. Der Mensch darf dann teilnehmen an
dem reinen Um-seiner-selbst-willen, das Gott in seiner Vollendung selbst
ist, und ist erst so Selbstzweck. Der Schillersche Gott ist von vornherein
defizitär gedacht („fühlte Mangel") und damit nicht wahrhaft als Gott, der

nur das absolut Vollkommene sein kann. Wenn die Vollkommenheit Gottes aber personal gedacht werden soll, so kann er auf keinen Fall eine einsame und bedürftige Person sein. Als solche wäre er in der Tat nichts anderes als eine menschliche Projektion.

d. Die philosophische Bedeutung der Trinitätslehre für die Frage nach der Personalität des Absoluten

357   Das Christentum ist Monotheismus, Glaube an *einen* und *nur* einen Gott. Das ist seine jüdisch alttestamentliche Tradition und die niemals in Frage zu stellende Basis. Die Dreifaltigkeitslehre kann nur eine Auslegung und Entfaltung dieses Glaubens an den einen Gott sein, und zwar mit dem Ziel, die Einheit Gottes begründeter und überzeugender zum Ausdruck zu bringen. Dieser paradox erscheinende Anspruch ergibt sich aus einer theologisch-philosophischen Reflexion. Die theologische und biblische Seite der Thematik haben wir bereits beleuchtet. Es sollen nun auch noch deutlicher die philosophischen Argumente dafür dargelegt werden, daß die Dreifaltigkeitslehre in der Tat, wie Hegel erkannte, ein ungemein ergiebiges spekulatives Potential enthält, dem die Philosophie bei ihrer Frage nach dem einen Absoluten höchstes Interesse entgegenbringen muß, wenn sie dem Niveau, das ihr Gegenstand verlangt, gerecht werden will. Wenigstens in Umrissen möchte ich diese Bedeutung der Trinitätslehre für die Philosophie aufzeigen.

358   Wenn Gott höchste Einheit ist, ist er dann nicht auch Beziehung? Die plotinische Tradition verneint dies. Doch sind die Argumente dafür ausreichend? Beziehung enthält in der Tat die Differenz. Aber ist Differenz immer ein Mangel an Einheit? Ist nicht vielmehr Einheit immer als Beziehungseinheit zu denken, so daß auch die höchste Einheit eine ihr spezifische Differenz enthalten muß, eine Differenz, welche die Einheit nicht schmälert, sondern ermöglicht? Wenn darauf mit Ja zu antworten ist, dann muß auch die Differenz als „perfectio pura" gedacht werden können, d.h. als eine Vollkommenheit, die sich ins Unendliche steigern läßt. Dann wäre die höchste Einheit so zu begreifen, daß sie auch die höchste Differenz enthält, freilich nicht irgendeine, sondern die ihr als *diese* Beziehungseinheit allein angemessene Differenz.
Was wäre die Alternative? Sie bestünde darin, die Einheit ohne jede Differenz zu denken. Einmal abgesehen davon, ob dem Begriff „Einheit" dann überhaupt noch ein Sinn zu geben ist, bleibt zu fragen, ob die vollkommene Differenzlosigkeit dem Gedanken des Absoluten angemessen sein kann. Dies dürfte nicht der Fall sein. Denn die vollkommene Ununterschiedenheit setzt sich zumindest der Unterschiedenheit begrifflich entgegen und hat eben damit den Unterschied an ihr. Auch die absolute Unbestimmtheit hat ihre Bestimmtheit (und damit ihre Unterschiedenheit), nämlich darin,

daß sie der Bestimmtheit entgegengesetzt ist. Der Begriff der reinen Unbestimmtheit ist also ein defizienter Begriff und auf das Absolute nicht an-
wendbar. Schon Aristoteles hat erkannt, daß das Apeiron, das vollkommen
Unbestimmte, nicht der Begriff für das Höchste und Göttliche sein kann,
und für Hegel ist in seiner „Logik" dieser kritische Gedanke leitend geworden. Bestimmung muß dem Absoluten zukommen. Sie kann ihm nicht
äußerlich sein. Sie muß ihm allerdings so zukommen, daß sie es nicht
begrenzt, sondern aus seiner Selbstbestimmung hervorgeht, ihm also nicht
von außen auferlegt ist. Seine Bestimmtheit ist nur als vollkommener
Selbstbezug zu denken, wie Aristoteles klar erkannt hat. Hier ist die Einheit vollkommene Beziehungseinheit, in der das Moment der Differenz mit
zu dieser Vollkommenheit gehört. Nur ein solches Absolutes kann alle
Bestimmungen übergreifen und ist dann mit Recht als „alles bestimmende
Wirklichkeit" (Pannenberg 1973, 304) zu bezeichnen. Ansonsten wäre
ihm die Bestimmtheit fremd, und es wäre nicht das Umfassende und
Absolute.

Die höchste Bestimmtheit ist die Selbst-Bestimmtheit, d.h. der Selbst-³⁵⁹bezug. Der Unterschied ist in diesem enthalten, ist aber ganz in die Einheit
hineingenommen und gehört zu ihr, ist ihr wesentlich und nur eine andere
Seite ihrer. Doch der Unterschied im absoluten Selbstbezug kann nur
Gleichrangigkeit besagen. Ansonsten wäre das Absolute sich selbst untergeordnet und äußerlich, d.h. es wäre endlich. Als ein Subjekt-Objekt-
Bezug, in welchem das Objekt dem Subjekt untergeordnet wäre, läßt sich
die höchste Subjektivität nicht denken, ebenso nicht als Re-flexion, die erst
nachträglich auf sich zurückkommend den Unterschied konstituierte. Sie
läßt sich nur als Subjekt-Subjekt-Bezug denken. Das ist eigentlich bereits
die Bedeutung von „Selbstbezug". Nur muß festgehalten werden, daß in
der höchsten Einheit auch die höchste Differenz waltet. Im absoluten
Selbstbezug steht das Subjekt „sich" gegenüber in einer Radikalität, die es
im Endlichen nicht geben kann, da dort die Andersheit immer durch eine
äußere Vermittlungseinheit gekennzeichnet ist (etwa die verschiedenen
Lebewesen in der einen Gattung, aber auch mein individuelles Ich, das
niemals allein aus sich vollkommene Einheit mit sich und so auch kein
vollkommener Gegensatz zu sich ist). Im Absoluten ist diese Andersheit
absolut, und zugleich ist es vollkommene Einheit mit sich, die aus seinem
Selbst und Selbstvollzug hervorgeht. Es ist aus sich selbst Einheit und
Andersheit und ist sich eben so die Mitte der (Selbst-)Vermittlung dieses
eigenen Sich-Gegenüberseins. Weder ist diese Einheit eine äußere Zu-
sammenfügung, noch eine sekundäre Unterschiedenheit an einem vorgegeben Einheits-Substrat. Beides wäre unvereinbar mit dem Absoluten als
*Selbst*vollzug. Auch ist seine Differenz-Einheit nicht weiter zu vervielfälti-
gen. Es könnte immer nur die gleiche Struktur wiederholt werden. Aber
diese ist im Absoluten in sich immer schon vollendet (d.h. ohne die Potentialität, die das Kennzeichen des Endlichen und seiner Vermehrbarkeit ist

wie etwa beim Zählen). Der Begriff des Absoluten verlangt aber noch eine weitere entscheidende Bestimmung, ohne die seine Differenz-Einheit nicht vollständig gedacht wäre, und das ist die des Guten. Das höchste Insich-sein ist zugleich das höchste Um-seiner-selbst-willen. Das aber bedeutet, daß sein Selbstbezug nicht nur Erkennen, sondern auch Wollen, Bejahung und Selbstbejahung sein muß. Als Vollzug der Bejahung seines ihm glei-chen Gegenübers ist es Liebe, absolute Liebe, die dem absolut Anderen gilt und aus der eigenen Mitte des Absoluten kommt.

360 Es ist nicht zu übersehen, daß diese spekulative Lehre vom Absoluten von der christlichen Trinitätslehre inspiriert ist, und sie wäre wohl ohne diese nie gewagt worden. Aber auch wenn sie sich als deren Auslegung versteht, muß ihre Argumentation durch sich überzeugen. Nur so kann sie die Bedeutung ihrer Quelle, der theologischen Trinitätslehre, für die phi-losophische Diskussion um das Wesen des Absoluten ins rechte Licht stellen. Ihre Bezugnahme auf die theologische Vorgabe wird dabei die rein philosophische Überzeugungskraft nicht zu mindern brauchen. Und doch, die begriffliche Gestalt der spekulativen Lehre ist überholbar. Der Maßstab aber, der diese Überholung immer wieder herausfordert, kann kein anderer sein als der Inhalt des Glaubens, dessen Auslegung zu jener spekulativen Lehre führte. Hermeneutik und Spekulation bilden so gesehen eine un-trennbare Einheit, für die das „fides quaerens intellectum" des Anselm von Canterbury wegweisend steht. In diesem Sinne möchte ich jene spekulative Lehre vom Absoluten in einigen Grundzügen und in engerer Anlehnung an die Sprache der theologischen Vorgabe noch einmal aufnehmen, um etwas von dem geradezu unerschöpflichen Reichtum dieser Vorgabe für jede weitere systematische Auslegung anzudeuten.

361 Gott ist Liebe (1 Joh 4, 8. 16). Er ist insofern die Beziehung zu einem Gegenüber, an das er seinen ganzen göttlichen Reichtum übergibt und das deshalb dem Gebenden gleich ist, weil es den ganzen Gott als Geschenk aufzunehmen in der Lage ist. So geht aus Gott-Vater Gott der Sohn her-vor. Dieser Sohn ist der „einzige" (Joh 1, 18). Denn Gott spricht sich, seine Einzigkeit, in diesem Einzigen vollkommen aus, der sein „Wort" ist (Joh 1, 1). Das Empfangen dieser Liebe ist ihre Erwiderung, und so wird durch den Empfangenden der Gebende zum Geber, durch den empfangen-den Sohn der gebende Gott zum Vater. So offenbart sich Gott. So zeigt er sich dem Menschen: „Mir ist von meinem Vater alles übergeben worden; niemand weiß, wer der Sohn ist, nur der Vater, niemand weiß, wer der Vater ist, nur der Sohn und der, dem es der Sohn offenbaren will" (Luk 10, 22). Eingeleitet wird diese Rede Jesu von dem Wort: „In dieser Stun-de rief Jesus im heiligen Geist voll Freude aus..." (10, 21). Der Sohn wendet sich im heiligen Geist an den Vater. Dieser heilige Geist ist die Gabe des Vaters, durch die Jesus bei seiner Taufe am Jordan als der Sohn offenbar wird („Du bist mein geliebter Sohn") (Luk 3, 21 f). Der Geist verbindet Vater und Sohn, und er führt die Menschen zu ihnen und so zu

Gott. Deswegen wird er zu den Menschen gesendet: „Der Helfer aber, der Heilige Geist, den der Vater in meinem Namen senden wird, der wird euch alles lehren und euch an alles erinnern, was ich euch gesagt habe" (Joh 14, 26). „Denn er wird nicht von sich aus reden, sondern er wird reden, was er hört [...] Er wird mich verherrlichen, weil er von dem Meinigen nehmen und euch verkünden wird" (Joh 16, 13f). Im heiligen Geist und nur durch ihn sind die Menschen in der Lage, sich auf Gott auszurichten, sich an ihn zu wenden (Röm 8, 14ff). Wie kann diese Dreiheit, in der Gott sich offenbart und die er selbst ist, verstanden werden?

Die Erklärung könnte so lauten: Die gegenseitige Liebe in Gott ist die von Vater und Sohn. Doch ist Gott zugleich, um die Metapher zu wagen, der „Raum", in dem dies geschieht. Die absolute Offenheit dieses Raumes ist dann gleichsam Medium, durch das Gott seiner Liebe die eigentliche Wahrheit und Objektivität gibt. Die Gegenseitigkeit von Vater und Sohn könnte sonst so aufgefaßt werden, daß sie die Liebenden, indem diese sich gegenseitig in ihrem Personsein konstituieren, auch von einander abhängig sein läßt, ist doch der Sohn nur Sohn durch den Vater, aber auch umgekehrt der Vater nur Vater durch den Sohn. Der eine könnte in der Perspektive der Subjektivität des anderen gleichsam aufgehen. Der eine hätte den anderen dann ganz durch sich konstituiert und allein für sich. Aber dies ist nicht die wahre Liebe, die Gott ist und sein will. Deshalb setzt er sich zugleich jenen Raum voraus oder jene Mitte, durch die seine Liebe über die wechselseitigen Perspektiven hinausreicht und erst so ihre Wahrheit erhält. Da in Gott aber kein Unterschied ohne Gleichrangigkeit sein kann, ist jener Raum oder jene Mitte und Vermittlung auch er selbst und im gleichen Maße wie die beiden Personen eigenständig und selbst Person. Jener Raum oder jene Offenheit ist dann sozusagen der Blick auf die beiden Liebenden, der sie trennt und zueinander führt (sie „verherrlicht") und dem die beiden die Vermittlung ihrer Liebe verdanken. Eben hierdurch nimmt jene vermittelnde Person an der Liebe der beiden teil und wird zum „Mitgeliebten" (Richard von St. Victor). Keiner der beiden hat den anderen nur für sich (und will ihn nur für sich haben). Jeder gönnt ihn dem Dritten und läßt ihn sich von diesem geben, und beide lieben den Dritten in dieser Weise und werden von ihm in dieser Weise geliebt. Erst so ist Gott (und will es in Ewigkeit sein) vollendete, selbstlose Liebe. Er ist damit das Urbild aller Liebe, auf das der Mensch als sein Ebenbild ausgerichtet ist und das er in seinem Miteinanderleben realisieren soll. Die Liebe der Menschen darf sich also nicht in der Zweisamkeit erschöpfen, sondern muß für den „Dritten" offen sein, d.h. sie soll offen sein für die Teilnahme und Teilgabe der Liebe, was auch immer dieser Dritte konkret für den Menschen heißen mag (das muß er schöpferisch selbst herausfinden). Darin daß Gott sich im Heiligen Geist für die Teilnahme an seiner Liebe öffnet, hat er schon in seiner Ewigkeit den Schritt über sich als Gott hinaus in den Bereich des Nichtgöttlichen grundgelegt. Sein Wille zur Teilgabe läßt ihn so zum Schöpfer der Welt werden, und dementsprechend ist die Bestimmung und das Ziel der Welt die Teilnahme der Geschöpfe am Leben Gottes. Nur wenn diese sich auf ihren göttlichen Ursprung hin öffnen, können sie ihre Bestimmung verwirklichen. Dieses Sichöffnen für ihren Schöpfer besagt aber nichts anderes als zu ihm Ja zu sagen, und dies wiederum heißt: in sein Ja einzustimmen und im Sinne der göttlich offenen und anteilgebenden Liebe selbst zu lieben.

e. Der dreifaltige Gott als Ursprung und personales Gegenüber der Welt

363 Das Endliche gründet im Unendlichen. Dies war das Ergebnis der Gottesbeweise. Nun stellt die theologische Trinitätslehre für die Philosophie eine Herausforderung dar, die von ihr in der Weise aufgenommen werden kann, daß sie das Unendliche oder Absolute als Beziehungs-Einheit, d.h. als lebendige und geistige Differenz-Identität zu begreifen lernt. Es zeigt sich dabei, daß dieser tiefergehende Begriff vom Absoluten auch Antworten bereithält auf Fragen, die sich mit der durch die Gottesbeweise freigelegten Begründungsstruktur stellen. Auf drei Punkte (die freilich miteinander zusammenhängen) sei kurz hingewiesen.

1) Das Absolute als Grund der Differenz

364 Das Absolute muß den Bereich des Endlichen in allen seinen Dimensionen zu begründen imstande sein. Ansonsten ergäbe sich eine nur partikuläre und damit keine letzte Begründung. Doch das Endliche ist durch Unterschiede, durch Anderssein und Differenz gekennzeichnet. Ein als bloße Einheit gedachtes Absolutes (abgesehen von den oben genannten Schwierigkeiten) kann diesen Differenzaspekt des Endlichen nicht begründen. Er bleibt unbegründet, bleibt Faktum. Das Nicht-durch-sich-Sein des Endlichen fordert als Grund zwar das Unendliche (KGB). Aber kann für das „Nicht" des zu Begründenden jede Begründung im Unendlichen fehlen? Wäre es ihm gänzlich fremd und äußerlich, wäre auch seine Begründungsfähigkeit und Absolutheit in Frage gestellt. Dieser Begründungsmangel kann erst durch den Gedanken behoben werden, daß auch das „Nicht" als solches einen Grund im Absoluten hat, da es zu dessen Vollkommenheit gehört. Umgekehrt verleiht die Begründung durch das Absolute dem „Nicht" im Endlichen einen anderen Charakter. Dieses ist dann nicht mehr nur negativ zu betrachten. D.h. Anderssein, Unterschied, Differenz sind dann im Prinzip etwas Positives und zu Bejahendes, weil sie der positiven Begründung durch das Absolute fähig sind. H. U. von Balthasar spricht diesen Zusammenhang treffend so aus: „Wo Gott [...] nur der Eine sein kann, bleibt jede befriedigende Erklärung für das Andere unfindbar". Dort,

wo philosophisch so gedacht wurde, „konnte die Welt als das Andere und Viele nur als Herausfall aus dem einzig in sich seligen Einen gedacht werden" (Balthasar1985, 166). „Wenn es aber absolut gut ist, daß es den Anderen gibt, dann ist diese Andersheit innerhalb der vollkommenen Wesenseinheit das Fundament für die mögliche Andersheit auch des mit Gott nicht wesenseinen Geschöpfs und für die diesem eigentümlichen unaufhebbaren Differenzen" (ebd. 76).

2) Die Beziehung zur Welt als Selbstbeziehung des Absoluten

Das als Differenz-Einheit gedachte Absolute kann als Grund der Differenz 365 des Endlichen gedacht werden und läßt diese ihrerseits als ein begründungsfähiges Positives erscheinen. Aber wie die Worte Balthasars schon andeuteten, auch die Beziehung des Unendlichen zum Endlichen, seine Differenz-Einheit mit ihm, kann in dieser Sicht angemessener gedacht werden. Gottes Differenz zum Anderen als dem Nicht-Göttlichen hat seinen ermöglichenden Grund in der Beziehung, die Gott in sich selbst auf das Andere seiner hat. Daß es den Anderen gibt, ist in sich wertvoll. Von daher gewährt Gott auch dem Anderen zu ihm als Gott ein eigenes Sein, und das ist die Schöpfung. Die Beziehung zur Welt ist Gott nicht etwas Äußerliches und Fremdes. Er spricht sich selbst, sein Wesen in ihr aus, das die grenzüberschreitende Liebe ist. Nach der christlichen Gotteslehre erfüllt sich diese Liebe darin, daß Gott ganz auf die Seite dieses Anderen, auf die Seite der Welt tritt, als Geschöpf, als bestimmter, konkreter Mensch, um die Menschen durch diese individuelle Präsenz in der Geschichte und durch seine allgemeine Präsenz in ihr als Geist dazu fähig zu machen, an seiner Selbstbeziehung, an seinem göttlichen Leben teilzunehmen. Sich diesen Zusammenhang klar zu machen heißt sich von Gott umfangen wissen und zwar so umfangen, daß die geschöpfliche Andersheit zu ihm in seiner Selbstbeziehung geborgen ist. Wie wir sahen, war der Glaube an die Menschwerdung Gottes, an sein Erscheinen in Jesus, Anlaß und Grund zur Entwicklung der Dreifaltigkeitslehre, die sich auf diesen Boden stützt, d.h. auf diese volle Selbstoffenbarung Gottes, auf das vollkommene Erscheinen Gottes in dieser Welt. Die Lehre von der Menschwerdung Gottes ist damit die eigentliche und große Herausforderung der Philosophie durch die Theologie. Sie gibt eine letzte und radikale Antwort auf die Frage, wie die Beziehung Gottes zur Welt zu denken ist und wie sie so gedacht werden kann, daß diese Beziehung Gott nicht äußerlich bleibt und seine Göttlichkeit nicht einschränkt. Die Antwort auf diese Frage fällt allerdings so aus, daß ihr Inhalt, die Menschwerdung Gottes in einer bestimmten Person, nämlich in der bestimmten Person des Jesus von Nazareth, über jede philosophische Ableitungsmöglichkeit hinausgeht, einfach deshalb, weil es sich hier um ein kontingentes Faktum handelt, dessen Sinn die Aufnahme des Kontingenten in die Selbstbeziehung Gottes ist und deshalb das Kontingente als solches belassen muß. Doch die Philosophie kann an dieser Stelle noch philosophisch die notwendige Überschreitung ihrer selbst zur möglichen Hinnahme eines solchen Faktums erkennen, wenn sie diese eine, letzte und befriedigende Antwort auf die Frage nach der Begründungsbeziehung von Gott und Welt zu Gesicht bekommen will.

3) Die Geistpräsenz Gottes und das Verhältnis zu ihm als Person

366 Wie können wir Gott erkennen, wie Zugang zu ihm gewinnen? Der erkennende Zugang zu ihm darf nicht so verstanden werden, daß wir Gott „von außen" als unseren Gegenstand erfassen könnten. Unser Erkennen Gottes kann ihm gleichsam nicht „angetan" werden, so daß es ihm einfach „geschieht". Gott so zum Gegenstand zu machen brächte ihn in eine äußere Relation zu uns und hieße ihn verendlichen. Unser Gegen-Stand wäre dann irgend etwas, aber nicht das Absolute, das wir intendieren. Zu einem erkennenden Verhältnis zu Gott sind wir nur fähig, wenn es uns durch ihn selbst ermöglicht ist. Nur durch Gott, nur durch ihn ermächtigt, können wir zu ihm gelangen. Gott muß uns gleichsam „im Rücken" sein, wenn er uns geistig vor Augen kommen soll. Genau dies ist die trinitarische Lehre vom Heiligen Geist. Nur durch die Gabe des Geistes können wir uns an Gott wenden, und nur durch ihn vermögen wir seine Zuwendung zur Welt, auch seine volle Selbstoffenbarung im Menschen Jesus, zu erkennen. „Wenn aber jener kommt, der Geist der Wahrheit, wird er euch zur vollen Wahrheit führen", sagt Jesus (Joh 16, 13). Als „der Weg, die Wahrheit und das Leben" (Joh 14, 6), d.h. als die volle Präsenz der göttlichen Wahrheit, ist Jesus erst durch den Geist zu erfassen. Erst dann ist er für uns als der „Weg" zur Teilhabe am Leben Gottes erkennbar. Bei Paulus heißt es: „Denn ihr habt nicht den Geist empfangen, der euch zu Sklaven macht, so daß ihr euch noch fürchten müßtet, sondern ihr habt den Geist empfangen, der euch zu Söhnen macht, den Geist, in dem wir rufen: Abba, Vater. So bezeugt der Geist selber unserem Geist, daß wir Kinder Gottes sind" (Röm 8, 15 f). Nur im Geist Gottes können wir uns an Gott als Vater wenden. Ohne Gott, der als Geist in uns wirkt und uns zu ihm bewegt, kann uns Gott nicht zum personalen Gegenüber werden. Gott schenkt uns dieses Gegenüber, indem er uns einbezieht in sein innergöttliches Leben. Wie sollten wir uns auch allein von uns aus an ihn wenden können? „So nimmt sich denn der Geist unserer Schwachheit an. Wir wissen ja nicht, worum wir in rechter Weise beten sollen; der Geist selber tritt aber für uns ein mit unaussprechlichen Seufzern" (Röm 8, 26). Paulus bittet deshalb für die Gemeinde: „Der Gott Jesu Christi, unseres Herrn, der Vater der Herrlichkeit, gebe euch den Geist der Weisheit und der Offenbarung,

damit ihr ihn erkennt" (Eph 1, 17). Nur von Gott her und mit ihm zusammen können wir uns auf ihn beziehen. Er muß den Weg zu ihm mit uns gehen, und er tut dies auf dem Weg dieser Welt als Mitmensch und durch sein Wirken in uns als Geist.

Die immer wieder auflebende Kritik am Gedanken der Personalität Gottes stützt sich auf das Argument, hier werde Gott verendlicht. Der Mensch mache sich Gott zu einem Gegenüber und so zu einem endlichen Wesen seinesgleichen. Diese Kritik hat durchaus ihre Berechtigung, nur trifft sie nicht die christliche Gotteslehre. Deren Wert für die Philosophie besteht darin, daß sie der spekulativen Forderung Genüge tut, daß wir uns auf Gott nur dann beziehen können, wenn er für uns nicht Gegen-Stand ist. Nur wenn Gott selbst in unserem Inneren wirksam ist, sind wir in der Lage, uns an ihn zu wenden. Damit ist jener Kritik der Boden entzogen. Gottes Unendlichkeit bleibt unangetastet, und ebenso ist auch gewahrt, daß wir Gott als personal verstehen dürfen. Gerade der Verzicht hierauf müßte jener Kritik verfallen. Gott würde zu einem Neutrum, zu einem höheren Gegenstand, von dem wir uns im Namen unserer Freiheit und Personalität distanzieren *müßten*. Die Beziehung auf ihn unter Wahrung unserer Freiheit ist nur denkbar, wenn wir uns von ihm in einem freiheitlich personalen Sinn getragen und bestimmt wissen.

II. DAS GOTT-WELT-VERHÄLTNIS

Mit der Frage nach der Personalität des Absoluten stellt sich auch die nach seiner Beziehung zur Welt. Schon im Zusammenhang des KGB wurde sie angesprochen. Denn der Beweis hatte zum Ergebnis eine klare Unterscheidung zwischen dem Bereich des Unendlichen (Absoluten) und Endlichen (Relativen). Doch wirft diese Unterscheidung sogleich das Problem des Verhältnisses beider Bereiche auf. Denn eine bloße Gegenüberstellung würde eine äußere Relation bedeuten, und die war im KGB gerade Kennzeichen des Endlichen. Nun belassen es der KGB und die anderen Gottesbeweise nicht dabei, von einer bloßen Relation zu sprechen, sondern geben ihr die Bedeutung einer asymmetrischen Beziehung der Begründung des Endlichen durch das Unendliche. Doch kann erst dann der Anschein einer noch äußeren Relation vermieden werden, wenn das Begründende das Begründete vollständig umgreift und umfaßt, so daß es auch in seinem Gegenüber voll wirksam und präsent ist. Zum Absoluten kann es nun einmal kein Außen, kein vorgegebenes Anderes geben, wohingegen dieses vom Endlichen aus zu denken möglich und notwendig ist. Wir haben gesehen, daß die Dreifaltigkeitslehre (in ihrem für sie wesentlichen Zusammenhang mit der Inkarnationstheologie) für diese komplexe Beziehungseinheit eine äußerste Denkmöglichkeit eröffnet. In ihr vollendet sich der Begriff der asymmetrischen Beziehung radikaler Begründung, wie er theologisch in der Schöpfungslehre enthalten ist, zum Begriff der Selbstbeziehung des Unendlichen in seiner Beziehung zum Endlichen.

Diese durch eine theologische Vorgabe eröffnete Denkmöglichkeit kann freilich als philosophisch relevante Lösung nur verstanden werden vor dem Hintergrund der verschiedenen in der Geschichte des Denkens hervorgetretenen Konzeptionen, in denen man versucht hat, sich das Verhältnis von Unendlichem und Endlichem begreiflich zu machen. Sie bilden für ein systematisches Denken zugleich bleibende logische Möglichkeiten, die deswegen auch aus der Geschichte des Denkens nicht verschwinden, sondern immer wieder Renaissancen erleben und vertreten werden. In diesem Sinne möchte ich sie im folgenden darstellen und diskutieren.

1. Der Unendlichkeitsmonismus

369 These: Nur das Unendliche, das Absolute, existiert. Das Endliche ist Schein. Vertreten wurde diese Auffassung im Abendland etwa von Parmenides. Er spricht vom reinen Sein, das kein Nichtsein enthält und dem Attribute des Absoluten wie Unteilbarkeit und Unveränderlichkeit zukommen. Dieser einzigen Welt der Wahrheit stellt er die des bloßen Scheines (der Doxa) gegenüber, der für uns Menschen normalen Sicht der Dinge in ihrer Vielheit. In der Neuzeit könnte man Spinoza, jedenfalls der Tendenz nach, in diese Richtung auslegen. Er sagt zwar nicht, daß unsere Welt nur Schein sei, aber sie „ist" nach ihm nicht eigentlich, jedenfalls nicht im substantiellen Sinn. Die einzige Substanz ist Gott. In Indien vertritt die Vedanta-Philosophie mit ihrem prominentesten Vertreter Shamkara (9. Jh.) diesen Monismus des Absoluten: Die höchste Wahrheit ist die Nicht-Zweiheit (a-dvaita). Die uns vorgegebene Welt mit ihrer Vielheit ist nur Schein (maya), den der Weise in der Einsicht auf das reine Sein hin durchdringt.

Kritik (1): In diesem Monismus wird offensichtlich der Bereich des Endlichen nicht genügend ernst genommen. Können wir das Endliche tatsächlich nur als Schein begreifen ohne jedes eigene Sein? Zwar hat das Endliche nicht das volle Sein des Absoluten. Aber ist es deswegen schon rein gar nicht, und zwar in jeder Hinsicht nicht? Was ist mit unserer eigenen Existenz? Sind wir uns selbst nur Schein? Ist das überhaupt konsistent zu denken? Damit ist schon eine prinzipielle Kritik angedeutet. Den Schein können wir niemals völlig zum Verschwinden bringen. Denn er ist uns vor Augen und hat immerhin das Sein des Scheins. Als Schein existiert er. Nur so wird er uns zum Problem. Wir bekommen ihn nie ganz los. Diese niemals vollkommene Anihilierbarkeit des Scheins zeigt, daß das Endliche ein gewisses eigenes Sein durchaus hat und darin entsprechend gewürdigt werden muß. Es kann also nicht lediglich eine Ontologie des Absoluten geben.

Kritik (2). Dieser Monismus läßt aber nicht nur das Endliche, sondern auch das Unendliche in einem schiefen Licht erscheinen. Denn die Vorstellung vom Verhältnis des Unendlichen zum Endlichen im Sinne einer Konkurrenz wird dem Begriff des Unendlichen nicht gerecht, sondern hebt ihn auf. Muß denn wirklich das Endliche möglichst geringfügig gedacht werden, damit es die Größe des Unendlichen nicht beeinträchtigt? Auch in seiner Geringfügigkeit als bloßer Schein und „fast Nichts", ja sogar als bloß mögliche Existenz bliebe es eine konkurrierende Gegeninstanz, die in der Lage ist, das Unendliche zu beschränken. Doch diese Beschränkungsmöglichkeit hebt den Begriff des Unendlichen auf. Sein wahrer Begriff besteht darin, daß es das Endliche nicht scheuen muß. Das Unendliche ist somit erst dann wahrhaft gedacht, wenn es durch das Endliche in keiner Weise beeinträchtigt wird, wenn es dem Endlichen Raum geben, ihm sein Eigensein gönnen kann ohne die mindeste Einschränkung durch es zu erleiden.

2. Der Endlichkeitsmonismus

These: Allein das Endliche existiert. Das Unendliche ist nur Schein. Vertreten wird dieser Monismus von jeder Spielart des Materialismus und Naturalismus. Nur die (naturwissenschaftlich erfaßbaren) Fakten haben Existenz. Es gibt nur das Endliche in seiner Vielfalt und gegenseitigen Abhängigkeit. Die Vorstellung von einem darüber hinausreichenden Absoluten ist nur Einbildung. Die Totalität, bzw. Absolutheit des Seins erschöpft sich im Gesamt des Endlichen.

Kritik (1): In Umkehrung zum Unendlichkeitsmonismus wird hier zunächst das Unendliche nicht entsprechend gewürdigt. Mit dem KGB wäre dieser Monismus zu problematisieren und zu widerlegen. Das Absolute ist nicht nur Schein, sondern vollkommenes Sein und Grund des Endlichen Seins.

Kritik (2): Aber auch das Endliche wird in diesem Monismus nicht genügend ernst genommen (ähnlich wie im Unendlichkeitsmonismus nicht nur die Auffassung vom Endlichen, sondern auch die des Unendlichen unzureichend war). Denn die Eigenständigkeit des Endlichen, die es dem anderen Endlichen gegenüber hat, kann hier nicht zufriedenstellend gedacht werden. Es scheint sie gar nicht zu geben, wenn die jeweilige Abhängigkeit eines Endlichen vom anderen nur besagt, daß es vollständig auf dieses zurückzuführen ist. Die Kausalitätskonzeption geht hier von einer restlosen Zurückführbarkeit aller Ereignisse und alles Seienden auf anderes aus. Ein für sich Bestehendes, Eigenes, eine eigene, nicht auf anderes zurückführbare Substantialität kann es in diesem System der immanenten Verhältnisse nicht geben. Freiheit ist damit per se unmöglich. Doch damit verliert die Welt jede Art von Eigenständigkeit. Wenn in ihr im einzelnen

nichts mehr eigenständig ist, dann ist sie es auch nicht im ganzen. Die
Welt wäre vollkommen entleert. Aber sollte sie nicht das einzige wirkliche
und wirkende Seiende sein? Genau dies kann aber nicht mehr gedacht
werden. Wenn diese Sicht also aporetisch ist, was ist die Alternative? Wie
wäre die Eigenständigkeit des Endlichen und damit ein gewisses, nicht auf
anderes hin auflösbares Selbstsein seiner zu denken? Muß man hierzu
irgendwelche Lücken im Kausalnexus annehmen, die dann doch von der
Forschung nach und nach beseitigt werden? Es gibt eine andere Möglichkeit, und die liegt im Gedanken der Abhängigkeit des Endlichen vom
Unendlichen. In der Tat, das Endliche ist in keiner Hinsicht absolut aus
sich selbst. Aber die Begründung führt nicht nur in den Kontext des Endlichen hinein, sondern auch in den Bezug zum Unendlichen. Jedes Seiende
hat, infofern es ist, unmittelbar seinen Grund im Unendlichen. Diese
Abhängigkeit ist ihm der Garant seiner relativen Eigenständigkeit und
Nichtrückführbarkeit auf anderes Endliches. Besonders deutlich ist dies an
der menschlichen Freiheit erkennbar. Ihre Eigenständigkeit allen endlichen
Determinanten gegenüber hat sie durch den unmittelbaren (Abhängig-
keits-) Bezug zum Unendlichen. In abgeschwächter (analoger) Weise gilt
dies für alle anderen endlichen Seienden. Unbeschadet ihrer vollen Ein-
bettung in den Kausalnexus der Welt haben sie durch die Abhängigkeit
vom Absoluten eine gewisse Eigenständigkeit ihrem Kontext gegenüber.
Sie gehen in ihm nicht auf. Im Gegenteil, nur im Blick auf ihre Eigenständigkeit hat die Rede vom Kontext des Wirkens überhaupt Sinn.

3. Der Dualismus

371 These: Das Unendliche und das Endliche, Gott und Welt, stehen unverbunden nebeneinander. Beide sind gleichursprünglich. So idealtypisch
wurde der Dualismus kaum jemals vertreten. Aber es gibt dualistische
Tendenzen in den Religionen, etwa in den verschiedenen Systemen der
„Gnosis" des zweiten Jahrhunderts. Die sinnliche Welt und die geistige
Überwelt stehen sich hier grundsätzlich fremd gegenüber, wobei jene
negativ, diese positiv bewertet wird. Erlösergestalten vermitteln zwischen
diesen Welten. Im dritten und vierten Jahrhundert gehen diese Systeme
weitgehend im „Manichäismus" auf, der sich (unter anderem) aus älteren
iranischen Quellen (der Religion des Zoroaster) speist. Nach ihm stehen
sich ursprünglich die Welt des Lichtes und die der Finsternis gegenüber, in
deren Streit der Mensch einbezogen ist und von daher seine inneren Konflikte erleidet. Augustinus hing dieser Lehre an, bevor er Christ wurde.
Dualistische Tendenzen sind auch im Hinduismus und in der Chinesischen
Religion festzustellen. Philosophisch zeigen sich Dualismen immer dort,
wo zwei Bereiche unvermittelt gegenübergestellt werden, ontologisch etwa
im Platonismus, insofern hier eine nicht mehr vermittelbare Dualität von

242

Materie und Geist vorausgesetzt wird (Plotin versucht die beiden in einem Abhängigkeits- und Emanationssystem einander zuzuordnen), aber auch bei Descartes mit seiner Unterscheidung zwischen der „res cogitans (dem denkenden Sein, dem Geist) und der „res extensa (dem ausgedehnten Sein, d.h. der Materie)", obwohl bei ihm eine im Hintergrund stehende Schöpfungstheologie diese Dualität im Prinzip zu überbrücken vermag. Dualismen sind aber auch in der Erkenntnistheorie anzutreffen, etwa wenn die Bereiche des sinnlich und des geistig Erkennbaren ohne Vermittlung nebeneinander stehen, wie dies in gewisser Weise von den Konzeptionen von Platon und Kant gesagt werden kann.

Die entscheidende Kritik an jeder Art von Dualismus ist immer die eine, daß es bei einer bloßen Gegenüberstellung von zwei Bereichen, die nur getrennt und nur verschieden sein sollen, nicht bleiben kann. Denn immer ist nach einem vermittelnden Prinzip zu suchen, und dieses ist auch bereits vorausgesetzt. Denn eine Gegenüberstellung kann überhaupt nur vorgenommen werden unter der Rücksicht einer Gemeinsamkeit. Es gibt keine Differenz ohne Identität.

4. Der Pantheismus

Seine These ist: Gott und Welt, Unendliches und Endliches bilden eine (mehr oder weniger) ungeschiedene Einheit. Das berechtigte Anliegen des Pantheismus besteht darin, den Dualismus zu überwinden. Allerdings wird er dem Unterschied von Gott und Welt nicht gerecht, oder seine Einheitslehre bleibt zu unbestimmt und bedarf einer Präzisierung, die dann freilich auch der radikalen Unterschiedenheit der beiden Bereiche Rechnung tragen muß. Der Begriff „Pantheismus" stammt aus einer Streitschrift gegen den englischen Aufklärungstheologen John Toland, der in seinem Werk „Origines Judaicae" (1709), den Glauben der „pantheists", zu denen er sich zählte, so beschrieb, daß es kein von der Welt unterschiedenes göttliches Wesen geben könne, sondern die Gesamtheit der Natur die einzige höchste Gottheit sei (vgl. Ritter HWPh 7, „Pantheismus"). Freilich ist diese Einheitslehre viel älter als jener Begriff für sie. Von Aristoteles wird Xenophanes als Vertreter einer religiös-philosophischen Einheitslehre genannt. Dessen bereits erwähnte Auffassung von dem *einen* Gott (Fragmente B 23-26) wurde von Aristoteles so verstanden: „Xenophanes aber, der zuerst die Lehre vom Einen vertrat (denn Parmenides soll sein Schüler gewesen sein) [...] sagt im Hinblick auf den ganzen Himmel, das Eine sei der Gott (τὸ ἓν εἶναί φησιν τὸν θεόν)" (Met. 986 b). Die stoische Philosophie betont im Unterschied zu Platon (und später Plotin), aber auch zu Aristoteles, eine weitgehende Einheit von Gott und Welt. Was für Platon und Plotin die eine „Weltseele" ist (über welcher der Nous und die Idee des Guten stehen), ist für die Stoa bereits der höchste

Gott. „Als Substanz Gottes (οὐσίαν δὲ θεοῦ) bezeichnet Zenon die ganze Welt und den Himmel, ähnlich Chrysipp [...] sowie Poseidonios" (Diog. Laert. VII, 148). Wie Cicero berichtet, lehrte Zenon: „es gibt nichts Besseres als das Weltall (nihil autem mundo melius)", und daraus ergab sich für ihn, „daß das Weltall Gott ist (esse mundum deum)" (de nat. deor. II, 21f). Bei Marc Aurel lautet dies so: „Alle Dinge sind miteinander verflochten, und die Verknüpfung ist heilig, und schwerlich ist eines dem andern fremd. Denn es ist zusammengefügt und bildet gemeinsam denselben Kosmos. Denn es gibt nur einen Kosmos (κόσμος) aus allem, nur einen Gott (θεός) durch alles, nur eine Substanz (οὐσία) und ein Gesetz (νόμος), die Vernunft (λόγος), die allen geistigen Wesen gemeinsam ist, und eine Wahrheit (ἀλήθεια)" (Selbstbetrachtungen VII, 9). Doch zeigt sich bei Marc Aurel auch die Ambivalenz dieser Einheitsauffassung. Ist der Kosmos letztlich nach seiner göttlich geistigen oder seiner materiell faktischen Seite hin zu begreifen? Als ungeschiedene Identität mit sich scheint er beide Sichtweisen zuzulassen. Man vergleiche Aussagen über den guten, harmonischen Kosmos (III, 2; IV, 23; V, 8) mit anderen, die das Erschrecken über seine blinde Gleichgültigkeit ausdrücken (VII, 38;VIII, 37; IX, 37) und denen, die den Zweifel, ob das eine oder andere der Fall ist, erkennen lassen (III, 3; IX, 28; XII, 14).

373 Diese Ambivalenz zeigt sich in der Neuzeit am System des Spinoza. Nach ihm ist die eine Substanz „Gott" aber auch „Natur" zu nennen: „infinitum Ens, quod Deum, seu Naturam appellamus (das unendliche Seiende, das wir Gott oder Natur nennen)" (Ethica IV, praef.). Es herrscht im System eine strenge Notwendigkeitsbeziehung, ausgehend von der einen Substanz über die Attribute zu den Modi und allem Geschehen in der Welt. Durch den Parallelismus von Denken und Ausdehnung (Materie) bleibt alles Geschehen nach beiden Seiten hin auslegbar. Es ist deswegen nicht zu verwundern, daß Spinoza theistisch, aber auch atheistisch und materialistisch verstanden wurde. Berühmt wurde Jacobis Kritik an Spinoza in letzterem Sinn in seinem Buch „Über die Lehre des Spinoza" (1785, 2. Aufl.1789, Werke IV/1). Er berichtet darin von Gesprächen mit Lessing, in denen sich dieser nach der Losung „Hen kai Pan (eines und alles)" zum Spinozismus bekannt habe, so daß Jacobi meint, Lessings Auffassung von Gott im Sinne der eigenen Spinoza-Interpretation verstehen zu müssen. Doch stellt sich Lessings Theologie, wie er sie in der „Erziehung des Menschengeschlechtes" (1780) entworfen hat, eher theistisch dar. Sein Spinozaverständnis deckte sich also mit dem Jacobis nicht. Herder interpretiert Spinoza als einen unvollendeten Theismus (in „Gott", 1787, 2. Aufl. 1800), ähnlich Schelling, der am Beginn seiner Schrift „Über das Wesen der menschlichen Freiheit" (1809) Spinoza im Sinne eines Pantheismus auslegt, der immerhin theistische Züge aufweise (SW I, 7, 336-352). Nach Hegel lehrte Spinoza eine Verflüchtigung der Welt auf Gott hin, da nur die eine Substanz existiere, nämlich Gott: „nur Gott ist, alle

Weltlichkeit hat keine Wahrheit. Man würde also sein System besser Akosmismus haben nennen können" (TW 20, 177).

Der Pantheismus hat eine Ambivalenz an sich, so daß die von ihm gelehrte Einheit nach beiden Seiten, nach Gott und nach der Welt hin, ausgelegt werden kann. Die eigentlich spekulative Aufgabe wäre aber gerade die Vermittlung der beiden für eins erklärten Bereiche. Stellt man sich dieser Aufgabe nicht, kommt es zu jener Unbestimmtheit und mit ihr zu gegensätzlichen Auffassungen von der pantheistischen Gott-Welt-Einheit. Der Mangel an begrifflicher Klarheit hängt auch damit zusammen, daß es oft mehr um den Ausdruck eines Gefühls geht, einer Stimmung oder Intuition, die noch im Vorfeld differenzierter Reflexionen liegt. Diese Verankerung im Gefühl ist freilich auch die Stärke des Pantheismus und zeigt sich in seiner Nähe zur Dichtung. Als prominentes Beispiel sei Goethe genannt. Man denke an die folgenden schönen Verse: „Kein Wesen kann zu nichts zerfallen! / Das Ew'ge regt sich fort in allen, / Am Sein erhalte dich beglückt! / Das Sein ist ewig; denn Gesetze / Bewahren die lebend'gen Schätze, / aus welchen sich das All geschmückt." Oder: „Was wär' ein Gott, der nur von außen stieße, / Im Kreis das All am Finger laufen ließe! / Ihm ziemt's die Welt im Innern zu bewegen, / Natur in Sich, Sich in Natur zu hegen, / So daß, was in ihm lebt und webt und ist, / Nie Seine Kraft, nie Seinen Geist vermißt" (HA 1, 369, 357). Diese Verse sind im übrigen durchaus im Sinne einer theistischen Transzendenz-Immanenz-Lehre von Gott und Welt verstehbar. Seine explizite Weltanschauung hat Goethe etwas änigmatisch so bestimmt: „Wir sind naturforschend Pantheisten, dichtend Polytheisten, sittlich Monotheisten" (Maximen und Reflexionen 49, HA 12, 372).

Man kann die beiden Grundtendenzen des Pantheismus an den zwei Weisen verdeutlichen, die Einheitslehre als Aussage zu formulieren: (1) „Gott ist alles", und (2) „alles ist Gott". Wenn das Prädikat die eigentliche Bestimmung des Subjektes angibt, dann tendiert (1) zum Endlichkeitsmonismus (Was ist unter Gott zu verstehen? - eben alles, was es gibt) und (2) zum Unendlichkeitsmonismus (Was ist alles, was es gibt - letztlich Gott). Jacobi hat den Pantheismus kritisch im Sinne von (1) gedeutet. Darin folgte ihm Schopenhauer, allerdings in Zustimmung zu der so sich ergebenden Lehre: „Er (der Pantheismus) ist eine höfliche Wendung, dem Herrgott den Abschied zu geben" (Nachlaß 1864, 441f). Gleiches gilt von Feuerbach, für den sich in dieser Lehre zudem die Selbstaufhebung der Theologie artikuliert. „Der Pantheismus ist die Negation der Theologie auf dem Standpunkte der Theologie" (Vorläufige Thesen zur Reformation der Philosophie, in: GW 9, 245). Schon P.-H. Holbach hatte in seinem „Système de la nature" (1770) den Begriff „Pantheismus" für sein materialistisches System verwendet (vgl. Ritter, HWPh 7, „Pantheismus"). Für die Alternative (2) stehen die oben genannten Philosophen.

375 Eine interessante Variante stellt der „Panentheismus" dar (vgl. Ritter, HWPh 7 zu diesem Stichwort). Der Begriff stammt von dem Schellingianer Karl Christian Krause (gest. 1832), der mit seiner in diesem Begriff zusammengefaßten Lehre, daß alles „in" Gott und Gott „in" allem zu begreifen sei, das Anliegen des Pantheismus aufzunehmen suchte, um es zugleich nur im Theismus erfüllt zu sehen: „Was mithin den Vorwurf des Pantheismus oder der Allgottlehre betrifft, im Sinne der Verwechslung der Welt, oder der Natur, oder überhaupt endlicher Dinge mit Gott, so gilt er durchaus nicht von der Wissenschaft, die alles Endliche als an, oder als in Gott, und als durch Gott als Grund und Ursache erkennt; - sondern nur Panentheismus, oder Allingottlehre, kann selbige genannt werden, wenn dieses Wort richtig verstanden wird" (Krause 1829, 484). „[...] weil in der Wesenschauung [so nennt Krause die Einsicht in das göttlich Absolute] erkannt wird, daß Gott auch Alles in, unter und durch sich ist, so könnte wohl die Wissenschaft Panentheismus genannt werden. Wenn man aber den unbestimmten Ausdruck: Pantheismus, so erklärt, daß jede Lehre Pantheismus sei, die da behaupte, daß die Welt und der Mensch, auch der menschliche Geist, auf irgendeine Weise in Gott seien, so darf sich der Philosoph zu diesem Pantheismus bekennen. Aber das versteht man gewöhnlich nicht unter dem Namen: Pantheismus, wenn man das Wort im Sinne des Vorwurfs gebraucht, sondern man versteht dann darunter, wie vorhin gesagt, die Lehre, welche das Endliche oder die Welt als den Inbegriff des Endlichen für Gott selbst hält, vergöttert, mit Gott verwechselt; und mit dieser Lehre hat die Wissenschaft der Wesenschauung durchaus nichts gemeinsam" (Krause 1828, 256). In der Tat lassen sich Wendungen in der Bibel finden, die eine panentheistische Interpretation nahelegen. Schon im AT heißt es „Er (Gott) ist alles (τὸ πᾶν ἐστιν) (Jes Sir 43, 27). Bei Paulus ist diese Einheit als eschatologische Erfüllung gedacht, „auf daß Gott alles in allem (ὁ θεὸς τὰ πάντα ἐν πᾶσιν) sei" (1 Kor 15, 28), wobei schon jetzt gilt: „ein Gott und Vater aller, der über allem und durch alles und in allem ist" (Eph 4, 6), denn (mit Anspielung auf die Stoa): „in ihm leben wir, bewegen wir uns und sind wir" (Apg. 17, 28).

376 Schließlich sei noch ein prominenter Zeitgenosse angeführt, dessen religiöses Bekenntnis eine moderne Variante des Pantheismus genannt werden darf, nämlich Albert Einstein: „Einen Gott, der die Objekte seines Schaffens belohnt und bestraft, der überhaupt einen Willen hat nach Art desjenigen, den wir an uns selbst erleben, kann ich mir nicht einbilden. Auch ein Individuum, das seinen körperlichen Tod überdauert, mag und kann ich mir nicht denken; mögen schwache Seelen aus Angst oder lächerlichem Egoismus solche Gedanken nähren. Mir genügt das Mysterium der Ewigkeit des Lebens und das Bewußtsein und die Ahnung von dem wunderbaren Bau des Seienden sowie das ergebene Streben nach dem Begreifen eines noch so winzigen Teiles der in der Natur sich manifestierenden Vernunft" (Einstein, 10). „Der Forscher aber ist von der Kausalität allen

Geschehens durchdrungen. Die Zukunft ist ihm nicht minder notwendig und bestimmt wie die Vergangenheit. Das Moralische ist ihm keine göttliche, sondern eine rein menschliche Angelegenheit. Seine Religiosität liegt im verzückten Staunen über die Harmonie der Naturgesetzlichkeit, in der sich eine so überlegene Vernunft offenbart, daß alles Sinnvolle menschlichen Denkens und Anordnens dagegen ein gänzlich nichtiger Abglanz ist. Dies Gefühl ist das Leitmotiv seines Lebens und Strebens, insoweit dieses sich über die Knechtschaft selbstischen Wünschens erheben kann. Unzweifelhaft ist dieses Gefühl nahe verwandt demjenigen, das die religiös schöpferischen Naturen aller Zeiten erfüllt hat" (ebd. 18).

5. Der Schöpfungsgedanke

a. Philosophische Annäherungen in der Antike

Eine Annäherung an den Schöpfungsgedanken finden wir in Platons 377 Alterswerk, dem Dialog „Timaios". Es geht darin um den sichtbaren Kosmos, seinen Aufbau und seine Entstehung. Weil diesen Kosmos Werden und Vergehen kennzeichnet, er also ein Gewordenes ist, muß auch sein Ursprung bedacht werden, um ihn zu verstehen. Doch wie kann man hierüber etwas Sicheres sagen? Strenge Vernunfterkenntnis ist nur von den unvergänglichen Ideen möglich. Der Kosmos gehört aber dem sinnlichen Bereich an. In bezug auf ihn sind nur Wahrscheinlichkeitsaussagen möglich. Die Erkenntnis seiner Entstehung ist davon notwendig mitbetroffen. Das bedeutet: „es muß genügen, wenn unsere Darstellung es an Wahrscheinlichkeit mit der jedes anderen aufnehmen kann. Denn man darf nicht vergessen, daß wir alle, ich, der Vortragende, und ihr, die Richter, nur Menschen sind; wenn wir also über diese Dinge einen wahrscheinlichen Mythos zu hören bekommen, so können wir ganz zufrieden sein und brauchen nichts weiter zu verlangen" (Timaios 29 c/d). Nach diesem „wahrscheinlichen Mythos" wird die Entstehung des Kosmos einem Schöpfer, einem göttlichen „Demiurgen (Handwerker)" zugeschrieben. Er hat den Kosmos im Blick auf die ewigen Ideen aus einem ungeordneten Material gestaltet. Von einer Schöpfung der Welt aus Nichts, wie sie das Christentum lehrt, ist also hier nicht die Rede.

„Den Schöpfer und Vater des Alls zu finden, das ist nun freilich schwierig, und wenn ihn einer gefunden hat, so kann er ihn unmöglich allen mitteilen. Was nun das All betrifft, so ist wiederum zu untersuchen, nach welchem der Vorbilder (παραδείγματα) der Baumeister es geschaffen hat, ob nach dem immer Gleichen oder nach dem Gewordenen. Denn wenn diese Welt schön ist und der Demiurg gut ist, so hat er offenbar auf das Ewige geblickt; im anderen Falle, den keiner auch nur nennen darf, hat er auf das Gewordene geblickt. Es ist also jedermann klar, daß er auf das

Ewige geblickt hat; denn die Welt ist das Schönste von allem Gewordenen, und er ist der beste von allen Urhebern" (28c - 29a). „Sagen wir also, aus welcher Ursache der Schöpfer das Werden und dieses All geschaffen hat. Gut war er, und in einem Guten entsteht nie Neid, um keiner Sache willen. Und weil er von diesem frei war, wollte er, daß alles ihm möglichst ähnlich werden sollte. Das also ist der wichtigste Ausgangspunkt für das Werden und für die Weltordnung; wer dies aus dem Munde weiser Männer annimmt, wird sehr recht daran tun. Der Gott wollte nämlich, daß alles möglichst gut und nicht minderwertig sei. Er nahm deshalb alles, was sichtbar war und nicht in Ruhe verharrte, sondern sich regellos und ungeordnet bewegte, und brachte es aus der Unordnung zur Ordnung, überzeugt, daß dieser Zustand auf jeden Fall besser sei als jener" (29d - 30a).

Die neidlose Güte Gottes ist also der Grund der Schöpfung, und seiner Gutheit und Weisheit soll sie ähnlich sein. Hierin ist eine Kritik an der überlieferten Religiosität enthalten. Denn man fürchtete den Neid der Götter, wenn dem Menschen etwas Großes gelang. Doch Neid, so Platon, widerspricht dem Wesen Gottes, der von der Gutheit her, die ihn erfüllt, begriffen werden muß. Der Kosmos wird geschaffen als ein „sichtbares Lebewesen (ζῷον)" (30 d), und ihre Seele als Gott: „Mittels all dieser Dinge also erzeugte er ihn als einen seligen Gott" (34 b). Die traditionellen Götter erhalten in diesem Kosmos dann auch ihren, freilich untergeordneten Platz, z.B. als Gestirne. Der weitere Dialog enthält den Aufbau des gesamten Kosmos. Es wird eine Stufung im Platonischen System angedeutet, die später von Plotin übernommen und begrifflich fixiert wird: Da ist einmal der Bereich der Ideen, deren höchste die Idee des Guten ist. Auf ihn hin ist der Geist orientiert, der die Welt hervorbringt, wobei er diese in einer göttlichen Seele gründen läßt, so daß die Welt als „Abbild des nur Denkbaren ein wahrnehmbarer Gott" ist (vgl. 92 c).

378 Der christliche Schriftsteller Justin (2. Jh.) sah in dieser Lehre Platons eine so klare Entsprechung zum biblischen Schöpfungsbericht von Gen 1, daß er der Meinung war, Platon habe die Bibel gekannt. Er schreibt in seiner „ersten Apologie": „Damit ihr aber erkennt, daß von unseren Lehrern, wir meinen von dem durch die Propheten vorherverkündeten Logos, Platon den Satz übernommen hat, Gott habe durch Umwandlung gestaltlosen Stoffes die Welt geschaffen, so hört, was wörtlich von Moses gesagt worden ist, der, wie schon erwähnt wurde, der älteste Prophet war und früher gelebt hat als alle griechischen Schriftsteller. Durch ihn hat der prophetische Geist, um kundzutun, wie und woraus Gott im Anfange die Welt bildete, also gesprochen: ‚Im Anfang schuf Gott den Himmel und die Erde; die Erde aber war noch unansehnlich und ungeformt, es war Finsternis über dem Abgrund und der Geist Gottes schwebte über den Wassern" (59). Justin formuliert die christliche Schöpfungslehre von diesem platonischen Denken her: „Und wir sind ferner gelehrt worden, daß er

[Gott] im Anfange, weil er gut ist, alles aus formloser Materie der Menschen wegen erschaffen hat" (10). Freilich übersieht er dabei die weit radikalere Intention in der Schöpfungsaussage der Bibel. Sein Zeitgenosse Theophilus von Antiochien widerspricht denn auch energisch einer Lehre, die in Anlehnung an Platon dem Schöpfergott eine ungestaltete Materie vorgegeben sein läßt (an Autolykos II, 4). Man muß aber zugeben, daß der Text von Gen 1 in dieser Hinsicht nicht eindeutig ist.

Plotin spricht nicht wie Platon von einer Schöpfung der Welt. Dafür 379 versteht er seine Lehre vom allgemeinen Ursprung, dem Einen, aus dem zunächst die geistige Welt hervorging, die dann wiederum die sinnliche Welt entstehen ließ, nicht mehr als Mythos, sondern als begrifflich darstellbare Lehre. Ich führe im Wortlaut nur den ersten und entscheidenden Hervorgang an. Plotin gibt hier eine spekulative Antwort auf die Frage, wie denn ein Hervorgang aus einem Ursprung reiner Einheit in einen Bereich des Anderen und Vielfältigen denkbar sei. „Das Eine ist alles und doch kein einziges, denn der Ursprung von allem ist nicht alles, sondern alles ist aus ihm [...] Aber wie kann es [dieses ‚alles'] aus dem einfachen Einen kommen, da in diesem sich keinerlei Vielfältigkeit, keine Zusammenstückung von irgend etwas zeigt? Nun eben deshalb, weil nichts in ihm war, kann alles aus ihm kommen [...] Da jenes [das Eine] von vollkommener Reife ist (es sucht ja nichts, hat nichts, bedarf nichts) so ist es gleichsam übergeflossen und seine Überfülle hat ein anderes hervorgebracht" (En V 2,1). Der Ursprung ist ein „Nichts", das zugleich Fülle und als solche schöpferisch ist. In diesem Hervorgang ist Plotins spekulative Schöpfungslehre grundgelegt. Die weitere Hypostase, der Geist (Nous), entstammt jenem Ursprung und ist ihm deshalb untergeordnet. Dem Geist entstammt sodann die Seele (Psyche). Alle drei Hypostasen gehören zum übersinnlichen Bereich. Erst durch die dritte, die Seele, wird auch der sichtbare Kosmos, dem die „Weltseele" des Timaios entspricht, begründet.

b. Der biblische Schöpfungsbegriff und seine philosophische Bedeutung

1) Zum religionsgeschichtlichen Kontext des biblischen Schöpfungsglaubens

a) Die *Kanaanäische* Religion ist zu nennen (vgl. Eliade I, 144 ff), die 380 besonders durch die Funde von Ugarit (Syrische Küste) bekannt wurde (die Blütezeit der Stadt lag zwischen 1500-1200 v.Chr.). Die Texte sprechen von einem höchsten Gott „El" (das ist das gleiche semitische Wort wie das AT-Wort El für Gott (wie auch das arabische Allah). El wird „Vater der Götter und Menschen" genannt. Er zeugt mit seinen Gattinnen die anderen Götter. Einer in dieser Reihe (wenn auch nicht unmittelbar von ihm gezeugt) ist Baal. Dieser Baal erhebt sich gegen El, raubt ihm die

Herrschaft, muß dann verschiedene Kämpfe mit Konkurrenten bestehen, wird dabei getötet, ersteht wieder zum Leben und ergreift schließlich die Herrschaft (Baal, hebräisch: Herr, ist der Name für den Gott, zu dem die Israeliten immer wieder abfallen, vgl. 1 Kön 18, 20ff). Das Thema des Aufstandes einer jüngeren Göttergeneration gegen die ältere findet sich in vielen Mythologien, so auch in der griechischen. Dort ist Uranos der alte Himmelgott, den die Erde aus sich hervorbringt als ihr Gegenüber und dem sein Sohn Kronos die Herrschaft streitig macht. Diesem raubt sie wiederum sein Sohn Zeus, der dann auf dem Olymp endgültig herrscht. Der sterbende und auferstehende Baal steht für die Fruchtbarkeit im Jahreswechsel.

381 b) Wichtig für das AT ist auch die *altbabylonische* Kosmologie. Sie ist uns bekannt durch das Gedicht „Enuma Elisch" (vgl. Sproul, 93 ff). Das sind die Anfangsworte: „als droben" (der Himmel noch nicht benannt war). Es wurde in den Ruinen der Bibliothek des assyrischen Königs Assurbanibal (7. Jh. v. Chr) in Ninive gefunden, reicht aber mindestens bis in die Zeit Hammurabis (18. Jahrh. v. Chr.) zurück. Es beginnt so: Als es den Himmel droben und die Erde unten noch nicht gab, da gab es nur das Wasser, genauer die verschiedenen Wasser, und Tiamat war das weibliche Urwesen des Salzwassers, bzw. das Urwesen im Wasser. Aus diesen Wassern entstanden die Götter der zweiten Generation. In der Rebellion gegen die Urgötter tut sich besonders Marduk hervor, der als Held geschildert wird. Er erschlägt schließlich Tiamat, bildet aus dessen Leib Erde und Himmel und die ganze Welt. Er setzt die Sterne fest, weist den Göttern die Aufgaben zu und wählt schließlich Babylon als Wohnort. Das Ganze ist ein Lobgesang auf den Stadtgott von Babylon. Der Bezug zum AT ist möglicherweise schon ein sprachlicher (das Akkadische gehört wie das Ugarit zur semitischen Sprachfamilie). Tiamat könnte mit dem hebräischen תְהוֹם (tᵉhōm, Wassertiefe) („Finsternis lag über der Wassertiefe" Gen, 1, 1) zusammenhängen (vgl. Eliade, Quellentexte, 92 Anm 3).

382 c) Von den *ägyptischen* Schöpfungsmythen sind für das AT zwei von besonderem Interesse:
c 1) der Mythos des Ptah, des Stadtgottes von Memphis, der ägyptischen Hauptstadt des alten Reiches (im mittleren und neuen Reich ging diese Bedeutung auf Theben über). Dieser Gott ist der Gott der Handwerker und der Künste. In Memphis wurde er als Schöpfergott verehrt. Ptha erschafft den ganzen Kosmos auf geistige Weise, nämlich durch die Worte, die aus seinem Herzen kommen. So erschafft er zunächst die Götter-Neunheit (sie steht für alle Götter) und dann die Welt („alle Dinge") (Eliade, Quellentexte, 76).
c 2) der Monotheismus des Amenophis IV. (14. Jh. v. Chr.). Er führte eine radikale religiöse Reform durch. Nur ein Gott hatte Geltung: Aton,

die Sonne (deshalb seine eigene Umbenennung in „Echnaton", d.h. dem Aton wohlgefällig). Alle anderen Götter wurden abgeschafft. Im Hymnus wird Aton gepriesen als einziger Gott: „Wie zahlreich sind doch deine Werke, dem Blick des Menschen verborgen [die Sonne ist zu hell um sie anzuschauen], du einziger Gott, außer dem es keinen anderen gibt. Du hast die Erde nach deinem Willen geschaffen, du allein mit Menschen, Vieh und allem Getier" (Eliade, Quellentexte, 38). Das ist die Sprache des AT, der Psalmen (vgl. Ps 104, 24) des Deuterojesaia (vgl. Jes 43, 10ff) oder auch von Gen 1. (Bei Thomas Mann „Josef und seine Brüder" ist Echnaton der Pharao Josefs). Und doch gibt es einen Unterschied: „Echnatons Monotheismus - darin liegt der entscheidende Unterschied zum biblischen - ist aber nach wie vor kosmotheistisch, er beruht auf der Verehrung einer kosmischen Macht, die sich als Sonne [...] manifestiert. Seine Offenbarung besteht nicht in moralischen Gesetzen und geschichtlichem Handeln, sondern in der Erkenntnis, daß sich alles - die gesamte sichtbare und unsichtbare Wirklichkeit - auf das Wirken [...] der Sonne zurückführren läßt" (Assmann 1999, 245).

Den Unterschied zum AT, der sich im Fall Echnatons erst auf den zweiten Blick ergibt, zeigt in den anderen genannten Fällen schon der erste Blick. Denn der AT-Schöpfergott schafft nicht durch Zeugung oder durch einen Götterkampf und verdankt seine Herrschaft keiner Rebellion. So sehr Israel Einflüsse aufgenommen hat, so unübersehbar hat es diese auch modifiziert und sie auf charakteristische Weise entsprechend der eigenen religiösen Erfahrung verändert.

2) Der biblische Schöpfungsglaube

Das große Ereignis in der Geschichte Israels war die Befreiung aus Ägyp-
ten (zur neueren Diskussion der Entstehung des biblischem Schöpfungsglaubens vgl: Pannenberg Sy Th II, 23 ff). Die kollektive Erinnerung an diese rettende Tat Gottes konstituiert das Volk. So gehört das „Siegeslied des Mose", in dem er die Rettung vor dem Heer des Pharao preist (Ex 15), zu den ältesten Texten des AT (Lohfink, 102 ff). Gott ist der Befreier. So stellt sich Gott auch selbst vor in der Einleitung zum ersten Gebot vom Sinai und zu den Geboten überhaupt: „Ich bin Jahwe, dein Gott, der dich aus Ägypten, dem Sklavenhaus, herausgeführt hat. Du sollst keine anderen Götter neben mir haben" (Ex 20, 2f). Der gemeinsame Gott wird also identifiziert als der geschichtlich wirkende Gott.

Doch wenn sich Gott in der Geschichte als so mächtig erwiesen hat, dann hat er die Geschichte überhaupt in der Hand und hat auf ihrem langen Gang immer schon an die zu Rettenden gedacht. Er war also auch der Gott der Vorfahren. Er hat somit die „Väter" bereits geführt. Diesem Gott liegt demnach an „uns". Wir sind ihm wichtig, so lautet die Gewißheit. Es

wird demzufolge eine Vorgeschichte erzählt, zunächst ab Abraham, den
Gott erwählt hat und dem er das Land versprochen hat, in welches das
Volk nach langem Weg durch die Geschichte ziehen soll (deren wichtige
Ereignisse sind: der Aufenthalt in Ägypten, der Zug durch die Wüste, die
Landnahme und die Etablierung des Königtums). In Konfrontation mit
den Göttern Kanaans und wohl auch Ägyptens, welche die Welt und die
Natur erhalten, mußte man sich die Frage stellen: Wie steht unser Gott zu
diesen göttlichen Mächten? Wenn er der ist, der die ganze Geschichte in
der Hand hat, dann muß er auch über die Natur im ganzen mächtig sein.
Die Macht über die Natur ist aber nur dann radikal gedacht, wenn sie
letzte Schöpfermacht ist. Eindeutiger als in den umliegenden Religionen
gilt Gott deshalb als der eine und unabhängige Herr über die Welt im
ganzen, dem sie ihr Sein verdankt und dem sich kein Geschehen in dieser
Welt entziehen kann.

384 So wurde denn (etwa im 9. Jh.) der Vätergeschichte der Schöpfungsbericht von Gen 2 vorangestellt. In ihm wird sofort vom Menschen gesprochen, den Gott aus Lehm bildet, um ihm dann das Leben einzublasen.
So bildet Gott auch die Tiere, und aus dem ersten Menschen (Adam)
bildet er den zweiten Menschen (Eva). Die Vorstellung, daß Gott seine
Geschöpfe formt aus einem Material und auf diese Weise schafft, hält sich
noch bis in die späten Schichten des AT. So heißt es im Buch der Weisheit
(1. Jh. v. Chr): „Deine allmächtige Hand, die die Welt aus gestaltlosem
Stoff gebildet hat (κτίσασα τὸν κόσμον ἐξ ἀμόρφου ὕλης)" (Weis 11,
17). Hier wird offensichtlich der griechische Hylemorphismus herangezo-
gen, um jene alte Schöpfungsvorstellung zu formulieren. Der bekannte
Schöpfungsbericht von Gen 1 ist ein sehr viel späterer Text. Er dürfte aus
der Zeit des Exils oder nach dem Exil stammen (6./5 Jh.). „Im Anfang
schuf Gott Himmel und Erde. Die Erde aber war wüst und leer (וּבֹהוּ
תֹהוּ, tohu wabohu). Finsternis lag über der Urflut (תְּהוֹם, tᵉhôm), und
Gottes Geist schwebte über dem Wasser. Und Gott sprach: Es werde
Licht, und es ward Licht" (Gen 1,1ff). Es ist umstritten, ob hier von einer
Schöpfung aus dem Nichts die Rede ist. Hat Gott erst das tohu wabohu
geschaffen und dann die Welt? Ein eigenartiger Gedanke. Oder beweist
Gott seine Schöpfermacht in der Gestaltung des Chaos? Das Ur-Wasser als
erste Wirklichkeit findet sich, wie wir sahen, auch im Gedicht „Enuma
Elisch". In jedem Fall ist Gott in Gen 1 der souveräne Schöpfer, auch
wenn das tohu wabohu als ein ihm vorgegebenes Chaos verstanden wird.
Es scheint, daß die Schöpfung in Gen 1 durchaus so verstanden werden
konnte, wie sie in Weis 11, 17 beschrieben wird, nämlich als Gestaltung
einer vorgegebenen formlosen Materie. Wir sahen, daß der Christ Justin
den Text von Gen 1 (in Entsprechung zu Platons Timaios) noch so versteht
(I Apol 10 u. 59). Doch ist in Gen 1 immerhin die Souveränität Gottes
klarer zum Ausdruck gebracht als im älteren Schöpfungsbericht von Gen
2, schon durch die Art des Wirkens. Gott schafft durch das Wort, nicht

mehr in handwerklicher Manier, also distanzierter und souveräner. Das Wort erinnert aber auch an das Geschichtswirken Gottes. Gott hat den Abraham gerufen, hat den Mose angesprochen und sich am Sinai in den Geboten kundgetan. Die Theologie der Weltschöpfung kommt ja auch wesentlich durch eine Radikalisierung des Glaubens an jenes Geschichtswirken Gottes zustande, und sie wird selbst wieder in einer Entsprechung zum geschichtlichen Wirken formuliert. Denn Gottes Wort ist die Tat, die allem Geschehen einen Anfang setzt.

Der ausdrückliche Begriff von der „Schöpfung aus dem Nichts" findet sich erst im 2. Makkabäerbuch aus dem 2. Jhrh. v. Chr. (griechisch geschrieben). Der Zusammenhang ist folgender: Der Seleukide Antiochus Epiphanes (er herrschte von 175 - 164) wollte die Religion seines Reiches vereinheitlichen. Dabei störten die Juden (Palästina gehörte zum Seleukidenreich). Der Tempel wurde geschändet, das Volk sollte unter Todesandrohung gezwungen werden, die eigenen religiösen Gebote zu übertreten (und z.B. Schweinefleisch essen). Von einer Mutter mit ihren sieben Söhnen wird berichtet. Die Söhne bleiben standhaft. Sie werden gefoltert und getötet, einer nach dem anderen. Die Mutter muß zusehen. Schließlich ist nur noch der jüngste übrig. Antiochus fordert die Mutter auf: Wenn du willst, daß dir wenigstens dieser übrig bleibt, so bringe ihn dazu, eurem Gott abzuschwören. Die Mutter aber wendet sich mit folgenden Worten an ihr Kind: „Ich bitte dich mein Kind, schau dir den Himmel und die Erde an, sieh alles, was es da gibt, und erkenne: Gott hat das alles aus dem Nichts geschaffen (οὐκ ἐξ ὄντων, bei einigen Textzeugen: ἐξ οὐκ ὄντων), und so entstehen auch die Menschen. Hab keine Angst vor diesem Henker. Sei deiner Brüder würdig und nimm den Tod an! Dann werde ich dich zur Zeit der Gnade mit deinen Brüdern wiederbekommen" (2 Makk 7, 28 f). Der hoch spekulative Gedanke der Schöpfung aus dem Nichts wird ausgesprochen in einem dramatischen geschichtlichen Zusammenhang. Dies bindet ihn nochmals an das göttliche Geschichtswirken. Auf den Gott, der über Welt und Natur mächtig ist, kann vertraut werden. Existentiell vor dem Nichts stehend richtet sich das Vertrauen auf den, dessen Macht auch am Nichts keine Grenze hat. Aufschlußreich ist die Verbindung des Glaubens an die Schöpfung aus dem Nichts und mit der Hoffnung auf die Auferstehung von den Toten. Auch sie findet sich in den älteren Schichten des AT noch nicht (Erst im 2. Jhrh. v. Chr: Dan 12; Jes 26, 19; und in 2 Makk 7, 9; 12, 44; 14, 46). Auch im NT findet sich diese Verknüpfung: In Römerbrief heißt es von Abraham, daß er an den Gott, „der die Toten lebendig macht und der das Nichtseinde ins Dasein ruft (καλοῦντος τὰ μὴ ὄντα ὡς ὄντα)" „gegen alle Hoffnung hoffend geglaubt hat" (Röm 4, 17f). Die Formulierung des Schöpfungsglaubens nach 2 Makk 7, 28 wurde in der christlichen Schrift „Der Hirt des Hermas" (um 120) aufgenommen: Gott ist der, „der aus dem nicht Seienden das Seiende geschaffen hat" (I, 1). Irenäus (2. Jh.) dürfte sie wohl zitieren, wenn er von Gott sagt:

„omnia [...] fecit ex eo quod non erat ad hoc quod sint omnia" (adv. haer. I, 22, 1). Die klassische Lehre von der „creatio ex nihilo" war damit etabliert (zu der Diskussion, ob diese Lehre bereits vollständig in 2 Makk 7, 28 f zugrunde liegt, vgl. Pannenberg Sy Th II, 28 f).

386 Gott ist der Retter. Er ist Herr über die Geschichte und deshalb über die Welt im ganzen. Die Erschaffung der Welt ist ebenfalls eine Art geschichtlicher Akt, kein natürlicher Hervorgang, sondern ein Freiheitsakt. Auch das Verständnis, daß Gott an den Menschen liegt, daß sie ihm nicht gleichgültig sind, enthält die Vorstellung eines freien Sich-Zuwendens Gottes, die dann zum Gedanken der Erwählung führt, der sich durch das ganze AT zieht. Auf diesen Gott kann man bauen. Sein Wesen ist aber dann so, daß er vom Menschen als einziger Gott anerkannt werden muß im Sinne des ersten Gebotes: Gott allein! Der hat gerettet. Auf ihn ist zu bauen. Aber er nimmt auch in die Pflicht, und rundum in die Pflicht nehmen kann nur dieser Gott. Nur er ist die letzte Instanz, die allein letztlich gebieten kann. Die Unbedingtheit der Gebote, die Unbedingtheit des Gewissens, hängt an der Unbedingtheit Gottes. Zugleich gilt: Sich von diesem Gott in die Pflicht nehmen lassen heißt auf ihn bauen, auf ihn vertrauen, und auf ihn vertrauen heißt glauben, daß er der über alles mächtige Gott ist. So hängen die zentralen Themen des AT miteinander zusammen: Das Bauen auf den Gott, der rettet, der geschichtlich wirkt, der erwählt, der unbedingt verpflichtet und der die Welt in Freiheit erschaffen hat. Und erschaffen hat er sie, damit sie zu sich komme und ihren göttlichen Schöpfer in Freiheit erkenne und anerkenne.

3) Zur philosophischen Bedeutung des Schöpfungsgedankens

a) Der Schöpfergott - ein Postulat der praktischen Philosophie

387 Der biblische Schöpfungsgedanke entstammt nicht einer spekulativen Theorie. Vielmehr folgt sein tatsächlich spekulativer Gehalt aus praktischen Einsichten, zum einen aus der, daß auf Gott vertraut werden kann. Denn wenn das der Fall ist, wie ist Gott dann zu denken? Antwort: als der eine und allmächtige und eben nicht so wie die sonst verehrten Götter, die immer noch in irgendwelchen Abhängigkeiten stehen. Zum anderen ist es die Einsicht, daß Gott in den sittlichen Geboten unbedingt gebietet. Dann nämlich muß er selbst der Unbedingte sein. Beides hängt zusammen. Der Gott, auf den ich vollkommen vertraue, ist auch derjenige, auf den ich mit meiner ganzen Person ausgerichtet bin, weil er mich entsprechend total beanspruchen kann. Der mich ganz Beanspruchende ist also der, dem ich mich ganz überlassen darf, bei dem ich mich geborgen weiß, wenn ich seinem Anspruch folge. In jedem Fall ist der Gott, auf den ich mich beziehe, als der Eine und absolut Mächtige, als der alles Endliche und die Welt

Tragende vorausgesetzt. Der Schöpfungsglaube ist in dieser praktischen Gewißheit verwurzelt, wie überhaupt Letztüberzeugungen mit praktischen Einsichten verbunden sein dürften. Wenn also der Mensch sich als sittlich Gebundener und in Einheit damit als Hoffender und Vertrauender weiß, müssen von ihm auch die metaphysischen Konsequenzen bedacht werden, die in diesen Haltungen und Vollzügen impliziert sind. Im Zusammenhang mit der Reflexion auf diese Konsequenzen wird der Schöpfungsglaube philosophisch bedeutungsvoll. So ergibt sich für Kant das Gottespostulat im Anschluß an die Ethik: Wer sich auf den kategorischen Imperativ einläßt, muß hoffen dürfen, daß der Gute, der des Glückes Würdige, auch zu seinem Glück, man könnte sagen zu seiner gesamtmenschlichen Erfüllung gelangt. Das aber kann nur eine Macht garantieren, die über den Naturverlauf zu verfügen imstande ist, d.h. nur der christliche Schöpfergott (KpV A, 198 ff, 223 ff).

Es handelt sich hier um Argumentationen mit Überzeugungskraft. Natürlich sind sie, wie fast alles in der Philosophie, umstritten. Doch läßt sich in intellektueller Redlichkeit vertreten, daß es vernünftig ist, zu sagen: Die im Gewissen erfahrene Unbedingtheit kann nur von einem unbedingt Guten stammen, der auch im metaphysischen Sinn unbedingt ist. Die Reduktion des „Woher" des Gewissens auf eine individuelle oder kollektive Konstruktion oder Konvention, auf eine Seelenkraft oder ein faktisches Bedürfnis würde den Gewissensgrund zu einer Größe unter anderen machen und damit relativieren. Er verlöre seine Unbedingtheit. Gleiches gilt von der Hoffnung und vom Vertrauen: Ein letztes Vertrauen baut nicht auf Vorläufiges, sondern auf eine ursprüngliche bergende Macht, die nur ein schlechthin Letztes und Unbedingtes sein kann. 388

b) Schöpfung aus dem Nichts und Selbständigkeit der Welt

Schöpfung aus dem Nichts, das heißt: Die Welt ist „ins Nichts gestellt". 389 Sie grenzt nur an sich selbst, sie grenzt an „nichts". Der positive Sinn dieser Aussage ist: Die Welt ist auf sich selbst verwiesen. Sie ist sich selbst übergeben, um sich aus sich selbst zu entwickeln. D.h. die Lehre von der Schöpfung aus dem Nichts ist die Lehre von der größtmöglichen Selbständigkeit der Welt, der größtmöglichen, das bedeutet: zwar keiner absoluten, aber doch einer solchen, daß eine „Außensteuerung" ihrer gar nicht denkbar ist, denn sie grenzt an nichts. Sie ist auf sich verwiesen, ist als ganze sich selbst gegeben. Darin liegt aber beides: Das Selbstsein und die Abhängigkeit. Die Welt ist sich *selbst* gegeben, und: sie ist sich selbst *gegeben*. Beides sagt der Schöpfungsbegriff in Einem. Das ihr im ganzen eigene Beisichsein kommt in ihr zur Erscheinung, vor allem im Lebendigen und im Geistigen. Hier manifestiert sich ihr Selbstsein. Die Welt konnte aus sich Leben und Geist hervorbringen. Sie stellt sich in diesen

Wirklichkeiten selbst dar, manifestiert sich in ihnen. Anders gesagt. Sie kommt zu sich. Im Geist blickt sie auf sich zurück.

390 Die Lehre der Schöpfung aus dem Nichts ist von daher ganz natürlich mit einer prozessualen und evolutiven Sicht der Entstehung komplexer Gestalten in der Welt zu verbinden. Der Streit zwischen Theologie und Evolutionslehre ist tief bedauerlich, weil völlig unnötig (vgl., an Rahner anknüpfend, Weissmahr 1999). Die Bibel kann gegen eine solche Verbindung nicht ins Feld geführt werden. Denn in den biblischen Schöpfungsberichten kommt es allein auf die Kernaussage an, daß die Welt in ihrem ganzen Sein von Gott abhängt. Längst ist klar, daß die biblischen Schöpfungsberichte nicht als Ereignisprotokolle gelesen werden dürfen. Sie widersprechen sich ja sogar in vielen Einzelheiten, und der Gläubige des AT hatte offenbar keine Schwierigkeit, trotz solcher Ungereimtheiten die eine zentrale Wahrheit, daß die Welt von Gott erschaffen ist, in ihnen zu finden. Heute wissen wir, daß sich die Welt in einem langen Prozeß zum heutigen Zustand entwickelt hat. Aber zu diesem Prozeß hat Gott sie freigesetzt. Er hat ihr Raum gegeben, sich zu entfalten und zu sich zu kommen. Nicolaus Cusanus schreibt: „Et audit te terra et hoc audire eius est fieri hominem (und es hört dich die Erde, und dies ihr Hören ist das Werden des Menschen)" (de visione dei 10).

c) Schöpfung und Kontingenz

391 Der jüdisch-christliche Schöpfungsgedanke erwächst aus der Reflexion über das Verhältnis Gottes zur geschichtlichen Wirklichkeit und bleibt in seiner spekulativsten Formulierung (2 Makk 7) auf die Geschichte bezogen und in ihr heimisch. Diese geschichtliche Wirklichkeit bekommt dadurch einen für die Antike ungewöhnlichen Wert. Denn in der antiken Philosophie hat das Allgemeine den Vorrang. Das einzelne und Kontingente, aus dem das Nacheinander des Geschehens gebildet ist, hat nur akzidentellen Wert. Der Wechsel ist interessant nur, insofern er das Allgemeine zur Erscheinung bringt. Durch die biblische Schöpfungslehre aber wird das unwiederholbar Einzelne hervorgehoben und wichtig. Gott spricht den individuell Einzelnen an, aber auch das kollektiv Einzelne, das bestimmte Volk, und zwar jeweils konkret geschichtlich. Der Einzelne wird auf diese Weise gewürdigt, zum direkten Adressaten Gottes zu werden, der in dieser Zuwendung zum Menschen seinen Willen und damit sich selbst ausspricht. Der Einzelne in seiner geschichtlichen Wirklichkeit erhält damit eine hohe Würde, die im späten AT auch im Glauben an die Auferstehung der Toten zum Ausdruck kommt, ein Glaube, der sich von der griechischen Lehre über die Unsterblichkeit der Seele (bei Aristoteles ist nur das Allgemeine und die Fähigkeit zu ihm, der Nous, unsterblich) dadurch unterscheidet, daß nach ihm die konkrete und geschichtlich gewordene Gestalt (biblisch:

das „Fleisch") eine endgültige Bedeutung für die Ewigkeit erhält (deswegen die Bezeichnung: „Auferstehung des Fleisches"). Hegel: „Diese Idee ist durch das Christentum in die Welt gekommen, nach welchem das Individuum *als solches* einen *unendlichen* Wert hat, indem es Gegenstand und Zweck der Liebe Gottes, dazu bestimmt ist, zu Gott als Geist sein absolutes Verhältnis, diesen Geist in sich wohnen zu haben, d.i. daß der Mensch an sich zur höchsten Freiheit bestimmt ist" (Enz § 482); „der schönste Punkt der christlichen Religion; erst die absolute Verklärung der Endlichkeit zur Anschauung gebracht" (Vorlesungen 5, 49).

d) Das Verhältnis von Transzendenz und Immanenz und der Bezug zur Inkarnations- und Trinitätstheologie

Die Schöpfungslehre, besonders in ihrer biblischen Gestalt, im Unterschied zum „Deismus" der Aufklärung des 18. Jahrhunderts, betont die Präsenz Gottes in seiner Welt, da er sie trägt, und zwar durch die Geschichte hindurch. Dies besagt: Die Transzendenz des Schöpfers wird in Einheit mit seiner Immanenz gedacht. Diese Einheit aber tritt in besonderer Zuspitzung in der Inkarnations- und Trinitätstheologie hervor. Auf diese Lehren ist hier nochmals hinzuweisen, und zwar auf ihre spekulative Bedeutung: Gott ist nach ihr ein einzelner Mensch geworden. Diese volle geschichtliche Präsenz Gottes gibt der Geschichte erst ihre Bedeutung. Gottes Eintreten in die Kontingenz verleiht dieser die höchste Bedeutung. Die Kontingenz ist dem absoluten Gott also nicht fremd. Denn er vermag sich in ihr voll und ganz auszusprechen und darzustellen. Das Absolute ist imstande, auf der Seite des Kontingenten zu stehen und es in seinen Selbstbezug hineinzunehmen, unbeschadet seiner immerwährenden, weil wesenhaften Differenz zum kontingent Endlichen. Die Antwort auf die Frage, die sich im Anschluß an den KGB stellte, ob das Gott-Welt-Verhältnis nicht eine äußere Relation bleibe, ist hier beantwortet, und zwar in einer nicht mehr überbietbaren Weise. Denn Gott hat sich nach diesem Verständnis im Kontingenten *als solchen*, d.h. in dessen Einmaligkeit und Unwiederholbarkeit ausgesprochen. Das Kontingente ist dadurch zu einer überraschenden Würde emporgestiegen, durch welche der Mensch in seiner Einzelheit vor Gott die höchste Bedeutung gewonnen hat, eine Bedeutung, die noch vor seiner Einheit mit dem Kollektiv liegt und in ihr nicht aufgeht. Die Endlichkeit ist verklärt, wie Hegel sagt, die Kontingenz als solche. Denn der Mensch ist das Kontingenteste überhaupt. In ihm ist die Kontingenz nicht nur faktisch da, sondern sie ist sich ihrer bewußt, und damit ist sie potenziert vorhanden. Seine Einmaligkeit erfaßt der Mensch nur im Erfassen seiner Begrenztheit, die zugleich seine Vergänglichkeit ist. Vor jener gnadenhaften Erhebung der Kontingenz durch Gott war der Mensch gleichsam gezwungen, den seine Vergänglichkeit überwindenden Trost in den allgemeinen und zeitübergreifenden Strukturen der Wirklichkeit suchen, im Leben, in der Natur und ihren Kreisläufen, in den dauerhaften Institutionen: Familie, Volk, Reich, Dynastie, die deswegen entsprechende religiöse Qualität besaßen.

393 Nun aber ist der Trost ein ganz anderer. Wenn sich Gott im Kontingenten und Begrenzten voll ausgesprochen hat, dann ist dieses Kontingente in seinen Augen kostbar gerade wegen seiner Einmaligkeit, die durch eben die Begrenztheit und Zeitlichkeit ihre Konturen bekommt. Das Kontingente wird als solches herausgestellt und erhoben, und zwar erhoben bis zur Einbeziehung in das Leben Gottes selbst. Der Mensch darf und soll seine Kontingenz, seine Einmaligkeit, ernst nehmen, sie zu seiner Gestalt werden lassen, und er tut dies, wenn er sich von Gott ansprechen läßt, sich für ihn entscheidet und sein Leben nach dieser Entscheidung formt. Diese Entscheidung in Freiheit ist der Vollzug seiner Einzelheit. In ihr bestätigt und lebt der Mensch seine Kontingenz und ist zugleich mit dem Nicht-Kontingenten, mit Gott, innigst verbunden. Der freie Vollzug der eigenen Kontingenz stellt sie selbst ins grelle Licht und ist zugleich ihre Errettung und Bewahrung. So schließt sich der Kreis zur Schöpfungslehre. Ihre Intention wird durch die Menschwerdung Gottes bestätigt. Die Schöpfung geht aus einem freien Akt Gottes hervor. Sie *mußte* nicht geschehen. Gott hatte sie nicht nötig. Sie ist reines Geschenk. Darin liegt die Begründung ihrer Kontingenz. Aber mit dieser ist auch die Würde der Schöpfung grundgelegt. Denn wenn die Welt nicht von Gott her notwendig ist (wie etwa bei Spinoza, der damit ihre Kontingenz, aber, wie ebenso gesagt werden kann, die wahre Notwendigkeit Gottes auflöst), dann wurde sie um ihrer selbst willen geschaffen und ist als solche Spiegel des höchsten und absoluten Selbstzweckes. Gott erhält diese Schöpfung, und er ist in ihr präsent. Durch sein Wort ist sie geschaffen und durch seinen immer wieder an sie ergehenden Anruf verleiht er ihrer Jeweiligkeit Gewicht und Tiefe und läßt ihren zeitlichen Verlauf so erst zur Geschichte werden. Gott ist in seiner Schöpfung tätig. In diesem Sinne kann man von seiner Vorsehung sprechen. Er trägt und leitet seine Welt. Er ist selbst ihre sie zusammenfassende Mitte. Er spricht sich in ihr aus und ordnet sie damit auf sich hin, um sie so zur Teilnahme an seinem göttlichen Leben zu erheben. Ihre Differenz zu ihm ist von seinem Selbstbezug getragen und umgriffen. Für den Philosophen, dem es darum gehen muß, das Absolute in seiner Absolutheit zu denken und es nicht irgendwie zu beschränken, etwa durch die Lehre von einer notwendigen Einheit Gottes mit der Welt oder seiner unüberwindlich bleibenden äußeren Relation zu ihr, für den Philosophierenden also wird die beschriebene christliche Glaubenslehre die höchste und fruchtbarste geistige Herausforderung sein. Wird er sich doch fragen müssen, ob eine alternative Antwort auf das Problem des Gott-Welt-Verhältnisses, die ein vergleichbares spekulatives Niveau erreicht, überhaupt denkbar ist (vgl. Schmidt 2001 b).

III. DAS PROBLEM DER THEODIZEE

1. Das philosophische Theodizeeproblem, seine Geschichte und (un-)mögliche Lösung

Das Theodizeeproblem als Frage nach dem Warum und Woher des Übels 394 (in seiner zweifachen Gestalt des Leidens und des Bösen und der Verschränkung dieser beiden) angesichts einer die Welt tragenden und durchwaltenden guten Ursprungsmacht, dieses Problem tritt keineswegs erst in der Neuzeit auf und auch nicht erst im Zusammenhang der jüdisch-christlichen Glaubenstradition (Schmidt 1997 b).

Schon bei *Platon* ist es anzutreffen. Im zweiten Buch der Politeia geht es 395 um die rechte Erziehung. Die Kinder sollen keine Mythen zu hören bekommen, die über die Götter etwas Falsches, weil Unsittliches sagen, keine „μύθους ψευεῖς (Lügengeschichten)", wie sie Homer und Hesiod erzählen (377 d). Was in diesem Feld gesagt werden darf, kann nicht einfach der Fantasie der Dichter überlassen bleiben. Es geht vielmehr darum, Grundzüge einer Theologie, „τύποι περὶ θεολογίας" zu entwickeln (379 a). In diesem Bemühen um die wahre Natur Gottes, um das also, was nicht nur thesei, sondern physei von ihm zu sagen ist, fällt zum erstenmal das Wort „Theologie". Der erste Grundsatz lautet: „ἀγαθὸς ὁ θεός" (Gott ist gut 379 b). Das Gute aber bringt nur Gutes hervor (379 c). Vom Üblen, vom Kakon muß man andere Ursachen auffinden. Daß etwa Gott jemanden in Schuld stürzte, wie es Aischylos sagt, kann nicht wahr sein (380a). Aus dieser vollkommenen Gutheit des Gottes wird ein weiterer τύπος περὶ θεολογίας abgeleitet: seine Einfachheit und Unveränderlichkeit. „Durchaus einfach also und wahr in Tat und Wort ist der Gott. Er ändert sich selbst nicht und täuscht auch nicht andere" (382 e). Eine Änderung könnte nur eine zum Schlechteren sein. Woher kommen aber die schlechten Taten des Menschen? Nicht von dem Gott. Sie kommen aus dem Menschen. Im 10.Buch der Politeia, im Mythos von der vorweltlichen Lebenswahl, heißt es lapidar: „Die Schuld liegt bei dem, der gewählt hat. Gott ist schuldlos (θεὸς ἀναίτιος)" (617 e). Was in dieser Theologie entwickelt wird, ist durch einen noch so hehr gedachten olympischen Götterhimmel nicht mehr gedeckt. Vielmehr weist alles auf die Lehre von der Idee des Guten voraus. Das Gute ist höchstes Ziel des Strebens, aber auch letztgültiger Maßstab des Handelns. Es vermittelt sich dem Handelnden in einer ideellen Ordnung der Seele, des sozialen Lebens, des Kosmos, einer Ordnung, die eingesehen werden kann, die wahrhaft ist und die zugleich normiert, die einfachhin gut ist und nicht nur einer interessengeleiteten Setzung entstammt (wie Trasymachos und Kallikles meinen). Das Gute selbst ist die Idee der Ideen, das „ἀνυπόθετον" (das Nichthypothetische, das Unbedingte) und als solches die „ἀρχὴ τοῦ παντός" (Anfang des Alls 511 b). Sie ist, aus eigener Vollkommenheit heraus, gebietend, unbedingt gebietend, aber ebenso auch bergend. Denn wer auf sie baut, der ist mit der entscheidenden Macht verbunden. Doch diese Metaphysik ist nichts anderes als eine Auslegung vernünftiger Praxis, der Rekurs auf die Voraussetzungen dessen, was Sokrates gelebt hat. Der nämlich sagt, an seine Richter gewandt: „Dies müßt ihr im Sinn behalten, daß es für den guten Menschen kein Übel gibt, weder im Leben noch im Tode, noch daß je von den Göttern seine Angelegenheiten vernachlässigt werden" (Apologie 41 c/d). Dies gilt gerade dann, wenn der äußere Anschein dagegen spricht. Das Unsichtbare und doch so Gewisse ist dann das eigentlich Wirkliche. So heißt es im 10. Buch der Politeia, in der Überleitung zum Schlußmythos: „So müssen wir demnach denken von dem gerechten Manne, mag er nun in Armut leben oder in Krankheit oder was sonst für ein Übel gehalten wird, daß ihm ja auch dieses zu etwas Gutem ausschlagen werde im Leben oder nach dem Tode. Denn niemals wird der von den Göttern vernachlässigt, der sich bemüht, gerecht zu werden und, indem er die Tugend übt, und, soweit es dem Menschen möglich ist, Gott ähnlich zu sein (ὁμοιοῦσθαι θεῷ)" (613 a). (Man wird an Röm 8,28 erinnert: „Wir wissen, daß Gott bei denen, die ihn lieben, alles zum Guten führt"). Das erlittene Übel ist also kein Einwand gegen die bergende Macht des Guten. Es kann von ihm sogar in Dienst genommen werden. Doch die Versuchung, das Gute für ohnmächtig zu erklären, bleibt, und zwar wenn der Gerechte so voll und ganz der Verlierer zu sein scheint, wie es hämisch von ihm heißt: „(er wird) gefesselt, gegeißelt, gefoltert, geblendet werden an beiden Augen [...] und zuletzt, nachdem er alles mögliche erduldet hat, ans Kreuz gehängt (wörtlich: an ein gespaltenes Holz), und dann wird er einsehen, daß man nicht gerecht sein muß, sondern es nur scheinen wollen" (Politeia 361 e f). Doch der Gerechte bezeugt gerade in dieser Ohnmacht die überlegene Macht des Guten, die auch hier noch nicht zu Ende ist. Was aber ist das Böse eigentlich? Eine tiefsinnige Antwort Platons ist die: Es ist Aufstand (στάσις) gegen die Ordnung der Seele (Politeia 444 a-e) oder des Zusammenlebens (im Staat 545 c-e, und zwischen den Staaten 470 b). Wie aber ist das Böse möglich? Es finden sich mehre Antworten: Durch falsche Lebenswahl (617 d ff), durch Irrtum (Menon 77 a ff), durch einen vorweltlichen Sturz (Phaidros 248), durch das Sich-selbst-Überlassenwerden der Weltumläufe von seiten der Götter (Politikos 272 ff). Auch die Materie, welche die Vollkommenheit des Kosmos begrenzt, spielt ihre Rolle (Politikos 273 b), obwohl der begrenzt gute Kosmos das „Schönste unter dem Gewordenen" ist (Timaios 29 a), gleichsam die beste aller möglichen Welten, aber doch nur die nach Möglichkeit beste. Platon nimmt es in Kauf, daß die Macht des Guten das Problem des Kakon scharf hervorhebt, ein Problem, das er eher umkreist als löst. Klar aber ist die Ohnmacht dieses Kakon in einem letzten und entscheidenden Sinn.

Nach *Plotin* ist das absolut Gute der Zielpunkt der Bildung der Seele und zugleich der Ursprung des ganzen Kosmos, des intelligiblen und des sinnlichen. Denn die Stufen (ἕν, νοῦς, ψυχή, En V 1, dann der sichtbare Kosmos in seinen Abstufungen, V 2) sind Folgen aus der Ursache des Einen, des Hen, welches zugleich höchstes Gutes (sogar Übergutes, ὑπεράγαθον VI 9,6) ist. Sowohl die Gesamtordnung als auch der sichtbare Kosmos sind gut („Gegen die Gnostiker" heißt die En II 9). Auch die letzte Stufe der Materie ist nochmals Ausfluß und Manifestation des Höchsten. „Denn ein Abbild der oberen Welt, welches schöner wäre als dieser Kosmos, kann man sich nicht vorstellen" (II 9,4). Die Materie ist für sich genommen (also nicht mit anderem verbunden) reines Prinzip des „μὴ ὄν" (nicht seiend) und damit das „κακόν"(I 8, 5,9 und 7, 20 ff). Aber auch hier bleibt das „κακόν" „ἔλλειψις τοῦ ἀγαθοῦ" (I 8, 5; lateinisch: privatio boni, Mangel oder Beraubung des Guten) und kann deshalb immer nur eine scheinbare Macht erringen.

Ein besonderes Problem muß das Kakon in dem monistischen System der *Stoiker* bilden. Denn der Kosmos ist gut. Er ist vom Logos durchwaltet. Kosmos, Gott, Natur, Logos, Heimarmene (Schicksal), Pronoia (Vorsehung), Fatum sind nahezu Synonyme. Der Logos ist Gesetz im faktischen und normativen Sinn. Das „secundum naturam vivere (nach der Natur leben)" ist ethische Grundforderung. Die Frage der Übel muß deshalb besonders dringlich werden. Und so hat die Stoa eine differenzierte Theodizee entwickelt, allerdings eine solche, die das Übel im Durchschauen möglichst aufzuheben sucht. Das moralische Übel fällt in die Verantwortung des Menschen. Es schlägt auf ihn zurück, macht aber als Gegensatz zum Guten dieses nur deutlicher, und was die physischen Übel betrifft, so müssen sie als Begleiterscheinungen der kosmischen Abläufe gesehen werden. Dem Tugendhaften dienen sie zur Bewährung, dem Schlechten zur Strafe und zur Besserung. Nach Chrysipp hat in der Welt alles sein Gutes. Die Raubtiere sind von der Vorsehung geschaffen, damit wir uns in der Tapferkeit üben können (SVF II, 1173), und: „Die Wanzen haben ihren Nutzen, indem sie uns nicht zu lange schlafen lassen, und die Mäuse mahnen uns zum Aufpassen, damit wir die Dinge nicht nachlässig aufbewahren" (SVF II, 1163). Der Troianische Krieg mit seinen vielen Toten muß aus der Perspektive der göttlichen Vorsehung als eine Lösung des Bevölkerungsproblems angesehen werden, ähnlich wie das aus menschlicher Perspektive die Kolonisation gewesen ist (SVF II, 1177). Daß dieses Bemühen, die Gutheit des Kosmos auf jeden Fall zu wahren, aus einer tiefen Frömmigkeit kommt, sei an einem Gebet Marc Aurels dokumentiert: „Allem stimme ich zu, was mit dir o Kosmos übereinstimmt. Nichts kommt mir zu früh oder zu spät, was dir zur rechten Zeit kommt. Alles, was deine Jahreszeiten bringen, du gütige Natur, ist mir reife Frucht. Von dir alles, in dir alles, in dich alles" (Selbstbetrachtungen IV, 23).

398 Doch die zum Teil recht gewaltsamen Theodizeebemühungen der Stoiker fanden in *Epikur* ihren großen Kritiker. Sein klassischer Einwand lautet: „Der Gott will entweder die Übel abschaffen und kann es nicht, oder er kann und will es nicht, oder er will es nicht und kann es nicht, oder er will und kann. Wenn er will und nicht kann, ist er schwach, was auf Gott nicht zutrifft. Wenn er kann und nicht will, ist er neidisch, was dem Gott gleichermaßen fremd ist. Wenn er weder will noch kann, ist er neidisch und schwach, also auch kein Gott. Wenn er will und kann, was allein dem Gott zukommt, woher stammen dann die Übel und warum schafft er sie nicht ab?" (Lactanz, de ira dei, PL 7,121). Es ist kein Zufall, daß ein christlicher Schriftsteller, nämlich Laktanz, diese Kritik überliefert. Denn mit ihr wird deutlich: Der Gottesbegriff hängt an der Einheit von Macht und Gutheit. Aber genau sie steht mit dem Übel in Frage. Epikurs Entmachtung der Götter muß in den Augen des Christen auf Atheismus hinauslaufen. Die von Epikur aufgestellte Aporie löst Laktanz so, daß Gott das Böse zuläßt, um dadurch die Erkenntnis des Guten zu befördern: „Itaque nisi prius malum agnoverimus, nec bonum poterimus agnoscere (deshalb wenn wir nicht zuvor das Übel erkennen würden, könnten wir nicht das Gute erkennen" (PL 7, 121).

399 Die Einheit von Macht und Gutheit in Gott ist für *Augustinus* eine Konsequenz aus der Gewissenserfahrung. Sie folgt aus der unbedingt gebietenden Macht des Guten. Das Problem des Übels im Sinne der Manichäer zu lösen, wie er es früher ins Auge gefaßt hatte, kam für ihn später nicht mehr in Frage. So heißt es in den Confessiones: „Ich war ja immer des Glaubens, daß nicht wir es seien, die sündigten, sondern es sündige in uns eine andere, nicht näher bekannte Natur, und meinem Hochmut schmeichelte der Gedanke, keine Schuld zu haben, und wenn ich etwas Böses getan hatte, nicht bekennen zu müssen, daß ich es getan [...] Ich war gewohnt, mich freizusprechen und etwas anderes, Unbekanntes schuldig zu sprechen, das in mir stecke und gar nicht ich sei. In Wirklichkeit aber stand hinter dem Ganzen ich allein, und nur meine Gottferne war es, die mich gegen mich aufgespalten hatte (me diviserat), und das war Sünde, um so unheilbarer, als ich selbst ja nun vermeinte, nicht Sünder zu sein" (V 10,18). Die Wahrnehmung der eigenen Verantwortung vor dem Guten gestattet es nicht, dieses gebietende Gute als eine beschränkte Größe zu verstehen. Freilich entsteht damit neu und besonders scharf die Theodizeefrage. Die Antwort des Augustinus lautet für das eigentliche Übel, das Böse, so: Es ist Mißbrauch der von Gott geschenkten Freiheit, eine aktiv vollzogene privatio boni, die nur in Selbstzerstörung enden kann. Was die physischen Übel betrifft, so finden sich bei Augustinus viele Argumente der Stoiker wieder (Zu Dionysios Areopagitas stark neuplatonisch geprägter Theodizee: de div nom IV, 19 ff).

Von *Boethius* stammt die berühmte Formulierung: „Si quidem deus est,   400
unde mala? Bona vero unde, si non est? (Wenn es Gott gibt, woher kommt
das Böse? Doch woher kommt das Gute, wenn es ihn nicht gibt?" (cons.
I 4 p,100 f). *Thomas* spitzt diese Fragestellung noch zu. Denn wenn das
Übel als Privatio, als Verneinung des Guten dieses voraussetzt, dann ist das
Gute mit dem Übel bewiesen, und somit auch das unbedingt Gute. „Es ist
der Irrtum derer auszuschließen, die aus den Übeln in der Welt folgern,
daß Gott nicht ist [...] Sie fragen: Wenn Gott ist, woher dann das Übel?
(si deus est, unde malum?). Aber man muß sagen: Wenn es das Übel gibt,
dann gibt es Gott (si malum est, deus est). Denn das Übel wäre nicht,
wenn die Ordnung des Guten nicht bestünde, dessen Beraubung das Übel
ist. Diese Ordnung aber wäre nicht, wenn Gott nicht wäre" (Scg III 71).

Anlaß für die Theodizee von *Leibniz* (von dem auch der Begriff stammt)   401
waren die Angriffe auf die Einheit des Gottesbegriffs durch Pierre Bayle,
der meinte, daß Gottes Güte und Weisheit mit den Übeln in der Welt
schlechthin nicht vereinbar seien. Für Leibniz aber war Gott als die höchste Vollkommenheit auch Angelpunkt seines ganzen philosophischen
Systems. Mit dem mehr literarisch pastoralen Anliegen seiner Schrift zur
„Theodizee" (T) (sie entstand aus Gesprächen mit der preußischen Köni-
gin Sophie Charlotte) ist also auch das Bemühen um die Aufrechterhaltung
seiner letzten philosophischen Grundlagen verbunden. Gott erkennt in
seiner Weisheit die unendliche Fülle der theoretisch möglichen Welten. In
seiner Güte wählt er die beste aus und in seiner Macht läßt er sie Wirklichkeit werden. Wenn diese tatsächliche Welt aber die beste mögliche ist,
dann müssen die Übel in ihre Gutheit integrierbar sein, und zwar in einer
im Prinzip durchschaubaren Weise. Diese prinzipielle Durchschaubarkeit
ist keine im einzelnen. Gegen eine solche Forderung von Seiten Bayles
wendet sich Leibniz. Aber im Prinzip fordert er Durchschaubarkeit, so wie
in seinem sonstigen System. „Zwar kann man sich Welten ohne Sünde und
ohne Unglück vorstellen [...] wie die Romane von Utopien (sie beschreiben) [...], aber diese Welten würden im übrigen der unsrigen erheblich
nachstehen. Ich will das nicht im einzelnen aufzeigen. Wie könnte ich wohl
die Unendlichkeiten erkennen, darstellen und miteinander vergleichen?
Aber man muß mir das ‚ab effectu' zugeben, da Gott unsere Welt so erwählt hat, wie sie ist. Wir wissen außerdem, daß oft ein Übel ein Gut
bewirkt, welches ohne dieses Übel nicht eingetroffen wäre" (T, I 10).
Der Leibnizsche Beweis ist also zunächst ein apriorischer. Wenn Gott die
Welt geschaffen hat, dann müssen sich die Übel mit der Gutheit der
Schöpfung vereinbaren lassen. Aber im letzten Satz des Zitates deutet sich
der Versuch an, den Sinn der Übel im Weltplan des Schöpfers positiv
einsichtig und empirisch plausibel zu machen. Zugunsten dieser Plausibilität führt Leibniz nun Argumente an, wie sie bereits von den Stoikern und
Augustinus bekannt sind. Das Übel gehöre zum Kunstwerk Welt (T, 147).

Es sei nötig zur Kontrasterfahrung (T, I 12) und natürlich als Strafe (T, 126, 241), ebenso für die Erziehung und für die Bewährung der Guten (T, I 23, 126, 369). Schließlich darf das unverzichtbare Argument nicht fehlen: Die Zulassung des Mißbrauches der Freiheit sei Konsequenz der Erschaffung freier Geschöpfe (T, I 20-23, 158, Anh. IV 69, 79, 126).

402 Doch bei diesen Argumentationen übernimmt sich Leibniz. Wenn er etwa ausführt, daß im Leben „alles in allem das Gute das Übel übersteigt" (T, 259) oder „daß das Leben für gewöhnlich ganz leidlich zu sein pflegt" (T, 260). Oder: „Im menschlichen Leben gibt es unvergleichlich mehr Gutes als Böses, wie es ja auch unvergleichlich mehr Häuser als Gefängnisse gibt" (T, 148). Oder daß man beim Herannahen des Todes das Leben gern nochmals durchleben würde (T, I 13, Augustinus, Voltaire, Kant sind hier durchaus anderer Ansicht, und vielleicht auch mancher von uns). Oder: Angesichts der Größe des Universums (T, I 19) besteht immerhin die Möglichkeit, die Übel als eine verschwindende Größe zu denken, als ein „Beinahenichts" (T, I 19). Unglücksfälle und Mißgeburten seien im Sinn einer für uns nicht durchschaubaren höheren Ordnung zu deuten, so wie aus zufälligen Zahlen für den Mathematiker eine Reihe oder eine Gleichung erkennbar werden kann (T, 241ff). Es ist diese Art von „argumenta ad hominem", die seine Theodizee in Mißkredit gebracht haben. Auch die apriorischen Argumente überzieht Leibniz. Schon der Begriff der besten aller möglichen Welten ist problematisch (Augustinus und Thomas lehnen ihn ab). Und hängt wirklich an den Übeln die Güte des Schöpfers? „Si mala sustulerat, non erat ille bonus (wenn er die Übel wegnahm, war er nicht gut" (T, 121). Das Böse zuzulassen, ist nach Leibniz „Pflicht" Gottes (wie die des Offiziers T, I 24)? Es nicht zuzulassen, wäre ein Fehler. Aber: „Bei Gott würde jeder Fehler Sünde bedeuten" (T, 131). Schließlich, als Zeugnis seiner rationalistischen Radikalität: „Wenn somit das geringste Übel, das in der Welt eintrifft, fehlte, es wäre nicht mehr diese Welt, die, alles in allem, von dem sie auserwählenden Schöpfer als die beste befunden worden ist" (T, I 9).

403 *Hermann Samuel Reimarus* (1694-1768) führt diese Theodizee im Geist des Deismus weiter mit seinem Werk „Die vornehmsten Wahrheiten der natürlichen Religion", in dem das Kapitel IX diesem Thema gewidmet ist. Alle klassischen, schon bei den Stoikern zu findenden Theodizeeargumente werden verwendet. Das Ergebnis; „so haben wir in keinen, auch den schlimmsten Zufällen über die Vorsehung zu klagen, als Menschen, die keine Hoffnung haben: so wenig, als wir die Lasterhaften in ihrem kurzen Glücke beneiden dürfen, da sie zu einer desto größeren Strafe aufbehalten sind" (Reimarus, 689).

404 1791 erscheint die kleine Schrift *Kants* „Über das Mißlingen aller philosophischen Versuche in der Theodizee". Die „Verfechtung der Sache

Gottes" ist aber in Wahrheit nur „die Sache unserer anmaßenden, hiebei aber ihre Schranken verkennenden, Vernunft" (Werke, IX, 105). Verteidigungen im Stile von Leibniz, die das Böse, „das schlechthin Zweckwidrige", und das Übel, „das bedingt Zweckwidrige", sowie die vermeintliche Ungerechtigkeit, „das Mißverhältnis der Verbrechen und Strafen in der Welt" (106 f), in einen Sinnzusammenhang auflösen, sind allesamt unzureichend. Zudem gilt: wegen der Unmöglichkeit, die göttliche „Kunstweisheit" (115), also sein Lenken der Schöpfung mit der menschlichen Freiheit in ein theoretisches System zu bringen, sind apriori alle solche Versuche zum Scheitern verurteilt.

Allerdings hat Kant damit über die Theodizee noch nicht alles gesagt. Er 405 unterscheidet nämlich zwischen einer doktrinalen und authentischen Theodizee. Doktrinal ist die Auslegung „des deklarierten Willens eines Gesetzgebers" dann, wenn man dessen Äußerungen in Übereinstimmung mit seinen sonst bekannten Absichten zu erklären versucht. Authentisch ist eine Auslegung, wenn sie vom Gesetzgeber selbst gegeben wird. Nun ist es für uns unmöglich, aus der Welt die Endabsicht Gottes zu begreifen, der Weg einer doktrinalen Theodizee also nicht zu beschreiten. „Doch kann man auch der Abfertigung aller Einwände wider die göttliche Weisheit den Namen einer Theodizee nicht versagen, wenn sie ein göttlicher Machtspruch, oder (welches in diesem Falle auf eins hinausläuft) wenn sie ein Ausspruch der selben Vernunft ist, wodurch wir uns den Begriff von Gott als einem moralischen und weisen Wesen notwendig und vor aller Erfahrung machen. Denn da wird Gott durch unsere Vernunft selbst der Ausleger seines durch die Schöpfung verkündeten Willens; und diese Auslegung können wir eine authentische Theodizee nennen" (116). Eine solche authentische Theodizee findet Kant im Buch Hiob. Die Theodizeen der Freunde Hiobs werden von Gott selbst verworfen. „Gott ist einig" (d.h. er bleibt sich gleich). „Er macht's wie er will" (117; Hiob 23,13). Hiob „erklärt sich für das System des unbedingten göttlichen Ratschlusses" (117). Gegen seine Zweifel stellt er seine Gesinnung: „Bis daß mein Ende kömmt, will ich nicht weichen von meiner Frömmigkeit" (119; Hiob 27, 6). Bei einer Theologieprüfung vor einem „Oberkonsistorium", so Kant (119), wäre Hiob mit einer solchen Antwort auf die Theodizeefrage durchgefallen. Aber die Vernunft gibt ihm recht. In der KpV war Kant zu dem Ergebnis gekommen, „daß die unerforschliche Weisheit, durch die wir existieren, nicht minder verehrungswürdig ist in dem, was sie uns versagte, als in dem, was sie uns zuteil werden ließ" (KpV A 266).

Für *Fichte* gilt: Wer auf die Stimme des Gewissens hört, für den sind alle 406 mit dem Übel sich stellenden Fragen im Prinzip beantwortet: „Auf sie zu hören, ihr redlich und unbefangen ohne Furcht und Klügelei zu gehorchen, dies ist meine einzige Bestimmung, dies der ganze Zweck meines Daseins" (Fichte 1800, 98). „Es ist nur Eine Welt möglich, eine durchaus gute. Alles, was in dieser Welt sich ereignet, dient zur Verbesserung und Bildung der Menschen und vermittelst dieser zur Herbeiführung ihres irdischen Zieles. Dieser höhere Weltplan ist es, was wir Natur nennen, wenn wir sagen: Die Natur führet den Menschen durch Mangel zum Fleiße, durch die Übel der allgemeinen Unordnung zu einer rechtlichen Verfassung, durch die Drangsale ihrer unaufhörlichen Kriege zum endlichen ewigen Frieden. Dein Wille, Unendlicher, deine Vorsehung allein ist diese höhere Natur" (ebd. 147 f). Das Leben ist als eine „Prüfungs- und Bildungs-Anstalt" aufzufassen, und es gilt zu glauben, „daß denen, die ihre Pflicht lieben, und dich kennen, alle Dinge zum Besten dienen müssen" (ebd. 148). Auch bei Leibniz findet sich diese Anspielung auf Röm 8,28 (Metaphysische Abhandlung § 5. Die Vorbildung bei Platon haben wir schon kennengelernt). Fichte verzichtet aber auf Plausibilitätsgründe à la Leibniz. Das Gewissen verweist auf das Gute auch als bergende Macht. Zwar kennen wir die Pläne des Ewigen nicht: „Das aber weiß ich, daß ich in der Welt der höchsten Weisheit und Güte mich befinde, die ihren Plan ganz durchschaut, und ihn unfehlbar ausführt; und in dieser Überzeugung ruhe ich und bin selig" (a. a. O. 154).

407 *Hegel* steht in dieser klassischen Tradition. Die absolute Idee ist (ganz platonisch) die Idee der Ideen, die letzte Einheit von Wahrheit und Gutheit, Maßstab alles Erkennens und deswegen auch aller Wirklichkeit. Die absolute Idee ist auch letzte Ursprungsmacht. Deswegen kann ein Gottesbegriff nur im Blick auf sie gebildet werden. „Das Gute soll realisiert werden; man hat daran zu arbeiten, dasselbe hervorzubringen, und der Wille ist nur das sich betätigende Gute" (Enz § 234 Zus.). Aber dieses Streben geht nicht einfach ins Unerfüllbare. So würde es sich auflösen. Es liegt ihm eine Erfüllung zugrunde. „Das unbefriedigte Streben verschwindet, wenn wir erkennen, daß der Endzweck der Welt ebenso vollbracht ist, als er sich ewig vollbringt" (ebd.), eben weil das Gute, welches fordert, auch schon aktuell wirkend und die entscheidende Macht dieser Wirklichkeit ist. Daß die absolute Idee als Inbegriff der Vernunft diese Macht ist, zeigt sich in der Geschichte. Nicht daß die Geschichte nach irgendwelchen Idealen verliefe. Das tut sie gerade nicht. Aber die Idee ist das Bewegende in ihr. Gerade wenn man ihr zuwider handelt, zeigt sie ihre Macht, indem sie das Widervernüftige an den eigenen Aporien zugrunde gehen läßt. (Die Philosophie macht die Weltgeschichte zu ihrem Gegenstand:) „Der einzige Gedanke, den die Philosophie mitbringt, ist aber der einfache Gedanke der *Vernunft*, daß die Vernunft die Welt beherrsche, daß es also auch in der Weltgeschichte vernünftig zugegangen ist" (TW 12, 20). Vernunft besagt freilich weniger eine Erkennbarkeit nach irgendwelchen Kausalzusammenhängen. Vielmehr ist sie das eigentlich Bewegende im Sinne des Normativen und Ideellen, des Wahren und Guten. Da dieses Maßstäbliche der Vernunft letztlich der affirmative Selbstbezug ist, nämlich die Freiheit, so

ist dementsprechend die Geschichte „der Fortschritt im Bewußtsein der Freiheit" (ebd. 32). Die Freiheit ist das Bewegende in ihr. „Unsere Betrachtung ist insofern eine Theodizee, eine Rechtfertigung Gottes, welche Leibniz metaphysisch auf seine Weise in noch unbestimmten, abstrakten Kategorien versucht hat" (ebd. 28). „Daß die Weltgeschichte dieser Entwicklungsgang und das wirkliche Werden des Geistes ist, unter dem wechselnden Schauspiele ihrer Geschichten - dies ist die wahrhafte Theodizee, die Rechtfertigung Gottes in der Geschichte. Nur die Einsicht kann den Geist mit der Weltgeschichte und der Wirklichkeit versöhnen, daß das, was geschehen ist und alle Tage geschieht, nicht nur nicht ohne Gott [geschieht], sondern wesentlich das Werk seiner selbst ist" (ebd. 540).

Hegel äußert sich ähnlich am Ende seiner Philosophiegeschichte. Ihre Bewegungen und ihr Streit, die Thesen und Antithesen, sind nur möglich, weil es einen einheitlichen Maßstab gibt, um den es immer geht und der sich von daher geltend macht. Auch die extremen Philosophien wie etwa der Materialismus haben ihr Recht, weil sie ein wahres Moment hervorheben, das seine Berechtigung gerade einer überzogen idealistischen Philosophie gegenüber besitzt. Doch die Verabsolutierung dieses Momentes muß auch wieder eine unvermeidliche und sinnvolle Gegenbewegung einleiten. Der eine Geist ist hier am Werk und ermöglicht diesen Streit. Deswegen läßt sich die Philosophiegeschichte auch als Streit um die eine Wahrheit darstellen. „Die Philosophie ist die wahrhafte Theodizee, [...] diese Versöhnung des Geistes, und zwar des Geistes, der sich in seiner Freiheit und in dem Reichtum seiner Wirklichkeit erfaßt hat" (TW 20, 455).

Eine profilierte Position zur Theodizee hat *Schelling*. Deswegen möchte ich auf ihn etwas ausführlicher eingehen. In seiner Schrift „Philosophie und Religion" (1804) sieht er die Endlichkeit überhaupt in einem „Abfall von dem Absoluten" begründet (SW I/6, 38). Das Böse, die Sünde, ist also bereits mit der Endlichkeit gegeben und konstituiert sie geradezu. Schelling hat diese extreme Konzeption später aufgegeben zugunsten einer Aufnahme des Schöpfungsgedankens. So in seiner Schrift „Philosophische Untersuchungen über das Wesen der menschlichen Freiheit und die damit zusammenhängenden Gegenstände" (1809). Er entwickelt hier eine spekulative Schöpfungslehre, die zugleich eineTheodizee zu sein beansprucht. Ich greife nur die für unser Thema relevanten Gedanken heraus (Schelling 1809: F). Schelling beginnt mit einer fundamentalen Aussage der klassischen Gotteslehre: „Da nichts vor oder außer Gott ist, so muß er den Grund seiner Existenz in sich selbst haben" (F 30). Schelling sieht aber mit dieser Aussage die Notwendigkeit gegeben, einen Unterschied zu machen zwischen dem „Grund" in Gott und seiner „Existenz" (ebd.). „Dieser Grund seiner Existenz, den Gott in sich hat, ist nicht Gott absolut betrachtet, d.h. sofern er existiert; denn er ist ja nur der Grund seiner Existenz, Er ist die Natur - in Gott; ein von ihm zwar unabtrennliches, aber doch unterschiedenes Wesen" (ebd.). Zwar ist dieser Unterschied in der Vollkommenheit des göttlichen Selbstbezuges zugleich aufgehoben, denn: „Gott hat in sich einen inneren Grund seiner Existenz, der insofern ihm als Existierenden vorangeht: aber ebenso ist Gott wieder das Prius des Grundes, indem der Grund, auch als solcher, nicht sein könnte, wenn Gott nicht actu existierte" (F 31). Doch die Unterscheidung erweist sich als hilfreich, ja als notwendig im Blick auf das von Gott abhängige Sein. Denn dieses kann nicht einfach „in" Gott gedacht werden (im Sinne eines auszuschließenden Pantheismus), da die werdenden „Dinge" „toto genere, oder richtiger zu reden, unendlich von ihm verschieden sind" (F 31). Vielmehr, und zwar wegen dieser Verschiedenheit, „müssen sie in einem von ihm verschiedenen Grunde werden. Da aber doch nichts außer Gott sein kann, so ist dieser Widerspruch nur dadurch aufzulösen, daß die Dinge ihren Grund in dem haben, was in Gott selbst nicht Er selbst ist, d.h. in dem, was Grund seiner Existenz ist" (F 31). Im Begründen der Dinge teilt Gott ihnen etwas vom eigenen Sein mit: ein Sein im Werden von einem Grund her. Doch ist Gott dieses Werden bereits in ewiger Vollendung. Den Dingen mitgeteilt ist das Werden erst die noch nicht vollendete Aufgabe ihres Selbstvollzuges. Insofern Gott sich in seiner Schöpfung offenbart, zeigt er in ihrem Werden sich selbst, wenn er auch sein eigenes Werden immer schon vollendet hat. Nach Schelling ist nur durch diesen Offenbarungsgedanken die Begründung von Zeitlichkeit und Werden in Gott einsichtig zu machen. Wie könnte in Gott etwas gründen, das mit ihm gar nichts zu tun hätte? Werden als solches hätte dann eben keine Begründung.

409 Das innere, immer schon vollendete Werden in Gott verbindet Schelling mit der Dreifaltigkeitslehre. Nach ihr „erzeugt sich in Gott selbst eine innere, reflexive Vorstellung", in der „Gott sich selbst in einem Ebenbilde erblickt" (F 33). Ein solches reflexives Zusichkommen teilt Gott auch seiner Schöpfung mit als Möglichkeit und Aufgabe ihres Selbstseins. Das Werden zu diesem Selbstsein ist als nicht schon vollendetes ein allmählicher Prozeß aus einem dunklen Grunde zum Licht (F 32 f). Aus dem Regellosen und Chaotischen bildet sich allmählich die Ordnung als Beziehung; „aber immer liegt noch im Grunde das Regellose, als könnte es einmal wieder durchbrechen" (F 32). Dieses Werden der Schöpfung vom Dunkel zum Licht, vom ungeordneten Grund zur wahren Existenz in geordneter Beziehung bei ständiger Bedrohung dieses Prozesses durch den dunklen chaotischen Grund, das macht nach Schelling die Dramatik der Schöpfung aus. Das Geschöpf steht durch seine Endlichkeit in einer prinzipiellen Spannung zwischen einem alle Bindung verneinenden „Eigenwillen" und einem sich in Beziehungen gestaltenden „Universalwillen" (F 35). „Das Prinzip, sofern es aus dem Grunde stammt und dunkel ist, ist der Eigenwille der Kreatur, der aber, sofern er noch nicht zur vollkommenen Einheit mit dem Licht (als Prinzip des Verstandes) erhoben ist (es nicht faßt), bloße Sucht oder Begierde, d.h. blinder Wille ist. Diesem Eigenwil-

len der Kreatur steht der Verstand als Universalwille entgegen, der jenen
gebraucht und als bloßes Werkzeug sich unterordnet" (F 35). Gott selbst
ist die absolute Einheit der beiden Prinzipien (F 36). Aber in der Welt
müssen sie auseinandertreten, damit ihre Vereinigung vom Geschöpf als
die Bestimmung und Aufgabe seiner Selbstwerdung erfaßt und vollzogen
werde. Doch damit ist auch „die Möglichkeit des Guten und des Bösen"
gegeben (ebd.).

Die Möglichkeit zum Bösen besteht darin, daß der Eigenwille sich seiner   410
Integration in den Universalwillen widersetzt. „Das treffendste Gleichnis
bietet hier die Krankheit dar, welche als die durch den Mißbrauch der
Freiheit in die Natur gekommene Unordnung das wahre Gegenbild des
Bösen oder der Sünde ist" (F 38). Zwar kommt auch der sich isolierende
Wille nicht ohne eine Fähigkeit zur Integration aus. Aber diese ist dann
selbst durch desintegrierende Tendenzen bestimmt, wie das Beispiel der
Krankheit (man denke etwa an Krebs) gut illustriert (ebd.). Die beiden
willentlichen Prinzipien, der zur Universalität und der zur Partikularität,
stehen nach Schelling einander gegenüber als „der Wille zur Liebe und der
Wille des Grundes" (F 47). Sie sind sich entgegengesetzt, bedürfen aber
auch einander. „Denn der Grund muß wirken, damit die Liebe sein könne"
(F 47). In Gott ist diese Spannung immer schon in die höchste Harmonie
aufgehoben. In der Welt und besonders im Menschen ist diese Aufhebung
erst das Ziel. Solange es noch nicht erreicht ist, liegen die beiden Prinzipien im Streit, und die Disposition zum Bösen ist somit vorhanden. Diese
Disposition ist für sich genommen noch nichts Schlechtes. Sie ermöglicht
die freie Entscheidung zur Liebe, und sie eröffnet das Feld für das Drama
der Schöpfung. Denn im Menschen meldet sich schon im ersten Augenblick seines Bestehens der Wille zum „Grund" als Wille zur eigenen kreatürlichen Einzelheit. Zugleich ist in ihm aber der Wille vorhanden, seine
Einzelheit auf das Allgemeine hin zu überschreiten. Das vertraute Nächste
ist ihm dabei seine kreatürliche Einzelheit. Ihr Jenseits, das Allgemeine,
gilt ihm als das „Überkreatürliche" und läßt in ihm ein Gefühl der Fremd-
heit und Unheimlichkeit entstehen. Der „Wille des Grundes" erweckt auf
diese Weise in der „Freiheit" ganz elementar „die Lust zum Kreatürlichen,
wie den, welchen auf einem hohen und jähen Gipfel Schwindel erfaßt,
gleichsam eine geheime Stimme zu rufen scheint, daß er herabstürze, oder
wie nach der alten Fabel unwiderstehlicher Sirenengesang aus der Tiefe
erschallt, um den Hindurchschiffenden in den Strudel hinabzuziehen" (F
53). Es ist also die „Angst", die den Menschen sich an seine Einzelheit
klammern läßt. Sie „treibt den Menschen aus dem Centrum, in das er
erschaffen worden" (ebd.), wobei hier „Centrum" die alles verbindende
Mitte des Ganzen meint. Dieser vereinenden Mitte entzieht sich die kreatürliche Einzelheit in ihrer Angst um sich selbst in die Peripherie. Aus
deren Perspektive kommt die Hinwendung zum Zentrum einer völligen
Selbstaufgabe gleich, „denn dieses als das lauterste Wesen alles Willens ist

für jeden besonderen Willen verzehrendes Feuer; um in ihm leben zu können, muß der Mensch aller Eigenheit absterben" (ebd.). Ähnlich wird später Kierkegaard, der Schelling in Berlin gehört hat, die Sünde begründen, und zwar in seiner Schrift „Der Begriff Angst" (1844): Der Mensch ist eine „Synthese" aus Unendlichkeit und Endlichkeit. Als solche hat er sich zu erkennen und anzunehmen. Aber befangen in der Spannung dieser Synthese droht er sich zu verfehlen. Es gibt eine Art Sog, der es ihm schwermacht, die rechte Balance zu finden, und das ist die „Angst" (GW 11./12., 40). Diese taucht im Moment der Loslösung vom Endlichen auf. Das Ich findet sich auf sich gestellt. Es hat keinen Halt mehr und klammert sich an das Endliche. Das ist die Sünde, genauer die Ur- oder Erbsünde. Ebenso macht nach Schelling die „Angst" den Willen egoistisch. Ist dies unvermeidbar? Es scheint fast so. Doch Schelling korrigiert sogleich: „Dieser allgemeinen Notwendigkeit ohnerachtet bleibt das Böse immer eigne Wahl des Menschen; das Böse, als solches, kann der Grund nicht machen, und jede Kreatur fällt durch ihre eigne Schuld" (F 53f).

411 Ein möglicher Einwand gegen die vorgelegte Auffassung vom Bösen ist das Theodizeeproblem. Wie konnte Gott eine Schöpfung mit ihrer Möglichkeit zum Bösen verantworten? Schellings Antwort: „Die Erregung des Eigenwillens geschieht nur, damit die Liebe im Menschen einen Stoff oder Gegensatz finde, darin sie sich verwirkliche. Inwiefern die Selbstheit in ihrer Lossagung das Prinzip des Bösen ist, erregt der Grund allerdings das mögliche Prinzip des Bösen, aber nicht das Böse selber, noch zum Bösen" (F 73). Doch warum hat sich Gott überhaupt auf die Schöpfung eingelassen? Warum wollte er sich in der Schöpfung offenbaren, wenn er doch voraussehen mußte, „daß das Böse wenigstens begleitungsweise aus der Selbstoffenbarung folgen würde" (F 74)? Der Verzicht freilich auf die Schöpfung würde bedeuten, die Offenbarung der Liebe unmöglich zu machen und damit die Liebe aufzugeben. Es würde besagen: „damit kein Gegensatz der Liebe sein könne, soll die Liebe selbst nicht sein, d.h. das absolut-Positive soll dem, was nur eine Existenz als Gegensatz hat, das Ewige dem bloß Zeitlichen geopfert werden" (F 74). Es wäre dies eine Kapitulation Gottes, eine Kapitulation der Liebe vor dem Haß, des Guten vor dem Bösen, des Ja vor dem Nein. „So denn also Gott um des Bösen willen sich nicht geoffenbart, hätte das Böse über das Gute und die Liebe gesiegt" (F 74). Das aber hieße letztlich: „Damit also das Böse nicht wäre, müßte Gott selbst nicht sein" (ebd.).

412 Diese eindrucksvolle Konzeption Schellings, die im Zusammenhang seiner Bemühung um eine spekulative Erneuerung des Christentums steht, bewegt sich auf der Grenze. Vor allem die Rede vom Grund in Gott begünstigt zumindest eine Auslegung, die das Dunkle in Gott selbst fundiert sieht und so die Lehre von der Vollkommenheit des absolut Guten beeinträchtigt. Doch eben dies ist der unaufgebbare Angelpunkt auch nur für die Formulierung des Theodizeeproblems. Es ist bewegend zu sehen, wie

Schelling damit ringt, diese Vorgabe nicht zu verletzen ohne doch in der Lage zu sein, ihr ganz gerecht zu werden. Wird sie aber verletzt, dann ist eine Grenze überschritten und ein Bruch mit der gesamten beschriebenen Tradition des Denkens eingeleitet.

Walter Schulz dürfte Recht haben mit seiner Vermutung, daß von Schellings Lehren über den dunklen göttlichen Grund und dessen Wille zum Selbstsein die Linie zu *Schopenhauer* führt (Schulz 1972, 383, 499 ff). Nach diesem regiert allein der blinde Wille die Welt und ist deren tiefster Grund, ihr Ansich, die eigentliche Wirklichkeit. Die Partikularisierung dieses Urwillens führt zu den tödlichen Antagonismen, von denen unsere Welt und unser Leben gekennzeichnet ist. Die Kritik Schopenhauers an der Theodizee von Leibniz: Die Welt ist die schlechteste aller möglichen. Wäre sie etwas schlechter, könnte sie nicht mehr bestehen (Werke IV, 683). Schopenhauers Lösung ist die, dem Willen überhaupt zu entsagen. 413

Nietzsche ist von Schopenhauers Analyse fasziniert. Er wendet sich aber schließlich vehement gegen seine Lösung, nämlich die Entsagung. Auf den Willen, auf das Ja zum Leben zu verzichten ist unehrlich. Es beruht auf Neid und auf Ressentiment: „Und darum zürnt ihr nun dem Leben und der Erde. Ein ungewußter Neid ist im scheelen Blick eurer Verachtung" (Werke II, 301). Ehrlich und wahrhaft überzeugend ist allein das Ja, der Wille, der bejahte Wille. Da dieser aber universal ausgerichtet ist, muß sich die Bejahung auch aufs Ganze ausrichten. Dieses Ganze ist aber die Gesamtheit des Faktischen. Sie ist zu bejahen, ewig und vollkommen. Die Konsequenz ist die Lehre von der Wiederkehr des Immergleichen. Nur der Übermensch kann sie ertragen. Er ist deswegen auch der Sinn der Erde. Diese Bejahung schließt eine Theodizee ein: „Der Mensch braucht jetzt nicht mehr eine ‚Rechtfertigung des Übels' [...] er genießt das Übel pur, cru, er findet das sinnlose Übel als das interessanteste. Hat er früher einen Gott nötig gehabt, so entzückt ihn jetzt eine Welt-Unordnung ohne Gott, eine Welt des Zufalls, in der das Furchtbare, das Zweideutige, das Verführerische zum Wesen gehört [...] Auch dieser Pessimismus der Stärke endet mit einer Theodizee, d.h. mit einem absoluten Ja-sagen zu der Welt" (Werke III, 626f). Die Tradition der Lehre vom unbedingt Guten ist hier in gebrochener Weise noch gewahrt. Das gerechtfertigte Ja ist ein unbedingtes Ja, ein Ja zum Ganzen. Freilich fällt dieses Ganze mit der Summe blinder Faktizität zusammen. Es ist ein heroisches Ja, das die Unbedingtheit ganz aus sich selbst nimmt, auch ein aporetisches, unmögliches Ja, so wird man kritisch hinzufügen müssen. 414

Innerhalb der Philosophie taucht das Theodizeeproblem also keineswegs zufälligerweise auf, etwa nur als Übernahme einer spezifisch theologischen Denkaufgabe. Das Problem ist durchaus ein genuin philosophisches. Denn 415 wenn das Gute als einheitlich und unbedingt gedacht wird und als die entscheidende Macht des Wirklichen, auf die sich unser Streben richtet und von der die unbedingte Forderung an uns ergeht, dann stellt sich (1) mit Nachdruck das Problem des Übels, und es stellt sich die Frage nach seinem Woher. Umgekehrt wird (2) mit der Erfassung des Bösen auch der Maßstab des Guten deutlicher sichtbar. Und zudem, so erstaunlich es klingt (3): Das Problem der Theodizee ist im Prinzip gelöst. Im Prinzip, nämlich insofern das Gute auf jeden Fall als die alles entscheidende Macht angesehen wird. Wäre es lediglich ein Faktor unter anderen, könnte es nicht in der Unbedingtheit gebieten, in der es gebietet.

416 *Jörg Splett* faßt diesen Ertrag philosophischen Denkens treffend zusammen, indem er von der Doppelfrage des Boethius ausgeht: „„Wenn es Gott gibt, woher Übel und Böses? - Wenn es Gott nicht gibt, woher das Gute?' Auf die erste Frage lautet die Antwort zuletzt, soviel an Vorletztem vorgebracht werden kann: *Ich weiß es nicht.* Es ist an der Philosophie, Antwort-Programme, die mehr sagen wollen, ihrer Haltlosigkeit zu überführen. Und das gilt nicht allein für positive Angebote. Den Stachel des Schmerzes zieht keine Theorie aus dem Fleisch. Das Theodizeeproblem ist in der Tat unlösbar. Eben darum aber sollte man sich auch den Lösungsversuch durch Leugnung Gottes versagen. Er unterbietet das Fragenniveau - und nimmt übrigens Ijob zu allem anderen noch seine Würde: sein Protest wird Irrtum, sein Appell an den Heiligen anthropomorph, seine Hoffnung kindliche Illusion. Aber Boethius hat eine zweite Frage gestellt. Und darauf heißt die Antwort *nicht*: Ich weiß nicht. Sehr wohl nämlich *wissen* wir: Wenn kein Gott ist, dann gibt es - letztlich - kein Gutes. Nicht in der Zukunft, für die Zu-kurz-Gekommenen, Erniedrigten, Beleidigten; erst recht nicht für die Henker - oder auch tatenlosen Genießer. Von dorther aber auch nicht ernstlich im Heute. Glück wäre dann nur aufgrund von Wegsehen, ‚Vergessen', denkbar. Wird dies aber der Erfahrung und unserer Dankbarkeitspflicht gerecht? Ist uns nicht unreduzierbar das Gute begegnet? Allem anderen voraus in der - durchaus belastenden und demütigenden - Gewissenserfahrung" (Splett 1996, 308f).

2. Die Problematisierung und Radikalisierung der Theodizee im theologischen Kontext

417 Das Gute ungeschmälert festzuhalten, ist durch dieses selbst geboten. Ich darf es nicht entmachten, um so die Frage seiner Vereinbarkeit mit dem Übel zu lösen. Doch welche Antwort gibt es dann auf diese Frage? Eine erste Antwort ist der Schöpfungsgedanke. Nicht die Welt als Summe der Faktizität muß bejaht werden. Vielmehr steht das unbedingt Gute in Differenz zu dieser Welt. Doch geht aus dem Schöpfungsakt die Welt in

ihrer Gutheit hervor. Gott schafft die Welt, weil er sie liebt. Damit aber verschärft sich das Problem der Theodizee gerade mit seiner Lösung. „In gewissem Sinn wird das Problem des Schmerzes durch das Christentum eher geschaffen als gelöst. Denn der Schmerz wäre kein Problem, hätten wir nicht, vergraben in unsere tagtägliche Erfahrung mit dieser schmerzerfüllten Welt, dennoch die, wie wir glauben, gültige Versicherung empfangen, die letzte Wirklichkeit sei voller Gerechtigkeit und Liebe" (C. S. Lewis, 1954, 27).

Die Verschärfung des Problems äußert sich auch in der Weise eines ver- 418 schärften Protestes, einer Anklage gegen diesen Gott, den Schöpfer dieser Welt, wobei die Anklage mehr oder weniger deutlich und offen auf den Tod dieses Gottes zielt oder ihn zur Konsequenz hat. Gott stirbt am Widerspruch, an der Unvereinbarkeit seiner wesentlichen Eigenschaften, seiner Macht und seiner Güte. Ich beschränke mich auf ein Zeugnis dieses Protestes. Im berühmten Theodizeegespräch in Dostojewskis Roman „Die Brüder Karamassow" (1879) ist das Hauptargument das Leiden derjenigen Kinder, die Opfer brutaler menschlicher Bosheit werden:

„Würdest du (so Iwan zu Alioscha), wenn du selbst, nehmen wir an, den ganzen Bau der Weltgesetze für das Menschengeschlecht zu errichten hättest, mit dem Ziel im Auge, zum Schluß alle Menschen glücklich zu machen, ihnen endlich einmal Ruhe und Frieden zu geben, - doch zur Erreichung dieses Zieles müßtest du zuvor unbedingt, als unvermeidliche Vorbedingung zu jenem Zweck, meinethalben nur ein einziges winziges Geschöpfchen zu Tode quälen, sagen wir, dieses selbe Kindchen, das sich mit seinen Fäustchen an die Brust schlug [von dem gefolterten Kind war vorher die Rede], und auf diesen unvergoltenen Kindertränchen müßtest du diesen Bau errichten, - würdest du dann einwilligen, unter dieser Bedingung der Architekt des Baues zu sein? Antworte mir und lüge nicht!' - ,Nein, ich würde nicht einwilligen', sagte Alioscha leise. ,Und könntest du die Vorstellung als möglich zulassen, daß die Menschen, für die du baust, einwilligten, ihr Glück um den Preis des nicht gerechtfertigten Blutes so eines kleinen Märtyrers zu empfangen, oder wenn sie es täten, daß sie dann noch ewig glücklich bleiben könnten?' - ,Nein das kann ich nicht'" (V,4, Fischer TB, 283).

D.h., der christliche Schöpfungsgedanke ist widersprüchlich und mit ihm der Schöpfer. Man könnte viele ähnliche Texte anführen, etwa von Georg Bünchner, Heinrich Heine, Albert Camus, Arno Schmidt, Elie Wiesel, Reinhold Schneider, Josef Roth, Bert Brecht, Friedrich Dürrenmatt und anderen. Stendhal mag als letzter genannt sein mit seinem berühmten Dictum: „Die einzige Entschuldigung Gottes ist, daß er nicht existiert", ein Wort, um das Nietzsche Stendhal beneidet hat (Werke II, 1088).

Doch gerade dieses Wort Stendhals mit seinem zynischen Einschlag macht 419 auch die Problematik eines so begründeten Atheismus deutlich. Denn mit der Leugnung Gottes verschwindet auch der Adressat der Anklage. Wenn die Ursprungsmacht dieser Welt nicht absolut gut ist, wogegen richtet sich dann der Protest? Er hebt sich auf. Er ist im Grunde eine Infantilität. Denn wenn das Universum nur blinde Faktizität ist, dann nimmt sich der Klagende aus wie ein Kind, das den Tisch beschuldigt, an dem es sich gestoßen hat. Die Klage wird zum bloßen Ausdruck des Schmerzes. Aber Klage als Protest will doch wohl mehr sein.

Der religiöse Glaube sichert somit dem Menschen die Möglichkeit zum Protest. Es gibt den Adressaten. Man kann sich klagend, sich empörend an ihn wenden. Aber wie sollte ich mich an ihn wenden, wenn er nicht jene radikale Einheit von Macht und Gutheit wäre? Weder als bloße Macht ohne Gutheit noch als bloße Gutheit ohne Macht könnte ich meinen Protest vor ihn tragen. Nur als Gott, als wahrhafter Gott kann er in diesem Sinn mein Gegenüber sein. Freilich, wenn ich mich an Gott wende, dann ist meine Klage auch bereits Gebet, bereits Hingabe, denn dann ist mein Protest schon vom Vertrauen umfangen, daß der Adressat seine Gutheit geltend machen wird, die er selbst ist. Die Klage hat somit ihren wahren Platz im Glauben und ist Ausdruck dieses Glaubens. Ein Blick in die Psalmen genügt als Bestätigung. Mit dem Glauben müßte wohl auch die Klage verschwinden. Ist sie selbst Glaube, dann heißt dies: Glaube ist möglich auch unter Offenhaltung der Frage nach dem Warum und Woher des zu Beklagenden.

420 Auch die Hingabe an das Gute enthält ein Bauen auf dessen letzte Macht. Auch hier ist die Antizipation einer Lösung vereinbar mit dem Offenhalten der Frage nach dem Warum des Übels. Im Glauben wird dieses Bauen zum ausdrücklich personalen Akt, und das Offenhalten zu einer Annahme eines innersten Geheimnisses, einer Undurchschaubarkeit, die mit der Freiheit dieses Gottes gegeben ist. Dieser Glaube befreit aber auch zur Klage. Die Klage hat in ihm ihren legitimen Platz. Sie muß weder durch eine erstarrte Resignation wie beim Atheisten, noch durch eine vermeintlich höhere Einsicht wie bei Leibniz erdrosselt werden (W. Sparn spricht bezüglich Leibniz von einem „Klageverbot", in: Colpe, 216). In diesem Zusammenhang scheint mir auch die psychische Bedeutung des Klagenkönnens bedenkenswert. Es ist einfach menschlich, und für die psychische Gesundheit wesentlich, das aufsteigende Klagebedürfnis nicht zu unterdrücken. Doch muß dann auch gefragt werden dürfen nach der inneren Voraussetzung wirklicher Klage. Ich meine: Erst im Glauben ist sie gegeben. Die Klage richtet sich an den guten und mächtigen Gott, und sie ergeht in seinem Namen. Gott ist Hintergrund, Ermöglichung der Klage. Er ist im Klagenden präsent. Nach dem Neuen Testament ist diese Präsenz in der Person Jesu auf unüberholbar vollkommene Weise realisiert. In ihm ist, ohnmächtig mächtig, Gott selbst anwesend.

421 Jesus betet am Kreuz den Psalm 22. Die Klage ist Gebet, das Aufbegehren, der Protest ist zugleich letztes Vertrauen. Und eben in dieser Klage findet die vollkommene Übereignung an Gottes Willen statt, so vollkommen,

daß dieser Gott ganz da sein konnte. Die Klage mündet schließlich in einen Schrei, und eben dieser Schrei zeigte in vollkommener Klarheit Jesu Einheit mit Gott, zeigte sie dem Heiden, dem Hauptmann. „Der Hauptmann, der ihm gegenüberstand, sprach, als er ihn so sterben sah: Dieser Mensch war Gottes Sohn" (Mk 14,39).

Seit dieser Stunde ist unser Klagen in der Klage Gottes geborgen, unser 422
Schmerz in seinem Schmerz. Er selbst hat die Finsternis durchlitten, mehr durchlitten als jeder von uns, und hat sie zugleich von innen her entmachtet. Entmachtet, weil Gott in diesem Durchleiden seine Gottheit erwiesen hat. Und genau dies ist für uns der alles entscheidende Punkt. Denn wenn es richtig ist, daß der Mensch frei nur ist, wenn er auf die letzte Einheit von Macht und Gutheit bezogen ist, dann hängt für ihn alles am Erhalt und am Erweis dieser Einheit. Der schreckliche Einwand gegen diese göttliche Einheit ist von Gott selbst entkräftet worden, und zwar dadurch, daß er sich vom Bösen radikal hat treffen lassen. Der Lanzenstoß, der in Jesu Seite drang, hat Gott selbst getroffen. Als der Auferstandene Thomas seine Seitenwunde zeigt, sagt dieser: „Mein Herr und mein Gott", das erste und einzige Mal in den Evangelien, daß Jesus Gott genannt wird. Die Wunde, in die Thomas seine Hand legt, ist die Wunde Gottes selbst. Indem Gott sich radikal hat treffen lassen von den zerstörerischen Kräften, die seiner Schöpfung entstammen, und dabei Gott geblieben ist, hat er sich als die entscheidende Einheit von Macht und Gutheit für alle Ewigkeit erwiesen. Denn dieses Aufsichnehmen des Leidens und der Schuld ist nicht im mindesten ein Geschehen an Gott, sondern seine eigenste Tat. Gott hat sich, eben sich als Gott treffen lassen. Dies macht seine Tat unüberbietbar radikal und zugleich zum Erweis seiner unverlierbaren Göttlichkeit. Gott ist durch diese Tat offenbar als die ewige Einheit von Macht und Gutheit. Gott trägt unsere Schuld. Er leidet sie aus. Einige Theologen sprechen davon, Gott habe damit, daß er sich selbst dem Leiden und dem Bösen unterzog, die Verantwortung dafür übernommen, daß seine Schöpfung so ist, wie sie ist (R. Guardini 1976, 11f, und, unter Berufung auf diesen, G. Greshake, 1978, 36, sowie, von beiden unabhängig, W. Pannenberg, Sy Th II, 193, 196). Das Tragen und Ausleiden unserer Schuld, ihre Übernahme durch Gott, ist freilich nicht die Tilgung unserer Verantwortung, nicht unsere Entmündigung, gerade nicht. Vielmehr werden wir durch diese Tat Gottes in unsere Freiheit neu eingesetzt. Denn wenn eine in Verantwortung gründende Freiheit nur möglich ist durch die letzte Einheit von Macht und Gutheit, dann ist deren endgültiger Erweis, der Erweis der alles beherrschenden Souveränität des gütigen Gottes in seiner „Übernahme der Verantwortung" für uns das Geschenk unserer Freiheit.

Eine philosophische Lehre vom unbedingt Guten wird durch den Glauben 423
an diesen Gott bestätigt. Denn dieser Gott ist die Einheit von Macht und Gutheit. Sie wird aber auch geläutert und verwandelt, indem die Theorie des Guten sich von einer Praxis her verstehen lernt, die als Vertrauen

persönliche Hingabe ist. In dieser Hingabe ist sie allerdings auch entlastet von der Sorge, ihre Setzung auf das Gute von einem Durchschauenkönnen seiner Vereinbarkeit mit der Existenz des Bösen und Leidvollen in der Welt abhängig machen zu müssen. Die Fragen, die aus dieser Sorge kommen, werden zum Schweigen gebracht, aber zu einem Schweigen, das sich in der Liebe Gottes geborgen weiß. Die Ahnung dieses Geborgenseins gewährt Gott auch schon dem, der sich ohne Vorbehalt auf die unteilbare Macht des Guten einzulassen bereit ist.

IV. PHILOSOPHISCHE THEOLOGIE UND CHRISTLICHER GLAUBE

1. Das personale Element in den Gottesbeweisen

224 In der philosophischen Theologie findet die Philosophie zu dem, was in der Religion Gott genannt wird. Sie entdeckt über die Vernunft und in ihr die Dimension der Unbedingtheit. Bei der Auslegung dieser Dimension geht es darum, dieser Unbedingtheit denkend gerecht zu werden und sie nicht (vielleicht unter der Hand) doch im Sinne eines irgendwie Bedingten zu verstehen (eines Faktors der Welt, einer Seelenkraft, eines individuellen oder kollektiven Konstruktes usw.). Die angemessene Auslegung ist erreicht im Gedanken des sich selbst begründenden Seins im KGB, des umfassenden Wahrheitshorizontes im AlGB, der Letzbestimmung unseres Denkens überhaupt im OGB, des unbedingt Guten im AxGB und des letzten Zwecks und Sinnes im TelGB. Die zuletzt genannten zeigen, daß es um einen fundamentalen Anspruch an unsere Freiheit geht, in dessen Licht auch die anderen Unbedingtheitskonzeptionen zu begreifen sind. Legt man sie nach diesem Anforderungs- und Anspruchscharakter aus, bekommt die (wenn auch nur analog mögliche) Rede vom personalen Charakter des Unbedingten ihr Recht. Dabei zeigt sich, daß der Gedanke des Personalen spezifische spekulative Möglichkeiten enthält, die einem sachhaft gegenständlichen Denken verschlossen bleiben. Dementsprechend kann die Verbindung der Begreiflichkeit und Unbegreiflichkeit des Unbedingten von einem personalen Verständnis her vor dem Widerspruch bewahrt werden, da der personalen Struktur die simultane Einheit von sich offenbarender Präsenz und bleibender Unverfügbarkeit eigentümlich ist.

225 Wenn es aber im Kern um ein Freiheitsverhältnis geht, dann kann es in diesem Bereich keine vollständige Demonstration, keinen Beweis geben, der ein Argumentieren „von außen" wäre und eine Ebene der Objektivierung voraussetzte. Die äußere Argumentation kann jenen inneren Bereich lediglich freizulegen helfen. Was sich in ihm als Wahrheit zeigt, muß frei ergriffen werden, indem man sich davon ergreifen läßt. In der Durchführung der Gottesbeweise hat sich dieser Charakter der Nichtbeweisbar-

keit an der Unabgeschlossenheit der Gedankengänge gezeigt, an dem Unvermögen jenes Ganze und Letzte objektivierend zu erfassen, um das es in diesen Argumentationen gerade geht (im Unterschied zu Beweisen, die sich auf Ausschnitte der Wirklichkeit beziehen). Dabei ging dieses Unvermögen (einer letzten Objektivierung) aus jenen Argumentationen selbst hervor im Sinne einer selbsterzeugten Einsicht in die Unbegreiflichkeit des „Gegenstandes". Die Gottesbeweise hängen zusammen und verweisen aufeinander. Die Dimension der Freiheit und des Guten ist ihr Zentrum (nicht zufällig ist sie für Platon die höchste Idee die des Guten). Aber gerade hier stellt sich, wie wir sahen, das Theodizeeproblem, das alle „Beweise" wieder in Frage zu stellen droht. Doch wird eben hier nochmals deutlich, daß die Einsicht, zu der die Beweise hinführen wollen, im Kernbereich der Freiheit spielt. Es zeigt sich somit am großen Schlußproblem, der Theodizee, daß jenes Ergreifen der sich zeigenden Wahrheit ein freier Akt ist und ein Wagnis, weil die Freiheit immer eine sich *gegebene* ist.

Die vernünftigen Gründe der Gottesbeweise können nur den Raum freilegen, in dem der Mensch auf sich selbst gestellt ist, worin er mit seiner letzten Entscheidungsfähigkeit und -Notwendigkeit konfrontiert ist (alle Beliebigkeit wäre ein Ausweichen). Es ist der Raum, in dem der Mensch seiner selbst ansichtig wird, und zwar eben dadurch, daß er jene ihn beanspruchende Unbedingtheit entdeckt, die er einerseits selbst ist und die ihn andererseits zugleich unendlich übersteigt. Läßt er sich auf sie ein, so hat er den Schritt getan zu sich selbst und - von sich weg. Es ist der Schritt eines Sich-Gewinnens und -Verlassens. Denn der Zu-sich-Kommende und Sich-Ergreifende muß sich zugleich loslassen und sich einer bleibenden Unverfügbarkeit überlassen. *Vertraut* er sich ihr tatsächlich an, dann verlieren die offenen Fragen den Charakter des noch undurchschauten „Restes". Nicht alles durchschauen zu wollen ist dann Teil des Vertrauensaktes. Die Präsenz des bleibend Unverfügbaren genügt, sein Sich-Zeigen und Sich-Zusagen als letzte Wahrheit. Wissen und Nichtwissen finden in *einem* Akt zusammen, zu einem wissenden Nicht-Wissen, einer „docta ignorantia" (Cusanus), das theologisch gesprochen personaler Glaube ist.

2. Die Geschichtlichkeit des Denkens und die Differenz-Einheit von Philosophie und Theologie

a. Die Philosophie als Diskussionszusammenhang durch die Geschichte

Mein Urteil soll vernünftig sein, das ist die einfache Forderung der Philosophie. Ich muß es also begründen können. Ich darf mich Einwänden nicht verschließen und muß zu argumentieren bereit sein. Im Prinzip sollte ich an der Diskussion interessiert sein, darf es mir doch um nichts anderes gehen als um die Wahrheit, keinesfalls aber um bloße Selbstbestätigung, und dies in allen und gerade auch in den prinzipiellsten Fragen der Gesamtorientierung. Jeder Standpunkt darf und muß sich nochmals vor dem kritischen Forum der Vernunft verantworten. Es zeigt sich, daß Standpunkte kritisierbar, Konzeptionen der Philosophie überholbar sind. Aber gilt das nicht für alle Standpunkte und Konzeptionen? Doch muß man sich keineswegs dem Relativismus ergeben. Denn der ist auch nur ein Standpunkt und ein durchaus angreifbarer. Für den Denkenden gibt es nur eine Möglichkeit, nämlich die, mitzumachen, d.h. sich auf die Ebene der Vernunft zu begeben und sich an der Diskussion zu beteiligen. Offenbar zeigt sich die Wahrheit nur in dieser Weise, indirekt und im Durchgang durch bestimmte Auffassungen und ihre Kritik. Platon nannte das „διαλέγεσθαι (dialégesthai)". Was das wahre Gute ist, wird bei ihm klar, wenn Sokrates z.B. mit Kallikles diskutiert, der einen radikalen Egoismus und Hedonismus vertritt und für den der schrankenlose Tyrann das große Ideal ist. Sokrates zeigt die Widersprüchlichkeit dieses Standpunktes auf, und da wird plötzlich in Umrissen deutlich, worin das wahre Gute besteht. Ebenso wird indirekt durch die Kritik an der subjektivistischen Erkenntnistheorie des Protagoras die Richtung deutlich, in der die wahre Erkenntnis gesucht werden muß. Was ist das Nachdenken, das „διανοεῖσθαι (dianoeísthai)", anderes als „ein Gespräch (Logos) der Seele mit sich selbst", ein „dialégesthai, in dem sie sich selbst fragt und antwortet, zustimmt und nicht zustimmt" (Theaitetos 189/190). Nur auf diese Weise ist die Wahrheit gegeben. Zu behaupten, wir seien völlig von ihr ausgeschlossen, ist widersprüchlich. Aber zu haben ist sie nur über das dialégesthai. Insofern ist die Philosophiegeschichte die große Lehrmeisterin der Philosophie. Denn sie ist der die Zeiten übergreifende Dialog, ohne Teilnahme an dem die Wahrheit nicht zu erlangen ist. Die Philosophiegeschichte lehrt die Größe, aber auch die Beschränktheit der verschiedenen Auffassungen, ihre Bedingtheit und Geschichtlichkeit, und beweist doch nicht einfach das schlußendliche Scheitern vor ihr. Denn eine solche Auffassung ist zwar psychologisch verständlich, aber unhaltbar, eine der haltlosesten in der Abfolge jenes großen Gesprächsverlaufes. Die weit bessere Auffassung ist die, daß die Ausrichtung auf die Wahrheit nicht aufzugeben ist, auch wenn sie sich nur indirekt, gleichsam gebrochen zeigt. Aber das genügt dafür, daß sie uns als Forderung immer vorschwebt und uns insofern niemals völlig fremd sein kann. Diese eigentümliche Vertrautheit mit ihr läßt uns ihre Forderung erst erkennen, und beides macht unsere Freiheit aus. Doch auch die Geschichtlichkeit und geschichtliche Bedingtheit macht unsere Freiheit aus. Aber in dem Maße, indem diese Bedingtheit von uns erkannt wird, sind wir ihr nicht mehr einfach unterworfen, sondern wir sind dann bereits dem Anspruch gefolgt, sie zu transzendieren. Welche Konsequenzen hat diese Auffassung nun für das Verhältnis von Philosophie und Theologie?

b. Religion und Christentum

Schon von ihrer Entstehung her im Abendland verbindet die Philosophie 428
mit der Religion eine innere Affinität. Denn in der Religion wird ein
Bereich erfahren und zum Ausdruck gebracht, der das unmittelbar Sinnliche übersteigt. Es dürfte dem anthropologischen und frühgeschichtlichen
Befund entsprechen, daß das religiöse Bewußtsein mit dem Erwachen des
geistigen Lebens im Menschen in engem Zusammenhang steht, und dies
hat einen sachlichen Grund. Die Erfahrung von einem Bereich, der das
unmittelbar Gegebene übersteigt, konfrontiert den Menschen mit sich
selbst. Transzendenzfähigkeit und Reflexionsfähigkeit gehören zusammen,
sind gleichsam zwei Seiten einer Medaille. Die religiöse Erfahrung von der
Priorität eines Jenseits, vom Angegangenwerden durch dieses Jenseits und
die darin liegende Selbsterfahrung des Menschen sind beide von Bedeutung für die weitere Entfaltung des Selbstbewußtseins und der Reflexionsfähigkeit des Menschen. Die Philosophie erwächst auf dem Boden der
Religion. Sie läßt jenes Reflexionsmoment, das in der durch die Religion
erweckten Geistigkeit liegt, sich eigens weiter entfalten. Dem Menschen
wird die Fähigkeit zum selbständigen Denken bewußt. Er wendet dieses
selbständige Denken bald auch kritisch gegen die religiösen Vorstellungen,
aber nicht unbedingt destruktiv, sondern, wie bei Xenophanes, im Sinne
einer Läuterung des religiösen Bewußtseins. Auf dieser Linie liegen die
großen Systeme der metaphysischen Tradition der Antike: Platon, Aristoteles, Plotin. Ihre Philosophie ist religiös durchstimmt und ausdrücklich
„theologisch", denn dieser Begriff entstammt eben dieser philosophischen
Tradition.

Was sich im Zusammenhang philosophischer Reflexion zeigt, nämlich daß 429
die Wahrheit sich *jeweils* zeigt, unter den Bedingungen einer immer wieder
angefochtenen Einsicht, gebrochen und geschichtlich, das charakterisiert
auch die Religion. Religiöse Vorstellungen entwickeln sich. Sie verbinden
sich mit anderen. Es kommt zum Synkretismus, und zwar in jeder Religion, denn jede hat ihre Geschichte. Diese Wandlungen haben aber nicht
nur äußere Gründe (soziologischer, politischer und ökonomischer Art),
sondern auch spezifisch religiöse: Die herkömmlichen Vorstellungen vom
Göttlichen werden unter neuen geschichtlichen Bedingungen nicht mehr
als tragfähig empfunden, und so kommt es zu Modifikationen. Dies
scheint sich im allgemeinen eher im Rücken der Religionen abzuspielen,
ohne selbst nochmals religiös reflektiert zu werden. Obwohl die Erfahrung
des Neuen und Niedagewesenen dem religiösen Bewußtsein per se nicht
fremd ist. Denn das Göttliche oder Heilige zeigt auch seine Unverfügbarkeit. Immer wieder entzieht es sich und durchbricht die Vorstellungen von
ihm (diese latente Geschichtlichkeit in der religiösen Erfahrung hat Richard Schaeffler herausgearbeitet, vgl. Schaeffler 1973; 1983, 118 ff).
Wirklich aufgenommen ins religiöse Bewußtsein hat diese Geschichtlich-

keit aber wohl erst Israel. Sein Gott ist ein Gott der Geschichte, der sich in
ihr als mächtig erweist und auf den deshalb im Blick auf die Zukunft
vertraut werden kann, auch angesichts von Katastrophen, die ihn zunächst
zu verdunkeln scheinen, die aber von ihm her einen Sinn bekommen und
durch ihn wieder zum Guten gelenkt werden können. Als der in der Geschichte Wirkende, in ihr sich immer wieder neu Zeigende hat Gott die
Geschichte im ganzen in der Hand, von Anfang bis zum Ende.

430 Der christliche Glaube hat diese Präsenz Gottes in der Geschichte in einer
letzten Zuspitzung ausgesprochen. Gott hat sich im Menschen Jesus und
als *dieser* Mensch gezeigt, ganz und ohne jeden Vorbehalt. Die Geschichte
als die Begegnungsgeschichte von Gott und Mensch ist hier erfüllt. Sie hat
hier ihre Mitte und Zusammenfassung gefunden. Gott hat sich auf die
Seite der Menschen gestellt. Er hat sich im Kontingenten gezeigt. Als
einzelnes kontingentes, geschichtliches Wesen hat er sich präsent gemacht.
Ohne diese Präsenz ist er nicht mehr zu denken. In ihr hat er sich definiert,
und zwar so, wie er als ewiger Gott von Ewigkeit her ist. Sein Bezug zur
Welt ist zum vollen Ausdruck seines Selbstbezuges geworden, und damit
ist die Welt in seinen Bezug zu sich selbst aufgenommen, zur Teilnahme an
seinem Leben erhoben worden.

In einem Menschen ist er so erschienen, nicht in Naturvorgängen, auch
nicht in Gesetzen wie am Sinai, in einem Menschen und in dessen Ausrichtung auf ihn, auf Gott. Damit erfüllt sich hier das Wesen des Menschen. Denn auf diese Ausrichtung hin ist er geschaffen. So ist er Gottes
Abbild (Gen 1, 26). Dies ist seine Verfassung, und sie ist ihm zugleich
Norm und Bestimmung. Was er ist, soll er mehr und mehr werden. Er soll
Mensch sein, indem er Zeugnis gibt von dem Gott, auf den er ausgerichtet
ist. Dies ist in Jesus erfüllt. Dieser ist der Zeuge, in dem sich Gott voll
abgebildet hat (2 Kor 4, 4; Kol 1, 15; Hebr 1, 3). Er, seine Menschlich-
keit, ist von nun an das normative Bild allen Menschseins (2 Kor 3, 18;
Eph 4, 24). Diese Norm ist aber dem Menschen nicht äußerlich, denn sie
bezeichnet die Erfüllung dessen, was er ist, die ihm von Gott geschenkte
Erfüllung seines Wesens als Mensch. Darin hat er seine Würde. Schon im
AT ist er unantastbar, weil Bild Gottes ist (Gen 9, 6, der Noe-Bund).
Nach dem NT ist es die volle Präsenz Gottes als Mensch, die sich in jedem
Menschen abbildet und die auch noch dem Geringsten eine unendliche
Kostbarkeit und Würde verleiht (Mt 25, 31ff, das Gerichtsgleichnis).

431 Gott hat sich in der Geschichte unüberbietbar gezeigt. Damit hat die Geschichte einen hohen Rang bekommen. Sie ist der Sphäre Gottes nicht
fremd und äußerlich. Der Mensch kommt nicht erst dort ganz zu sich
selbst, wo er die Sphäre des Vergänglichen, Bedingten überschreitet.
Sondern in der Geschichte, in der Gebrochenheit seiner Endlichkeit und
Vergänglichkeit, kann er die volle Einheit mit Gott erreichen. Darin liegt
eine neue Bewertung der Geistigkeit. Sie ist nicht erst dort gegeben, wo
der Mensch sich zur Allgemeinheit des reflexiven Nous erhebt. Sie ist in

seiner Freiheit gegeben, deren Geistigkeit unlöslich mit ihrer Jeweiligkeit und Bedingtheit, mit der Konkretheit ihrer Entscheidung verbunden ist, d.h. auch mit all ihren Verstrickungen und Hinfälligkeiten. Hier und unter diesen Bedingungen ist der Mensch der von Gott Angesprochene und von ihm Erhobene. Er ist es, weil ihm Gott bis auf diese Ebene entgegengekommen ist. Auf diesem Boden stehend und nicht von ihm abgelöst ist er mit dem ewigen Gott verbunden.

c. Philosophie und christlicher Glaube

Die Bedeutung, welche die Geschichtlichkeit für die Philosophie der 432 Neuzeit gewonnen hat, ist ohne den Einfluß des Christentums und dessen grundlegende Neubewertung von Geschichtsereignissen nicht zu denken. Die Philosophie hat sich durch die Begegnung mit dem Christentum gewandelt. Ist sie sich deshalb entfremdet worden? Keineswegs. Mit der Erkenntnis der Geschichtlichkeit hat sie an Tiefe gewonnen. Sie ist zu mehr Selbsterkenntnis durch das Christentum erweckt worden. Sollte sie von daher nicht ein Interesse am Christentum und dessen Theologie behalten? Aber in der Theologie ist die Lehre von der Geschichtlichkeit gebunden an die Lehre vom weltüberlegenen Gott. Kann die Philosophie auf diese weltüberlegene Dimension einfach verzichten? Und wenn sie das tut, was bleibt ihr von der Geschichtlichkeit? Das Kontingente. Und das ist dann ihr letzter Horizont! Aber bleibt dieses Kontingente dann, was es ist? Eben nicht! Es wird umgedeutet, zum Letzten und Absoluten gemacht. D.h: Das wahre Festhalten am Kontingenten und Geschichtlichen hängt an seiner Transzendierbarkeit. Die zu erkennen fällt in die Kompetenz der Philosophie und ist nur durch ihre Vernunft und nicht durch Übernahme fremder Prämissen zu leisten. Doch der Blick auf die Theologie kann ihr zur Ermahnung und Ermutigung werden, sich auf diese Möglichkeit der Transzendenz zu besinnen. Ergreift die Philosophie diese Möglichkeit und hat sie die Dimension des Übergeschichtlichen und Unbedingten wieder gewonnen, kann der Dialog auf neuem Niveau fortgesetzt werden.
Schon der platonischen Tradition war klar, daß wir zum Höchsten und 433 Absoluten nicht von außerhalb, sondern nur durch dessen Vermittlung gelangen können. „Wär' nicht das Auge sonnenhaft, / Die Sonne könnt es nie erblicken; / Läg' nicht in uns des Gottes eigne Kraft, / Wie könnt' uns Göttliches entzücken?" Diese Worte Goethes sind dichterische Gestaltung einer platonisch / plotinischen Einsicht. Wir könnten zum Absoluten nicht gelangen, „wenn es nicht [...] schon bei uns wäre und sein wollte" (Hegel, PG 69). Wenn es für uns das uns stets überschreitende Höchste sein soll, muß es uns zugleich innerlicher sein, als wir uns selbst innerlich sind, so Augustinus. Aber wie ist das zu denken? Wie ist die Sphäre des Unendlichen mit der des Endlichen zu vermitteln? Ist eine solche Vermittlung

nicht ein Widerspruch? Doch der löst sich auf, aber nur, wenn die Vermittlung durch das Absolute selbst geschieht. Nur von ihm erhoben kann die Seele zu ihm aufsteigen. Diese philosophische Einsicht bringt der christliche Glaube zur Vollendung mit der Botschaft, daß Gott genau diesen Schritt getan hat und zwar in einer Radikalität, die sich nicht mehr steigern läßt. Indem Gott den Weg mit uns geht, eröffnet er uns den Zugang zu sich. Und nicht nur in der Spitze unserer Geistigkeit, die sich von allem Vergänglichen gelöst hat, ist Gott bei uns, sondern in unserer geschichtlich konkreten Geistigkeit, in unser Freiheit hier und jetzt. Denn sein Geist, durch den er uns zu sich erhebt, ist (paulinisch gesprochen) der „Geist Christi", der Geist des herabgekommenen, geschichtlich gewordenen Gottes.

434 Wenn Karl Barth sich gegen die „synergistische Vorstellung" der Verbindung einer vernunftgestützten Erkenntnis Gottes und einer von diesem selbst eröffneten wendet (Barth 1957, 86), hat er den Philosophen auf seiner Seite. Das Absolute kann nicht von außerhalb seiner erkannt werden, sondern nur durch es selbst. Nur von ihm erhoben sind wir bei ihm. Jede andere Sicht würde das Absolute verendlichen. Aber müßte der Philosoph von dieser Einsicht her nicht in der christlichen Offenbarungslehre die höchste Erfüllung seiner Einsicht vom göttlich Absoluten erkennen können? Freilich, der geschichtliche Selbsterweis Gottes ist eine unableitbare Tat, eben weil sie geschichtlich ist und sich im Kontingenten ausspricht. Sie kann nur hingenommen, nur geglaubt werden. Und doch ist sie höchste Sinnerfüllung der Vernunft. Denn erst mit ihr ist die Einheit von Unendlichem und Endlichem gewährleistet. Erst mit dieser Sinnerfüllung ist der „häßliche Graben" zwischen dem Notwendigen und Kontingenten überbrückt, weil Gott sich als Herr auch über den Bereich des Kontingenten erwiesen hat, indem er sich ganz auf dessen Seite stellte. Dieser Selbsterweis Gottes ist die Rettung der Welt, und er ist eine unableitbare Tat der Liebe. In ihr zeigt Gott sein ewiges Wesen. Diese Liebe kann Gott nur geglaubt werden, und doch ist dieser Glaube kein Sprung ins Irrationale, sondern höchste Erfüllung der Vernunft, einer Vernunft freilich, die sich nicht eigenmächtig abschließt, sondern ihrer wesenhaften Offenheit treu bleibt, einer Vernunft, die sich als „vernehmende Vernunft" versteht (diesen der deutschen Sprache eigentümlichen Zusammenhang haben Herder und Jacobi für die Philosophie ausgewertet, aber auch Hegel, wenn er sagt: „Die Vernunft ist das Vernehmen des göttlichen Werkes", TW 12, 53). Man könnte die Erfüllung der Vernunft auch ihre Verwandlung in Glauben nennen, wenn nur festgehalten wird, daß die Vernunft in dieser Verwandlung nicht von sich weggeführt, sich nicht entfremdet wird, sondern zu sich kommt, eben: sich erfüllt. Von dieser Erfüllung her kann sie ihre Vorstufen als Verheißung erkennen. Und so wird die theologisch gewordene Vernunft die von ihr erkannte Gnade in all ihren philosophischen Vorstufen bereits am Werke sehen.

d. Wechselseitiges Ancilla-Verhältnis von Philosophie und Theologie

Im Mittelalter wurde das Verhältnis der Philosophie zur Theologie so 435
bestimmt, daß jene dieser als Magd, als ancilla zu dienen habe. Doch wenn
damit zu rechnen ist, daß die Vernunft sich durch die Theologie erfüllen
läßt, dann auch damit, daß diese ihr den größten Dienst erweist. Von einer
solchen Erfüllung her gesehen wird auch wahrscheinlich, daß auf dem
ganzen Feld der philosophischen Diskussion die Theologie der Philosophie
etwas zu sagen haben könnte, so daß diese durch den Dialog mit der
Theologie an Tiefe und Reichtum gewinnt. Stellt die Philosophie dies
ehrlich fest und fühlt sie sich nicht bevormundet, so wird sie an diesem
Dialog immer interessiert bleiben. Die Theologie wird in diesem Dialog
die Philosophie z.B. deutlich auf Verengungen aufmerksam machen. Sie
wird die Philosophie aber auch positiv auf ihre eigenen Möglichkeiten
hinweisen, Möglichkeiten, welche diese selbst zeitweise zu vergessen droht,
aber ohne ihr ins Handwerk zu pfuschen. Sie wird die Philosophie an
ureigene Themen erinnern, wie die Priorität des Geistigen vor dem Materiellen, die Transzendenzfähigkeit ihrer Vernunft, die Unbedingtheit des
Gewissensanspruches und die damit gegebene Fundierung der Würde des
Menschen. Eine für ihre eigenen Gefährdungen und Einseitigkeiten sensi-
ble Philosophie wird am Gespräch mit einer so konstruktiven Mahnerin
wie der Theologie interessiert sein.

Umgekehrt wird die Theologie die Philosophie schätzen und ihren Dienst 436
gern in Anspruch nehmen. So kann sie ihr helfen, die Welt der Aufklärung
und Vernunft aufzuarbeiten, in die sie ihre Botschaft hineinsprechen muß.
Sie wird ihr helfen, den Kontakt mit den geistigen Strömungen der Zeit zu
finden. Denn ohne Kenntnis von deren Sprache ist ein Dialog mit ihnen
unmöglich und die Theologie zur Stummheit verurteilt. Und sie kann ihr
helfen, ihr eignes theologisches Spezifikum nicht aus den Augen zu verlieren, indem sie genau den Punkt bezeichnet, der die große theologische
Herausforderung für die Vernunft darstellt. Sie kann ihr auch helfen, daß
dieses Wesentliche von ihr selbst nicht verwechselt wird mit dem vielen
Beiwerk, das sie als institutionelle Theologie unvermeidlich immer mit sich
führt. Sie wird sie davor zu bewahren suchen, in einen Fundamentalismus
zu verfallen und sich durch bloße Autoritätsargumente zu diskreditieren.
Sie wird ihr schließlich einfach durch eine gute Philosophie helfen, die
Vernunft der Menschen empfänglich zu machen für die Botschaft des
Glaubens und von Sperren zu befreien, in die sie sich eingeschlossen hat.
Zu den Themen, die im Hinblick darauf zu bearbeiten sind, gehören etwa:
Die Kritik am Naturalismus, die Moralbegründung und die Willensfrei-
heit. D.h. es geht darum, die in der Theologie vorausgesetzte Metaphysik
zu thematisieren und ihre Plausibilität zu zeigen. Diesen Aufgaben wird
sich besonders der christliche Philosoph verpflichtet fühlen. Ist er doch
einerseits in der Lage, das Spezifikum der Theologie zu erfassen und ohne

Verkürzung ins Gespräch zu bringen und andererseits dafür zu sorgen, daß die Philosophie sie selbst bleibt und nicht etwa instrumentalisiert oder ideologisch benutzt wird, weil sie nur in der Freiheit und Eigenständigkeit des Denkens der Theologie einen guten Dienst erweisen kann.

e. Mythos und Inkarnationsglaube

437 Der christliche Glaube ist zugespitzt darauf, daß er sich auf eine geschichtliche Tat Gottes bezieht, auf seine Menschwerdung. Diese Tat ist die Zusammenfassung der Geschichte, die Mitte der Welt, ihr Maßstab und ihr Gericht. Die christlichen Dogmen ergeben sich als Entfaltung dieser Tat Gottes. Der Glaube an sie ist die Erfüllung der Vernunft. Wenn aber ein kontingentes, geschichtliches Faktum Erfüllung der Vernunft sein kann, so darf man sich fragen, ob nicht hier an dieser Stelle der Vernunft eine „metabasis eis allo genos" zugestanden wird, die auch andere solche Schritte in eine „erzählende" Darstellung der Weltkonstitution für sich beanspruchen könnten. Nennen wir einmal eine solche Erzählung „Mythos". Ist dann nicht der Mythos eine sinnvolle, ja unumgängliche Ergänzung der das Kontingente überschreitenden Vernunft? Ist es vielleicht an der Zeit, nach dem früheren Schritt vom Mythos zum Logos nun wieder den Schritt vom Logos zum Mythos zu tun? Daß sich mit dieser Frage ein Vernunftinteresse meldet, möchte ich an zwei Beispielen aus der Philosophiegeschichte illustrieren.

a) Das älteste Systemprogramm des deutschen Idealismus

438 1917 hat Franz Rosenzweig das Fragment eines handschriftlichen Textes veröffentlicht, der auf das Jahr 1796/97 zu datieren ist. Die Handschrift ist die Hegels. Aber offensichtlich gehören die Gedanken, die er hier niedergeschrieben hat, ebenso seinen Freunden Hölderlin und Schelling an. In die Literatur ist dieses Fragment eingegangen unter der Bezeichnung: „das älteste Systemprogramm des deutschen Idealismus". Es ist eine programmatische Skizze. Von Kant und Fichte herkommend baut sie auf der Idee der Freiheit auf, die dann in den Vernunftideen des Wahren, Guten und Schönen weiter entfaltet werden soll. Es ist das Konzept einer Metaphysik, die auch die theologischen Inhalte in sich aufnehmen will. Sie soll spekulativ sein, aber nicht elitär. Sie soll Breitenwirkung haben, soll die Menschen ideell verbinden.
„Zuerst werde ich hier von einer Idee sprechen, die, soviel ich weiß, noch in keines Menschen Sinn gekommen ist - wir müssen eine neue Mythologie haben, diese Mythologie aber muß im Dienste der Ideen stehen, sie muß eine Mythologie der *Vernunft* werden. Ehe wir die Ideen ästhetisch,

d.h. mythologisch machen, haben sie für das *Volk* kein Interesse; und umgekehrt, ehe die Mythologie vernünftig ist, muß sich der Philosoph ihrer schämen. So müssen endlich Aufgeklärte und Unaufgeklärte sich die Hand reichen, die Mythologie muß philosophisch werden und das Volk vernünftig, und die Philosophie muß mythologisch werden, um die Philosophen sinnlich zu machen. Dann herrscht ewige Einheit unter uns. Nimmer der verachtende Blick, nimmer das blinde Zittern des Volks vor seinen Weisen und Priestern. Dann erst erwartet uns gleiche Ausbildung *aller* Kräfte, des Einzelnen sowohl als aller Individuen. Keine Kraft wird mehr unterdrückt werden. Dann herrscht allgemeine Freiheit und Gleichheit der Geister! - Ein höherer Geist, vom Himmel gesandt, muß diese neue Religion unter uns stiften, sie wird das letzte größte Werk der Menschheit sein" (Hegel TW 1, 236).

Die drei, Hölderlin, Schelling und Hegel, aus deren gemeinsamem Geist der Inhalt stammt (und denen die Autorschaft des Textes auch wechselweise zugeschrieben wurde), haben in ihrem Werk dieses Programm in verschiedener Weise einzulösen versucht. Hölderlin in seinem Bemühen um eine Erneuerung der mythischen Weltsicht durch die Poesie, unter Verwendung auch der griechischen Götter. In den späten Gedichten („Der Einzige", „Patmos") wird Christus die entscheidende mythische Gestalt. Schelling ist in seiner Spätphilosophie zu diesen Gedanken des Systemprogramms zurückgekehrt und entwickelt eine „positive", d.h. geschichtlich geprägte Philosophie des sich äußernden Absoluten: als Philosophie der Mythologie, die in eine Philosophie der Offenbarung mündet, in eine Darstellung des christlichen Glaubens als Gipfel philosophischer Reflexion. Auch bei Hegel ist der höchste spekulative Inhalt der der Religion, und zwar der christlichen. Sie überbietet die anderen Religionen an Vernünftigkeit. Aber diese Vernünftigkeit besteht nicht in einer Reduktion auf Moral, wie bei Kant, sondern im Gedanken der Offenbarung, und der besagt, daß das Absolute in der Geschichte erscheint und zwar in Einmaligkeit. „Im indischen Pantheismus kommen unzählig viele Inkarnationen vor; da ist die Subjektivität, das menschliche Sein nur akzidentelle Form, in Gott ist sie nur *Maske*, die die Substanz annimmt und in zufälliger Weise wechselt. Gott aber als Geist enthält das Moment der Subjektivität, der Einzigkeit an ihm; seine Erscheinung kann daher auch nur eine einzige sein, nur einmal vorkommen" (TW 17, 277). Der heute so umstrittene Gedanke der Absolutheit, weil Einmaligkeit der Offenbarung Gottes in Christus ist nach Hegel der große spekulative Gedanke des Christentums, der vor dem Forum der Vernunft seine Überzeugungskraft ausmacht. Hegel kritisiert z.B. Schillers nostalgischen Blick auf die griechischen Götter („Die Götter Griechenlands", 1. Fassung): „Da die Götter menschlicher noch waren, / Waren Menschen göttlicher" (TW 14, 115). Zu den griechischen Göttern führt kein Weg zurück, und zwar nicht wegen ihres Anthropomorphismus. Der ist gar nicht zu tadeln, es sei denn

insofern, als er nicht radikal genug ist. „Das Christentum hat den Anthropomorphismus viel weiter getrieben; denn der christlichen Lehre nach
ist Gott nicht ein nur menschlich gestaltetes Individuum, sondern ein
wirkliches einzelnes Individuum, ganz Gott und ganz ein wirklicher
Mensch, hineingetreten in alle Bedingungen des Daseins und kein bloßes
menschlich gebildetes Ideal der Schönheit und Kunst" (TW 14, 23).

b) Nietzsches Suche nach dem Mythos

440 Nietzsche kritisiert bekanntlich die abendländische Rationalität. Da sie
schon mit Sokrates/Platon beginnt, nennt er sie „Sokratismus". Diese
Rationalität mit ihrer alles distanzierenden Vergegenständlichung ist
lebensfeindlich. Sie trennt das Leben von sich selbst. Die Aufgabe besteht
darin, diese Rationalität zu überwinden, damit das Leben sich neu finden
kann. Dazu ist ein Schritt in die Bereiche des Vorrationalen nötig wie eine
Erneuerung des Mythos (so Nietzsche in seinem Erstlingswerk; Die Geburt der Tragödie aus dem Geist der Musik, 1872, 2. Aufl. 1886).
„Ohne Mythus aber geht jede Cultur ihrer gesunden, schöpferischen Na-
turkraft verlustig: erst ein mit Mythen umstellter Horizont schließt eine
ganze Kulturbewegung zur Einheit ab [...] und selbst der Staat kennt keine
mächtigeren ungeschriebnen Gesetze als das mythische Fundament, das
seinen Zusammenhang mit der Religion, sein Herauswachsen aus mythischen Vorstellungen verbürgt. Man stelle jetzt daneben den abstracten,
ohne Mythen geleiteten Menschen, die abstracte Erziehung, die abstracte
Sitte, das abstracte Recht, den abstracten Staat: man vergegenwärtige sich
das regellose, von keinem heimischen Mythus gezügelte Schweifen der
künstlerischen Phantasie: man denke sich eine Cultur, die keinen festen
und heiligen Ursitz hat, sondern alle Möglichkeiten zu erschöpfen und von
allen Culturen sich kümmerlich zu nähren verurtheilt ist - das ist die Gegenwart, als das Resultat jenes auf die Vernichtung des Mythus gerichteten
Sokratismus. Und nun steht der mythenlose Mensch, ewig hungernd,
unter allen Vergangenheiten und sucht grabend und wühlend nach Wurzeln, sei es, dass er auch in den entlegensten Alterthümern nach ihnen
graben müßte. Worauf weist das ungeheure historische Bedürfnis der
unbefriedigten modernen Cultur, das Umsichsammeln zahlloser anderer
Kulturen, das verzehrende Erkennenwollen, wenn nicht auf den Verlust
des Mythus, auf den Verlust der mythischen Heimat" (Die Geburt der
Tragödie, StA I, 145f).
441 Nietzsche versucht den Mythos zu erneuern durch den „tragischen Mythus" (141), den er in der griechischen Tragödie vorgebildet findet, einen
Mythos vom Leben, das auch und gerade im Schrecken und Leiden seine
unerschöpfliche Kraft ausdrückt. Er glaubte diesen Mythos vom Leben
damals (1872 erste Auflage) noch in der Musik Wagners gefunden zu

haben. Später ist er überzeugt, daß auch diese Musik lebensfeindlich, nämlich asketisch ist, so wie Schopenhauer und das für Nietzsche als schlechthin lebensfeindlich geltende Christentum. Auf Nietzsches Lösung und ihre inneren Widersprüche gehe ich hier nicht ein. Wichtig scheint mir seine Diagnose. Das Unerträgliche und in gewisser Weise Unmögliche einer mythenlosen Weltsicht.

c) das Christentum als Mythos, welcher der Aufklärung standhält

Eine nur rationale, mythenlose Sicht scheint problematisch zu sein. Die 442 Vernunft stößt auf letzte Kontingenzen, die sie nicht auflösen kann. Diese gewinnen dann in der ein oder anderen Weise mythischen Charakter, als letzte Faktizitäten, die gleichsam nur erzählt werden können. Auch manche philosophisch ambitionierten naturwissenschaftlichen Kosmologien lassen das erkennen. Nach ihnen ist unsere Existenz Folge einer nicht weiter auflösbaren Ur-Faktizität. So zeigt uns nach Jacques Monod (141) die Wissenschaft, „daß *einzig* und allein der Zufall jeglicher Neuerung, jeglicher Schöpfung in der belebten Natur zugrunde liegt". Brian Swimme und Thomas Berry (23) sehen das Weltall einfachhin „aus dem Schoß des Nichts" hervorbrechen. Ebenso könnte nach Paul Davies (277), unser Universum nur das „Ergebnis eines ursachelosen Quantenüberganges aus dem Nichts" sein, wie auch für Axel Schenzle (43) „eine spontane, unkontrollierbare Quantenfluktuation" der wahrscheinliche Anfang war „für die gesamte Entwicklung dessen, was ist". Steven Weinberg (212) kommt am Ende seiner detaillierten Beschreibung der kosmischen Entwicklung zu der Feststellung: „Je begreiflicher uns das Universum wird, um so sinnloser erscheint es auch". Der Ursprung und die Erklärung unseres Seins ist hier stets eine unauflösbare Ur-Faktizität, die nur erzählt werden kann. Die Intention ist dabei mehr als wissenschaftlich gedeckte Deskription, freilich auch nicht eine „prima philosophia", in der die Vernunft letzter Maßstab ist. Präsentiert wird vielmehr ein Mythos, der unsere Tragik erklärt, ähnlich dem vom Ur-Ei, aus dessen Teilung die Welt hervorging mit ihren Antagonismen und Schmerzen.

Philosophie aber hat sich von anfang an als mythenkritisch verstanden. Die 443 Vernunft erkennt die Rede von letzten Faktizitäten nicht an. Ein Festhalten an ihnen gegen alles Weiterfragen wird von ihr als bloßer Mythos stets kritisiert werden. Horkheimer und Adorno haben gezeigt, wie sich diese Kritik mit Recht auch gegen die Vernunft, nämlich gegen ein defizitäres Vernunftverständnis wenden kann, wenn sich diese nämlich nur instrumentell, nurmehr als Zweckrationalität begreift und sich damit jeder weiteren Legitimation und Begründung entzieht. Dann nämlich wird die Vernunft selbst zum Mythos und zu einem unheilvollen. Aber ist diese Ebene des Mythos zu vermeiden? Müssen wir nicht letztlich auf irgendwelche Faktizitäten rekurrieren? Müssen wir nicht letztlich etwas erzählen? Denn die Vernunft kann doch nicht alles auflösen. Auch die Theologie erzählt: daß die Welt von Gott geschaffen ist, daß Gott diese Welt liebt, so liebt, daß er in ihr erscheint, für sie lebt und stirbt und sie so zu sich erhebt. Es wird hier von Taten erzählt, von unableitbaren Taten. Doch zugleich eröffnet sich in ihnen eine Sinnhaftigkeit, quo maius cogitari nequit. Die Faktizität wird nicht zum Verschwinden gebracht. Sie wird belassen. Sie wird allerdings insofern als *bloße* Faktizität überwunden und aufgelöst, als sie zur Erscheinung absoluter Sinnhaftigkeit wird. Doch mit dieser Sinnhaftigkeit ist auch der Maßstab der Vernunft angesprochen und mit im Spiel, ihre höchste Idee der Wahrheit und Gutheit. Könnte es nicht sein, daß der Mythos des Christentums, seine Erzählung von Gott und Welt, von Gott und Mensch, daß dieser christliche Mythos der einzige ist, welcher der Aufklärung wirklich standhält? Dies hieße, daß die Begegnung und das Zusammenwirken von Christentum und Philosophie seit der Antike durch die Zeiten hindurch als Geschichte der gegenseitigen Förderung und Vertiefung zum beiderseitigen Gewinn die eigentliche gemeinsame Geschichte ist, unter deren Zeichen auch die Zukunft wieder stehen kann, und daß die Loslösung beider voneinander bis hin zur gegenseitigen Destruktion eher eine vorübergehende Erscheinung ist.

Literatur

auf die Bezug genommen wird:

Von den Klassikern werden nur diejenigen Ausgaben angeführt, die für die Auffindung der Zitate relevant sind. Ansonsten werden im Text ihre Werke nach deren eigener Einteilung oder der jeweils in der Wissenschaft üblichen, ausgabenübergreifenden Paginierung zitiert.

Adorno, Theodor W., Negative Dialektik, Frankfurt a. M. 1966

Albert, Hans, Traktat über kritische Vernunft, Tübingen 1968

Apel, Karl-Otto, Transformation der Philosophie 2 Bde, Frankfurt a. M. 1976

Arnou, Renatus, De quinque viis Sancti Thomae ad demonstrandam Dei existentiam apud antiquos Graecos et Arabes et Judaeos praeformatis et adumbratis, Rom 1949

Assmann, Jan, Ägypten. Eine Sinngeschichte, Frankfurt a. M. 1999

Balthasar, Hans Urs von, Theologik II. Wahrheit Gottes, Einsiedeln 1985

Barth, Karl, (1947) Kirchliche Dogmatik I, 1, Zürich 1947

Barth, Karl, (1957) Theologische Fragen und Antworten. Gesammelte Vorträge 3, Zürich 1957

Beck, Heinrich, Natürliche Theologie. Grundriß philosophischer Gotteserkenntnis, München 1986

Bekenntnisschriften der evangelisch-lutherischen Kirche, hrsg. vom lutherischen Kirchenamt, Gütersloh, 1986

Bonaventura, Opera omnia, 10 Bde, edita studio et cura PP. Collegii a S. Bonaventura ad Claras Aquas (Quaracchi), 1882-1902

Brugger, Walter, (1964) Theologia naturalis, Freiburg 1964

Brugger, Walter, (1979) Summe einer philosophischen Gotteslehre, München 1979

Camus, Albert, (1959) Der Mythos des Sisyphos. Ein Versuch über das Absurde, Hamburg 1959

Camus, Albert, (1994) Hochzeit des Lichts. Heimkehr nach Tipasa, München 1994

Colpe, Carsten (Hrsg.), Das Böse, Frankfurt 1993

Coreth, Emerich, Metaphysik. Eine methodische Grundlegung, Innsbruck/Wien/München 1964

Craig, William Lane, The Cosmological Argument from Plato to Leibniz, London 1980

Dalferth, Ingolf, Religiöse Rede von Gott, München 1981

Davies, Paul, Gott und die moderne Physik, München 1986

Denzinger, H./ Hünermann P. (Hrsg.), Kompendium der Glaubensbekenntnisse und kirchlichen Lehrentscheidungen, Freiburg 1991 (Abkürzung: DH)

DH: siehe: Denzinger

Descartes, René, Meditationes de prima philosophia, lat./dt., Phil. Bibl., Hamburg 1959

Descartes, René, (1972) Meditationen über die Grundlagen der Philosophie, mit sämtlichen Einwänden und Erwiderungen, Phil. Bibl., Hamburg 1972

Dux, Günter, Die Logik der Weltbilder, Frankfurt a. M., 1982

Eckhart, Meister, (DW) Die deutschen und lateinischen Werke, hrsg. im Auftrag der deutschen Forschungsgemeinschaft, Stuttgart 1936 ff

Eckhart, Meister, (DP) Deutsche Predigten und Traktate, hrsg. von J. Quint, München 1963

Eckhart, Meister, Werke 2 Bde, hrsg. von N. Largier, Frankfurt a. M. 1993

Einstein, Albert, Mein Weltbild, Frankfurt a. M. 1979

Eliade, Mircea, Geschichte der religiösen Ideen, 3 Bde und ein Band Quellentexte, Freiburg / Basel / Wien 1978 ff

Erbrich, Paul, Makrokosmos - Mikrokosmos. Ursprung, Entwicklung und Probleme der Physik, Stuttgart 1996

Erikson, Erik H., Identität und Lebenszyklus, Frankfurt a. M. 1966

Ferber, Rafael, Philosophische Grundbegriffe, München 1994

Feuerbach, Ludwig, Werke, 5 Bde, hrsg. von E. Thies, Frankfurt a. M. 1975/76

Feuerbach, Ludwig, (GW) Gesammelte Werke, 18 Bde, hrsg. von W. Schuffenhauer, Berlin 1981 ff

Fichte, Johann Gottlieb, (SW) Fichtes Werke, 11 Bde., hrsg. von I. H. Fichte, Berlin 1834-1846, Neudruck Berlin 1971

Fichte, Johann Gottlieb, (1794) Grundlage der gesamten Wissenschaftslehre, Leipzig 1794, zitiert nach: Phil. Bibl., Hamburg 1988

Fichte, Johann Gottlieb, (1800) Die Bestimmung des Menschen, Berlin 1800, zitiert nach: Phil. Bibl., Hamburg 2000

Fichte, Johann Gottlieb, (1804) Die Wissenschaftslehre. 2. Vortrag im Jahre 1804, hrsg. von R. Lauth, Phil. Bibl., Hamburg 1986

Fichte, Johann Gottlieb, (1805) Wissenschaftslehre 1805, hrsg. von H. Gliwitzky, Phil. Bibl., Hamburg 1984

Fichte, Johann Gottlieb, (1806) Die Anweisung zum seligen Leben, Berlin 1806; zitiert nach: Phil. Bibl., Hamburg, 1983

Frank, Semen L., Das Unergründliche, Freiburg /München 1995

Frankl, Viktor, Paradoxien des Glücks, in: Was ist Glück? Ein Symposion, München 1976, 108-126

Gaiser, Konrad, Platons ungeschriebene Lehre, Stuttgart 1967

Goethe, Johann Wolfgang von, Werke, 12 Bde, Hamburger Ausgabe (HA), München 1988

Gorgias von Leontinoi. Reden, Fragmente und Testimonien, hrsg. von Th. Buchheim, Hamburg 1989

Greshake, Gisbert, Der Preis der Liebe, Freiburg 1978

Guardini, Romano, Theologische Briefe an einen Freund, Paderborn 1976

Hartmann, Nicolai, Sinngebung und Sinnerfüllung, in: Kleinere Schriften I, Berlin 1955, 245-279

Hawking, Steven, Das Universum in der Nußschale, Hamburg 2001

Hegel, Georg Wilhelm Friedrich, Theorie Werkausgabe (Abkürzung: TW), Werke in zwanzig Bänden, hrsg. von E. Moldenhauer und K. M. Michel, Frankfurt a. M. 1969-71. TW 3: Phänomenologie des Geistes (Abkürzung: PG); TW 7: Grundlinien der Philosophie des Rechts (Abkürzung: RP). TW 8-10: Enzyklopädie der philosophischen Wissenschaften (Abkürzung: Enz)

Hegel, Georg Wilhelm Friedrich, Vorlesungen. Ausgewählte Nachschriften und Manuskripte 16 Bde, Hamburg 1983 ff

Heidegger, Martin, Gesamtausgabe, Frankfurt a. M., 1975 ff

Heiler, Friedrich, Erscheinungsformen und Wesen der Religion, Stuttgart 1961

Heitsch, Ernst, Parmenides. Die Fragmente, Zürich 1995

Henrich, Dieter (1960) Der Ontologische Gottesbeweis, Tübingen 1960

Henrich, Dieter, (1967) Fichtes ursprüngliche Einsicht, Frankfurt a. M. 1967

Henrici, Peter, Die metaphysische Dimension des Faktums, in: Metaphysik, hrsg. von G. Jánoska /F. Kauz, Darmstadt 1977, 370-377

Hirschberger, Johannes, Geschichte der Philosophie I-II, Freiburg 1976

Hölderlin, Friedrich, Werke und Briefe I-III, hrsg. von F. Beißner u. J. Schmidt, Frankfurt a. M. 1969

Horkheimer, Max, Zur Kritik der instrumentellen Vernunft, Frankfurt a. M. 1964

Hösle, Vittorio, (1987)Begründungsfragen des objektiven Idealismus, in: Philosophie und Begründung, hrg. vom Forum Philosophie Bad Homburg, Frankfurt a. M. 1987, 212-267

Hösle, Vittorio (1994), Die Krise der Gegenwart und die Verantwortung der Philosophie, München 1994

290

Hughes, Gerard J., Towards a rehabilitation of Aquinas's ‚third way', in: The Rationality of Theism, hrsg. von G. Brüntrup / R. Tacelli, Boston 1999, 105-123

HWPh: siehe: Ritter

Jacobi, Friedrich Heinrich, Werke, 6 Bde, Leipzig 1812-1825

James, William, Die Vielfalt religiöser Erfahrung, deutsch: Frankfurt a. M. 1997

Jaspers, Karl, Der philosophische Glaube, München 1948

Kant, Immanuel, (AA) Kant's gesammelte Schriften, Herausgegeben von der Königlich Preußischen Akademie der Wissenschaften, Berlin 1900ff

Kant, Immanuel, Werke, hrsg. von W. Weischedel, 10 Bde, Darmstadt 1968

Kant, Immanuel, Kritik der reinen Vernunft, Riga 1781 (zitiert wird nach der 2. Auflage 1787, Abkürzung: KrV B)

Kant, Immanuel, (1788) Kritik der praktischen Vernunft, Riga 1788 (zitiert wird nach dieser Erstausgabe A. Abkürzung: KpV A)

Kant, Immanuel, (1790) Kritik der Urteilskraft, Berlin 1790, (zitiert wird nach der 2. Aufl. 1793, Abkürzung: KUK B)

Kant, Immanuel, (1793) Die Religion innerhalb der Grenzen der bloßen Vernunft, Königsberg 1793 (zitiert wird nach der 2. Auflage: 1794)

Kehrer, Günter, Religion, in: Handbuch religionswissenschaftlicher Grundbegriffe, hrsg. von H. Cancik u.a., IV, Stuttgart 1998, 418-425

Keller, Albert, Allgemeine Erkenntnistheorie, Stuttgart 1982

Kierkegaard, Sören, Gesammelte Werke (GW), hrsg. von E. Hirsch, Abt. 1 ff, Düsseldorf/Köln 1950 ff

Kobusch, Theo, Nichts, in: Historisches Wörterbuch der Philosophie, hrsg. von. J. Ritter, Basel /Stuttgart 1971ff, V, 805-836

Krause, Karl Christian Friedrich, (1828) Vorlesungen über das System der Philosophie, Göttingen 1828

Krause, Karl Christian Friedrich, (1829) Vorlesungen über die Grundwahrheiten der Wissenschaft, Göttingen 1829

Krings, Hermann, System und Freiheit, Freiburg / München 1980

Kuhn, Helmut, Das Gute, in: Handbuch philosophischer Grundbegriffe, hrsg. von H. Krings u. a., München 1973, 657-677

Küng, Hans, Existiert Gott?, München 1978

Kutschera, Franz von, Vernunft und Glaube, Berlin 1990

Leibniz, Gottfried Wilhelm, Die Theodizee, Phil. Bibl., Hamburg 1968 (Abkürzung: T)

Leslie, John, Universes, London / New York 1989

Lessing, Gotthold Ephraim, Die Erziehung des Menschengeschlechts, Berlin 1780

Lewis, Clive Staples, Über den Schmerz, Köln 1954

Lieberg, Godo, Die ‚theologia tripertita' in Forschung und Bezeugung, in: Aufstieg und Niedergang des römischen Reiches I, 4, hrsg. von H. Temporini, Berlin/New York 1973, 63-115

Lohfink, Norbert, Das Siegeslied am Schilfmeer, Frankfurt a. M. 1965

Lotz, Johannes B., Das Urteil und das Sein. Eine Grundlegung der Metaphysik, Pullach 1957

Lübbe, Hermann, Religion nach der Aufklärung, Graz /Köln 1986

Luhmann, Niklas (1971), mit Habermas, Jürgen, Theorie der Gesellschaft oder Sozialtechnologie, Frankfurt a. M. 1971

Luhmann, Niklas, (1977) Funktion der Religion, Frankfurt a. M., 1977

Mackie, John Leslie, Das Wunder des Theismus. Argumente für und gegen die Existenz Gottes, Stuttgart 1985

Mensching, Gustav, Die Religion, Stuttgart 1959

Monod, Jacques, Zufall und Notwendigkeit, München 1972

Muck, Otto, Philosophische Gotteslehre, Düsseldorf 1983

Müller, Max, Der Kompromiß oder vom Unsinn und Sinn menschlichen Lebens, München 1980

Newman, John Henry, An Essay in Aid of a Grammer of Assent, London 1870, deutsch: Entwurf einer Zustimmungslehre, Mainz 1961

Nietzsche, Friedrich, Werke, 3 Bde, hrsg. von K. Schlechta, München 1969

Nietzsche, Friedrich, (StA) Sämtliche Werke, Kritische Studienausgabe 15 Bde, hrsg. von G. Colli, M. Montinari, München 1980

Otto, Rudolf, Das Heilige, Gotha 1926

Pannenberg, Wolfhart, (1961) Offenbarung als Geschichte, Göttingen 1961

Pannenberg, Wolfhart, (1971) Grundfragen systematischer Theologie, Göttingen 1971

Pannenberg, Wolfhart, (1973) Wissenschaftstheorie und Theologie, Frankfurt a. M. 1973

Pannenberg, Wolfhart, (1978) Die Bedeutung der Kategorien ‚Teil' und ‚Ganzes' für die Wissenschaftstheorie der Philosophie, in: Theologie und Philosophie 53 (1978), 481-497

Pannenberg, Wolfhart, (1983) Anthropologie in theologischer Perspektive, Göttingen 1983

Pannenberg, Wolfhart, Systematische Theologie I-III, Göttingen 1988 / 91 / 93 (Abkürzung: Sy Th)

Pieper, Josef, Erkenntnis und Freiheit, München 1964

Pollak, Detlef, Was ist Religion? Probleme der Definition, in: Zeitschrift für Religionswissenschaft 3 (1995), 163-190

Puntel, Lorenz B., (1974) Wahrheit, in: Handbuch philosophischer Grundbegriffe, hrsg. von H. Krings u.a., München 1973, 1649-1668

Puntel, Lorenz B., (1978) Wahrheitstheorien in der neueren Philosophie, Darmstadt 1978, 3. erw. Aufl. 1993

Rahner, Karl, (1941) Hörer des Wortes. Zur Grundlegung einer Religionsphilosophie, München 1941

Rahner, Karl, Schriften zur Theologie, 16 Bde, Einsiedeln /Zürich / Köln, 1964ff

Rahner, Karl, (1976) Grundkurs des Glaubens, Freiburg 1976

Reimarus, Hermann Samuel, Die vornehmsten Wahrheiten der natürlichen Religion, 1754, 3. Aufl. Hamburg 1766 (Neudr. Göttingen 1985, nach ihr wird zitiert)

RGG: Die Religion in Geschichte und Gegenwart. Handwörterbuch für Theologie und Religionswissenschaft, hrsg. von K. Galling u.a., Studienausgabe 7 Bde, Tübingen 1986

Riesenhuber, Klaus, (1968) Existenzerfahrung und Religion, Mainz 1968

Riesenhuber, Klaus, (1971) Die Transzendenz der Freiheit zum Guten. Der Wille in der Anthropologie und Metaphysik des Thomas von Aquin, München 1971

Riesenhuber, Klaus, (1973) Nichts, in: Handbuch philosophischer Grundbegriffe, hrsg. von H. Krings u. a., München 1973, 991-1008

Ritter, Joachim, Hrsg., Historisches Wörterbuch der Philosophie (HWPh), Basel / Stuttgart, 1971 ff

Russell, Bertrand, Warum ich kein Christ bin, München 1968

Sala, Giovanni B., Die Christologie in Kants ‚Religion innerhalb der Grenzen der bloßen Vernunft', Weilheim-Bierbronnen 2000

Schaeffler, Richard, (1973) Religion und kritisches Bewußtsein, München 1973

Schaeffler, Richard, (1983) Religionsphilosophie, München 1983, 2. Aufl. 1997

Schelling, Friedrich Wilhelm Josef, (SW) Sämtliche Werke, hrsg. von K. F. A. Schelling, Stuttgart/Augsburg 1856-61

Schelling, Friedrich Wilhelm Josef, (1800) System des transzendentalen Idealismus, Tübingen 1800, zitiert nach: Phil. Bibl., Hamburg 1992

292

Schelling, Friedrich Wilhelm Josef, (1809) Philosophische Untersuchungen über das Wesen der menschlichen Freiheit und die damit zusammenhängenden Gegenstände, 1809, SW I/7, 417-484. Zitiert wird nach der von Th. Buchheim betreuten Ausgabe der Phil. Bibl., Hamburg 1997 (Abkürzung: F)

Schelling, Friedrich Wilhelm Josef, (Urfassung) Urfassung der Philosophie der Offenbarung, 2 Bde, hrsg. von W.E. Ehrhardt, Hamburg 1992

Schenzle, Axel, Macht Naturwissenschaft Gott überflüssig? in: Welt ohne Gott, hrsg. von V. Schubert, St. Ottilien 1999, 15-50

Schleiermacher, Friedrich, Über die Religion, Berlin 1799

Schmidt, Josef, (1975) Die Sinnfrage und ihr Verhältnis zur Religion, in: Bernhard Grom / Josef Schmidt, Auf der Suche nach dem Sinn des Lebens, Freiburg 1975, 6. Aufl. 1988, 39 - 59

Schmidt, Josef, (1977) Hegels Wissenschaft der Logik und ihre Kritik durch Adolf Trendelenburg, München 1977

Schmidt, Josef, (1988), Rezension zu: Heinrich Beck, Natürliche Theologie, in: Theologie und Philosophie 63 (1988), 447-450

Schmidt, Josef, (1997 a) ‚Geist', ‚Religion' und ‚absolutes Wissen'. Ein Kommentar zu den drei gleichnamigen Kapiteln aus Hegels ‚Phänomenologie des Geistes', Stuttgart / Berlin / Köln 1997

Schmidt, Josef (1997 b), Das philosophieimmanente Theodizeeproblem und seine theologische Radikalisierung, in: Theologie und Philosophie, 72 (1997), 247-256

Schmidt, Josef, (1999) Auf der Suche nach Sinn, in: Der Glaube der Christen. Ein ökumenisches Handbuch, hrsg. von E. Biser, F. Hahn, M. Langer, München 1999, 238 - 257

Schmidt, Josef, (2000 a) Hegels Übernahme und Radikalisierung des Ontologischen Gottesbeweises, in: Wahrheit - Sein - Struktur. Auseinandersetzungen mit Metaphysik, hrsg. von C. Peres u. D. Greimann, Hildesheim / Zürich / New York 2000, 75-101

Schmidt, Josef, (2000 b) Der Gottesbeweis aus der Kontingenz - Tradition und bleibende Bedeutung, in: Schule des Denkens, hrsg. von J. Oswald, Stuttgart 2000, 192-224

Schmidt, Josef, (2001 a) Der Gedanke des Nichts und die Frage nach Gott, in: Mitdenken über Gott und den Menschen. Dialogische FS für J. Splett, hrsg. von J. Schmidt, M. Splett, Th. Splett, P.-O. Ullrich, Münster 2001

Schmidt, Josef, (2001 b) Zum Begriff der Schöpfung - theologisch, philosophisch, in: Zeitschrift für Katholische Theologie 123 (2001) 129-142

Schöndorf, Harald, (1987) Descartes, in: Argumente für Gott, hrsg. von K.-H. Weger, Freiburg 1987, 110-113

Schöndorf, Harald (1989) Sinn und Funktion des Ontologischen Gottesbeweises in Descartes' 5. Meditation, in: Sinngestalten, FS für E. Coreth, hrsg. von O. Muck, Innsbruck/Wien 1989, 104-116

Schopenhauer, Arthur, Werke in zehn Bänden, Züricher Ausgabe, Zürich 1977

Schopenhauer, Arthur, (Nachlaß) Aus Arthur Schopenhauer's handschriftlichem Nachlaß, hrsg. von J. Frauenstädt, Leipzig 1864

Schulz, Walter, (1957) Der Gott der neuzeitlichen Metaphysik, Pfullingen 1957

Schulz, Walter, (1972) Philosophie in der veränderten Welt, Pfullingen 1972

Schurr, Adolf, Die Begründung der Philosophie durch Anselm von Canterbury. Eine Erörterung des ontologischen Gottesbeweises, Stuttgart 1966

Seifert, Josef, Gott als Gottesbeweis, Heidelberg 2000

Spaemann, Robert, (1972) Die Frage nach der Bedeutung des Wortes 'Gott', in: Internationale katholische Zeitschrift 1 (1972), 54-72

Spaemann, Robert, (1973) Sinn und Faktizität, in: Zur Debatte. Themen der Katholischen Akademie in Bayern 3 Nr. 9 (1973), 2-5

Spaemann, Robert / Reinhard Löw, (1981) Die Frage Wozu? Geschichte und Wiederentdeckung des teleologischen Denkens, München 1981

Spaemann, Robert, (1987) Das ‚sum' im ‚cogito sum', in: Zeitschrift für philosophische Forschung 41 (1987), 373-382

Spaemann, Robert, (1992) Kausalität, in: Handlexikon zur Wissenschaftstheorie, hrsg. von H. Seiffert u. G. Radnitzky, München 1992, 160-164

Spaemann, Robert, (1994) Naturteleologie und Handlung, in: Philosophische Essays, Stuttgart 1994, 41-59

Spaemann, Robert, (1996) Personen, Stuttgart 1996

Splett, Jörg, (1964) Er ist das Ja, München 1964

Splett, Jörg, (1973) Gotteserfahrung im Denken, München 1973, 3 überarb. Aufl. 1985

Splett, Jörg, (1978) Der Mensch ist Person, Frankfurt a. M. 1978, 2. Aufl. 1986

Splett, Jörg, (1986) Freiheits-Erfahrung, Frankfurt a. M. 1986

Splett, Jörg, (1990) Leben als Mit-Sein, Frankfurt a. M. 1990

Splett, Jörg, (1996) Denken vor Gott, Frankfurt a. M. 1996

Sproul, Barbara C., Schöpfungsmythen der östlichen Welt, München 1993

Steinvorth, Ulrich, Was ist Vernunft? München 2002

Swimme, Brian / Berry Thomas, Die Autobiographie des Universums, München 1999

Thomas von Aquin, Die Gottesbeweise, lat./dt., Übersetzung und Kommentar von H. Seidel, Hamburg 1982, Phil. Bibl.

Tillich, Paul, (1962) Religionsphilosophie, Stuttgart 1962

Tillich, Paul, (1968) Der Mut zum Sein, Stuttgart 1968

Tindal, Matthew, Christianity as Old as the Creation, London 1730

Toland, John, Christianity not Mysterious, London 1696

Várdy, Peter, Zur Dialektik der Metamathematik, in: Hegel und die Naturwissenschaften, hrsg. von M. J. Petry, Stuttgart 1987, 205-240

Verweyen, Hansjürgen, Gottes letztes Wort, Düsseldorf 1991

Wagner, Hans, Aristoteles. Physikvorlesung, Darmstadt 1967

Weger, Karl-Heinz, (1979) (Hrsg.) Religionskritik von der Aufklärung bis zur Gegenwart. Autorenlexikon, Freiburg 1979

Weger, Karl-Heinz, (1987) (Hrsg.) Argumente für Gott. Gott-Denker von der Antike bis zur Gegenwart. Autorenlexikon, Freiburg 1987

Weinberg, Steven, Die ersten drei Minuten, München / Zürich 1977

Weischedel, Wilhelm, Der Gott der Philosophen 2 Bde, München 1979

Weissmahr, Bela, (1983) Philosophische Gotteslehre, Stuttgart 1983

Weissmahr, Bela, (1985) Ontologie, Stuttgart 1985

Weissmahr, Bela, (1989) Ein Vorschlag zur Theorie der retorsiven oder transzendentalen Argumentation, in: Sinngestalten, FS für E. Coreth, hrsg. von O. Muck, Innsbruck/Wien 1989

Weissmahr, Bela, (1990) Der retorsive Aufweis der Unmöglichkeit der Leugnung des absolut notwendigen Wesens, in: Köszöntö, FS für Tamás Nyíri, Budapest 1990, 466-470

Weissmahr, Bela, (1999) Kann Geist aus Materie entstehen?, in: Zeitschrift für Katholische Theologie 121 (1999), 1-24

Welte, Bernhard, Religionsphilosophie, Freiburg 1978

Wittgenstein, Ludwig, Tractatus logico-philosophicus, Frankfurt a. M. 1969

Wuchterl, Kurt, Analyse und Kritik der religiösen Vernunft, Stuttgart 1989

Namenregister

Adorno, Th. W. 196, 287
Aischylos 259
Albert, H. 118
Al-Farabi 45 f
Al-Ghazali 45
Al-Kindi 45
Anaxagoras 39, 168, 169, 215
Anaximander 24, 39 f
Anselm von Canterbury 28, 36, 60, 62, 72, 79 f, 84, 106-110, 111, 112, 117, 130, 138 f, 144, 152, 223, 224, 234
Apel, K.-O. 159
Aratos 27
Aristophanes 150
Aristoteles 17, 25, 26, 28, 29, 39, 40, 41, 42-44, 45, 46, 48, 49, 50, 51, 52, 53, 66, 73, 77, 82, 96, 107, 110, 114, 134, 136, 141, 142, 144, 145 f, 150 f, 152, 160, 161, 169-171, 173, 174, 175, 182, 195, 214, 216, 228, 233, 243, 256, 279
Arnou, R. 46, 52, 173
Assman, J. 251
Athanasius 221
Augustinus 28, 29, 33, 35, 36, 50, 79-84, 85, 93, 94, 101, 104, 106, 108, 109, 111, 118, 128, 129, 143, 151, 157, 172 f, 205, 207, 221-225, 242, 262, 263, 264, 281
Averroes 29, 45 f
Avicenna 45 f, 52
Ayer, A. J. 30

Bacon, F. 174
Balthasar, H. U. von 225, 236 f
Barth, K. 31, 282
Basilius 221
Bayle, P. 263
Beck, H. 94
Berry, Th. 287
Boethius 106, 151 f, 214, 227, 263, 272
Bonaventura 111
Brecht, B. 273
Brugger, W. 29
Büchner G. 273

Calderón de la Barca 91
Camus, A. 189, 203, 204, 273
Carnap, R. 30
Chrysipp 171, 244, 161
Cicero 106, 169, 171, 244
Clemens von Alexandrien 28, 82

Colpe, C. 274
Coreth, E. 85, 102
Cusanus, N. 104, 111 f, 256, 277

Dalferth, I. 19
Dante Alighieri 43 f
Davies, P. 66, 287
Demokrit 142, 168, 171
Descartes, R. 35, 53, 54, 70, 77, 82, 83, 84, 85, 87, 89, 101, 104 f, 112, 125, 128, 130, 157, 174, 228, 243
Diderot, D. 30
Dilthey, W. 189
Dionysios Areopagita 141, 262
Dostojewski, F. M. 199 f, 273
Driesch, H. 170, 180
Duns Scotus 51
Durkheim, E. 59
Dürrenmatt, F. 273
Dux, G. 61

Eckhart, Meister, 104, 141 f
Einstein, A. 246 f
Eliade, M. 249, 250, 251
Empedokles 24, 39, 40, 170
Epikur 27, 152, 171, 172, 262
Erbrich, P. 64, 67, 185
Erikson, E. H. 164

Ferber, R. 98
Feuerbach, L. 19, 24, 30, 189, 224, 229, 230 f, 245
Fichte, J. G. 31, 32, 34, 83, 85, 91 f, 96, 116, 125, 126, 128, 130, 137, 143, 153 f, 176, 177, 184, 188, 195, 205, 224, 228 f, 230, 265 f, 285
Frank, S. 107, 130
Frankl, V. 189, 195
Frege, G. 189
Freud, S. 19, 30, 189

Gadamer, H.-G. 189
Gaunilo 110, 114
Geulincx, A. 74
Gilbert de la Porrée 224
Goethe, J. W. von 16, 145, 149, 177, 178, 188, 195, 245, 281
Gorgias 135
Gregor der Große 225
Gregor von Nazianz 221
Gregor von Nyssa 172, 224
Greshake, G. 225, 275
Guardini, R. 275

Emerich Coreth

Gott im philosophischen Denken

2001. 304 Seiten. Kart.
€ 20,35
ISBN 3-17-016723-5

In der modernen Welt lebt und denkt »man« so, als ob
es Gott nicht gäbe. Dennoch kann die Gegenwart nicht
als »Zeitalter des Nihilismus« bezeichnet werden, erst
recht nicht, wenn man über den westlichen Kulturraum
hinaus die gesamte Welt im Blick hat. Religiöser Glaube
hat in allen Weltreligionen eine bedeutende, auch neu
erwachte, in extremen Formen sogar bedrohliche Macht.
Um so mehr muß die Frage nach Gott von ihrer Geschichte
her philosophisch neu durchdacht und geklärt werden.

Der Autor:

Professor DDr. **Emerich Coreth** SJ lehrte Christliche
Philosophie an der Universität Innsbruck.

www.kohlhammer.de

W. Kohlhammer GmbH · 70549 Stuttgart

Harald Wagner

Dogmatik

2003. 568 Seiten. Kart./Fadenheftung
€ 30,–
ISBN 3-17-016469-4
Kohlhammer Studienbücher Theologie, Band 18

Dieses Lehr-, Lern- und Lesebuch ist als Kompendium
der katholischen Dogmatik verfasst – durchgängig mit
Brückenschlägen zu nichtkatholischen Positionen.
Inhaltlich weiß sich der Autor der katholischen Theologie der Gegenwart verpflichtet, insofern sie sich weitgehend den Aussagen und Impulsen des Zweiten Vatika-
nischen Konzils verdankt (1962-65). Die Ausführungen
zielen darauf ab, einen breiten theologischen Konsens
zu finden. Jedem Kapitel ist eine kurze praxisorientierte
Einleitung und eine Zusammenstellung von Basislite-
ratur vorgeschaltet.

Der Autor:

Prof. Dr. **Harald Wagner** lehrt Dogmatik und Dogmen-
geschichte an der Universität Münster.

W. Kohlhammer GmbH · 70549 Stuttgart